MANESSE BIBLIOTHEK DER WELTLITERATUR

ENGLISCHE ERZÄHLER

Von Daniel Defoe bis Oscar Wilde

Herausgegeben von
Richard Kraushaar

MANESSE VERLAG
ZÜRICH

THOMAS DELONEY

Sir Simon Eyer

Wie Sir Simon Eyer als Schuhmacher begann und durch die Klugheit seiner Frau als Bürgermeister von London endete und wie er sagte, daß ihm der Tisch, von dem er täglich sein Frühstück aß, nicht für tausend Pfund feil sei; und wie er Leaden Hall erbaute.

Unsere Chroniken erwähnen, daß es einst in der ehrwürdigen Stadt London einen trefflichen Bürgermeister mit dem Namen Sir Simon Eyer gab, dessen Ruhm heute noch im Munde vieler Leute fortlebt, und der sich, obgleich er von niederer Herkunft war, nach Gottes Willen zu einem der wertvollsten Männer im Staate entwickelte.

Dieser Mann war als Knabe aus dem Norden des Landes zugewandert und zu einem Schuhmacher in die Lehre gekommen. Das Schuhmacherhandwerk stand damals – genau wie heutzutage – in hohen Ehren. Sein Meister war ein recht wohlhabender Mann und beschäftigte viele Lehrlinge und Gesellen, die ihrer Arbeit mit so viel Frohsinn nachgingen, daß sie ihrer niemals überdrüssig wurden; denn wenn ein

Geselle wie ein Brummbär bei der Arbeit sitzt, kommt er auch nicht damit zurecht. Deshalb sagt ein altes Sprichwort:

> «*Folgsam und tüchtig*
> *ist der Knecht, der beschwingt*
> *wie ein Vöglein im Walde*
> *zur Arbeit singt.*»

Von dieser Art waren die Kameraden unseres jungen Freundes; und wenn sie ihre Lieder des Südens sangen, fehlte es ihm nicht an lustigen Weisen des Nordens, um darauf zu antworten. Zufällig war er der jüngste Lehrling in der Werkstatt und wurde deshalb oft ausgeschickt, Wasser zu holen; und am Brunnen machte er bald die Bekanntschaft vieler anderer Lehrlinge, die mit der gleichen Absicht dorthin kamen.

Nun hatte es sich eingebürgert, daß einige der Lehrlinge jeden Sonntagmorgen in ein Gasthaus nahe dem Brunnen gingen, um sich zum Frühstück einen Fleischpudding zu Gemüte zu führen; und nicht selten nahmen sie Simon mit sich. Einmal geschah es, daß Simon, als er mit den andern zusammen die Rechnung begleichen sollte, kein Geld bei sich hatte, worauf er fröhlich zu ihnen sagte: «Getreue Freunde und Brunnengefährten, Schatzmeister des Wasserkruges und Hauptstützen des Puddinghauses, meine Börse läßt sich mit einer unfruchtbaren Ziege vergleichen, die ihrem Herrn nichts bringt als Haut und Knochen; oder mit einer tauben Nuß, in der man beim Öffnen keinen Kern findet. Wenn ihr deshalb so freundlich sein wollt, mich dieses eine Mal zu entschuldigen und mir meinen Teil an der Rechnung zu erlassen, verspreche ich euch feierlich, daß ich, falls ich jemals Bürgermeister dieser Stadt werden sollte, allen Lehrlingen von London ein Frühstück gebe.» – «Wir nehmen dich beim Wort», erwiderten sie. Und damit trennten sie sich.

Nach einigen Jahren beendete Simon seine Lehre. Er heiratete ein Mädchen aus seiner Nachbarschaft, in das er sich verliebt hatte, und machte ein eigenes Geschäft auf. Er arbeitete und arbeitete, ohne sich einen Tag Ruhe zu gönnen. Auch seine junge Frau war nicht faul; wenn sie sonst nichts zu tun hatte, saß sie in der Werkstatt und spann. Nachdem sie etwa ein Jahr lang allein gelebt und etwas Kapital zusammengebracht hatten, stellte Simon ein paar Lehrlinge und Gesellen ein. Seine Ware fand jedoch so raschen Absatz, daß er mit der Herstellung nicht nachkam und ständig nach ein oder zwei weiteren Hilfskräften Ausschau hielt.

Eines Tages endlich erspähte einer der Lehrlinge auf der Straße einen Mann, der ein Bündel über dem Rücken trug. Der Bursche rief den Meister und sagte: «Herr, ich wette zwanzig zu eins, daß dort drüben just der geht, den Ihr sucht.»

«Lauf geschwind und bring ihn her», erwiderte der Meister.

Der Lehrling rannte hinaus und rief dem Mann zu: «Freund, kommt doch mal her, hier ist einer, der mit Euch sprechen will.»

Der Angerufene war ein Franzose, der noch nicht lange in England weilte. Er wandte sich um und sagte: «He? Was sagen Ihr? Wollen Ihr mit mir sprecken, he? Was wollen Ihr? Sagt mir, was Ihr wollen, he?» Und damit trat er an die Tür der Werkstatt, und der Meister fragte ihn, ob er Arbeit suche. «*Oui, par ma foi*», antwortete der Franzose.

Darauf stellte Simon ihn ein. Der Franzose ging gleich fröhlich an die Arbeit und benahm sich so geschickt dabei, daß der Meister einen sehr günstigen Eindruck von ihm gewann und ihn für einen gelernten Schuhmacher hielt, was jedoch, wie sich später herausstellte, nicht der Fall war.

Dieser Mann verfertigte als erster die niedrigen, vorn abgekanteten Schuhe, bei denen die Schnalle über dem Rist sitzt. Bis dahin trug man in England hohe Schuhe, die bis über die Knöchel reichten und wie unsere heutigen Bauernstiefel aussahen, nur daß ihre Spitze scharf nach oben gebogen war, wie die Rute eines Islandhundes oder die Schwanzfedern eines Hahnes.

Einige Zeit nach John Denevales Aufnahme in Simon Eyers Haus ereignete sich etwas Denkwürdiges: Der Zufall trieb ein Schiff von der Insel Kreta, das mit allen möglichen Arten Batist und Kambrik und anderen Leinentüchern beladen war, an unsere Küste. Diese Artikel waren zu jener Zeit in London sehr knapp und überaus teuer. Und da das Schiff wegen eines großen Lecks, das die Wellen ihm auf See geschlagen hatten, unmöglich weitersegeln konnte, gedachte der Besitzer seine Waren hier so vorteilhaft wie möglich loszuschlagen.

Zu diesem Zweck begab er sich nach London. Und der erste Mensch, dem er in der Stadt begegnete, war ausgerechnet John Denevale. Der Kaufmann fragte ihn nach einem Gasthof; er war nie zuvor in England gewesen und hatte deshalb keine Ahnung, wohin er sich wenden sollte. Er stellte seine Frage auf griechisch, und doch verstand er John Denevales Antwort, denn er war auch mit der französischen Sprache vertraut. Er war froh, einen getroffen zu haben, mit dem er sprechen konnte, und erzählte John, in welchen Sturm er auf See geraten sei und daß sein Schiff mit den und den Gütern an der Küste läge und er dieselben zu verkaufen wünsche.

«Zwar», entgegnete John, «bin auch ich nur ein Fremder in diesem Land und kenne keinen einzigen Kaufmann, aber ich wohne hier in der Stadt bei einem sehr redlichen Manne, der Euch vielleicht zu einem Käufer für Eure Ware verhelfen kann. Wenn es Euch recht ist, will ich ihn mit der Sache bekanntmachen. Inzwischen bringe ich Euch erst einmal zu einem Gasthof, in dem Ihr gut untergebracht seid; morgen früh werde ich Euch dann wieder aufsuchen.»

«Wenn Ihr mir diesen Gefallen tun wollt, mein Herr», sagte der Kaufmann, «werde ich Euch nicht nur dankbar sein, sondern Euch auch auf angemessene Weise für Eure Bemühungen belohnen.» Und dabei blieb es.

Sobald nun John, der Franzose, nach Hause kam, berichtete er seinem Meister das Vorgefallene und bat ihn, für den Kaufmann zu tun, was er könne. Der Meister hörte sich alles genau an. Er dachte daran, welcher Bedarf an diesen Gütern im Lande bestand. Und während er noch an seiner Arbeit herumschnitt, fuhr ihm plötzlich durch den Kopf, welche Chance sich hier bot, und er sagte zu seinem Gesellen John: «Ich will heute nacht darüber nachdenken, und morgen früh teile ich dir meinen Entschluß mit.» Er warf sein Zuschneidemesser beiseite, verließ die Werkstatt und begab sich in seine Kammer. Hier ging er einsam und traurig auf und ab und sann über die Sache nach. Seine Frau schickte mehrmals nach ihm, um ihn zum Abendessen zu holen, aber er war so in seine Gedanken vertieft, daß er das Rufen des Dienstmädchens nicht hörte. Die Sache wollte und wollte ihm nicht aus dem Kopf.

Schließlich kam seine Frau selbst zu ihm und sagte: «Was soll das heißen, Mann, daß du nicht zum Abendessen kommst? Warum antwortest du nicht? Wenn du nicht kommst, mein Lieber, wird dein Essen kalt, hörst du!» Aber trotz all ihren Worten ging er weiter auf und ab, wie ein Mann, der in Gedanken auf dem Mond ist. Als seine Frau das bemerkte, zog sie ihn am Ärmel und sagte: «Heda, Mann, warum in Gottes Namen kommst du nicht? Willst du heute überhaupt nicht mehr zu Abend essen? Ich rufe dich schon die ganze Zeit.»

«Potztausend», sagte er, «ich habe dich wahrhaftig nicht gehört.»

«Das schien mir allerdings auch so», erwiderte sie, «ich bin neugierig, was dich so beschäftigt.»

«Ob du es glaubst oder nicht», entgegnete er, «ich überlege mir, wie ich mich zum Bürgermeister und dich zu einer Lady machen kann.»

«Du meine Güte, wie kommst du denn auf so etwas?» sagte sie, «ich bin schon vollauf zufrieden, wenn wir mit Gottes Hilfe all unsere Leute bezahlen können, ohne Schulden und Gefahr leben und keinen Hunger leiden.»

«Aber sag einmal», erwiderte er, «meinst du nicht, du hättest – wenn man es von dir verlangte – das Zeug zu einer Lady?»

«Das will ich dir verraten», sagte sie, «wenn du die Mittel dazu hast, das Zeug hätte ich schon.»

«So höre, was ich dir voll Kummer sagen muß», versetzte er; «wenn ich Geld hätte, könnte ich eine Schiffsfracht kaufen, die mir beim Weiterverkauf einen riesigen Gewinn brächte, einen Gewinn, der mich für immer zum Gentleman machte.»

«Ach Mann, so darfst du dich doch auch jetzt nennen. Bist du nicht ein Fürst des Schuhmacherhandwerks, und ist einer, dessen Söhne

Fürstensöhne sind, etwas anderes als ein Gentleman?»

«Schön und gut», sagte er, «aber diese Titel sind nur Namen, es steckt nichts Rechtes dahinter. Ich möchte lieber einer von denen sein, die ebenso viele Ländereien wie Tugenden besitzen, und denen ihr Einkommen gestattet, im Einklang mit ihren trefflichen Grundsätzen zu leben.»

«Dann, mein Lieber», erwiderte sie, «verrate mir doch, was das für eine Fracht ist, von der du dir so viel versprichst. Ich bin sicher, daß du selbst etwas Geld besitzest, und es wird nicht schwerfallen, Freunde zu finden, die uns ein paar Guineen leihen. Außerdem sollst du, ehe du dir ein so günstiges Geschäft entgehen läßt, die paar Kronen haben, die ich seit unserer Heirat heimlich gespart habe.»

«Ach», sagte Simon, «all das hilft uns in dieser Sache nicht weiter. Ich gebe zu, daß wir damit einige Ballen erstklassigen Leders kaufen könnten; aber in diesem Fall ist es so gut wie nichts, denn die Ware, um die es sich dreht, ist im Augenblick teuer und sehr gesucht. Ich hörte, daß der, der sie kaufen will, dreitausend Pfund bar auf den Tisch legen muß. Ja, Frau, und doch wird sie ihm das Doppelte wieder einbringen.»

Als seine Frau das hörte, packte sie ein starkes Verlangen nach dem Geld, denn Frauen sind (zum größten Teil jedenfalls) recht habsüchtig. Die Sache ließ sie nicht los, und sie gönnte ihm kaum die Zeit, sein Abendessen einzunehmen, so begierig war sie, ihn zu dem Handel zu überreden. Sobald sie deshalb die Mahlzeit beendet und ihr Tischgebet gesprochen hatten, rief sie ihren Mann zu sich. «Komm einmal her, ich möchte ein Wort mit dir sprechen», sagte sie, «nicht immer ist der Mann zu tadeln, der sich ab und zu von seinem Weib beraten läßt. Gewiß; von den großen Lebensfragen verstehen wir Frauen nichts, aber in gewöhnlichen Problemen wissen wir oft schnelle Hilfe.»

«Was meinst du damit?» fragte ihr Gatte.

«Ich möchte», entgegnete sie, «daß du dir ein Herz faßt und schleunigst die Waren kaufst, von denen du sprachst.»

«Wer, ich?» fragte er, «wie soll ich das tun, der ich keine dreitausend Pence, geschweige denn dreitausend Pfund aufbringen kann?»

«Pah», sagte sie, «sei doch nicht dumm. Man sieht einem Mann nicht am Gesicht an, was er in der Börse hat. Ich kenne den Kaufmann nicht, aber ich bin überzeugt, daß er gerne einen Monat oder zumindest drei Wochen warten wird, um sein ganzes Geld zu erhalten. Jede Woche die runde Summe von tausend Pfund ist meiner Meinung nach eine hübsche Bezahlungsweise und wird ihm, wenn ich mich nicht irre, durchaus angenehm sein.

Nun mein Plan: Du gehst morgen mit dem Franzosen John zu dem griechischen Kaufmann und schließt mit ihm einen gesetzlichen Handel über die ganze Schiffsfracht ab. Verhalte dich aber klug dabei. Dann gibst du ihm sechs Engeltaler als Handgeld und versprichst ihm, das restliche Geld bis zum achtundzwanzigsten Tag nach der Übernahme der Ware abzuliefern.»

«Aber Frau», entgegnete er, «bildest du dir etwa ein, daß ihm mein Wort für diese Riesensumme Geldes genügt? Gegen lose Versprechungen wird er seine Güter sicher nicht ausliefern.»

«Lieber Gott», sagte sie, «weißt du dir in einem solchen Fall denn gar nicht zu helfen? Ich will dir sagen, was du zu tun hast: du verschweigst, daß du zu deinem eigenen Frommen mit ihm handelst, und erzählst ihm, du seist von einem der hiesigen Ratsherren beauftragt. Vergiß aber nicht, den Handelsvertrag mit deinem eigenen Namen zu unterschreiben. Er ist Grieche und kann kein Englisch lesen. Und laß, wenn es geht, John, den Franzosen, das Dokument nicht sehen, das heißt, wenn du es doch tust, ist es auch nicht schlimm, denn er kann, wie du weißt, weder lesen noch schreiben.»

«Ich sehe», sagte er, «es reizt dich sehr, eine Lady zu sein, und du hast es auch verdient, da du all deine Geisteskräfte zum Nutzen deines Mannes anstrengst! Aber sag mir: Wenn er nun begehrt, selbst mit dem Ratsherrn zu einer Besprechung zusammenzutreffen, was tun wir dann?»

«Mein Gott, wie du dich anstellst», erwiderte sie, «es wird immer behauptet, Frauen seien dumm, aber mir scheint, ihr Männer könnt noch allerhand von ihnen lernen. Ehe du ihn morgen früh verläßt, teilst du ihm durch den Franzosen John folgendes mit: der Ratsherr werde ihn nachmittags selbst in seiner Unterkunft aufsuchen und ihm, sobald er eine Liste aller Güter, die sich an Bord befänden, erhalten habe, eigenhändig einen Wechsel auf die vereinbarte Zeit ausstellen. Nun, mein Lieber», fuhr sie fort, «dieser Ratsherr wirst du selbst sein, und ich werde alles zusammenborgen, was du für den Auftritt benötigst.»

«Augenblick mal», sagte er, «glaubst du denn ernstlich, daß er mich nachmittags nicht wiedererkennen wird, nachdem er mich am gleichen Morgen erst sah?»

«Ach Mann», sagte sie, «er wird dich nicht wiedererkennen, darauf kannst du dich verlassen. Denn bei deinem Morgenbesuch zeigst du dich ihm in einem Wams aus Schafsleder, mit einem schmutzigen Gesicht, der Schürze vor dem Bauch, Hand- und Daumenleder fest ums Gelenk geschnürt, einem abgenutzten Tuch um den Hals und einer schmierigen Mütze auf dem Kopf.»

«Aber dieser Aufzug wird einen schlechten Eindruck auf ihn machen», meinte er, «und es werden ihm Zweifel kommen, ob ich der rechte Mann zum Handeln bin. Einfach gekleidete Menschen werden nun einmal gering eingeschätzt.»

«Nur keine Sorge, mein Lieber», sagte sie, «dir soll es nicht so ergehen. Denn John, der Franzose, wird dem Kaufmann erzählen, was für ein grundehrlicher Geschäftsmann du bist, und das ist weiß Gott keine Lüge. Der Grieche wird besser von dir denken, als wenn du fein herausgeputzt daherkämst. Er wird dich für einen klugen, bescheidenen Mann halten, der die zu seinem Beruf gehörige Kleidung trägt und nicht vorgibt, mehr zu sein, als er in Wirklichkeit ist. Es ist übrigens besser, wenn unser Vorhaben geheim bleibt und keiner unserer Leute etwas davon erfährt. Wir speisen deshalb morgen mittag bei meinem Vetter John, dem Barbier. Er wohnt in St. Clements Lane, nicht weit vom «Georg» in Lombard Street, wo die ausländischen Kaufleute absteigen. Ich werde dafür sorgen, daß in Vetter Johns Geschäft alles bereitliegt, was du nachmittags anziehen sollst. Nach dem Essen muß er dir erst einmal die überflüssigen Haare mit der Schere wegschneiden und deinen buschigen Bart nach dem vornehmen Schnitt der Ratsherren stutzen! Hernach soll er dir das Gesicht mit einer wohlriechenden Kampferkugel säubern und dir Bart und Kopfhaar mit reinstem Rosenwasser besprengen. Dann steckst du deine pechschwarzen Finger in ein Becken mit heißem Wasser und wäschst sie mit einer gewöhnlichen Seifenkugel. Wenn das alles vollbracht ist, legst du deine Alltagskleider ab und läßt dich von mir neu einkleiden: Zuerst ein hübsches, rehbraunes Atlaswams; darüber einen bestickten Damastrock, dessen Ränder mit feinstem Marderpelz besetzt sind; Hosen aus schwarzem Samt und passende Schuhe und Strümpfe. Für den Hals ein Tuch, so weiß wie frischgefallener Schnee, für die Handgelenke ein paar feine Spitzenkrausen, für den Kopf eine elegante, schwarze Mütze. Dazu einen schönen Umhang, der mit Samt eingefaßt ist und dessen Rücken zahlreiche Querstreifen aus Pelz schmücken; an den Händen ein paar saubere Handschuhe, am Zeigefinger einen großen, goldenen Siegelring.

Wenn dein Anzug vollendet ist, werde ich Vetter John bitten, dich zum Kaufmann zu begleiten und in dessen Gegenwart deinen Leibdiener zu mimen. John ist nämlich ein sehr hübscher junger Mann und stets sauber und geschmackvoll gekleidet – wie es freilich alle Barbiere sind. Er wird sicher gleich einverstanden sein, denn es ist ja nur eine kleine Mühe. Der Kaufmann versteht dich nicht und du verstehst ihn nicht; so genügt es, wenn ihr euch mit äußerer Höflichkeit begrüßt, er dir seine Liste überreicht und du ihm dafür deinen Wechsel aushändigst. Dann könnt ihr wieder gehen.

Es tut mir in der Seele wohl, mir vorzustellen, wie ausgezeichnet dir diese Kleider stehen werden. Um die Wahrheit zu sagen, Mann, ich sehe dich schon im Geiste vor mir. Wie ein echter Ratsherr siehst du in dem kostbaren Aufzug aus. Von dem Kaufmann aus gehst du als erstes zu dem Geschäft meines Vetters und legst die Sachen ab. Dann kommst du so, wie du fortgegangen bist, nach Hause. Du erzählst John, dem Franzosen, daß der Ratsherr nachmittags bei dem Kaufmann gewesen sei, und schickst ihn am nächsten Morgen zu dem Griechen mit der Bitte, das Schiff die Themse herabkommen zu lassen. Und während das Schiff unterwegs ist, unterrichtest du die Tuchhändler von den Gütern, die du erwartest.»

«Genug, Frau», sagte ihr Gatte, «du hast genug gesagt; so wahr Gott mir helfe, will ich deinem Rat folgen. Und ich zweifle nicht, daß alles gut gehn wird.»

Wie Simon Eyer beim Bürgermeister zum Abendessen eingeladen war und wie großartig er und seine Frau sich dort unterhielten.

Die Abendessenszeit kam heran. Simons Frau machte sich mit allem ihr zu Gebote stehenden Geschick zurecht und begab sich zusammen mit ihrem Mann zum Haus des Bürgermeisters. Als sie die große Empfangshalle betraten, meldete einer der Bediensteten dem Bürgermeister, daß der bekannte, reiche Schuhmacher und seine Gattin eingetroffen seien. Gleich erschien der Hausherr selbst in der Halle, trat mit freundlicher Miene auf Simon zu und sagte: «Ihr, guter Meister Eyer und Eure edle Gattin, seid uns herzlich willkommen.» Dann kam die Bürgermeisterin dazu und begrüßte sie auf die gleiche Weise: «Willkommen, guter Meister Eyer, willkommen, Meisterin Eyer.» Sie nahm Simons Frau bei der Hand und setzte sie unter die anwesenden Damen von Stand.

«Mein Herr», sagte der Bürgermeister, «Ihr seid, wie ich vernahm, der Schuhmacher, der die ganze Fracht des großen Handelsschiffes aufkaufte.»

«Ich kann es nicht leugnen, Herr Bürgermeister», entgegnete Simon, «ich gehöre der Schuhmacherzunft an, und, Gott sei es gedankt, die ganze Fracht des großen Handelsschiffes ist mein Eigentum, sobald ich meine Schulden bezahlt habe.»

«Hoffentlich bringt sie Euch einen schönen Gewinn», sagte der Bürgermeister, «mich selbst könnt Ihr als Käufer für einen Teil der Tuche vormerken.»

Das Essen war nun fertig, um aufgetragen zu werden, und den Gästen wurden ihre Plätze angewiesen. Die Vornehmeren saßen weiter oben, die minder Vornehmen weiter unten an der Tafel. Der Bürgermeister und die Bürgermeisterin nahmen Simon und seine Frau bei den Händen und forderten sie auf, sich neben sie zu setzen. Als die beiden verwirrt gegen diese Ehre Einspruch erhoben, sagte der Hausherr, die Amtsmütze in der Hand:

«Meister und Meisterin Eyer, bitte, widersprecht nicht, denn ich will es so haben. Die anderen Herrschaften hier sind durchweg alte Bekannte von mir, und wir waren schon sehr, sehr oft zusammen. Ich kann mir deshalb erlauben, auf sie etwas weniger Rücksicht zu nehmen. Auch Ihr seid meine Freunde, gewiß, aber Ihr seid Neulinge in meinem Haus, und den

Neulingen – so lehren uns die Regeln der Höflichkeit – gebührt der Vorrang. So gehorcht mir denn in meinem Haus, und ich will Euch in dem Euren gehorchen.»

Simon sah ein, daß Gegenreden zwecklos waren, und sie setzten sich nieder, wie ihnen geheißen. Seine arme Frau aber war so verlegen, daß sie fast nichts aß. Sittsam und anmutig saß sie an der Tafel. Doch was ihr an äußerer Nahrung fehlte, das ersetzte ihr die innere Freude und Zufriedenheit.

Viele der Gäste kannten Simon nicht. Und da sie sich verwunderten, daß er, der so einfach gekleidet war, dem Bürgermeister zunächst saß, fragten sie einander flüsternd, wer und was er sei. Und Simons Weib genügte es, alles, was gesagt und getan wurde, mit Augen und Ohren zu verfolgen.

Ein vornehmer, reicher Bürger, der auch an der Tafel saß, wandte sich an Simon und sagte: «Mein Herr, ich würde gern auf Euer Wohl trinken, aber – bitte, verzeiht mir – ich kenne Euren Namen nicht.»

Der Bürgermeister hörte es und antwortete an Simons Stelle: «Sein Name ist Meister Eyer. Er ist jener Gentleman, der die ganze Fracht kaufte, mit der der ‹Schwarze Schwan› aus Kreta kam. Er sitzt hier als einfacher Mann und hat doch, will mir scheinen, dem Reichtum nach ein größeres Anrecht auf das Amt des Bürgermeisters als ich selbst. Niemandem fiel dieser Mann auf. Er lebte unter uns, ohne daß ihn jemand beachtete oder ihm gar Bedeutung beimaß. Er ist nur ein Schuhmacher und nicht einmal ein erstrangiger, und doch konnte er ohne Zögern einen Handel über tausend Pfund abschließen.»

«Von solchen Schuhmachern sollten wir mehr haben», sagte der Bürger. Und unter diesen und ähnlichen Gesprächen klang das Mahl aus.

Als es soweit war, erhoben sich Simon und seine Frau von der Tafel. Mannigfach waren die Worte, die der Bürgermeister, die Bürgermeisterin und die anderen vornehmen Gäste ihnen zum Abschied sagten. Schließlich trennte man sich, und auf dem Heimweg redete Simons Frau in einem fort von dem Vorgefallenen: wie glänzend man sie unterhalten habe, wie gut die Stimmung gewesen sei, wie viele vornehme Herren und Damen dort gewesen seien und wie oft sie ihr und ihrem Manne zugetrunken hätten und noch hundert andere Begebenheiten. Und hätte die Nacht sechs Monate gedauert, wie es am Nordpol der Fall ist, ich glaube, ihr Gespräch wäre dennoch bis zum anderen Morgen nicht verstummt.

«Wiewohl ich so nahe bei der Gastgeberin saß», sagte sie, «konnte ich fürwahr vor lauter Freude über das Aufhebens, das man von uns machte, keinen Bissen essen. Nichts entging mir, alles sah und hörte ich. Zum Beispiel belauschte ich drei Bedienstete, die hinter meinem Stuhl wisperten und einander fragten, wer du seist und wer ich sei. Ich will auf der Stelle tot umsinken, wenn es nicht wahr ist. ‹Siehst du das einfache Ehepaar dort?› fragte der eine, ‹er sitzt neben dem Bürgermeister, sie neben der Bürgermeisterin. Schau sie doch mal genau an, was sind das für Leute?› ‹Was das für Leute sind›, sagte ein anderer, ‹na, hör mal, das ist doch der reiche Schuhmacher, der die ganze Fracht des großen Handelsschiffes aufkaufte. Ich sage dir, es hat keinen solchen Schuhmacher in London gegeben, seit die Stadt erbaut wurde.› ‹Das glaube ich gern›, sagte der dritte, ‹unter den Kaufleuten wird viel von ihm gesprochen. Als ich heute über die Brücke ging, habe ich seinen Namen oftmals nennen hören.› Ja, Mann, ich gebe dir mein heiliges Ehrenwort, genau so lautete ihre Unterhaltung. Und dann, erinnerst du dich nicht, wie der reiche Bürger dir zutrank – er bat um Verzeihung, weil er deinen Namen nicht wußte – und was der Bürgermeister darauf sagte? ‹Sir›, sagte er, ‹sein Name ist Meister Eyer, habt Ihr gehört?›, und gleich darauf fügte er hinzu: ‹Das ist der Gentleman, der die ganze Fracht, und so fort.› Mit dem ‹Gentleman› warst du gemeint, hörtest du nicht, wie er sagte: ‹der Gentleman›?»

«Unser Bürgermeister», antwortete Simon, «hat allerdings sehr viel Gutes über mich gesagt, und ich bin ihm dankbar dafür; aber dieses Wort hörte ich nicht.»

«Nein?» erwiderte sie, «ich habe es sehr gut gehört, denn nach diesen Worten ging er noch weiter. ‹Er sitzt hier›, sagte er, ‹wie ein einfacher

Mann und hat doch, so scheint mir, ein größeres Anrecht auf das Amt des Bürgermeisters als ich selbst.› Ja, dachte ich bei mir, falls es jemals so weit kommen sollte, wird er es seiner Frau zu danken haben.»

«Nein», sagte er, «Gott werde ich es zu danken haben.»

«Du hast recht», sagte sie, «aber nach ihm wirst du es mir zu danken haben.» Und es tat ihr so gut, über diese Dinge zu reden, daß sie wahrscheinlich noch heute davon schwatzte, wenn sie noch lebte und der Schlaf sie nicht übermannt hätte.

Aus dem Schuhmacher Simon war ein Kaufmann geworden. Aber wir wollen unsere Zungen zügeln und ihn künftig so nennen, wie seine Kunden ihn zu nennen pflegten – nämlich Meister Eyer. Da er sich seiner neuen Aufgabe widmen mußte, beauftragte er John, den Franzosen, das Schuhgeschäft zu leiten und die anderen Arbeitskräfte zu beaufsichtigen – ein Gunstbeweis, der John nicht wenig eingebildet machte.

Wie Meister Eyer zum Sheriff von London gewählt wurde und wie er seinem Amt alle Ehre machte.

Nach einiger Zeit reger Tätigkeit hatte Meister Eyer so viel von den Tuchen verkauft, daß er den Griechen bis auf den letzten Penny auszahlen konnte. Aber das Verkaufte war nur ein

Drittel der ganzen Schiffsfracht. Die restlichen zwei Drittel überschrieb er zum kleineren Teil an zwei Ratsherren, zum größeren an wohlhabende Kaufleute. Einige von ihnen bezahlten ihn bar aus, so daß er in verschiedenen Unternehmungen Geld anlegen konnte. Bald besaß er eigene Schiffe, von denen manches durch Gottes Hilfe mit hohem Gewinn heimkehrte, und täglich wuchs sein Reichtum.

Als er eines Tages über seinen Büchern saß und seine Gewinne und Verluste berechnete, entdeckte er, daß er, alles zusammengenommen, Besitzer von zwölf- oder dreizehntausend Pfund war. Am nächsten Tage rief er deshalb seine Frau zu sich, um ihr seine Entdeckung mitzuteilen.

«Gestern habe ich meine Bücher durchgesehen», sagte er, «und festgestellt, daß ich es durch die Güte des allmächtigen Gottes zu einem Besitz von dreizehntausend Pfund gebracht habe. Wir sind also bis zum Ende unserer Tage versorgt. Für seine Gnade und sein Wohlwollen wollen wir dem erhabenen Herrn unsern innigsten Dank abstatten. Für alle Zeiten wollen wir ihn lobpreisen und beten, daß wir mit dem Reichtum so verfahren, wie es ihm wohlgefällig ist, daß wir die ärmeren Mitmenschen unterstützen und uns nicht unseren Nächsten gegenüber stolz aufblasen. Nimmer wollen wir Gott über unserm Reichtum vergessen, denn *er* sandte ihn uns. Es gibt einen alten Spruch eines Weisen, der sagt, daß aus Reichtum Überfluß und aus Überfluß Hochmut entsteht. Möge Gott uns vor diesem Fehler bewahren und uns einen zufriedenen Sinn verleihen.»

Er hatte kaum diese Ansprache beendet, als man es heftig an die Tür klopfen hörte. Meister Eyer schickte Florence, die Magd, um nachzusehen, wer es sei. Das Mädchen kam bald zurück und sagte ihrem Herrn, daß ein Bediensteter des Bürgermeisters vor der Tür stehe und mit ihm zu sprechen wünsche. Der Bote wurde hereingebeten. Er machte eine artige Verbeugung und sagte: «Es hat dem Bürgermeister und seinen würdigen Amtsbrüdern, den Ratsherren, gefallen, Euch, erlauchter Herr, für das Amt eines Sheriffs von London vorzuschlagen. Heute morgen seid Ihr einstimmig von allen Gemeindebeamten gewählt worden. Ich bitte Euch im Namen der Versammlung, zum Rathaus zu kommen und zu verkünden, ob Ihr das Amt anzunehmen geruht oder nicht.»

Nachdem Meister Eyer sein Begehr vernommen hatte, teilte er ihm mit, daß er ohne Verzug vor dem Bürgermeister und den Ratsherren erscheinen und sie über seinen Entschluß aufklären werde. Mit diesem Bescheid empfahl sich der Bote.

Simons Frau hatte alles mit angehört. Ihr ganzes Gesicht erstrahlte vor Freude über die Neuigkeit. Sie ging auf ihren Mann zu, legte ihm die Arme um den Hals und küßte ihn herzlich: «Herr Sheriff», sagte sie, «ich wünsche von Herzen, daß Euch aus dem Amt und Titel Freude erwächst.»

«Ach Frau», erwiderte er, «ich verdiene das Amt doch gar nicht, und der Titel paßt nicht zu einem so einfachen Mann wie mir.»

«Nun rede kein dummes Zeug, mein Lieber», sagte sie, «und setze dich nicht selbst herab. Danke Gott für das, was du hast, und verschmähe nicht die Begünstigungen, die er dir zukommen läßt. Du besitzest genug Fähigkeiten, um dem Amt, zu dem man dich ausersehen, Ehre zu machen. Wozu schickt dir Gott überhaupt eine solche Chance? – Doch sicher, damit du dich um ihn und dein Vaterland verdient machst.»

«Frau», sagte er, «mäßig Feuer kocht am besten. Wer sich rasch auf etwas einläßt, bereut auch rasch. Sheriff von London zu sein, ist eine kostspielige Sache. Überleg doch mal, was für ein großartiges Haus wir uns leisten müssen und was für Prunkgegenstände hineingehören: Gewirkte Wandbehänge aus Arras und anderer Zimmerschmuck, ein großer Satz Tafelgeschirr aus Gold und eine Menge goldener Becher und viele kostbare Kleider. Außerdem müssen wir eine große Dienerschaft unterhalten. Das Schlimmste aber ist die Verantwortlichkeit gegen unsern edlen Herrscher, den König. Ich muß für die Gefangenen, die sich bei mir im Gewahrsam befinden, Sorge tragen und mich um viele andere, nicht minder wichtige Dinge kümmern, die ein solches Amt im Gefolge hat.»

«Was um Gottes willen soll diese Aufzählung», fragte sie, «ich weiß selbst, daß es ein verantwortungsvolles Amt ist. Nichtsdestotrotz glaube ich, daß schon viele vor dir es mit großem Erfolg ausgeübt haben, die nicht halb so reich wie du und ebenso ungebildet waren. Ich will mich noch deutlicher ausdrücken: Dieser Posten verlangt meines Erachtens nur eines vor dir – nämlich guten Willen. Und der Mangel an gutem Willen, Gott und dem Vaterland zu dienen, verriete einen minderwertigen Menschen, der du hoffentlich niemals sein wirst.»

«Schon gut, Frau», sagte er, «halte mich nicht mit deinem Geplapper auf. Die Zeit entflieht, und man erwartet mich im Rathaus. Ich muß mich sputen. Der Bürgermeister und die anderen Herren werden mich für einen unerzogenen Menschen halten, wenn ich sie warten lasse.»

Er warf sich in seine besten Kleider, um würdig vor einer so erlauchten Versammlung zu erscheinen, und verließ das Haus. Seine Frau rief ihm noch mit erhobenem Finger nach: «Vergiß nicht, was ich dir sagte. Es ist nicht recht, den Wünschen Gottes und der Mitbürger zuwider zu handeln. Denk daran, Mann!»

«Kümmere dich um deine eigenen Angelegenheiten», rief er zurück, «geh hinein und mach dich an deine Arbeit!» Und damit eilte er davon.

Sobald er außer Sicht war, schickte seine Frau einen seiner Gesellen hinter ihm her. Der sollte ihm ins Rathaus folgen und in Erfahrung bringen, ob ihr Mann das Amt annahm oder nicht. «Und wenn er es annimmt», sagte sie, «bring mir so schnell wie möglich Nachricht.»

«Wird gemacht, Meisterin», erwiderte darauf der Bote.

Als nun Meister Eyer im Rathaus eintraf, wurde er vom Bürgermeister und dessen Amtsbrüdern herzlich willkommen geheißen. «Sir», sagte der Bürgermeister, «die Gemeindebeamten dieser Stadt haben Euch für dieses Jahr zu einem unserer Sheriffs gewählt. Sie hegen eine hohe Meinung von Euch und zweifeln nicht, daß Ihr der rechte Mann für den Posten seid.»

«Werter Herr Bürgermeister», entgegnete Simon, «ich danke der Stadt untertänigst für ihre freundliche Gunstbezeigung. Ich wollte bei Gott, daß mein Reichtum so groß wie mein guter Wille wäre und daß meine Fähigkeiten für ein solches Amt ausreichten. Aber ich weiß, daß ich diesem Amt im Augenblick noch nicht gewachsen bin. Ich muß deshalb demütig bitten, mir ein Jahr Aufschub zu gewähren und mich dieses Mal zu dispensieren.»

Als Antwort auf diese Rede stand ein würdig aussehender Stadtabgeordneter auf, verbeugte sich ehrerbietig gegen den Bürgermeister und sagte: «Verehrter Bürgermeister, die Entschuldigung, die Meister Eyer vorbrachte, ist nicht sehr überzeugend; denn ich habe ihn oft sagen hören – und verschiedene andere können es bezeugen –, daß er zu Hause einen Frühstückstisch besitze, den er nicht für tausend Pfund verkaufen wolle. Und ein Mann – Herr Bürgermeister, erlaubt mir, das hinzuzufügen –, ein Mann, der tausend Pfund in einem solchen toten

Gegenstand anzulegen vermag, ist, wenn mich mein bißchen Verstand nicht trügt, auch in der Lage, Sheriff von London zu sein.»

«Da habt Ihr's, Meister Eyer», sagte der Bürgermeister, «ich muß mich wundern, daß Ihr uns mit einer so lahmen Entschuldigung kommt. Ihr sagt, Ihr seid zu arm, und schon ist bewiesen, daß Ihr reich genug seid. Ihr müßt nämlich wissen, daß die Gemeindebeamten von London ihre Augen überall haben und selten in ihrem Urteil fehlgehen. Es bleibt Euch nichts übrig: Ihr müßt das Amt annehmen.»

«Ich bitte Euch, Herr Bürgermeister», entgegnete Simon, «laßt mich noch ein Wort dazu sagen. Wenn es auch stimmt, daß ich meinen Tisch nicht für tausend Pfund verkaufte, so sagt das doch noch nichts über seinen wahren Wert aus. Nur in meiner Einbildung ist er so kostbar; denn zweifellos gäbe mir keiner der Anwesenden auch nur tausend Schilling für ihn, wenn er ihn zu Gesicht bekäme.»

«Das hilft Euch alles nichts», sagte der Bürgermeister, «hört her, ich mache Euch ein Angebot: Ihr überlaßt mir Euren Tisch und ich erstatte Euch allen Wein, den Ihr während dieses Jahres als Sheriff vertrinkt.»

«Verehrter Bürgermeister», erwiderte Simon, «unter der Bedingung, daß Ihr Euer Anerbieten nicht zurückzieht, will ich das Amt annehmen und dieser Versammlung nicht länger zur Last fallen.»

«Ihr müßt es ohne jede Bedingung oder Einschränkung annehmen», sagte der Bürgermeister. Und das war das letzte Wort in dieser Sache.

Die Versammlung wurde aufgelöst, und überall tönte es: «Meister Eyer ist Sheriff, Meister Eyer ist Sheriff!» Der Bote, den die Meisterin ausgesandt hatte, um den Verlauf der Dinge zu beobachten, hörte es, rannte, so schnell er konnte, nach Hause und rief, vor Freude umherspringend: «Meisterin, freut Euch, denn Ihr seid nun eine Lady.»

«Was schreist du da, du Tollkopf?» entgegnete sie. «Antworte mir gefälligst: Ist dein Meister Sheriff oder nicht, und hält er an dem Amt fest?»

«Ja, Meisterin, so fest, wie der Schuh, an dem genäht wird, im Spannriemen sitzt.»

«Ach», sagte sie, «dann ist mein Herzenswunsch erfüllt. Lange schon habe ich darauf gehofft.» Und damit ging sie ins Haus.

Einige Zeit später kam ihr Gatte, begleitet von einem Ratsherrn und zwei reichen Stadtverordneten. Einer der Stadtverordneten – es war jener, der Simons Tisch so viel Ehre hatte widerfahren lassen – sagte, als sie die Haustür erreichten: «Weiter als nach Hause können wir Euch nicht bringen, werter Herr Sheriff.»

«Nein, ich bitte Euch, kommt herein und trinkt einen Schluck mit mir, ehe Ihr geht.»

Und als sie drinnen waren, sagte er zu seiner Frau: «Hol die Wildbretpastete aus dem Speiseschrank, Frau, und setze den kleinen

Tisch her. Die Herren sollen eine Kleinigkeit zu sich nehmen, ehe sie fortgehen.»

Seine Frau war mit dem Satz: «Setz den kleinen Tisch her!» wohlvertraut und versuchte, die Sache abzuwenden. «Den kleinen Tisch!» sagte sie, «guter Gott, ich frage mich, was du jetzt mit dem kleinen Tisch willst. Du weißt doch, daß er schon anderweitig gebraucht wird. Ich bitte dich, guter Mann, steh ab davon und setze dich dieses eine Mal an den großen Tisch.» Und dann flüsterte sie ihm ins Ohr: «Hör mal, Mann, sollen wir uns selber diese Schande bereiten?»

«Was für eine Schande?» fragte er. «Sprich mir nicht von Schande, sondern tu, wie dir geheißen. Wir sind vier oder fünf Leute, wozu sollen wir also den großen Tisch herrichten.»

«Der kleine Tisch ist wirklich nicht bereit», antwortete sie, «laß es gut sein, mein Lieber.»

«Wir wissen wohl, daß wir lästige Gäste sind», sagte der Ratsherr, «aber es verlangt uns sehr, Euren kleinen Tisch zu sehen, dem ein hoher Wert nachgesagt wird.»

«Ihr sollt ihn sehen», erwiderte Simon, «es ist mein fester Wille.» Er wandte sich wieder an seine Frau und sagte: «Mach geschwind den kleinen Tisch fertig, meine Liebe; du siehst, daß diese Herren einen Blick auf ihn zu werfen wünschen.»

Seine Frau sah, daß es ihm Ernst war, und tat, was sie zu tun gewohnt war: sie setzte sich auf einen niedrigen Schemel, breitete ein sauberes Tuch über ihre Knie und stellte die Schüssel mit der Wildbretpastete darauf. Hurtig wurden für den Ratsherrn ein Stuhl, für die beiden Bürger zwei Hocker gebracht. Als die Gäste das sahen, brachen sie in herzliches Gelächter aus und sagten: «Wie, Herr Sheriff, ist das der Tisch, den Ihr für eine solche Kostbarkeit haltet?»

«Allerdings», erwiderte Simon.

«Da habt Ihr uns aber einen schönen Streich gespielt.»

«Das gleiche tatet Ihr, als Ihr mich zum Sheriff machtet», versetzte er. «Doch Ihr seid mir alle herzlich willkommen, und offen gestanden, wenn ich nicht so viel von Euch hielte, hättet Ihr nimmermehr meinen kleinen Tisch zu sehen bekommen. Gut, daß unser Herr Bürgermeister nicht hier sitzt. Er bereute gewiß sein voreiliges Angebot. Doch trotz alledem denke ich von meinem Tisch nicht schlechter.»

«Und dazu habt Ihr auch keinen Grund», sagten die Gäste. Sie sprachen noch ein Weilchen vergnügt miteinander; dann verabschiedeten sich der Ratsherr und die zwei Stadtverordneten, und in der ganzen Stadt verbreiteten sie die Geschichte von des Sheriffs kleinem Tisch.

Der Sheriff mußte sich nun, wie man sich vorstellen kann, um sein Amt kümmern. Tausend Sorgen drängten auf ihn ein, tausend Dinge mußten besorgt werden. Sein Schuhmachergeschäft übergab er deshalb einem seiner Gesellen. Als Wappen wählte er sich, in Erinnerung an das Schiff, dem er seinen Wohlstand verdankte, einen auf dem Wasser schwimmenden schwarzen Schwan, ein Bild, das erst von dieser Zeit an überall in und um London auf den Aushängeschildern erschien.

Wie der Ratsherr Eyer zum Bürgermeister gewählt wurde und wie er am Fastnachtstag alle Lehrlinge festlich bewirtete.

Einige Jahre nach diesen Ereignissen wurde Meister Eyer zum Bürgermeister von London gewählt. Er trat aus seiner Zunft aus und wurde Mitglied der angesehenen Tuchhändlergesellschaft, und das ganze Jahr hindurch stand seine Tür jedermann offen. Eines Tages erinnerte er sich des Versprechens, das er den Lehrlingen gegeben hatte, als sie auf ihrem Gang zum Brunnen zum Frühstück eingekehrt waren; und er erzählte seiner Frau in folgenden Worten davon:

«Guter Gott», sagte er, «wieviel hat sich in den dreißig Jahren unseres Ehestandes mit uns verändert; wie viele Wohltaten hat uns Gott in dieser Zeit erwiesen – gesegnet sei sein Name dafür.

Ich entsinne mich noch sehr gut eines Fastnachtsmorgens aus meiner Lehrlingszeit, an dem ich mit meinen Freunden – wir waren beim Wasserholen – ein seltsames Abkommen traf. Ich will dir erzählen, wie die Geschichte sich zutrug, denn, glaube mir, es lohnt sich, sie zu hören. Als wir unsere Krüge mit Wasser gefüllt hatten, beredete mich einer, meinen Krug abzustellen und mit ein paar anderen Lehrlingen frühstücken zu gehen (wie ich es schon oft zuvor getan hatte). Ich willigte ein, und wir verspeisten in einem Gasthaus einen Fleischpudding. Ich werde es nie vergessen. Doch ich will mich kurz fassen. Als die Rechnung kam und es ans Bezahlen ging, zog jeder sein Geld heraus, nur ich hatte keinen Penny in meiner Börse, und Kredit besaß ich in dem Gasthaus nicht. Ich bemerkte es nicht ohne Verlegenheit und sprach zu meinen Genossen: ‹Verehrte Freunde, schenkt mir dieses Mal mein Frühstück, und ich will als Gegengabe, falls ich jemals Bürgermeister von London werde, ein Frühstück für alle Lehrlinge der Stadt geben.› Als ich das sagte, ahnte ich weiß Gott nicht, daß aus dieser Redensart einmal Wirklichkeit werden sollte. Aber groß ist Gottes Güte; wer ihm wohlgefällt, den läßt er zu Ehren gelangen. Erfolg im Leben kommt, wie die Schrift bezeugt, nicht aus dem Westen noch aus dem Osten, sondern von dem Geber alles Guten, dem Herrscher des Himmels und der Erden. Und da mir Gott dieses Amt, auf das ich niemals hoffte, verliehen hat, ist es nur recht und billig, wenn ich mein Versprechen einlöse. Nun kann ich es ja. Ich bezahle, was ich damals nicht bezahlen konnte; denn ich möchte nicht, daß die Leute sagen, ich sei wie ein Ebenholzgewächs, das weder Blätter noch Früchte trägt. Der Fastnachtstag ist nicht fern, und ich habe die Absicht, mein Versprechen an diesem Tag, dem Tag, an dem ich es gab, zu erfüllen.»

«Ich bin voll und ganz damit einverstanden, mein Gebieter.»

«Dann, wenn du mich lieb hast», versetzte er, «laß es den Gästen weder an Pfannkuchen noch an Fleischpudding fehlen. Und sieh zu, daß du noch ein paar Stühle auftreibst. Ich überlasse alles deinem Gutdünken.»

Hierauf wurden umfangreiche Einkäufe für das Lehrlingsfrühstück getätigt. Als der Fastnachtstag herankam, beauftragte der Bürgermeister die Ratsherren, in ihren einzelnen Bezirken sein Vorhaben bekanntzugeben und die Bürger um ihre Einwilligung zu ersuchen. Er wünschte, daß alle Lehrlinge in seinem Haus frühstückten und den ganzen übrigen Tag ihrem Vergnügen nachgingen. Und so geschah es. Zu der verabredeten Zeit ertönte in jeder Gemeinde eine Glocke, worauf die Lehrlinge ihre Arbeit im Stich ließen und die Werkstätten für den ganzen Tag abschlossen. Dieser Brauch – man nennt ihn das Pfannkuchenläuten – ist seitdem jedes Jahr treulich befolgt worden.

Als die Lehrlinge alle versammelt waren, konnte das Haus des Bürgermeisters sie nicht fassen, so viele waren es. Nicht nur in der großen Halle, sondern auch in den Gärten und Höfen mußten Tische aufgestellt werden. Jedes kleine Fleckchen wurde ausgenutzt. Schließlich waren alle untergebracht, und das Essen wurde aufgetragen. Man kümmerte sich aber nicht nur um ihr leibliches Wohl. Um ihre Ohren zu erfreuen und ihr Schwatzen zu übertönen, ließen Trompetenbläser, von Trommlern begleitet, lustig ihre Instrumente erschallen. Und nach ihnen erschienen die Stadtmusikanten und spielten viele andere Lieder, um die Zeit zu verkürzen und alle Sorgen fernzuhalten.

Nach der ersten Verteilung von Pfannkuchen und Fleischpudding waren die Tische so beladen, daß sie die Schüsseln kaum tragen konnten. Was übrigblieb, wurde an die Armen vergeben. Auch Wein und Bier wurde ausgeschenkt, und zwar so reichlich, daß kein Mangel herrschte, aber nicht so reichlich, daß die Gemüter in Aufruhr gerieten. Und als ihre fröhliche Stimmung auf dem Höhepunkt war, traten der Bürgermeister in seiner roten Amtsrobe und seine Frau unter sie. Sie gingen von Tisch zu Tisch, hießen alle herzlich willkommen und erzählten von dem Versprechen, das vor so langer Zeit gegeben und nun erfüllt worden sei. Und zum Schluß warfen die Lehrlinge zum Zeichen ihrer Dankbarkeit ihre Mützen in die Luft, riefen ein lautes Hurra und machten sich unverzüglich und geräuschlos davon.

Nicht viel später erbaute Sir Simon Eyer Leaden Hall. Er verfügte, daß in der Mitte des Gebäudes auf einem freien Platz jeden Montag ein Ledermarkt abgehalten werden sollte. Das war eine große Erleichterung für die Schuhmacher, denn so konnten sie ihr Leder in der Stadt kaufen und brauchten nicht die fernen Gerbereien aufzusuchen.

Und mit Ehren überhäuft beschloß dieser treffliche Mann schließlich in London sein Leben.

DANIEL DEFOE

Der rechtmäßige Erbe

Ein wohlhabender junger Mann heiratete eine Dame, die ebenfalls recht vermögend war. Sie hatten einen Sohn und eine Tochter. Nach einigen Jahren starb die Frau. Bald darauf heiratete der Mann zum zweitenmal. Seine zweite Frau nun war keineswegs so edel und auch nicht so vermögend wie die erste. Sie behandelte die Kinder der ersten Ehe kalt und lieblos und machte das Familienleben nicht nur ihnen, sondern auch ihrem Vater recht ungemütlich.

Das Verhalten der Stiefmutter hatte zur Folge, daß der Sohn, der inzwischen herangewachsen war, seinen Vater bat, ihn auf Reisen ins Ausland zu schicken. Obwohl die Stiefmutter den jungen Mann gern so schnell wie möglich los sein wollte, widersetzte sie sich diesem Plan heftig wegen der damit verbundenen erheblichen Kosten und brachte den Vater, der zuerst ohne weiteres seine Zustimmung gegeben hatte, dazu, diese wieder zurückzuziehen.

Hierdurch fühlte sich der junge Mann tief getroffen. Nachdem sowohl er selbst wie einige

Verwandte vergeblich versucht hatten, den Vater auf alle nur mögliche Art zu überreden, beschloß er, ermutigt durch einen Onkel, einen Bruder seiner Mutter, der ersten Frau seines Vaters, ohne Erlaubnis abzureisen, und führte diesen Entschluß auch bald aus.

Ich weiß nicht mehr, wohin er zunächst reiste. Es scheint, daß sein Vater eine Zeitlang regelmäßig Nachricht von ihm erhielt und sich bewegen ließ, ihm eine angemessene Summe für seinen Lebensunterhalt auszusetzen, auf die der junge Mann stets Wechsel zog; diese wurden auch jedesmal ausbezahlt. Nach einiger Zeit jedoch setzte seine Stiefmutter zu Hause ihren Willen durch; der nächste Wechsel wurde nicht anerkannt, sondern zurückgeschickt, ohne eingelöst worden zu sein. Daraufhin zog er keine Wechsel mehr, schrieb auch keine Briefe mehr nach Haus, so daß sein Vater wohl über vier Jahre lang nichts von ihm hörte.

Dieses lange Schweigen versuchte die Stiefmutter zu ihrem Vorteil auszunutzen. Zuerst redete sie auf seinen Vater ein, der junge Mann müsse tot sein, und da sie mehrere Kinder habe, müsse sein Erbteil an ihren ältesten Sohn fallen. Der Vater wollte hiervon durchaus nichts wissen, aber die Frau ließ ihm keine Ruhe. Zugunsten ihrer Sache brachte sie zwei Gründe vor.

Erstens: Wenn der junge Mann wirklich tot war, so war die Weigerung seines Vaters sinnlos, und ihr Sohn war der rechtmäßige Erbe.

Zweitens: Wenn er nicht tot war, so war sein

langes Schweigen unverzeihlich; der Vater müsse es übelnehmen und solle über das Erbe so verfügen, als sei der Sohn tot; dieser könne aber unmöglich so rücksichtslos sein; der Vater könne sich darauf verlassen, daß der Sohn tot sei, und solle so handeln, als sei er es; denn jemand, der sich seinem Vater gegenüber so benehme, sei so gut wie tot – wenigstens als Sohn – und solle entsprechend behandelt werden.

Der Vater aber blieb lange standhaft und antwortete ihr, daß er eine Enterbung nicht mit seinem Gewissen in Einklang bringen könne. Es könnten viele Dinge in der Welt geschehen, die seinen Sohn am Schreiben hinderten. Er könne von den Türken gefangen und in Sklaverei geraten sein. Er könne bei den Persern oder Arabern sein – was übrigens wirklich der Fall war –, von wo es ihm unmöglich sei, Briefe abzuschicken. Er, der Vater, könne sich nicht entschließen, ihn zu enterben, bevor er nicht wisse, ob er dazu wirklich Grund habe und ob sein Sohn ihn wirklich habe kränken wollen.

So vernünftig diese Antworten auch waren, brachten sie die Frau doch keineswegs dazu, ihren Plan aufzugeben. Sie ließ ihm keine Ruhe mehr, so daß die ganze Familie darunter litt. Sie machte ihm das Leben so schwer und brachte mit Hilfe ihrer Kinder den erschöpften Mann beinahe so weit, daß er ihr den Willen tun wollte; aber im entscheidenden Augenblick zögerte er wieder und weigerte sich.

Die Tatsache jedoch, daß sie ihn fast so weit gebracht hatte, ermutigte sie, ihre rastlosen Bemühungen fortzusetzen, bis er sich schließlich bereit erklärte, die Erbschaftsangelegenheit neu zu regeln, wenn er bis zu einem bestimmten Termin von seinem Sohn nichts hören werde.

Dieses halbe Entgegenkommen befriedigte sie zwar durchaus nicht, aber da sie nicht mehr erreichen konnte, mußte sie sich damit abfinden. Sie versäumte jedoch nicht, ihm immer wieder vorzuhalten, daß sie keineswegs mit dem von ihm auf vier Jahre festgesetzten Zeitraum zufrieden sei.

Er wurde ärgerlich, so oft sie das sagte, und antwortete, sie könne sich wohl zufrieden geben, da diese Zeit für seinen Sohn unter Umständen knapp genug sei.

Sie quälte ihn aber so ununterbrochen, daß er schließlich die Frist auf ein Jahr herabsetzte. Doch bevor sie ihn so weit gebracht hatte, schrie sie ihn eines Tages voller Zorn an, sie hoffe, daß ihm der Geist seines Sohnes einmal erscheinen und ihm mitteilen werde, er sei tot und fordere kein Erbteil mehr, sein Vater solle also endlich seinen anderen Kindern gegenüber Gerechtigkeit walten lassen.

Während er sich nun – sehr gegen seinen Willen – bereit erklärte, die Frist auf ein Jahr zu verkürzen, sagte er ihr, er hoffe, der Geist seines Sohnes möge ihr vor Ablauf der Frist erscheinen, obwohl er nicht tot sei, und ihr sagen, daß er lebe. «Denn warum soll ein Lebender, dem man unrecht tut, nicht genausogut als Geist erscheinen können wie ein Toter?» meinte er.

Bald darauf entstand eines Abends wieder ein heftiger Familienstreit über dieses Thema. Plötzlich zeigte sich eine Hand an einem der Fensterflügel und versuchte, ihn zu öffnen. Da sich damals alle eisernen Fensterflügel nach außen öffneten, innen jedoch befestigt und verriegelt waren, sah es aus, als ob die Hand den Fensterflügel zu öffnen versuchte und es nicht könnte. Dies sah der Mann nicht, sondern nur die Frau; sie fuhr erschrocken auf und rief, den Streit vergessend: «Um Gottes willen, es sind Diebe im Garten!» Ihr Mann lief sofort zur Tür des Zimmers, in dem sie sich aufhielten, öffnete sie und blickte hinaus.

«Es ist niemand im Garten», sagte er, schlug die Tür wieder zu und kam zurück.

«Doch», sagte sie, «ich habe dort einen Mann gesehen.»

«Dann muß es der Teufel gewesen sein», sagte er, «denn im Garten ist niemand.»

«Ich kann schwören», sagte sie, «daß ich gesehen habe, wie ein Mann die Hand hob, um den Fensterflügel zu öffnen. Da er ihn aber verriegelt fand, und vielleicht auch, weil er uns hier sah, ist er weggegangen.»

«Er kann unmöglich weggegangen sein», erwiderte er. «Bin ich nicht augenblicklich zur Tür gerannt? Und du weißt, daß die Gartenmauern an beiden Seiten ihn hindern wegzulaufen.»

«Ich bitte dich», rief sie ärgerlich, «ich bin weder betrunken noch träume ich. Ich weiß wohl, ob ich einen Mann gesehen habe oder nicht, und es ist noch nicht dunkel. Die Sonne ist noch nicht ganz untergegangen.»

«Dich schrecken Schatten», sagte er voller Groll. «Menschen, die ihr schlechtes Gewissen quält, sehen oft Erscheinungen. Vielleicht war es der Teufel!»

«Nein, nein, so leicht erschrecke ich nicht», entgegnete sie. «Wenn es der Teufel war, dann war in ihm der Geist deines Sohnes. Er wird gekommen sein, um dir zu sagen, daß er zum Teufel gegangen ist und du dein Vermögen deinem ältesten Bankert geben sollst, da du es deinem rechtmäßigen Erben nicht vermachen willst.»

«Wenn es mein Sohn war», erwiderte er, «dann garantiere ich dir, daß er gekommen ist, um uns zu zeigen, daß er noch lebt, und um zu fragen, wie du so ein Teufel sein kannst, seine Enterbung von mir zu verlangen.» Dann rief er dreimal: «Alexander!» Dabei erhob er sich von seinem Stuhl und fuhr fort: «Wenn du lebst, zeige dich, damit man mir nicht Tag für Tag vorhalten kann, du seiest tot.»

Kaum hatte er diese Worte gesprochen, als der Fensterflügel, an dem die Mutter die Hand gesehen hatte, sich von selbst öffnete und der Sohn Alexander hereinblickte, mit zorniger Miene die Mutter ansah und «Hier!» rief, worauf er wieder verschwand.

Die Frau, die vorher so tapfer getan hatte, schrie jetzt so gräßlich auf, daß das ganze Haus zusammenlief. Das Dienstmädchen rannte ins Zimmer, um zu sehen, was geschehen war, und fand ihre Herrin ohnmächtig im Sessel.

Sie war nicht zu Boden gefallen, da der Sessel breit war, sondern nur etwas zur Seite gesunken, und da augenblicklich Hilfe kam, brachte man sie wieder zu sich; aber es dauerte lange, bis sie wieder völlig bei Sinnen war.

Der Mann war sofort zur Zimmertür gelaufen, hatte sie geöffnet und war in den Garten geeilt, wo aber nichts zu sehen war. Danach lief er zu einer andern Tür, die vom Haus in den Garten führte, und dann zu zwei Toren, die vom Garten hinausführten, eines zu den Ställen, das andre auf ein Feld außerhalb des Gartens; aber er fand beide fest verschlossen und verriegelt. Auf der einen Seite sah er seinen Gärtner und einen Jungen, die eine Steinwalze über einen Kiesweg zogen. Er fragte sie, ob jemand im Garten gewesen sei, aber sie versicherten beide, niemand sei dagewesen.

Darauf ging er ins Zimmer zurück, setzte sich und sprach eine gute Weile kein Wort. Die Mädchen und Dienstboten bemühten sich die ganze Zeit hindurch eifrig um seine Frau. Schließlich erholte sie sich so weit, daß sie sprechen konnte, und ihre ersten Worte waren:

«Um Himmels willen! Was war das?»

«Nun», sagte der Mann, «das war natürlich Alexander.»

Bei diesen Worten bekam sie einen Anfall und kreischte wieder ganz fürchterlich.

Ihr Mann, der diese Wirkung nicht erwartet hatte, versuchte ihr irgend etwas anderes einzureden, doch ohne Erfolg; man mußte sie zu Bett bringen und für die nötige Hilfe sorgen. Trotzdem war sie tagelang sehr krank.

Geraume Zeit ließ sie nun von ihren Bemühungen ab, die Enterbung ihres Stiefsohns durchzusetzen.

Die Zeit jedoch, die die Herzen stumpfer Menschen verhärtet, machte auch die Frau allmählich wieder sorglos, und sie begann, das alte Streitobjekt wieder hervorzuholen, wenn auch zunächst mit weniger Eifer als vorher.

Er fuhr sie hart an, wenn sie wieder bei ihrem Thema angelangt war, und befahl ihr, den Mund zu halten, sonst werde er wieder Alexander rufen und ihn auffordern, den Fensterflügel zu öffnen.

Dadurch machte er die Dinge noch schlimmer; denn obwohl sie eine Zeitlang furchtbare Angst vor ihm hatte, geriet sie schließlich in Wut und sagte, er halte es wohl mit dem Teufel und habe sich ihm nur verschrieben, um seine Frau erschrecken zu können.

Er meinte im Scherz, jeder Mann werde sich dem Teufel verschreiben, wenn er damit eine zänkische Frau zum Schweigen bringen könne, und er sei sehr froh, diesen Ausweg gefunden zu haben, was es ihn auch kosten möge.

Sie geriet über diese Worte so außer sich, daß

sie drohte, ihn als Hexenmeister und Geisterbeschwörer zu verklagen, falls er noch einmal seine Teufelskünste an ihr ausprobiere; denn sie könne beweisen, daß er den Teufel gerufen habe, bloß um seine Frau zu erschrecken.

Der Mann ging an diesem Abend mit bösen Worten und bösen Gedanken zu Bett; da er aber nicht damit rechnete, sie könne ihre Drohung wahrmachen, hatte er am nächsten Morgen alles vergessen und war so gut gelaunt, als ob nichts geschehen sei.

Seine Frau war jedoch tödlich beleidigt, erregt und voller Rachsucht und drohte ihm mit einer Anzeige.

Er glaubte nicht, sie würde ihm so übel mitspielen, und wollte ihr freundlich zureden; doch sie wies ihn verächtlich ab und versicherte, sie werde ihre Worte wahrmachen, denn sie wolle nicht mit einem Mann leben, der jeden Augenblick den Teufel ins Zimmer rufen könne, um seine Frau umzubringen.

Er bemühte sich, sie mit freundlichen Worten zu besänftigen; aber sie blieb dabei, sie meine es ernst. Sie ging dann tatsächlich zu einem Richter und gab eine eidesstattliche Erklärung ab, daß ihr Mann einen Geist zitieren könne und daß sie in Lebensgefahr schwebe, worauf sie erreichte, daß man ihr eine Vollmacht für die Verhaftung ihres Mannes gab.

Sie brachte diese Vollmacht heim, zeigte sie ihm und sagte, sie habe sie keinem Polizeibeamten ausgehändigt, da sie ihm die Möglichkeit geben wolle, freiwillig vor dem Friedensrichter zu erscheinen; sobald er ihr mitteile, er sei dazu bereit, werde sie einige Bekannte bitten, sie zu begleiten.

Er war bestürzt, denn er hatte nicht geglaubt, daß sie es ernst meinte. Da er versuchte, sie auf alle mögliche Art zu besänftigen, sagte sie sich, daß sie ihn wohl heftig erschreckt habe; und ihre Vermutung war richtig, denn wenn ihm auch keinerlei Schuld nachzuweisen war, wollte er sich doch nicht gern bloßgestellt sehen, und es war ihm unangenehm, daß die Sache an die Öffentlichkeit kommen sollte. Deshalb bemühte er sich mit allen Mitteln, sie zur Aufgabe ihres Vorhabens zu bewegen.

Aber je mehr er sich demütigte, um so mehr triumphierte sie; in ihrer Unverschämtheit trieb sie die Dinge auf die Spitze und verlangte schließlich, er solle ihr Gerechtigkeit widerfahren lassen, wie sie es nannte; sie sei sicher, sie könne ihn bestrafen lassen, wenn er weiter so eigensinnig bleibe, und sie wolle nicht Hexenkünsten und Zauberei ausgesetzt sein, denn sie wisse nicht, wie weit er es treiben werde.

Kurz – sie brachte ihn schließlich dazu, daß er vorschlug, die Sache unparteiischen Personen vorzutragen, Freunden von sowohl seiner wie ihrer Seite. Mit diesen trafen sie mehrmals zusammen, ohne zu einer Einigung zu gelangen. Seine Freunde sagten, es sei nichts an der Sache, und er solle sich nicht durch falsche Beschuldigungen zum Nachgeben zwingen lassen; er habe nur nach seinem Sohn gerufen, worauf jemand den Fensterflügel geöffnet und «Hier» geantwortet habe; das sei durchaus kein Beweis für Hexerei. Sie waren fest überzeugt, seine Frau könne nichts ausrichten.

Ihre Freunde dagegen waren sehr siegesbewußt, nachdem sie ihnen mitgeteilt hatte: sie sei bereit zu schwören, daß er ihr schon früher mit dem Geist des Sohnes gedroht und dann tatsächlich einen Geist zitiert habe; daß auf den Ruf nach dem Sohn, der zweifellos tot sei, der Geist sich sofort gemeldet habe; daß der Teufel in Gestalt des Sohnes nicht erschienen wäre, wenn der Mann sich nicht mit dem Teufel eingelassen und Zauberkraft erlangt hätte; und daß dies gefährlich für sie werden könne.

Dem Mann fehlte es an Mut, durchzuhalten; er fürchtete, ins Gerede zu kommen, sah sich in die Enge getrieben und wußte nicht, was er tun sollte.

Als sie sah, wie sanft er geworden war, erklärte sie: wenn er ihr Gerechtigkeit widerfahren lasse, wie sie es nannte, das heißt, wenn er ihren Sohn zum Haupterben einsetzen wolle, so sei sie zum Frieden bereit – unter der Bedingung, daß er verspreche, sie nie mehr durch eine Teufelsbeschwörung zu erschrecken.

Diese Bemerkung brachte ihn wieder auf; er warf ihr Verleumdung vor und sagte, er habe keine Angst vor ihr; sie solle tun, was sie nicht lassen könne.

So wurden die Verhandlungen abgebrochen,

und sie begann wieder mit ihren Drohungen. Endlich brachte sie ihn doch so weit, daß er einlenkte und versprach, ihr in Gegenwart einiger ihrer Freunde eine schriftliche Versicherung zu überreichen, daß er ihren Wunsch erfüllen werde, falls sein Sohn innerhalb von vier Monaten weder zurückkäme noch ein Lebenszeichen sende.

Sie war damit zufrieden, und alle vertrugen sich wieder, worauf er ihr das Schreiben gab; während er es ihr aber in Gegenwart ihrer beiden Mittler überreichte, konnte er sich nicht versagen, mit feierlichem Ernst zu erklären:

«Höre, du hast mich mit deiner Ungeduld zu diesem Versprechen getrieben, das ich wider mein besseres Wissen und mein Gerechtigkeitsempfinden unterschreibe. Aber du kannst dich darauf verlassen, daß ich niemals danach handeln werde.»

Einer der Mittler antwortete: «Dann hat ja alles keinen Sinn. Wenn Ihr entschlossen seid, nicht entsprechend zu handeln, ist das Schreiben wertlos. Warum versprecht Ihr etwas, was Ihr nicht halten wollt? Damit werdet Ihr nur einen neuen Streit entfachen, sobald die festgesetzte Frist verstrichen ist.»

Er entgegnete: «Aber ich bin fest überzeugt, daß mein Sohn lebt.»

«Laßt ihn», sagte die Frau zu dem Mittler, der ihrem Mann widersprochen hatte, «er soll nur unterschreiben. Für die Erfüllung der Bedingungen werde ich schon sorgen.»

«Gut», sagte der Mann, «du sollst die Unterschrift haben und kannst tun, was du willst. Aber ich bin überzeugt, daß du nie von mir die Erfüllung dieses Versprechens verlangen wirst – obwohl ich kein Hexer bin, wie du in deiner Bosheit behauptest.»

Sie erwiderte, sie könne beweisen, daß er mit dem Teufel im Bunde stehe, da er durch den Ruf nach seinem Sohn einen bösen Geist herbeigeholt habe; und sie erzählte, wie die Hand am Fensterflügel erschienen war.

«Kommt», sagte der Mann zu dem Herrn, der auf seiten seiner Frau stand, «gebt mir die Feder; ich habe im Leben nur einmal mit einem Teufel zu tun gehabt, und der sitzt dort», wobei er sich zu seiner Frau wandte. «Und jetzt habe ich ein Abkommen mit ihr getroffen, wie es sich kein Teufel besser wünschen kann, und ich werde es unterschreiben. Gebt mir die Feder, sage ich Euch, aber weder der Teufel hier noch alle Teufel der Hölle werden jemals imstande sein, mich zur Erfüllung des Versprechens zu zwingen; das merkt Euch.»

Sie wollte wieder auf ihn losfahren, und ein neuer Streit wäre entbrannt, wenn die beiden Herren nicht zwischen ihnen vermittelt hätten. Die Unterschrift des Mannes beendete den Zank für diesmal.

Nach Ablauf der vier Monate forderte sie die Erfüllung des Versprechens; ein Tag wurde festgesetzt, und die beiden Freunde der Frau, die zwischen ihnen vermittelt hatten, wurden zum

Essen eingeladen, da sie annahm, ihr Mann werde das Testament nun unterzeichnen. Demgemäß wurden alle Dokumente herbeigebracht, vervielfältigt und vorgelesen. Einige alte Papiere, die bei ihrer Eheschließung von den Vermögensverwaltern der Frau unterzeichnet worden waren und nach denen sie auf einen Teil ihres Besitzes zugunsten ihres Sohnes verzichten sollte, wurden ebenfalls vorgelegt, um annulliert zu werden. Den Mann dachte man im guten oder bösen so weit gebracht zu haben, daß er um des lieben Friedens willen das Testament unterschreiben und seinen Sohn enterben werde, wobei man zur Rechtfertigung anführte, daß dem Sohn, wenn er tot sei, kein Unrecht geschehe; wenn er aber lebe, habe er seinem Vater gegenüber lieblos und pflichtvergessen gehandelt, da er die ganze Zeit nichts von sich habe hören lassen.

Außerdem brachte man vor, daß der Vater, der offenbar sein Vermögen bedeutend vermehrt hatte, imstande sei, den Sohn, falls er doch eines Tages noch auftauchen sollte, für den erlittenen Verlust hinreichend zu entschädigen.

Mit diesen Argumenten hatten sie den armen, niedergeschlagenen Ehemann beinahe dazu überredet, sich ihnen zu fügen. Jedenfalls waren sie nun zusammengekommen, um die Sache endlich zu erledigen.

Nachdem sie alle Einzelheiten besprochen und das abgeänderte Testament vorgelesen hatten, griffen sie nach den alten Papieren, um sie ungültig zu machen; man sagt, es sei die Frau und nicht der Ehemann gewesen, die gerade das Siegel abreißen wollte, als alle plötzlich ein Geräusch in dem Wohnzimmer hörten, in dem sie saßen, als ob jemand von der Tür, die zur Eingangshalle führte, hereinkäme und durch den Raum zu der verschlossenen Gartentür schritte.

Sie waren alle bestürzt, denn obwohl sie das Geräusch laut und deutlich vernahmen, sahen sie nichts. Die Frau wurde vor Schrecken kreidebleich. Da aber nichts zu sehen war, faßte sie sich mühsam und fuhr ihren Mann an:

«Was!» rief sie, «bist du schon wieder dabei, einen Teufel zu beschwören?»

Der Mann ließ sich nicht aus der Ruhe bringen, wenn er auch nicht weniger überrascht war als sie.

Einer der Herren fragte ihn: «Was soll das bedeuten?»

«Ich versichere Euch», sagte der Mann, «daß ich nicht mehr davon verstehe als Ihr.»

«Was könnte es denn wohl sein?» fragte der andre Herr.

«Ich kann es mir nicht denken», antwortete der Mann, «denn ich bin in solchen Dingen völlig unerfahren.»

«Habt Ihr nichts von Eurem Sohn gehört?» fragte der Herr.

«Kein Wort», sagte der Vater, «nicht ein Wort seit fünf Jahren.»

«Habt Ihr ihm nichts von dieser Angelegenheit mitgeteilt?» fragte der Herr.

«Kein Wort», sagte der Vater, «denn ich wüßte nicht, wohin ich mein Schreiben richten sollte.»

«Ich habe oft von Erscheinungen gehört», sagte der Herr, «aber ich habe noch nie eine gesehen und habe auch nie geglaubt, daß etwas Wahres daran wäre. Ich habe auch jetzt nichts gesehen; aber daß eine Person oder ein Geist oder sonst etwas eben durch das Zimmer gegangen ist, steht fest. Ich habe es deutlich gehört. Ich glaube, daß etwas Unsichtbares im Zimmer ist, so sicher, als ob ich es sehen könnte.»

«Gewiß», sagte der zweite Mittler. «Ich habe den Luftzug gespürt, als es an mir vorbeikam.» Dann wandte er sich an den Ehemann: «Könnt Ihr vielleicht etwas sehen?»

«Nein, auf mein Wort», sagte dieser, «nicht den leisesten Schimmer von einer Erscheinung.»

«Ich habe gehört und gelesen», sagte der erste Mittler, «daß manche Leute Erscheinungen sehen, während andere nichts sehen, obwohl sie im selben Raum sind.»

Aber der Mann beteuerte, daß er nichts sehe.

«Habt Ihr früher mal etwas gesehen», fragte der erste Mittler, «oder habt Ihr Stimmen oder Geräusche gehört, oder habt Ihr von unsrer Sache geträumt?»

«Allerdings», erwiderte der Mann, «ich habe mehrmals geträumt, daß mein Sohn lebt und daß ich mit ihm gesprochen habe, und einmal, daß ich ihn gefragt habe, warum er mir gegenüber so pflichtvergessen sei und mich im Stich lasse und jahrelang nicht schreibe, obwohl er wisse, daß es in meiner Macht stehe, ihn zu enterben.»

«Und was hat er Euch geantwortet?»

«Ich habe nie so lange geträumt, daß er geantwortet hätte; ich bin stets vorher aufgewacht.»

«Und was denkt Ihr selbst?» fragte der Mittler. «Glaubt Ihr, daß er tot ist?»

«Nein, keineswegs», sagte der Vater. «Ich bin überzeugt, daß er lebt, wie ich überzeugt bin, daß ich selber lebe; und daß ich im Begriff bin, die größte Gemeinheit zu begehen, die ein Vater nur begehen kann.»

«Offen gestanden», sagte der zweite Mittler, «die Sache gefällt mir nicht. Ich weiß nicht, was ich dazu sagen soll. Ich möchte nichts mehr damit zu tun haben; ich möchte keinen Menschen dazu drängen, gegen sein Gewissen zu handeln.»

Als dies die Frau hörte, die sich inzwischen etwas beruhigt und, da nichts zu sehen war, wieder Mut gefaßt hatte, fuhr sie auf: «Was soll das ganze Gerede? Ist nicht alles abgemacht? Wozu sind wir denn hier zusammengekommen?»

«Gewiß», sagte der erste Mittler, «ich denke, wir sind nicht hergekommen, um uns zu fragen, warum wir etwas tun sollen, sondern um etwas verabredungsgemäß zum Abschluß zu bringen. Wovor fürchten wir uns also?»

«Ich habe keine Angst», sagte die Frau. «Komm», wandte sie sich herausfordernd an ihren Mann, «unterschreib das Testament. Ich werde die alten Papiere vernichten, und wenn vierzig Teufel im Zimmer wären.» Dann nahm sie eins der Dokumente und begann das Siegel abzureißen.

In diesem Augenblick flog der gleiche Fensterflügel auf wie damals, obwohl er wieder von innen fest verschlossen war, und der Schatten einer Gestalt war draußen zu sehen; es war, als ob sie im Garten stände, mit dem Kopf bis zum Fenster reichte, ins Zimmer hineinschaute und die Frau ernst und zornig anstarrte. «Halt!» rief das Gespenst, als ob es zu der Frau spräche, schlug gleich darauf den Fensterflügel zu und verschwand.

Es ist unmöglich, die Verwirrung zu beschreiben, die die Anwesenden bei dieser zweiten Erscheinung erfaßte. Die Frau, die vorher kühn behauptet hatte, sich vor vierzig Teufeln nicht zu fürchten, schrie wie im Krampf auf und ließ das Schriftstück aus der Hand fallen. Die beiden Mittler waren ebenfalls heftig erschrocken, wenn auch nicht so sehr wie das Ehepaar. Der eine von ihnen nahm die Schlichtungsurkunde, die sie unterzeichnet und in der sie festgesetzt hatten, der Ehemann solle das Testament unterschreiben, durch das er seinen Sohn enterbte.

«Ich bin der Meinung», sagte er, «daß der Geist, mag er nun gut oder böse sein, jedenfalls nichts dagegen haben wird, wenn wir dies ungültig machen.» Damit riß er seine Unterschrift von der Urkunde ab, und der zweite Mittler folgte seinem Beispiel. Dann erhoben sich beide und erklärten, sie wollten mit der Sache nichts mehr zu tun haben.

Am wenigsten aber hatte man erwartet, daß der Ehemann, obwohl alles zu seinen Gunsten ausgegangen war, vor Schrecken in Ohnmacht fiel.

Dies brachte die Angelegenheit vorläufig zum Abschluß. Die folgenden Ereignisse zeigten, daß sie nun endgültig erledigt war.

Es gibt noch eine ganze Reihe von Einzelheiten in der Geschichte, mit denen ich meine Leser verschonen will. Die beiden folgenden Fakten aber sind wichtig und dürfen nicht verschwiegen werden:

Erstens: Vier bis fünf Monate nach dieser zweiten Erscheinung kehrte der Sohn aus Ostindien zurück, wohin er vier Jahre zuvor von Lissabon aus mit einem portugiesischen Schiff gefahren war.

Zweitens: Nachdem man ihn eingehend nach diesen Dingen ausgefragt und besonders hatte wissen wollen, ob er Erscheinungen gehabt, Stimmen gehört oder sonstwie eine Ahnung von den Vorfällen in England, die sich auf ihn bezogen, gehabt habe, verneinte er immer wieder; nur habe er einmal geträumt, daß ihm sein Vater einen zornigen Brief geschrieben und gedroht habe, ihn zu enterben und ihm keinen

Schilling zu hinterlassen, wenn er nicht bald nach Hause käme. In Wirklichkeit aber habe er nie so einen Brief von seinem Vater noch von sonst jemandem erhalten.

Mein Onkel, der Seemann

Mein Vater war Pfarrer in einer Gemeinde in der Nähe von Amwell. Ich kam in dem Pfarrhaus zur Welt, hinter dem der Kirchhof liegt. Das erste, woran ich mich in meinem Leben erinnern kann, ist, wie mein Vater mich an Hand der Buchstaben auf dem Grabstein meiner Mutter das Alphabet lehrte. Manches Mal klopfte ich an die Tür von meines Vaters Arbeitszimmer, und ich meine noch heute seine Stimme zu hören: «Wer ist da? Was willst du, mein Kleines?» «Zu Mama gehen. Schöne Buchstaben lernen.» Mehrmals am Tag legte mein Vater seine Bücher und Papiere beiseite, um mit mir zum Grab zu gehen, fragte mich die Buchstaben ab und lehrte mich Silben und Wörter, so daß die Inschrift auf meiner Mutter Grabstein zur Fibel wurde, aus der ich lesen lernte.

Eines Tages saß ich auf einer Stufe am Kirchhofzaun, als ein Herr vorüberkam und mich meiner Mutter Namen buchstabieren hörte, worauf ich mit Nachdruck sagte: «Elisabeth

Villiers», als habe ich etwas Besonderes geleistet. Dieser Herr war mein Onkel James, der Bruder meiner Mutter. Er war Leutnant bei der Handelsmarine und hatte England wenige Wochen nach der Hochzeit meiner Eltern verlassen. Jetzt kam er von einer langen Seereise zurück, um meine Mutter zu besuchen. Die Nachricht von ihrem Tod hatte ihn nicht erreicht, obwohl sie vor über einem Jahr gestorben war.

Als mein Onkel mich am Kirchhofzaun sitzen sah und den Namen meiner Mutter aussprechen hörte, blickte er mich forschend an, und da er eine Ähnlichkeit mit meiner Mutter feststellen zu können glaubte, dachte er, ich müsse das Kind seiner Schwester sein. Ich war zu konzentriert, um auf ihn zu achten, und buchstabierte weiter. «Bei wem hast du so schön lesen gelernt, meine Kleine?» fragte er. «Bei Mama», gab ich zur Antwort, denn ich hatte das Gefühl, daß die Worte auf dem Grabstein zu meiner Mutter gehörten und daß sie sie mich gelehrt habe. «Und wer ist deine Mama?» fragte mein Onkel weiter. «Elisabeth Villiers», antwortete ich. Da nannte er mich seine liebe kleine Nichte und sagte, er wolle mit mir zu Mama gehen. Er faßte mich an der Hand und wollte mit mir nach Hause gehen. Er freute sich, mich getroffen zu haben, denn er dachte, es müsse eine hübsche Überraschung für seine Schwester sein, wenn sie ihr Töchterchen mit dem so lange abwesenden «Onkel Seemann» nach Haus kommen sehe.

Ich war bereit, ihn zu Mama zu begleiten, aber wir konnten uns nicht über den Weg zu ihr einig werden. Mein Onkel wollte über die Straße gehen, die direkt zu unserem Haus führte; ich zeigte auf den Kirchhof und sagte, das sei der Weg zu Mama. Obwohl er ungeduldig über den Zeitverlust war, wollte er doch nicht mit seiner neuen Verwandten streiten und hob mich über den Zaun, um mich zu einem Tor am Ende unseres Gartens zu führen. Aber nein, auch dorthin wollte ich nicht. Ich ließ seine Hand los und sagte: «Du weißt den Weg nicht, ich werde ihn dir zeigen.» Und ich eilte, so schnell ich konnte, durch das hohe Gras und die Disteln. Er sprang über niedrige Gräber und sagte, während er mir auf meinen Umwegen – wie er es nannte – folgte: «Was für eine hartnäckige kleine Nichte ich habe. Ich kannte den Weg zum Haus deiner Mutter, als du noch nicht auf der Welt warst, mein Kind.» Endlich blieb ich am Grab meiner Mutter stehen, zeigte auf den Grabstein und sagte triumphierend: «Hier ist Mama», als hätte ich ihn nun überzeugt, daß ich den Weg am besten wußte. Ich blickte zu ihm auf, als erwarte ich, daß er seinen Irrtum zugebe, aber oh! Was für ein entsetzlich verstörtes Gesicht sah ich da! Ich war so erschrocken, daß ich mich auf das Folgende nicht genau besinnen kann. Ich erinnere mich, daß ich ihn am Rock gezogen, «Onkel» gerufen und versucht habe, ihn weiterzuzerren. Ich wußte nicht, wie ich mich verhalten sollte. Ich war ganz verwirrt, denn ich verstand wohl, daß es falsch gewesen war, den Herrn zum Grab meiner Mutter zu bringen; aber ich verstand nicht, warum es falsch war. Für mich war es immer eine Freude, zu diesem Grab zu gehen. Zu Hause schickte mein Vater mich oft fort, weil ihm mein Geplapper zuviel war, aber hier draußen war er ganz für mich da. Ich konnte soviel reden und so ausgelassen sein, wie ich wollte, unsre Besuche bei Mama, wie wir es nannten, waren stets friedlich und fröhlich. Mein Vater erzählte mir, daß meine Mutter dort unten ruhig schlafe und daß auch er und seine kleine Betsy eines Tages dort unten neben Mama im Grabe schlafen würden, und wenn ich abends zu Bett ging und den Kopf aufs Kissen legte, wünschte ich, daß ich mit Papa und Mama im Grab schlafen könnte, und sah mich in meinen kindlichen Träumen dort unten in der weichen kühlen Erde. Ich stellte mir meine Mutter nie wirklich vor, ich sah nur den Grabstein, Papa, das weiche, grüne Gras und meinen Kopf auf dem Arm meines Vaters.

Ich weiß nicht, wie lange mein Onkel sich seinem furchtbaren Schmerz überließ. Es kam mir sehr lange vor. Endlich nahm er mich in seine Arme und drückte mich so fest an sich, daß ich in Tränen ausbrach, nach Hause lief und meinem Vater erzählte, daß ein fremder Herr über Mamas schöne Buchstaben weine.

Zweifellos war es ein sehr trauriges Wiedersehen zwischen meinem Vater und meinem

Onkel. Ich erinnere mich, daß es das erste Mal war, daß ich meinen Vater weinen sah, worauf ich ganz verstört in die Küche lief und Susanne, unserem Hausmädchen, erzählte, daß Papa weine. Sie wollte mich bei sich halten, damit ich die Unterhaltung der beiden Herren nicht störe. Aber ich wollte zurück ins Wohnzimmer zu meinem armen Papa, trat leise ein und schmiegte mich an seine Knie. Mein Onkel wollte mich auf den Schoß nehmen, aber ich wandte ihm böse den Rücken zu, denn ich hatte eine Abneigung gegen ihn, weil er meinen Vater zum Weinen gebracht hatte.

Ich erfuhr jetzt zum erstenmal, daß der Tod meiner Mutter ein großes Unglück war, denn ich hörte meinen Vater traurig von ihrer langen Krankheit und ihrem Tod erzählen, und wie sehr er unter dem Verlust leide. Mein Onkel meinte, es sei sehr schwer für meinen Vater, mit so einem kleinen Kind alleingelassen zu werden; aber mein Vater versicherte, daß seine kleine Betsy sein einziger Trost sei und daß er vor Kummer gestorben wäre, wenn er mich nicht gehabt hätte. Ich verstand nicht, wieso ich meinem Vater ein Trost war. Ich freute mich, wenn er mit mir sprach und spielte, aber ich dachte, daß er das alles mir zuliebe tue, und hatte keine Ahnung, daß ich ihn ebenfalls glücklich machen konnte. Daß er Kummer hatte, war mir neu und unverständlich. Ich konnte mir nicht vorstellen, daß er jemals unglücklich gewesen war; seine Stimme war immer gleichmäßig freundlich und heiter, ich hatte ihn nie zuvor weinen oder Kummer verraten sehen, wie ich es tat, wenn ich etwas auf dem Herzen hatte. Meine Gedanken über diese Dinge waren unklar und kindlich; aber von jetzt an grübelte ich oft über die traurige Geschichte von meiner frühverstorbenen Mutter.

Am nächsten Tag ging ich gewohnheitsmäßig zu meines Vaters Tür, um ihn zu einem Gang zu dem geliebten Grab zu holen, aber Zweifel erfüllten mich, und ich konnte mich nicht entschließen anzuklopfen. Ich lief zwischen Küche und Arbeitszimmer hin und her und wußte nicht, was ich anfangen sollte. Mein Onkel sah mich im Flur und sagte: «Betsy, willst du mit mir in den Garten gehen?» Ich lehnte ab, denn ich wollte wie immer mit Papa am Grab sitzen und mich mit ihm unterhalten. Mein Onkel versuchte, mich zu überreden, aber ich rief: «Nein, nein» und lief weinend in die Küche. «Das Kind ist heute so unruhig», sagte Susanne. «Ich weiß nicht, was ich mit ihr machen soll.» «Ach», sagte mein Onkel, «ich glaube, mein armer Schwager verwöhnt sie, da er nur das eine Kind hat.» Diese Bemerkung über meinen Vater machte mich sehr zornig, denn ich hatte nicht vergessen, daß mit diesem neuen Onkel zum erstenmal Kummer und Leid in unser Haus gekommen waren. Ich schrie und weinte laut, bis mein Vater kam und fragte, was los sei. Er bat meinen Onkel, ins Wohnzimmer zu gehen, und sagte, er wolle selbst mit dem kleinen

Schreihals fertigwerden. Als mein Onkel gegangen war, schrie ich nicht mehr, und mein Vater vergaß, mich wegen meines schlechten Benehmens zurechtzuweisen oder nach der Ursache zu forschen. Bald saßen wir wieder am Grabstein. Diesmal gab es keinen Leseunterricht, und Papa sprach nicht davon, daß Mama in dem grünen Grab schlief. Ich sprang nicht vom Grabstein herunter, mein Vater scherzte nicht mit mir und erzählte mir keine Geschichten. Ich saß auf seinem Schoß, blickte ihn an und dachte: Papa sieht so traurig aus!, bis ich müde vom Weinen und Nachdenken wurde und fest einschlief.

Mein Onkel erfuhr bald durch Susanne, daß das Grab unser ständiger Aufenthaltsort war. Susanne fügte hinzu, sie halte es nicht für gut, daß ihr Herr dem Kind am Grabstein Lesen beibringe, denn wenn es ihm auch einerseits ein Trost sei, so halte es ihm auch andererseits seinen Kummer stets frisch im Gedächtnis. Der Anblick von meiner Mutter Grab war für meinen Onkel ein solcher Schock gewesen, daß er sich bereitwillig Susannes Meinung anschloß und sich sagte, wenn ich auf andre Weise Lesen und Schreiben erlernen könne, so gäbe es keinen Vorwand mehr für diese häufigen Besuche am Grab. Und sofort machte sich mein guter Onkel auf den Weg zur nächsten Stadt, um mir einige Bücher zu kaufen.

Ich hatte die Unterredung zwischen Susanne und meinem Onkel gehört und war nicht damit einverstanden, daß er sich in unsere Vergnügungen mischte. Ich sah ihn seinen Hut nehmen und ausgehen und hoffte, er werde wieder über das Meer fahren, wo er hergekommen war, wie mir Susanne erzählt hatte. Wo «über das Meer» war, wußte ich nicht, aber ich nahm an, daß es weit weg sein mußte. Ich setzte mich wieder an den Kirchhofzaun, hielt die Straße im Auge und sprach: «Hoffentlich sehe ich meinen Onkel nie wieder. Hoffentlich kommt er nie wieder von ‹über dem Meer›.» Aber ich sagte dies nur leise, denn ich hatte das Gefühl, daß es nicht recht sei. Ich saß noch dort, als mein Onkel mit seinen Einkäufen zurückkehrte. Ich sah ihn schnell näherkommen mit einem Paket unter dem Arm. Ich war sehr enttäuscht, ihn wiederzusehen, runzelte die Stirn und versuchte, ein finsteres Gesicht zu machen. Er begann, sein Paket auszupacken, und sagte: «Betsy, ich habe dir ein schönes Buch mitgebracht.» Ich drehte meinen Kopf weg und sagte: «Ich will kein Buch», aber unwillkürlich blickte ich doch zurück. In der Eile des Auspackens waren ihm alle Bücher auf den Boden gefallen, und ich sah schöne Umschläge mit Golddruck und bunte Bilder verstreut herumliegen. Wie schön! Meine Abneigung war wie weggeblasen. Ich hob mein Gesicht, um ihn zu küssen, wie ich es bei meinem Vater zu tun pflegte, wenn ich ihm für etwas danken wollte.

Mein Onkel hatte sich eine ziemlich schwierige Aufgabe gestellt. Er hatte mich so gut lesen hören, daß er dachte, man brauche mir nur Bücher zu geben und ich könne sie ohne weiteres lesen. Aber obwohl ich das Alphabet beherrschte, waren die Buchstaben in den neuen Büchern bedeutend kleiner, als ich es gewohnt war, so daß sie mir so fremd vorkamen wie griechische Lettern und ich nichts damit anfangen konnte. Der ehrliche Seemann ließ sich dadurch nicht entmutigen; obwohl er keinerlei Erfahrung als Lehrer besaß, lehrte er mich mit unermüdlichem Eifer den kleinen Druck lesen. Und jedesmal, wenn es ihm schien, als wollten mein Vater und ich unsere Besuche am Grab wieder aufnehmen, schlug er schnell einen schönen Spaziergang vor. Gab mein Vater dann zu bedenken, daß der Weg für mich zu weit sei, setzte er mich auf seine Schultern und sagte: «Dann kann Betsy reiten.» Und er trug mich meilenweit.

Der lange Besuch meines Onkels bei uns war ein so wichtiges Ereignis in meinem Leben, daß ich meine Leser zu ermüden fürchte, wenn ich soviel darüber berichte; nach seiner Abreise aber bleibt mir nicht mehr viel zu erzählen.

So verstrichen die Sommermonate, wenn auch nicht so schnell wie sonst. Die schönen Wanderungen, die herrlichen Berichte von den Abenteuern meines Onkels ließen mir die Monate wie Jahre erscheinen. Ich erinnere mich an das Herannahen des Winters, weil mein Onkel mir da einen schönen, warmen Mantel kaufte. Ich war sehr stolz, als ich ihn zum erstenmal trug und er mich Rotkäppchen nannte und sagte, ich solle mich vor dem Wolf in acht nehmen. Ich lachte und sagte, so etwas gebe es jetzt nicht mehr. Da erzählte er mir, wie viele Wölfe, Bären, Löwen und Tiger er in Ländern gesehen habe, die so unbewohnt seien wie Robinsons Insel. Oh, was für eine glückliche Zeit das für mich war!

Im Winter gingen wir nicht so weit und nicht so oft spazieren. Meine Bücher waren jetzt mein Hauptvergnügen; aber meine Lektüre wurde oft durch ausgelassene Spiele mit meinem Onkel unterbrochen, die mich jedoch manchmal in Zorn versetzten, da er oft etwas unsanft mit mir umging. Doch schon längst hing ich sehr an meinem Onkel, und ich lernte eine Menge, während er bei uns war. Ich konnte jetzt fließend lesen, und da ich ständig den Unterhaltungen zwischen meinem Vater und meinem Onkel zuhörte, wurde ich bald ein ganz verständiges kleines Mädchen, so daß mein Vater sagte: «James, du hast aus meinem Kind ein vernünftiges kleines Wesen gemacht.»

Mein Vater ließ mich oft mit meinem Onkel allein, entweder weil er seine Predigten vorbereiten, Kranke besuchen oder armen Leuten Ratschläge erteilen wollte. Dann unterhielt sich mein Onkel lange mit mir, sagte mir, wie ich mich bemühen sollte, meinem Vater Freude zu machen, und wie ich mich weiterbilden solle, wenn er nicht mehr da sei. Nun verstand ich auch, warum er sich solche Mühe gegeben hatte, meinen Vater von meiner Mutter Grab fernzuhalten, diesem Grab, das ich oft heimlich besuchte, aber das ich nur noch mit Trauer und Ehrfurcht betrachten konnte, denn mein Onkel hatte mir erzählt, wie gut meine Mutter gewesen war, und ich dachte nun an sie wie an eine richtige Mama, während sie vorher für mich ein Idealgebilde gewesen war, das nichts mit der Wirklichkeit zu tun hatte. Und er erzählte mir, daß die Damen aus dem Schloß, die in der Kirche die besten Plätze hatten, nicht so anmutig und die liebenswertesten Frauen im Dorf nicht so gütig seien wie meine liebe Mutter und daß, wenn sie noch lebte, ich nicht bei ihm, einem ungehobelten Seemann, spärlichen Unterricht bekäme oder Nähen und Stricken bei Susanne lernen müßte, sondern daß ich bei ihr alle feinen Arbeiten, gutes Benehmen und ausgezeichnete Manieren gelernt hätte wie eine richtige Dame und daß sie mir die passenden Bücher ausgesucht hätte, aus denen ich etwas hätte lernen können und die er nicht kenne. Wenn ich jemals im Leben einen Sinn dafür bekommen habe, wie eine richtige Frau denken und handeln soll, so verdanke ich das dem Unterricht meines einfachen, ungebildeten Onkels, denn indem er mir erzählte, was meine Mutter aus mir gemacht hätte, zeigte er mir, wie ich werden sollte, und als ich, kurz nachdem mein Onkel abgereist war, den Damen aus dem Schloß vorgestellt wurde, ließ ich nicht verlegen den Kopf hängen wie ein Bauerntolpatsch, wie ich es vor dem Besuch meines Onkels getan hätte, sondern bemühte mich, ruhig und deutlich zu sprechen und mich mit bescheidener Anmut zu benehmen, wie meine Mutter es getan hätte. Anstatt verwirrt die Augen niederzuschlagen, blickte ich die Damen offen an und dachte, wie schön und vornehm sie aussähen und wie liebreizend meine Mutter gewesen sein müsse, da sie diese Damen noch übertroffen habe. Als ich sie meinem Vater Komplimente über mein ausgezeichnetes Benehmen und die gute Erziehung machen hörte, dachte ich: Mein Vater kümmert sich nicht allzuviel um meine Manieren, wenn ich nur ein gutes Mädchen bin; aber mein Onkel hat mich gelehrt, mich zu benehmen wie meine Mutter. Ich kann heute nicht mehr glauben, daß mein Onkel so einfach und ungebildet gewesen ist, wie er selbst sagte, denn sein Unterricht war so gut und eindrucksvoll, daß ich ihn nie vergessen habe und daß er mir mein ganzes Leben lang genützt hat. Er erklärte mir alle Wörter, die er brauchte, zum Beispiel «Grazie», «Eleganz», «bescheidene Zurückhaltung», «Verstellung», und erläuterte an Beispielen, was er meinte, indem er mich auf das Benehmen der Damen und ihrer Töchter aufmerksam machte, die unsere Kirche besuchten, denn außer den Damen aus dem Schloß kamen viele der benachbarten Familien in unsere Kirche, weil mein Vater so gut predigte.

Es muß in den ersten Frühlingstagen gewesen sein, als mein Onkel uns verließ, denn die Krokusse blühten gerade, und die Schlüsselblumen schauten unter den knospenden Hecken hervor. Ich weinte herzbrechend, als ich ihn durch eine Baumlücke noch einmal sehen konnte, wie er die Straße hinunterschritt. Mein Vater begleitete ihn zur nächsten Stadt, von wo er mit der Postkutsche nach London fahren wollte. Wie lästig waren mir Susannes Versuche, mich zu trösten. Der Platz am Zaun, von dem aus ich meinen Onkel zuerst gesehen hatte, fiel mir ein, und ich beschloß, dorthin zu gehen und an diese erste Begegnung zu denken. Aber ich hatte mich kaum dorthin gesetzt, als ich mich erinnerte, wie ich ihn erschreckt hatte, als ich ihn törichterweise zum Grab meiner Mutter geführt hatte. Dann dachte ich daran, wie böse ich gewesen war, als ich hier gesessen und gewünscht hatte, daß er, der fortgegangen war, um mir Bücher zu kaufen, nie wiederkommen möge. Jedes zornige Wort, das ich zu ihm bei unseren Spielen gesprochen hatte, kam mir in den Sinn und brach mir fast das Herz. Ich mußte ins Haus laufen zu Susanne und bei ihr den Trost suchen, von dem ich vorher nichts hatte wissen wollen.

Einige Tage danach, als ich mit meinem Vater am Kaminfeuer saß in der Dämmerung, bevor die Kerzen angezündet wurden, erzählte ich ihm von meinen Gewissensbissen und wie leid es mir tue, so oft böse zu meinem Onkel gewesen zu sein.

Mein Vater lächelte, nahm meine Hand und sprach: «Ich will dir etwas sagen, mein liebes Kind. Solche Selbstvorwürfe empfinden wir alle, wenn die, die wir lieben, uns verlassen haben. Solange wir mit unseren Lieben vereint sind, machen wir uns nicht viel Gedanken darüber, was für ein Segen ihre Anwesenheit für uns ist, noch nehmen wir es besonders genau mit unseren Worten und Handlungen im täglichen Umgang. Wir lassen unsere Lieben ohne weiteres an unseren guten und schlechten Stimmungen teilhaben, und wenn kleine Meinungsverschiedenheiten unser Verhältnis trüben, so kommen wir uns um so näher, wenn wir uns wieder versöhnen. Aber alle diese Dinge erscheinen uns als Schuld, wenn unser Angehöriger uns alleingelassen hat. Zwischen deiner lieben Mutter und mir gab es keine Unstimmigkeiten; aber was ist mir in der ersten Zeit meines Schmerzes nicht alles in den Sinn gekommen, wie ich sie hätte glücklicher machen können! So geht es dir nun auch, mein Kind. Du hast alles getan, was ein Kind tun kann, um seinem Onkel Freude zu machen, und er hat dich sehr lieb. Und das, was dir jetzt Kummer bereitet, hat dein Onkel dir keineswegs übelgenommen. Noch bei unserm letzten Spaziergang erzählte er mir, wie schwer es in der ersten Zeit für ihn gewesen sei, deine Zuneigung zu gewinnen, und wie gern er in der Ferne daran zurückdenken werde, daß es ihm doch gelungen sei. Sei nicht mehr traurig, aber laß es dir eine Lehre sein, immer so freundlich wie möglich zu denen zu sein, die dir nahestehen, damit du dir später keine Vorwürfe zu machen brauchst. Diese Gefühle, die du mir jetzt geschildert hast, sind Menschenlos. So wirst du denken, wenn ich nicht mehr bin, und so werden deine Kinder denken, wenn du gestorben bist. Aber dein Onkel wird ja zurückkommen, Betsy, und wir wollen überlegen, wo der Käfig mit dem sprechenden Papagei stehen soll, den er mitbringen will. Und sag Susanne, sie möge die Kerzen bringen, und frag sie, ob der gute Kuchen fertig sei, den sie uns zum Tee versprochen hat.»

SIR WALTER SCOTT

Die beiden Treiber

I

Meine Erzählung beginnt am Tage nach dem Markt zu Doune. Es war ein geschäftiges Treiben gewesen; mehrere Händler aus den mittleren und nördlichen Grafschaften Englands hatten sich eingefunden, und englisches Geld war munter genug geflossen, um die Herzen der Hochlandbauern zu erfreuen. Zahlreiche große Herden, die auf englischen Feldern oder Gutshöfen fürs Schlachthaus gemästet werden sollten, standen kurz vor dem Abmarsche. Ein Weg von einigen hundert Meilen lag vor ihnen; das langwierige und mühsame Geschäft, sie von dem Ort des Kaufabschlusses bis zu dem Ort ihrer Bestimmung zu treiben, besorgten entweder die Besitzer selbst oder gedungene Geleitsmänner, die gegen Bezahlung die Verantwortung für den Transport übernahmen.

Die Hochländer sind wahre Meister in diesem schwierigen Treiberhandwerk, das ihnen, wie es scheint, ebenso gut liegt wie das Kriegerhandwerk. Ihre Geduld, ihre Ausdauer, ihre Freude an körperlicher Anstrengung, all das kommt erst hier zur Entfaltung. Sie müssen die Herdenwege, die durch die wildesten Gebiete des Landes führen, aufs genaueste kennen und die Landstraßen, auf denen die Ochsen nur unter Qualen laufen können, wie auch die Schlagbäume, die den Treiber selbst verdrießen, so gut wie möglich meiden; auf der breiten, grauen oder grünen Spur aber, die durch das weglose Heideland führt, kann sich das Vieh nicht nur bequem und ohne Besteuerung bewegen, sondern, wenn es nicht faul ist, auch etwas Futter am Wege aufgreifen. Nachts schlafen die Treiber gewöhnlich neben ihrer Herde, das Wetter mag sein, wie es will; und viele dieser abgehärteten Männer ruhen während eines Fußmarsches von Lochaber nach Lincolnshire kein einziges Mal unter einem schützenden Dach. Sie werden sehr hoch bezahlt, denn ihre Vertrauenswürdigkeit ist ungemein wertvoll, da es von ihrer Klugheit, Umsicht und Ehrlichkeit abhängt, ob die Tiere in guter Verfassung zu ihrem Bestimmungsort gelangen und dem Viehmäster Gewinn bringen. Doch müssen sie sich auf eigene Kosten ernähren und sind deshalb in diesem Punkte äußerst genügsam. Zu der Zeit, von der hier die Rede ist, bestand der Proviant eines Hochlandtreibers aus einigen Handvoll Hafermehl, ein paar Zwiebeln, die er ab und zu erneuerte, und einem Widderhorn voll Whisky, dem er regelmäßig, aber sparsam abends und morgens zusprach. Sein Dolch, den er unter einem Arm oder in den Falten seines Plaids verborgen trug, war außer dem Knüppel, mit dem er die Bewegungen des Viehs lenkte, seine einzige Waffe. Niemals war ein Hochländer glücklicher als bei einer solchen Unternehmung. Da war die Abwechslung während der ganzen Reise, die der natürlichen Neugier und Bewegungslust des Kelten entgegenkam; da war der dauernde Wechsel des Landschaftsbildes; da waren die kleinen Abenteuer, die das Geschäft mit sich brachte, und der Verkehr mit den verschiedenen Bauern, Viehmästern und Händlern, nicht selten verbunden mit einem lustigen Schmaus, der dem Schotten keineswegs weniger angenehm war, weil er ihn nichts kostete; – und da war das Bewußtsein eines überlegenen Könnens; denn so unbegabt der Hochländer zum Schafhirten ist, so sehr ist er zum Viehtreiber befähigt; ja, seine freie Lebensart läßt ihn das träge Dasein eines Schäfers verachten, so daß er sich niemals gewisser am rechten Platze fühlt, als wenn er einer stattlichen Herde seines heimatlichen Viehs folgen und ihr Hüter sein darf.

Unter allen, die mit einer Absicht, wie wir sie beschrieben, in den Morgenstunden Doune verließen, setzte wohl keiner seine Mütze kecker zurecht und band keiner seine gewürfelten Strümpfe über einem Paar vielversprechenderer Beine fester als Robin Oig M'Combich, gemeinhin Robin Oig genannt, das heißt der junge oder kleinere Robin. Wenngleich von schmächtiger Gestalt, wie der Beiname Oig sagt, und nicht allzu kräftig gebaut, war er doch flink und behende wie ein Reh seiner Berge. Er besaß einen geschmeidigen Gang, um den ihn im Verlaufe eines langen Marsches so mancher kräftige Geselle beneidete; und die Art, wie er seinen Plaid umwarf und seine Mütze aufsetzte, verriet das Bewußtsein, daß ein so flotter Hochländer wie er selbst nicht unbemerkt an den Mädchen des Tieflandes vorbeiziehen würde. Die frischen Wangen, roten Lippen und weißen Zähne bildeten ein Gesicht, das, obgleich stets dem Wetter ausgesetzt, eher eine gesunde und kräftige als rauhe Farbe erhalten hatte. Wenn auch Robin Oig nicht häufig lachte oder nur lächelte, wie es in der Tat nicht die Gewohnheit seiner Landsleute ist, so blickten seine klaren Augen doch unter der Mütze in einer Art Frohsinn hervor, die sich jederzeit in Heiterkeit verwandeln konnte.

Der Abschied Robin Oigs war ein Ereignis für das Städtchen, in und nahe dem er viele Freunde und Freundinnen besaß. Er war einer der ersten auf seinem Gebiet, schloß Geschäfte auf eigene Rechnung ab und besaß das Vertrauen der wohlhabendsten Bauern des Hochlandes, die ihn allen anderen Treibern der Gegend vorzogen. Er hätte sein Geschäft beliebig erweitern können, wenn er bereit gewesen wäre, Stellvertreter einzusetzen. Aber mit Ausnahme von zwei oder drei jungen Burschen, seiner Schwester Söhne, wollte er keinerlei Gehilfen beschäftigen, vielleicht weil er wußte, wie sehr sein Ruf davon abhing, daß er selbst in jedem Fall die praktische Durchführung des Auftrags übernahm. Er begnügte sich deshalb mit der höchsten Bezahlung, die man Leuten seines Fachs gewährte, und tröstete sich mit dem Gedanken, daß er nur noch einige wenige Herden nach England zu bringen brauchte, um selbständig zu werden und so leben zu können, wie es seine Herkunft verlangte. Denn Robin Oigs Vater, Lachlan M'Combich (oder «Sohn meines Freundes», der Name seines Clans war M'Gregor), war so von dem gefeierten Rob Roy genannt worden, da eine feste Freundschaft zwischen Robins Großvater und dem berühmten schottischen Gesetzesverächter bestanden hatte. Einige Leute behaupten sogar, daß Robin seinen Vornamen von einem Mann erhielt, der in der Wildnis von Loch Lomond ebenso berüchtigt war wie sein Namensvetter Robin Hood in der lustigen Grafschaft Sherwood. «Und wer sollte», wie James Boswell sagt, «nicht stolz auf solche Vorfahren sein?» Robin Oig war entsprechend stolz; aber seine häufigen Besuche in England und im Tiefland hatten ihm genügend Taktgefühl vermittelt, um zu wissen, daß Ansprüche, die in seinem eigenen abgelegenen Tal als Auszeichnung gelten mochten, peinlich und lachhaft wirken mußten, wenn er sie an einem anderen Orte vorbrachte. So war der Stolz auf seine Abstammung wie der Schatz eines Geizhalses, ein Gegenstand, über den er stetig nachsann, den er aber nie dazu benutzte, sich vor Fremden zu brüsten.

Von allen Seiten wünschte man Robin Oig Glück und Erfolg. Die Kenner lobten seine Herde, ganz besonders aber Robins eigene Tiere, die die stattlichsten von allen waren. Einige holten ihre Schnupftabakdosen hervor, um die Abschiedsprise zu nehmen – andere boten einen letzten gemeinsamen Trunk an. Durcheinander riefen sie: «Alles Gute auf Hin- und Rückweg! – Viel Erfolg auf den sächsischen Märkten! – Hübsche Scheine für die Brieftasche und eine Menge englische Goldstücke für den Beutel!»

Die hübschen Mädchen sagten ihm schüchterner lebwohl, und mehr als eine, so wird behauptet, hätte ihre beste Spange gegeben, um sicher zu sein, daß sie es war, auf der sein allerletzter Blick ruhte. Robin Oig hatte eben sein: «Holla, auf geht's!» gerufen, um die Nachzügler der Herde vorwärtszutreiben, als er einen Ruf hinter sich hörte.

«Halt, Robin – warte einen Augenblick. Hier ist Janet von Tomahourich, die alte Janet, deines Vaters Schwester.»

«Der Henker möge sie holen, die alte Hochlandzauberin», sagte ein Bauer von den Stirlinger Marschen, «sie bringt es noch fertig, das Vieh zu verhexen.»

«Das kann sie nicht», sagte ein anderer Weiser vom gleichen Schlage, «Robin Oig ist nicht der Mann, der vergißt, die Schwänze seiner Tiere mit St. Mungos Knoten zu versehn, und das reicht, um die schlimmste Hexe, die je mit einem Besenstiel über das Hochland ritt, in die Flucht zu schlagen.»

Es ist vielleicht für den Leser nicht uninteressant zu wissen, daß das Hochlandvieh besonders leicht durch Zaubersprüche und Hexenkunst vom Wege abgebracht oder vergiftet wird, wogegen sich verständige Leute schützen, indem sie eigenartig verwickelte Knoten in jenes Haarbüschel machen, in dem der Schwanz des Tiers endigt.

Aber das alte Weib, auf das des Bauern Verdacht zielte, schien sich nur um den Treiber zu kümmern und der Herde nicht die geringste Aufmerksamkeit schenken zu wollen. Robin dagegen war offenbar recht unwillig über ihre Anwesenheit.

«Was für eine alberne Laune», fragte er, «hat dich so früh schon vom Herde weggelockt, Muhme? Ich bin sicher, daß ich mich gestern abend von dir verabschiedete und auch deinen Segen hatte.»

«Und hast mir mehr Silbergeld dagelassen, als das alte nutzlose Weib verbrauchen kann, bis du wieder da bist, mein Augapfel», sagte die Sibylle. «Aber das Essen, das mich nährt, oder das Feuer, das mich wärmt, oder Gottes gesegnete Sonne selbst ist mir gleichgültig, wenn nur dem Enkel meines Vaters nichts geschieht. Komm, laß mich den Zauberkreis um dich abschreiten, damit du wohlbehalten in das fremde

Land gelangst und wohlbehalten wieder heimkehrst.»

Halb lachend, halb verlegen blieb Robin Oig stehen und bedeutete den Umstehenden, daß er dem alten Weib nur willfahre, um es zu besänftigen. Inzwischen zog sie schwankenden Schritts den glückbringenden Kreis, der nach der Ansicht mancher Leute ein Überbleibsel des Druidentums sein soll. Alles hängt dabei, wie wohl bekannt ist, von der Person ab, die, darauf achtend, sich im Einklang mit dem Lauf der Sonne zu bewegen, dreimal um den Gegenstand der Zeremonie jenen Zauberkreis abschreitet. Die Alte aber hielt plötzlich inne und rief mit einer Stimme voll Erregung und Schrecken: «Enkel meines Vaters, ich sehe Blut an deiner Hand!»

«Um Gottes willen, sei still, Tante», sagte Robin Oig, «du wirst dir mit diesem Gesicht mehr verderben, als du auf lange Zeit wiedergutmachen kannst.»

Das alte Weib wiederholte nur mit einem entsetzlichen Blick: «Ich sehe Blut an deiner Hand, und es ist englisches Blut. Gälisches Blut ist kräftiger und röter. Laß mich – laß mich –»

Ehe Robin sie hindern konnte, was in der Tat nur mit wirklicher Gewalt hätte geschehen können, so heftig und entschieden war ihr Vorgehen, hatte sie den Dolch, der in den Falten seines Plaids steckte, von seiner Seite gerissen. Dann hielt sie ihn hoch und rief, obgleich die Waffe klar und fleckenlos in der Sonne glänzte: «Blut, Blut – wieder Sachsenblut. Robin Oig M'Combich, geh heute nicht nach England!»

«Nichts da», antwortete Robin Oig, «das ist unmöglich – als nächstes soll ich wohl ganz davonlaufen? Pfui, Muhme, gib mir den Dolch! Du kannst nicht das Blut eines schwarzen Ochsen von dem eines weißen unterscheiden, wie willst du dann zwischen sächsischem und gälischem Blut einen Unterschied machen? Alle Menschen haben ihr Blut von Adam, Muhme. Gib mir meinen Dolch und laß mich meiner Wege ziehn. Ich könnte jetzt schon beinah in Stirling sein. – Gib mir meinen Dolch und laß mich gehn!»

«Nimmer werd' ich ihn dir geben», sagte das alte Weib, «und nimmer werd' ich dich loslassen, es sei denn, du versprichst mir, diese unselige Waffe nicht zu tragen.»

Auch die Frauen, die in seiner Nähe standen, drängten ihn, da die Worte seiner Tante, wie sie sagten, sicher nicht ganz aus der Luft gegriffen seien. Und da die Tieflandbauern den Auftritt mit Unwillen verfolgten, beschloß Robin Oig, ihm um jeden Preis ein Ende zu machen.

«Nun gut», sagte der junge Treiber und reichte Hugh Morrison die Scheide der Waffe, «Ihr Tiefländer macht euch ja nicht viel aus solchen Vorahnungen. Bewahrt Ihr mir meinen Dolch auf. Ich kann ihn Euch nicht schenken, weil ich ihn von meinem Vater geerbt habe. Aber Eure Herde folgt der meinen, und es soll mir recht sein, daß Ihr ihn bei Euch tragt und nicht ich. – Wird das genügen, Muhme?»

«Es muß», sagte das alte Weib, «wenn der Tiefländer verrückt genug ist, den Dolch zu nehmen.»

Der kräftige Westländer lachte laut.

«Gevatterin», sagte er, «ich bin Hugh Morrison von Glenae, aus dem uralten Stamm der Morrisons, die nie in ihrem Leben mit Messern gekämpft haben. Und sie hatten es auch nicht nötig. Sie besaßen ihre Säbel, und ich habe dieses Stöckchen» – er zeigte einen furchterregenden Knüppel –, «das Herumdolchen überlasse ich den Hochländern – ihr braucht euch nicht aufzuregen, ihr Männer, und besonders Ihr nicht, Robin. Ich trage Euch Euer Messerchen, wenn Euch das Gerede der alten Wahrsagerin bange macht, und gebe es Euch zurück, wann immer Ihr wollt.»

Robin war nicht besonders erfreut über einige von Hugh Morrisons Worten; aber er hatte auf seinen Reisen mehr Geduld gelernt, als ursprünglich zu seiner Hochlandnatur gehörte, und nahm den Dienst dieses Abkömmlings der Morrisons an, ohne sich an der recht herabwürdigenden Art zu stoßen, in der er angeboten wurde.

«Der Morgentrunk sitzt ihm noch im Kopfe; und außerdem ist er ein Schwein aus Dumfriesshire. Wenn es nicht so wäre, hätte er mehr wie ein Gentleman gesprochen. Aber ein Schwein muß eben grunzen. Es ist eine Schande, daß meines Vaters Dolch einem solchen Kerl als Fleischmesser dienen soll.»

Mit diesen Worten – die er jedoch auf gälisch gesprochen hatte – trieb Robin seine Herde an und winkte allen, die zurückblieben, ein Lebewohl zu. Er war in größter Eile, da er beabsichtigte, in Falkirk einen Gefährten und Berufsgenossen zu treffen, mit dem zusammen zu ziehen er sich vorgenommen hatte.

Robin Oigs erwählter Freund war ein junger Engländer, Harry Wakefield mit Namen, der auf allen Märkten des Nordens wohlbekannt war und in seiner Weise ebensoviel Ruhm und Ehre genoß wie unser Ochsentreiber aus dem Hochland. Er war fast sechs Fuß hoch und so stattlich gebaut, daß er gut seinen Mann im Faustring von Smithfield stehen oder sich bei einem Ringkampf auszeichnen konnte. Und wenn er auch vielleicht unter den regelrechten Meistern dieses Sportes den kürzeren gezogen hätte, so vermochte er doch mit seiner bäurischrohen Kraft jedem Amateur in der Kunst des Faustkampfes gut und gerne eine Tracht Prügel zu verabreichen. Bei den Pferderennen zu Doncaster, wo er seine Guinee wettete und auch meist gewann, zeigte er sich in seinem Glanz; auch wurde kaum ein von bekannten Züchtern veranstalteter Hahnenkampf in Yorkshire ausgefochten, bei dem er nicht zugegen war, sofern es ihm sein Geschäft erlaubte. Obgleich ein lebhafter Geselle und ein Freund des Vergnügens, wo immer er es fand, besaß Harry Wakefield doch feste Grundsätze, und selbst der vorsichtige Robin Oig konnte nicht eifriger auf den eignen Vorteil bedacht sein. Seine Feiertage waren wirkliche Feiertage; aber seine Werktage widmete er steter und beharrlicher Arbeit. Was Aussehen und Gemütsart betraf, so war er das Urbild des lustigen Freibauern von dazumal, dessen langer Spieß in so vielen hundert Schlachten den andern Ländern die Überlegenheit Englands bewies, und dessen guter Säbel in unserer Zeit sein sicherster und billigster Schutz ist. Seine Heiterkeit war rasch entflammt; denn da er kräftig und gesund und auch nicht eben arm war, neigte er dazu, sich über alles, was ihm begegnete, zu freuen. Und Schwierigkeiten, auf die er gelegentlich treffen mochte, bereiteten ihm, als tatenliebendem Mann, eher Vergnügen, als daß sie ihn ernsthaft verstimmten. Doch trotz seinen Verdiensten und seiner munteren Art war unser junger englischer Treiber nicht ohne Fehler. Es wohnte ein Jähzorn in ihm, der fast an Streitsucht grenzte; und vielleicht trug zu seiner Neigung, Meinungsverschiedenheiten durch einen Faustkampf zu entscheiden, nicht wenig die Tatsache bei, daß er selten einen Gegner fand, der sich im Ring gegen ihn zu behaupten vermochte.

Es ist schwer zu sagen, was Harry Wakefield und Robin Oig anfangs zusammengeführt hatte; sicher ist aber, daß eine feste Freundschaft zwischen ihnen entstanden war, wenn sich auch offensichtlich, sobald sie einmal aufgehört hatten, von Ochsen zu sprechen, wenig Gesprächsstoff fand, der beide gleichermaßen fesselte. In der Tat konnte sich Robin, wenn nicht gerade die Rede von Stieren oder Rindern war, nur in ziemlich unvollkommenem Englisch ausdrücken. Und Harry Wakefield brachte seine breite Yorkshirezunge niemals so weit, auch nur ein einziges gälisches Wort zu formen. Vergeblich bemühte sich Robin einen ganzen Morgen lang, auf einem Marsch über Minch Moor, seinem Freund das gälische Wort für Kalb, Llhu, im richtigen Tonfall zu entlocken. Von Traquair bis zum Murdercairn hallten die Hügel von den mißtönenden Versuchen des Sachsen wider, dieses vertrackten Einsilbers Herr zu werden, und dem herzlichen Gelächter, das jedem Mißlingen folgte. Aber sie wußten auch auf bessere Weise ein Echo zu wecken; so konnte Harry Wakefield manches Lied zum Preise von Moll, Susan und Cicely singen, und Robin Oig pfiff mit großem Geschick endlose, höchst verzwickte Kriegsweisen und kannte, was seinem Freund aus dem Süden mehr zusagte, viele der lebhaften oder auch feierlichen Lieder des Nordens, die Harry Wakefield bald mit seinem Baß zu begleiten lernte.

Gewiß, Robin Oig hatte wenig Verständnis für seines Freundes Berichte von Pferderennen, Hahnenkämpfen und Fuchsjagden, und seine eigenen Erzählungen von Clanfehden und Raubzügen, bunt vermischt mit Kobold- und Feengeschichten des Hochlands, waren für

Harry Wakefield geradezu ungenießbar. Aber sie fanden dennoch so viel Gefallen aneinander, daß sie sich – und seit drei Jahren hatten sie es so gehalten – stets zusammentaten, wenn die Richtung ihrer Reise es erlaubte. Freilich zog auch jeder seinen Vorteil aus dieser Gemeinschaft; denn wo hätte der Engländer einen Führer durch das westliche Hochland gefunden, wie Robin Oig einer war? Und wenn sie auf jene Seite der Grenze gelangten, die Harry Wakefield als die «richtige» bezeichnete, standen des letzteren ausgedehnter Schutz und seine schwere Börse dem Freunde aus dem Hochland jederzeit zur Verfügung, und die Großzügigkeit dieses echten Freibauern hatte dem andern schon manchen guten Dienst geleistet.

II

Die beiden Freunde hatten in gewohnter Eintracht die Grasweiten von Liddesdale durchquert und kreuzten nun den nördlichen Teil Cumberlands, der den bezeichnenden Namen «die Wüste» trägt. In diesen einsamen Gegenden nährten sich die Tiere unserer Treiber hauptsächlich, indem sie das nötige Futter am Wege aufgriffen oder indem sie, wann immer eine solche Gelegenheit sich bot, der Verlockung nachgebend, plötzlich ausbrachen und in eine benachbarte Weide einfielen. Aber nun wandelte sich das Landschaftsbild vor ihnen; sie kamen hinab in fruchtbares, von Einfriedungen durchzogenes Land, wo der Treiber nicht ungestraft seiner Herde solche Freiheiten gestatten durfte und sich mit den Besitzern des Bodens verständigen und auf ihre Bedingungen eingehen mußte. Dies war um so notwendiger, als am folgenden Tage ein großer Markt abgehalten werden sollte, auf dem englische wie schottische Händler einen Teil ihres Viehs zu verkaufen hofften und ihre Tiere natürlich in einem ausgeruhten und gefälligen Zustand vorzuführen wünschten. Felder waren deshalb schwer zu bekommen und wenn, dann nur zu hohen Preisen. Dieser Umstand zwang die Freunde, sich vorübergehend zu trennen, und jeder ging, auf eigene Faust seiner Herde ein Nachtlager zu verschaffen. Unglücklicherweise ergab es sich, daß beide, ohne voneinander zu wissen, auf demselben Gut, dem in der Nähe liegenden Besitz eines recht wohlhabenden Landedelmanns, das erforderliche Weideland zu erhalten trachteten. Der englische Treiber wandte sich an den Verwalter des Gutes, mit dem er bekannt war. Der Zufall wollte es, daß jener Squire, der einigen Argwohn gegen seines Verwalters Redlichkeit hegte, gelegentlich Maßnahmen ergriff, um zu ergründen, wie weit dieser Verdacht berechtigt war. Aus diesem Grunde hatte er angeordnet, daß jede Nachfrage, die sein Land betraf und darauf zielte, es für einen vorübergehenden Zweck zu pachten, ihm selbst hinterbracht werden sollte. Da Mr. Ireby sich jedoch am Tage zuvor auf eine Reise begeben hatte, die ihn einige Meilen nordwärts führte, beliebte der Verwalter die Einschränkung seiner Hoheitsgewalt als aufgehoben zu betrachten und meinte dem Interesse seines Herrn und vielleicht auch dem eigenen am besten zu dienen, indem er eine Übereinkunft mit Harry Wakefield traf. Mittlerweile wurde Robin Oig, der nicht ahnte, was sein Freund trieb, von einem nettaussehenden, eleganten, kleinen Herrn auf einem Pferd eingeholt. Schwanz und Ohren des Gaules waren, wie es damals Mode war, geschickt gestutzt, der Reiter selbst trug enge Kniehosen aus Leder und lange, glänzende Sporen. Vom Sattel aus stellte er ein paar wohlgesetzte Fragen über Märkte und Viehpreise, so daß Robin ihn als einen urteilsfähigen und höflichen Herrn erkannte. Er nahm sich deshalb die Freiheit, ihn zu fragen, ob er von einer Weide in der Nähe wisse, die er zur einstweiligen Unterbringung seiner Herde pachten könne. Nirgends hätte seine Frage mehr Entgegenkommen finden können, war doch der Herr in Wildleder eben jener Gutsbesitzer, mit dessen Verwalter Harry Wakefield verhandelt hatte oder gerade verhandelte.

«Ihr habt Glück, guter Schotte», sagte Mr. Ireby, «daß Ihr Euch an mich gewandt habt, denn ich sehe, daß Eure Tiere ermattet sind, und ich verfüge über das einzige Stück Land im Umkreis von drei Meilen, das in dieser Gegend verpachtet wird.»

«Die Herde kann zwar ganz gut noch ihre

zwei, drei, vier Meilen laufen», versetzte der vorsichtige Hochländer, «aber was würden Euer Gnaden für die Tiere verlangen, wenn sie die Weide für ein paar Tage in Besitz nähmen?»

«Wir können uns leicht einigen, mein Freund, wenn Ihr mir sechs junge Stiere zur Stallfütterung überlassen wollt – natürlich zu einem vernünftigen Preis.»

«Und welche Tiere begehren Euer Gnaden?»

«Nun – laßt sehn – die beiden Schwarzen da – den Braunen – dort drüben den Flachsgelben – jenen mit dem gewundenen Horn – den Schekkigen. Wieviel verlangt Ihr pro Kopf?»

«Aha», sagte Robin, «Euer Gnaden sind ein Kenner – ein wahrer Kenner. Ich selbst hätte nicht besser die sechs schönsten Tiere herausfinden können, der ich sie doch so gut kenne, die armen Viecher, als wären's meine eignen Kinder.»

«Also wieviel wollt Ihr pro Kopf, Freund?» wiederholte Mr. Ireby.

«Die Marktpreise zu Doune und Falkirk waren hoch», antwortete Robin.

In dieser Weise schritt die Unterhaltung fort, bis sie sich auf einen angemessenen Preis für die Ochsen geeinigt hatten, wobei der Squire Unterkunft und Verpflegung der Tiere obendrein mit in den Handel warf und Robin, wie er glaubte, ein recht gutes Geschäft machte, sofern die Weide nur erträglich war. Der Herr ritt langsam neben der Herde hin, teils um Robin den Weg zu zeigen und ihn die Weide in Besitz nehmen zu sehn, teils um die letzten Neuigkeiten von den nördlichen Märkten zu erfahren.

Sie erreichten das Gut, und die Weide schien ausgezeichnet zu sein. Wie erstaunt waren sie aber, als sie sehen mußten, daß der Verwalter soeben seelenruhig Harry Wakefields Vieh in jenes umzäunte Wiesenstück trieb, das der Besitzer kurz zuvor Robin Oigs Tieren zugesprochen hatte. Squire Ireby gab seinem Pferd die Sporen und sprengte zu seinem Untergebenen hin. Sobald er gehört hatte, was zwischen den beiden vorgefallen war, teilte er Harry Wakefield mit, daß der Verwalter die Wiese ohne seine Erlaubnis verpachtet habe und daß er sich anderswo Weideland für sein Vieh suchen möge, da er hier keines bekommen könne. Zugleich wies er seinen Angestellten heftig wegen der Mißachtung seiner Weisungen zurecht und befahl ihm, auf der Stelle Harry Wakefields Vieh heraustreiben zu helfen und das seines Freundes einzulassen. Der englische Treiber begann zu begreifen, daß Robin Oig der Rivale war, um dessentwillen man seinen müden und hungrigen Tieren verweigerte, sich an dem ungewöhnlich reichlichen Mahl gütlich zu tun.

Die Gefühle, die in ihm aufstiegen, hätten ihn beinahe bestimmt, sich wider Mr. Irebys Entscheid aufzulehnen; aber jeder Engländer besitzt einen leidlich klaren Sinn für Recht und Gerechtigkeit, und da John Fleecebumpkin, der Verwalter, zugegeben hatte, seine Vollmacht überschritten zu haben, erkannte Wakefield, daß ihm nichts übrigblieb, als seine hungrige und enttäuschte Herde zu sammeln und sich aufzumachen, um anderswo Weideland zu suchen. Robin Oig sah mit Bedauern, was geschehen war, und beeilte sich, seinem englischen Freund die Hälfte des umstrittenen Besitzes anzubieten. Aber Wakefields Stolz war schwer verwundet, und er antwortete mit Verachtung: «Nimm alles, Mann – nimm nur alles. Hier ist kein Platz für zwei. Du kannst die Vornehmen schön beschwatzen und einen ehrlichen Mann hintergehen. Pfui über dich, Mann. Von einem Schuft nehme ich nichts an, *ich* will kein Speichellecker sein.»

Robin, betrübt, aber nicht erstaunt über seines Freundes Ärger, bat ihn inständig, nur eine Stunde zu warten, bis er zum Gutshof gegangen sei und Bezahlung für das von ihm verkaufte Vieh erhalten habe. Er wolle dann zurückkehren und ihm helfen, seine Herde auf einen geeigneten Ruheplatz zu treiben. Auch werde er das große Mißverständnis aufklären, dem sie beide zum Opfer gefallen seien. Aber der Engländer fuhr nur unwillig fort: «Du hast also verkauft, was? Ja, ja, du bist ein schlauer Bursche und weißt, wo etwas zu holen ist. Meinethalben magst du dich zum Teufel scheren, ich will dein Gaunergesicht nie wieder sehen – schämen solltest du dich, mir in die Augen zu blicken.»

«Ich kenne niemanden, dem ins Gesicht zu blicken ich mich schämen würde», sagte Robin erregt, «und ich will auch dir an diesem verfluchten Tag noch ins Gesicht blicken, wenn du mich in dem Dorf dort drüben erwarten willst.»

«Es wäre vielleicht besser für dich, wenn du nicht kämest», sagte sein Gefährte; und damit kehrte er dem früheren Freund den Rücken und trieb seine unwilligen Tiere zusammen, unterstützt von dem Verwalter, der sich mit halb aufrichtigem, halb erheucheltem Eifer um die Versorgung der Herde bemühte.

Nachdem Harry Wakefield mit mehr als einem der benachbarten Bauern verhandelt hatte, die alle die Tiere nicht aufnehmen konnten oder wollten, fand er schließlich in seiner Not Hilfe bei dem Wirt jenes Gasthauses, in dem er und Robin Oig, als sie sich anfangs trennten, ausgemacht hatten, die Nacht zu verbringen. Der Wirt ließ sich herbei, ihm für sein Vieh ein dürftiges Stück Heideland abzulassen, und forderte einen Preis, der nicht viel geringer war als die Summe, die er dem Verwalter für das umstrittene Stück Land hätte zahlen müssen. Die Erbärmlichkeit des Weideplatzes wie auch der hohe Preis taten das Ihre, um das Vergehen seines schottischen Freundes gegen Treue und Freundschaft gewaltig zu vergrößern. So geriet Harry Wakefield mehr und mehr in Hitze, wobei ihn nicht nur der Verwalter unterstützte – der eigene Gründe hatte, gegen Robin, die unschuldige Ursache seines Zerwürfnisses mit seinem Herrn, eingenommen zu sein –, sondern auch der Wirt und einige zufällig anwesende Gäste, die ihn wider den ehemaligen Freund aufstachelten – die einen aus altem Groll gegen die Schotten, der noch in den Grenzgebieten unter der Oberfläche zu finden ist, die anderen aus Freude an Unfrieden, die, Adams Kindern zu Ehren sei's gesagt, die Menschen in allen Ständen und Klassen auszeichnet. Auch war der Gerstensaft, der die herrschenden Leidenschaften, finstere wie heitere, stets ins Unmaß steigert, bei dieser Gelegenheit im Spiel. Und auf die Vernichtung falscher Freunde und hartherziger Brotgeber wurde mehr als ein Krug geleert.

Inzwischen fand Mr. Ireby einiges Vergnügen darin, den Treiber aus dem Norden in seinem altertümlichen Gutshaus festzuhalten. Er ließ dem Schotten in der Bedienstetenstube ein Stück kalter Rinderkeule vorsetzen, dazu einen schäumenden Krug selbstgebrauten Bieres, und freute sich zu sehen, wie Robin Oig M'Combich die ungewohnte Mahlzeit genoß. Er selbst zündete sich eine Pfeife an und ging, während er patrizische Würde mit seiner Freude an ländlichem Klatsch zu verbinden suchte, im Gespräch mit seinem Gast auf und ab.

«Ich kam noch an einer anderen Herde vorüber», sagte er, «einer Eurer Landsleute ging hintendrein. Es waren etwas weniger Tiere als in Eurer Herde, vorwiegend Gescheckte. Der Treiber war ein großer, kräftiger Mann. Er trug keinen von Euren Röcken, sondern ein anständiges Paar Kniehosen. Wißt Ihr, wer das sein könnte?»

«Aber ja – das war ganz sicher Hugh Morrison. Er hat einen ganzen Tag aufgeholt; aber seine Argylshirerinder werden schön müde sein. Wie weit war er zurück?»

«Ich denke sechs oder sieben Meilen», erwiderte der Squire, «denn ich traf sie am Christenbury Crag, und Euch überholte ich beim Hollan Bush. Wenn seine Tiere zu müde zum Laufen sind, läßt er sich vielleicht auf einen Handel ein?»

«Nein, nein, Hughie Morrison ist nicht der rechte Mann zum Handeln – wenn Ihr ein ordentliches Geschäft machen wollt, müßt Ihr Euch an einen Hochländer wie Robin Oig wenden; zwanzig von diesen Burschen aus dem Tiefland sind nicht soviel wert wie einer aus dem Hochland. Aber ich muß Euch nun gute Nacht wünschen, denn ich will ins Dorf hinübergehen und schauen, ob Harry Wakefield sich inzwischen beruhigt hat.»

Im Gasthaus war die Unterhaltung noch in vollem Gange und drehte sich nach wie vor um die Treulosigkeit Robin Oigs, als der vermeintliche Frevler den Raum betrat. Seine Ankunft machte, wie das der Fall zu sein pflegt, der Diskussion, deren Gegenstand er gewesen, ein plötzliches Ende, und die anwesende Gesellschaft empfing ihn mit jenem eisigen Schweigen, welches besser als alle lautstarke Abneigung dem Eindringling zeigt, daß er unwillkommen ist. Erstaunt und verletzt, nicht aber erschrocken durch den Empfang, den man ihm bereitete, trat Robin mit einer furchtlosen, ja, geradezu hochmütigen Miene ein. Er machte keinen Versuch zu grüßen, als er sah, wie man ihn empfing, und ließ sich neben dem Feuer nieder, nicht allzu fern von dem Tisch, an dem Harry Wakefield, der Verwalter und einige andere Personen saßen. Die weite kumbrische Küche hätte auch Raum für eine noch größere Trennung gewährt.

Nachdem Robin in dieser Weise Platz genommen hatte, ging er daran, seine Pfeife anzuzünden, und rief nach einem kleinen Krug Bier.

«Wir haben keinen kleinen Krug Bier», sagte Ralph Heskett, der Wirt, «aber wenn Ihr Euren eigenen Tabak bei Euch tragt, könnt Ihr Euch vielleicht auch Euer eignes Bier mitbringen – das ist doch so Sitte in Euerm Land, mein' ich.»

«Pfui, Mann», sagte die Wirtin, eine muntere geschäftige Hausfrau, und beeilte sich, den Gast mit Bier zu versorgen. «Du weißt ganz gut, was der Fremdling wünscht, Mann, und es ist deine Pflicht, höflich zu sein. Du solltest wissen, daß der Schotte, wenn er einen kleinen Krug Bier wünscht, auch gutes Geld dafür bezahlt.»

Ohne diesem ehelichen Zwiegespräch Beachtung zu schenken, ergriff der Hochländer den Krug und wünschte mit lauter Stimme allen Anwesenden «gute Geschäfte auf dem kommenden Markt».

«Es wäre besser, wenn weniger Händler aus dem Norden hierher verschlagen würden», sagte einer der Bauern, «und weniger verkümmerte Hochlandrinder unser englisches Gras fräßen.»

«Bei meiner Seele, das ist ein Irrtum, Freund», sagte Robin ruhig, «es sind eure fetten Engländer, die unsere Rinder, die armen Viecher, fressen.»

«Ich wollte, es gäbe ein Tier, das die Treiber fräße», sagte ein anderer, «ein ordentlicher Engländer kann nichts verdienen, solange sie hier herumlaufen.»

«Und ein ehrlicher Angestellter kann bei seinem Herrn nicht gut angeschrieben sein, ohne daß sie versuchen, ihm Schwierigkeiten zu machen», fügte der Verwalter hinzu.

«Wenn das Späße sein sollen», sagte Robin Oig mit der gleichen Ruhe, «so sind es ein bißchen viel Späße über einen einzelnen Mann.»

«Es ist kein Spaß, sondern bitterer Ernst», sagte der Verwalter, «hört mal her, Robin Ogg, oder wie immer Ihr heißen mögt, wir sollten Euch vielleicht mitteilen, daß wir alle hier einer Meinung sind. Wir glauben nämlich, daß Ihr, Robin Ogg, Euch gegen unsern Freund, Harry Wakefield, wie ein ganz gemeiner Lump benommen habt.»

«Gewiß, gewiß», sagte Robin Ogg mit größter Gelassenheit, «und Ihr seid ein paar wackere Richter, für deren Wort und Weisung ich keinen Pfifferling gebe. Wenn Harry Wakefield weiß, was für ein Unrecht ihm geschehen ist, wird er auch wissen, durch was es sich wiedergutmachen läßt.»

«Er hat recht», sagte Wakefield, der dem Geschehen mit gemischten Gefühlen gefolgt war, da sich in ihm der Groll gegen Robins kürzliches Verhalten mit dem Wiederaufleben seiner alten Wertschätzung stritt.

Jetzt erhob er sich und ging auf Robin zu, der seinen Sitz verließ, als er sich näherte, und die Hand ausstreckte.

«Ganz recht, Harry. Immer drauflos. Mach ihn fertig», tönte es von allen Seiten. «Gib ihm eins zwischen die Rippen. Zeig ihm, was eine Männerfaust ist.»

«Seid friedlich allesamt, oder –» sagte Wakefield; dann wandte er sich zu seinem Gefährten und ergriff halb achtungsvoll, halb herausfordernd die dargebotene Hand.

«Robin», sagte er, «du hast mir heute übel genug mitgespielt; aber wenn du bereit bist, mir als anständiger Kerl die Hand zu schütteln und dich zu einem freundschaftlichen Kampf draußen auf dem Rasen zu stellen, will ich es vergessen, und wir werden bessere Freunde sein als je zuvor.»

«Und können wir uns nicht ohne Schlägerei vertragen?» sagte Robin; «wir wären mit heilen Knochen sehr viel bessere Freunde als mit gebrochenen.»

Harry Wakefield ließ die Hand fallen, ja er schleuderte sie von sich.

«Ich wußte nicht, daß ich drei Jahre lang mit einem Feigling befreundet war.»

«Feigheit hat mir noch niemand vorwerfen

können», sagte Robin, dessen Augen zu funkeln begannen, der aber nicht die Beherrschung verlor. «Es waren nicht die Arme oder Beine eines Feiglings, Harry Wakefield, die dich aus den Wassern des Frew zogen, als du von dem schwarzen Felsen abgeglitten warst und jeder Aal im Fluß schon seinen Anteil an dir erwartete.»

«Das ist nur zu wahr», sagte der Engländer, betroffen durch die Anspielung.

«Nanu», rief der Verwalter, «Harry Wakefield, der wackerste Bursche in ganz Cumberland, wird doch nicht etwa klein beigeben? Das kommt von dem dauernden Umgang mit Schottenmützen und Schottenröcken – da verstehn die Männer nicht mehr, ihre Fäuste zu gebrauchen.»

«Ihr könnt beruhigt sein, Meister Fleecebumpkin, ich weiß noch ganz gut meine Fäuste zu gebrauchen», sagte Wakefield und fuhr fort: «So geht es nicht, Robin. Wir müssen uns schlagen, oder die ganze Gegend wird über uns reden – und zum Teufel, ich werde dir nicht weh tun. Ich ziehe Handschuhe an, wenn du willst. Komm, zeig dich als ein Mann!»

«Um wie ein Hund geschlagen zu werden», entgegnete Robin, «was soll das für einen Sinn haben? Wenn du meinst, ich habe dir Unrecht getan, dann will ich mich deinem Richter stellen, auch wenn ich weder sein Gesetz noch seine Sprache kenne.»

Ein allgemeiner Schrei: «Nichts da, kein Gesetz, keinen Richter – eine Rauferei, und die Sache ist abgetan», kam die Antwort von den Umstehenden.

«Aber», fuhr Robin fort, «wenn ich schon kämpfen soll, bin ich es doch nicht gewohnt, wie ein Affe Hände und Füße zu gebrauchen.»

«Und wie würdest du kämpfen?» sagte sein Gegner; «obwohl ich glaube, daß es schwerhalten wird, dich überhaupt so weit zu bringen.»

«Ich würde mit Säbeln kämpfen und aufhören, sobald das erste Blut geflossen wäre – wie ein Edelmann.»

Ein unbändiges Gelächter folgte dem Vorschlag, der in der Tat auch eher dem aufwallenden Stolz des armen Robin als einer nüchternen Überlegung zuzuschreiben war.

«Edelmann, sagt er», so hallte es von allen Seiten mit einem nicht endenwollenden Gelächter, «ein feiner Edelmann, weiß Gott. Kannst du dem Edelmann zwei Säbel zum Kämpfen besorgen, Ralph Heskett?»

«Nein, aber ich will nach der Waffenschmiede in Carlisle senden und ihnen inzwischen zum Behelf zwei Heugabeln leihen.»

«Still, Mann», sagte ein anderer, «diese Schottenbürschchen kommen mit der blauen Mütze auf dem Kopf und Dolch und Pistole im Gürtel auf die Welt.»

«Am besten», sagte der Verwalter, «schicken wir dem Gutsherrn von Corby Castle eine Botschaft, daß er kommt und dem Edelmann als Sekundant dient.»

Mitten in diesen allseitigen Hohn-Ergüssen griff der Hochländer instinktiv unter die Falten seines Plaids.

«Doch es ist besser so», murmelte er in seiner eigenen Sprache, «tausendmal sollen diese Schweinefresser verflucht sein, die weder Anstand noch Höflichkeit kennen.»

«Macht Platz, ihr Lumpenkerle!» sagte er und drängte sich zur Tür.

Aber sein früherer Freund schob seinen mächtigen Körper dazwischen und hinderte ihn, den Raum zu verlassen. Und als Robin Oig versuchte, sich mit Gewalt einen Weg zu bahnen, schlug jener ihn mit einer Leichtigkeit zu Boden, mit der ein Knabe einen Kegel umwirft.

«Einen Ring, einen Ring», so wurde nun geschrien, bis die dunklen Sparren und die Schinken, die daran hingen, heftig bebten und selbst die Schüsseln auf dem Wandbrett aneinanderklapperten.

«Gut gemacht, Harry. – Noch einen von der Sorte. – Jetzt mußt du aufpassen – er hat sein Blut gesehen.»

So schallte es weiter, während der Hochländer, sich vom Boden erhebend, alle Vernunft und Vorsicht in rasender Wut fahrenließ und sich mit der Tollheit, Rachsucht und Behendigkeit einer gereizten Tigerkatze auf seinen Gegner warf. Aber wann hat Leidenschaft je etwas gegen Sicherheit und Ruhe ausrichten können? Robin Oig stürzte ein zweites Mal in dem ungleichen Streit nieder; und da es notwendigerweise ein harter Schlag war, lag er bewegungslos auf dem Küchenboden. Die Wirtin wollte ihm zu Hilfe eilen; aber Mr. Fleecebumpkin verbot ihr, sich zu nähern.

«Laßt ihn nur», sagte er, «gleich wird er zu sich kommen und zum zweiten Gang antreten. Er hat noch nicht die Hälfte dessen, was ihm gebührt.»

«Er hat alles, was ich ihm zu geben gedenke», sagte Wakefield, dessen Grimm gegen seinen alten Gefährten zu schwinden begann, «und ich hätte nicht übel Lust, den Rest Euch selbst zu verpassen, Mr. Fleecebumpkin, denn Ihr gebt vor, etwas von der Sache zu verstehen, und Robert hatte nicht Erfahrung genug, um abzulegen und ohne diesen herumbaumelnden Plaid zu kämpfen. – Steh auf, Robin, mein Alter! Es ist alles in Ordnung; und wehe dem, der etwas gegen dich und dein Land zu sagen wagt.»

Robin war noch immer in der Gewalt seiner Leidenschaft und brannte darauf, den Kampf von neuem zu beginnen; aber da ihn einerseits die friedliebende Mutter Heskett zurückhielt und er andrerseits gewahr wurde, daß Wakefield das Gefecht nicht fortzusetzen wünschte, schwand seine Raserei und machte einer düsteren Feindseligkeit Platz.

«Komm, komm, mach dir nicht soviel daraus, Mann», sagte der brave Engländer mit der seinem Lande eigenen Versöhnlichkeit, «laßt uns die Hände schütteln, und wir werden bessere Freunde sein als zuvor.»

«Freunde!» rief Robin Oig mit außerordentlichem Nachdruck, «Freunde! – niemals! – Sieh dich vor, Harry Wakefield!»

«Dann sei Cromwells Fluch auf deinem stolzen Schottenbauch, wie der Mann in dem Schauspiel sagt, und du magst deinen Willen haben und dich zum Teufel scheren; ein Mann kann einem andern nach einer Schlägerei nicht mehr sagen, als daß es ihm leid tut.»

In solcher Gemütsverfassung trennten sich die Freunde. Robin Oig zog schweigend ein Geldstück hervor, warf es auf den Tisch und verließ darauf das Gasthaus. Aber an der Tür wandte er sich noch einmal um, schüttelte die Faust gegen Wakefield und hob den Zeigefinger in einer Geste, die entweder eine Drohung oder eine Warnung bedeuten mochte. Dann verschwand er in der Nacht.

Nach seinem Abgang kam es zu einem Wortgefecht zwischen dem Verwalter, der sich als Held des Abends fühlte, und Harry Wakefield, der in edelmütiger Inkonsequenz nicht abgeneigt war, einen neuen Kampf zu beginnen, um Robins Ruf zu verteidigen, «obgleich er seine Fäuste nicht wie ein Engländer zu gebrauchen wußte, wie es natürlich nicht zu erwarten war». Aber Mutter Heskett verhinderte durch ihr entschiedenes Dazwischentreten, daß dieser neuerliche Streit mit Gewalt ausgetragen wurde. «In meinem Hause wird nicht mehr gekämpft», sagte sie, «es ist schon mehr als genug gewesen – und Ihr, Harry Wakefield», fügte sie hinzu, «werdet bald einsehn, was es heißt, aus einem Freund einen tödlichen Feind zu machen.»

«Ach geht, Mutter! Robin Oig ist ein ehrlicher Bursche, und seine böse Laune wird schnell verflogen sein.»

«Verlaßt Euch nicht darauf. Ihr kennt nicht das nachtragende Wesen der Schotten, auch wenn Ihr so viel mit ihnen zu tun hattet. Ich sollte ganz gut über sie Bescheid wissen, wo doch meine Mutter eine Schottin war.»

«Und das merkt man noch deutlich an der Tochter», sagte Ralph Heskett.

Dieser eheliche Sarkasmus gab der Unterhaltung eine neue Wendung; frische Kunden betraten Schankstube oder Küche, und andere verließen sie. Man kam auf die in Aussicht stehenden Märkte zu sprechen und auf die Preise in verschiedenen Teilen Englands und Schottlands. Kaufverträge wurden getätigt, und Harry Wakefield hatte das Glück, einen Mann zu finden, dem er einen Teil seiner Herde verkaufen konnte, und er machte einen hübschen Gewinn dabei – eine folgenreiche Begebenheit, die vollkommen ausreichte, die unerfreuliche Rauferei von vorher vergessen zu lassen. Aber es gab einen Beteiligten, dessen Erinnerung nicht ausgelöscht werden konnte, und hätte man ihm alles Vieh zwischen Esk und Eden angeboten.

Das war Robin Oig M'Combich. «Daß ich keine Waffe hatte», sagte er, «daß ich zum erstenmal in meinem Leben keine Waffe hatte – verflucht sei die Zunge, die dem Hochländer seinen Dolch abschwatzt! – Dolch! – Ha, das englische Blut – die Worte meiner Tante –, warum soll sie nicht recht gehabt haben?»

Die Erinnerung an die unheilvolle Prophezeiung befestigte den tödlichen Plan, der plötzlich in ihm aufgestiegen war.

«Ha! Morrison kann nicht allzu viele Meilen zurück sein. Und wenn es hundert wären, was machte das schon.»

Sein ungestümer Geist hatte nun ein festes Ziel und eine treibende Kraft, und er wandte sich mit dem ihm eigenen leichten Schritt der Wildnis zu, durch die, wie er von Mr. Ireby vernommen hatte, Morrison herankommen mußte. Seine Seele war erfüllt von dem Gefühl der Kränkung – Kränkung, erlitten durch einen Freund; und von dem Wunsch, sich an dem zu rächen, den er jetzt als seinen bittersten Feind betrachtete. Die liebevoll genährten Vorstellungen von Stolz und Ehre – von Adel und Würde – waren ihm – wie der Schatz dem Geizhals – noch wertvoller geworden, weil er sich nur im geheimen an ihnen erfreuen konnte. Aber dieser Schatz war geplündert, die Gottheiten, die er heimlich verehrt hatte, entweiht und entheiligt worden. Beschimpft, verhöhnt und geschlagen, war er nach seinem eigenen Urteil des Namens, den er trug, nicht mehr wert und nicht des Geschlechts, zu dem er gehörte – nichts war ihm geblieben – nichts außer der Rache. Und während diese qualvolle Überlegung seine Schritte vorantrieb, beschloß er, daß seine Rache ebenso plötzlich und außergewöhnlich sein sollte wie die Beleidigung.

Als Robin der Tür des Gasthauses den Rücken kehrte, lagen mindestens sieben oder acht englische Meilen zwischen ihm und Morrison. Dieser kam wegen des schwerfälligen Ganges seiner Tiere nur langsam vorwärts. Der Hochländer aber ließ mit ungeheurer Geschwindigkeit Stoppelfelder und Baumhecken, Felsbrokken und düsteres Heideland im kalten Novembermondschein hinter sich zurück. Und nun hört er das ferne Brüllen von Morrisons Rindern. Und nun sieht er sie so klein wie Maulwürfe und ebenso langsam in ihren Bewegungen auf der weiten Fläche des Heidelandes vorankriechen. Und nun ist er bei ihnen, läuft an ihnen vorüber und hält ihren Führer an.

«Um Gottes willen», sagte der Mann aus dem Süden, «seid Ihr es, Robin Oig M'Combich, oder Euer Geist?»

«Ich bin es», sagte der Hochländer, «und ich bin es nicht. – Aber macht Euch darüber keine Gedanken, sondern gebt mir meinen Dolch heraus.»

«Was! Ihr wollt zurück ins Hochland? Habt Ihr die ganze Herde schon verkauft, ehe der Markt überhaupt begonnen hat? – Das schlüge alles bisher Dagewesene.»

«Ich habe nicht verkauft. Ich gehe auch nicht in den Norden – vielleicht gehe ich nie mehr in den Norden. – Gebt mir meinen Dolch zurück,

Hugh Morrison, oder es wird Streit zwischen uns geben.»

«Fürwahr, Robin, ich habe keine Lust, ihn Euch zurückzugeben, bevor ich nicht mehr weiß. Es ist eine gefährliche Waffe in der Hand eines Hochländers, und ich denke, Ihr habt irgendeinen blutigen Unfug im Sinn.»

«Pah, gebt mir meinen Dolch», sagte Robin ungeduldig.

«Ich will Euch ganz klar sagen», entgegnete der wohlmeinende Freund, «was besser ist als die Herumstecherei mit dem Dolch. Ihr wißt, daß alle Schotten, ob sie nun aus dem Hochland, Tiefland oder den Grenzgebieten kommen, sich verstehen und zusammenhalten, sobald sie einmal aus Schottland heraus sind. Seht, von überall sind unsere Freunde auf dem Wege hierher; und wenn man Euch Unrecht getan hat – hier ist die Hand eines tapferen Morrison –, wir werden Euch Euer Recht verschaffen, und sollten ganz Carlisle und Stanwyx gegen uns stehn.»

«Um Euch die Wahrheit zu sagen», erwiderte Robin, begierig, den Verdacht seines Freundes zu zerstreuen, «ich habe mich für die Schwarze Garde anwerben lassen, und morgen früh muß ich abmarschieren.»

«Ihr habt Euch anwerben lassen! Wart Ihr verrückt oder betrunken? Ihr müßt Euch loskaufen. Ich kann Euch zwanzig Scheine leihen und zwanzig weitere, wenn ich die Herde verkauft habe.»

«Ich danke Euch wirklich, Hughie; aber den

Weg, den ich gehe, habe ich mir selbst gewählt. – Und nun den Dolch – den Dolch!»

«Da habt Ihr ihn, wenn Ihr Euch nicht belehren lassen wollt. Aber denkt daran, was ich Euch sagte. Es wären schlechte Neuigkeiten für Balquidder, wenn Robin Oig den rechten Weg verlassen und sich den Soldaten angeschlossen hätte.»

«Fürwahr, schlechte Neuigkeiten für Balquidder», erwiderte der arme Robin. «Aber Gott möge Euch weiterhelfen und Euch gute Geschäfte machen lassen. Ihr werdet Robin Oig nie wiedersehen, nicht hier und nicht an einem andern Ort.»

Mit diesen Worten schüttelte er hastig die Hand seines Bekannten und machte sich in die Richtung auf, aus der er gekommen war, mit dem gleichen schnellen Schritt wie zuvor.

«Es stimmt etwas nicht mit dem Burschen», murmelte Morrison für sich; «aber vielleicht wissen wir morgen früh besser Bescheid.»

Doch lange bevor der Morgen graute, war das Verhängnis unserer Geschichte schon hereingebrochen. Zwei Stunden nach der Rauferei kehrte Robin Oig in Ralph Hesketts Gasthaus zurück. Der Zwischenfall war dort vollständig vergessen. Eine große Anzahl Menschen und die verschiedenartigen Geräusche, die eine solche Versammlung hervorzubringen pflegt, füllten nun den Raum. Da waren die ernsten und leisen Stimmen der Männer, die fleißig feilschten, dazwischen Gesang, Gelächter und die ausgelassenen Späße derer, die nichts zu tun hatten, als sich die Zeit zu vertreiben. Unter den letzteren war Harry Wakefield. Er sang gerade inmitten einer grinsenden Gemeinde von Arbeitskitteln, Nagelschuhen und fröhlichen englischen Gesichtern das alte Lied:

«*Mein Name, der ist Roger,*
Ich führe Pflug und Karrn…»,

als ihn eine wohlbekannte Stimme unterbrach, die in ernstem, hohem Ton mit dem scharfen Hochlandakzent sagte:

«Harry Wakefield – wenn du ein Mann bist, so steh auf!»

«Was ist los? – Was ist denn?» fragten die Gäste einander.

«Es ist nur ein verdammter Schotte», sagte Fleecebumpkin, der schon recht betrunken war, «ein verdammter Schotte, dem Harry Wakefield heute zu einer Tracht Prügel verholfen hat und der sich jetzt noch eine zweite abholen will!»

«Harry Wakefield», wiederholte die gleiche unheilvolle Stimme, «steh auf, wenn du ein Mann bist!»

Es liegt etwas in den Worten tiefer und gesammelter Leidenschaft, das durch den bloßen Klang Aufmerksamkeit erzwingt und Schrekken einflößt. Die Gäste schraken nach allen Seiten zurück und starrten auf den Hochländer, der mitten unter ihnen stand, die Augenbrauen zusammengezogen und die Gesichtszüge straff vor Entschlossenheit.

«Ich will von ganzem Herzen aufstehn, mein Junge, aber nur, um dir die Hand zu schütteln und alle Unfreundlichkeit hinunterzutrinken. Es ist nicht deine Schuld, daß du deine Fäuste nicht zu gebrauchen weißt.»

Er stand jetzt seinem Gegner gegenüber; sein offener und ahnungsloser Blick hob sich seltsam von dem starren Vorsatz ab, der wild, düster und rachsüchtig in den Augen des Hochländers glomm.

«Es ist nicht deine Schuld, daß du kein Engländer bist und nicht besser kämpfen kannst als ein kleines Mädchen!»

«Ich kann kämpfen», antwortete Robin finster, aber ruhig, «und du wirst es erfahren. Du, Harry Wakefield, hast mir heute gezeigt, wie sächsische Grobiane kämpfen; ich zeige dir nun, wie ein Hochlandedelmann kämpft.»

Er ließ den Worten die Tat folgen und stieß den Dolch, den er plötzlich hervorzog, in die breite Brust des englischen Freibauern mit so verhängnisvoller Sicherheit und Kraft, daß Griff und Brustbein hohl aneinanderklangen und die zweischneidige Klinge seinem Opfer mitten ins Herz fuhr. Harry Wakefield stürzte und starb mit einem einzigen Wehlaut. Als nächstes packte sein Mörder den Verwalter am Kragen und preßte ihm den blutigen Dolch an die Kehle. Furcht und Schrecken machten den Mann unfähig, sich zu verteidigen.

«Es wäre recht und billig, Euch daneben zu legen», sagte Robin, «aber auf meines Vaters

Dolch soll sich niemals das Blut eines gemeinen Maulhelden mit dem eines tapferen Mannes mischen.»

Mit diesen Worten stieß er den Mann mit solcher Gewalt von sich, daß dieser zu Boden taumelte. Dann schleuderte er mit der anderen Hand die tödliche Waffe in das lodernde Torffeuer.

«Da», sagte er, «ergreife mich, wer will – und mag das Feuer das Blut tilgen, wenn es das kann.»

Da die Gesellschaft noch immer in stummem Staunen verharrte, fragte Robin nach einem Polizeidiener und ließ sich, als ein Konstabler heraustrat, von diesem verhaften.

«Ihr habt heute abend blutige Arbeit geleistet», sagte der Konstabler.

«Es ist Eure eigne Schuld», erwiderte der Hochländer, «hättet Ihr vor zwei Stunden verhindert, daß er mich angriff, dann wäre er noch so gesund und munter wie vor zwei Minuten.»

«Das muß schwer gesühnt werden», sagte der Polizeidiener.

«Darum braucht Ihr Euch nicht zu kümmern – der Tod löscht alle Schuld; er wird auch diese löschen.»

Der Schrecken der Umstehenden begann nun einer heftigen Entrüstung zu weichen; und der Anblick des unter ihren Augen ermordeten Lieblingskameraden, dessen Herausforderung ihrer Meinung nach viel zu gering war, um eine so gewaltige Vergeltung zu verlangen, hätte sie fast hingerissen, den Frevler auf der Stelle zu töten. Aber der Konstabler tat bei dieser Gelegenheit seine Pflicht und konnte mit Hilfe einiger vernünftigerer Gäste Pferde beschaffen, um den Gefangenen nach Carlisle zu bringen. Dort sollte er bei der nächsten Schwurgerichtssitzung sein Urteil entgegennehmen. Während die Eskorte sich fertig machte, zeigte der Gefangene nicht die geringste Teilnahme und antwortete auf keine Frage. Nur einmal brach er sein Schweigen. Kurz bevor man ihn von dem Ort des Unglücks fortbrachte, begehrte er den Toten zu sehen. Dieser war für die Untersuchung der tödlichen Wunde vom Boden erhoben und auf dem breiten Tisch ausgestreckt worden – dem Tisch, an dessen Kopfende Harry Wakefield noch vor wenigen Minuten voller Lebenskraft und Lebendigkeit präsidiert hatte. Das Gesicht war schicklich mit einem Tuch bedeckt. Ein gepreßter Laut der Überraschung und des Schreckens entfuhr den Umstehenden, als Robin Oig das Tuch fortzog und mit einem traurigen, aber festen Blick auf das tote Antlitz starrte, aus dem vor kurzer Zeit erst das Leben gewichen war, so daß noch immer ein gutmütiges Lächeln des Selbstvertrauens, der Versöhnlichkeit, aber auch der Verachtung seines Gegners auf den Lippen schwebte. Während die Anwesenden erwarteten, daß die Wunde, die eben noch den Boden des Raumes mit Blut überflutet hatte, bei der Berührung des Mörders von neuem zu strömen beginne, schob Robin das

Tuch mit dem kurzen Ausruf zurück: «Er war ein schöner Mann!»

Meine Erzählung ist fast zu Ende. In Carlisle wurde über den unglücklichen Hochländer Gericht gehalten. Ich war selbst anwesend. Der Sheriff von Cumberland war so freundlich, mir, als einem schottischen Rechtsanwalt, oder zumindest angehender Rechtsanwalt, und einem Mann von einigem Ruf und Rang, einen Platz im Saal zu verschaffen. Die Tatsachen erwiesen sich so, wie ich sie berichtet habe. Anfangs hegte die Zuhörerschaft ohne Zweifel einen starken Widerwillen gegen ein so unenglisches Verbrechen wie einen Rachemord; als aber der Nationalstolz des Angeklagten erklärt worden war, der so tief in seiner Seele wurzelte, daß er sich nach einer persönlichen Niederlage von unauslöschlicher Schande gezeichnet glaubte, als seine frühere Geduld, Mäßigung und Beherrschtheit erwogen wurden, da war das englische Publikum in seinem Großmut geneigt, in dem Verbrechen eher die Tat eines durch falsches Ehrgefühl irregeleiteten als von Natur aus brutalen oder von stetem Laster verdorbenen Menschen zu sehen. Nie werde ich des würdigen Richters Rede an die Geschworenen vergessen, obgleich ich zu jener Zeit für Beredsamkeit oder Pathos wenig empfänglich war.

«Bisher», sagte er, an frühere Verhandlungen erinnernd, «war es unsere Pflicht, solche Verbrechen zu richten, die Abscheu und Ekel erregten und des Gesetzes Vergeltung, die sie auf sich herabriefen, wohl verdienten. Nun haben wir die weit schmerzlichere Aufgabe, die strengen, aber heilsamen Verfügungen desselben Gesetzes auf einen in seiner Art einzig dastehenden Fall anzuwenden, in dem das Verbrechen – denn ein Verbrechen ist es, und ein schweres dazu – weniger aus böswilliger Veranlagung als aus Verständnislosigkeit entstand – weniger aus dem Willen, Unrecht zu tun, als aus einer unseligen Verkehrung dessen, was Recht ist. Hier haben wir zwei Männer, in ihrer Umgebung, wie wir hörten, hoch geschätzt und einander offenbar in Freundschaft zugetan, von denen einer sein Leben bereits für eine Kleinigkeit hingeben mußte und der andere bald die Rache des erzürnten Gesetzes erleiden wird; und doch können beide zumindest auf unser Mitleid zählen, handelte doch jeder, ohne von des anderen nationalem Vorurteil zu wissen, eher verhängnisvoll fehlgeleitet als wissentlich vom rechten Pfade abweichend.

An dem ursprünglichen Anlaß des Streites ist der Angeklagte, das müssen wir gerechterweise zugeben, ganz und gar unschuldig. Er kam in den Besitz der Weide, um die sich beide bemühten, durch einen gesetzlichen Vertrag mit Mr. Ireby, dem Besitzer; und obgleich man ihn mit wirklich unverdienten Vorwürfen überhäufte, die für ein so zur Leidenschaft neigendes Temperament aufreizend genug sein mußten, erbot er sich dennoch, die Hälfte seiner Erwerbung abzutreten, um Friede und Freundschaft zu erhalten; und sein Anerbieten wurde mit Verachtung zurückgewiesen. Dann folgt der Auftritt bei Mr. Heskett, dem Gastwirt. Bedenken Sie, wie erbärmlich der Fremde von dem Verstorbenen behandelt wurde, und, es tut mir leid, dies sagen zu müssen, auch von den übrigen Anwesenden, die ihn auf allerboshafteste Weise gereizt zu haben scheinen. Während er um Frieden und Beilegung des Streites bat und seine Bereitschaft zeigte, sich dem Entscheid eines Richters oder Schiedsrichters zu unterwerfen, wurde er von einer ganzen Gesellschaft beleidigt, die offenbar bei dieser Gelegenheit den englischen Grundsatz des ‹fair play› vergessen hatte. Und als er versuchte, ohne Auseinandersetzung den Raum zu verlassen, ward er aufgehalten und so brutal geschlagen, daß er blutend zu Boden stürzte.

Meine Herren Geschworenen, mit einiger Unruhe vernahm ich, wie mein gelehrter Freund, der Ankläger, als er das Verfahren im Namen der Krone eröffnete, das Verhalten des Hochländers an dieser Stelle in ein höchst ungünstiges Licht rückte. Er sagte, der Angeklagte habe sich gescheut, seinem Gegner in einem ehrlichen Kampf gegenüberzutreten oder sich den Gesetzen des Ringes zu unterwerfen; anstatt dessen habe er aber, wie ein feiger Italiener, Zuflucht zu seinem Dolch genommen, um den Mann, dem er nicht mannhaft zu begegnen wagte, meuchlings zu ermorden. Ich beobachtete, daß der Angeklagte vor diesem Teil der

Beschuldigung mit Abscheu zurückschrak, wie es von einem tapferen Mann zu erwarten war. Und da ich wünsche, daß meine Worte nicht ohne Wirkung bleiben, wenn ich auf sein eigentliches Verbrechen zu sprechen komme, muß ich ihn zuvor von meiner Unparteilichkeit überzeugen, indem ich alles zurückweise, was mir als falsche Beschuldigung erscheint. Es kann kein Zweifel bestehen, daß der Angeklagte ein Mann von Entschlossenheit – zuviel Entschlossenheit – ist; ich wollte bei Gott, er besäße weniger, oder besser, man hätte ihn gelehrt, sie in die rechten Bahnen zu lenken.

Meine Herren, was nun die Gesetze betrifft, von denen der Ankläger spricht, so mögen sie bei groben Volksbelustigungen wie Stier- oder Hahnenkämpfen bekannt sein; aber hier sind sie es nicht. Und sollte man sie als eine gewisse Sicherheit gelten lassen, daß ein derartiger Zweikampf, der nicht selten ein tragisches Ende nimmt, ohne Hinterlist geführt wird, so kann man sie doch nur anerkennen, wenn die Gegner *in pari casu* sind, beide vertraut mit dieser Art Schiedsverfahren und beide willens, sich darauf einzulassen. Oder will man etwa von einem Mann von Rang und Erziehung erwarten, daß er sich freiwillig oder unter Zwang einem solchen gemeinen und rohen Wettkampf aussetzt, vielleicht gar, um gegen einen jüngeren, stärkeren und gewandteren Gegner zu bestehen? Sicherlich enthalten nicht einmal die Regeln des Faustkampfes, wenn sie, wie der Ankläger wissen will, als ungeschriebene Gesetze aus der Zeit der jungfräulichen Königin stammen, etwas so Unnatürliches. Und, meine Herren Geschworenen, schützen die Gesetze einen englischen Gentleman, der sich, das wollen wir einmal annehmen, mit der Waffe in der Hand gegen eine solchen Überfall verteidigt, wie er auf den Angeklagten verübt wurde, werden sie nicht weniger einen unerfahrenen Fremden schützen, der in die gleiche unerfreuliche Lage geraten ist. Wenn daher, meine Herren Geschworenen, der Angeklagte unter dem unmittelbaren Eindruck der allseitigen Schmähungen und der Gewalttat des einen sowie in Erwartung weiterer Tätlichkeiten, von einer *vis major* getrieben, den Dolch, den ein Hochländer bekanntlich stets mit sich zu tragen pflegt, hervorgezogen hätte und die unglückseligen Ereignisse so, wie sie die Beweisaufnahme im einzelnen ergab, verlaufen wären, hätte ich nimmermehr von Ihnen verlangen können, auf Mord zu erkennen. Diese Art, sich zu verteidigen, wäre wohl mehr oder weniger über das, was die Rechtsgelehrten *moderamen inculpatae tutelae* nennen, hinausgegangen; aber man hätte ihn für einen Totschlag, nicht für einen Mord strafen müssen. Ich erlaube mir hinzuzufügen, daß in dem angenommenen Fall, wie ich glaube, diese mildere Beurteilung hätte gewährt werden müssen, obwohl es in der Verordnung Jacobs I., cap. 8 heißt, daß jede Bluttat, die, vorsätzlich oder nicht, durch eine kurze Stichwaffe ausgeführt wurde, mit dem Tode zu sühnen sei. Denn dieses Stichwaffengesetz, wie es genannt wird, entstand aus einem Bedürfnis der Zeit. Und da die Wahl der Waffe, ob Dolch, Degen oder Pistole, nichts an der eigentlichen Schuld ändert, werden alle drei von dem wohlwollenden Gesetz unserer Zeit auf die gleiche oder fast die gleiche Weise behandelt.

Aber, meine Herren Geschworenen, der Angelpunkt des Ganzen liegt in den zwei Stunden Zwischenraum, die die tödliche Vergeltung von dem Empfangen des Unrechts trennen. Im Affekt sieht das Gesetz, das die menschlichen Schwächen bedauert, eine Entschuldigung für die Leidenschaften, die einen so stürmischen Augenblick beherrschen – für das Gefühl, übel behandelt worden zu sein, für die Furcht vor Schlimmerem, für die Unfähigkeit, das genaue Maß an Gewalt zu bestimmen, mit dem man sich schützen kann, ohne den Angreifer mehr als unbedingt notwendig zu erbittern oder zu verletzen. Aber die Zeit, die der Angeklagte benötigte, um zwölf Meilen zu Fuß zurückzulegen, gleichgültig, wie schnell er es vollbrachte, mußte ihm genügen, zur Besinnung zu kommen; und die Heftigkeit, mit der er sein Vorhaben ausführte – wie sicher und bewußt ging er dabei vor! –, kann weder Folge von aufwallendem Zorn noch von Furcht gewesen sein. Es war allein das Werk wohlüberlegter Rache, die das Gesetz nicht gutheißen, nicht dulden will, kann und darf.

Allerdings müssen wir uns, um den Unglücklichen nicht voreilig zu verdammen, noch einmal vor Augen führen, wie außergewöhnlich sein Fall ist. Das Land, aus dem er kommt, lag noch bis in unsere Tage außerhalb der Reichweite des Gesetzes, sowohl des englischen, das bis heute noch nicht dort eindringen konnte, als auch des schottischen, von dem man doch mit Fug und Recht annehmen darf, daß es sich auf die in allen zivilisierten Ländern gültigen Grundsätze von Recht und Gerechtigkeit stützt. In ihren Bergen waren die verschiedenen Stämme, wie bei den nordamerikanischen Indianern, gewohnt, sich gegenseitig zu bekriegen, so daß jeder zur eigenen Sicherheit stets bewaffnet ging. Diese Männer waren so stolz auf ihre Herkunft, so erfüllt von ihrer Bedeutung, daß sie sich als Edelleute und Krieger, nicht aber als Bauern eines friedlichen Landes betrachteten. Jene Gesetze des Ringes, wie sie der Ankläger nennt, waren den kriegerischen Bergbewohnern unbekannt; und die Sitte, Streitigkeiten mit keinen anderen Waffen zu entscheiden als denen, die die Natur jedem Manne verliehen hat, muß ihnen so gemein und unnatürlich erschienen sein wie dem hohen französischen Adel. Die Blutrache dagegen spielte in ihrem Leben gewiß eine ebenso große Rolle wie in dem der Cherokesen oder Mohikaner. Es ist im Grunde, wie Bacon richtig sagt, eine Art wilder, fesselloser Gerechtigkeit. Denn wo es kein Gesetz gibt, Gewalttaten zu verhindern, muß die

Furcht vor Rache allen Übergriffen Einhalt tun. All das räumen wir ein und beklagen auch die Zustände, die zu jener noch gut erinnerlichen Zeit im Hochland herrschten und die als Meinungen und Gefühle bis in die heutige Generation hineinwirken; aber nichts, nichts, meine Herren Geschworenen, darf uns davon abhalten, auch nicht in diesem tragischen Falle, die Forderungen des Gesetzes zu erfüllen. Die erste Aufgabe einer Zivilisation ist es, ein Recht, das alle schützt und von allen geachtet wird, an die Stelle jener wilden Justiz zu setzen, in der ein jeder sich nach der Länge seines Schwertes oder der Stärke seines Arms eigene Gesetze zurechtschnitzt. Mit einer Stimme, die nur der Stimme Gottes nachsteht, ruft das Gesetz den Untertanen zu: Die Rache ist mein! In dem Augenblick, wo die Leidenschaft der Vernunft zu weichen beginnt, muß ein Mensch, der sich beleidigt glaubt, erkennen, daß das Gesetz allein entscheiden darf, ob ihm Recht oder Unrecht geschah, und daß es sich in seiner ganzen Erhabenheit gegen ihn wenden wird, sobald er versucht, selbst zu richten. Ich wiederhole, daß wir diesen unglücklichen Mann eher mit Mitleid als mit Abscheu betrachten sollen, denn er fehlte aus Unwissenheit und in Erfüllung eines falschen Ehrbegriffs. Aber sein Verbrechen ist nichtsdestoweniger ein Mord, meine Herren, und Sie, als Inhaber dieses hohen und wichtigen Amtes, haben danach zu richten. Nicht nur Schotten, auch Engländer besitzen böse Leidenschaften;

und sollte die Tat dieses Mannes ungesühnt bleiben, werden sehr bald unter den verschiedensten Vorwänden unzählige Dolche zwischen Lands End und den Orkney-Inseln gezückt werden.»

Hier endete der würdige Richter, und seine tiefe Ergriffenheit wie auch die Tränen, die in seinen Augen standen, zeigten deutlich, wie schwer ihm diese Aufgabe gefallen war. Die Geschworenen erkannten im Einklang mit seinen Worten auf «schuldig»; und Robin Oig M'Combich, alias M'Gregor, wurde zum Tode verurteilt und wenig später hingerichtet. Er begegnete seinem Schicksal mit großer Festigkeit und sah die Gerechtigkeit des Urteils ein. Aber die Bemerkungen derer, die ihn beschuldigten, einen unbewaffneten Mann angegriffen zu haben, wies er entrüstet von sich. «Ich gebe ein Leben für das Leben, das ich nahm», sagte er, «kann ich denn noch mehr tun?»

JANE AUSTEN

Lady Susan

Lady Susan an Mr. Vernon

Langford, Dezember

Lieber Schwager! – Nicht länger kann ich mir das Vergnügen versagen, von Ihrer bei unserm letzten Auseinandergehen geäußerten liebenswürdigen Einladung Gebrauch zu machen und ein paar Wochen bei Ihnen in Churchhill zu verbringen; wenn also mein Besuch Ihnen und Mrs. Vernon im jetzigen Moment wirklich gelegen kommt, hoffe ich in wenigen Tagen einer Schwägerin vorgestellt zu werden, deren Bekanntschaft zu machen schon so lange mein Wunsch ist. Zwar reden mir meine lieben Freunde hier aufs herzlichste zu, meinen Aufenthalt bei ihnen noch weiter auszudehnen; doch ihre gastfreundliche und lebenslustige Natur führt sie häufiger in Gesellschaft, als sich dies mit meiner gegenwärtigen Lage und Gemütsverfassung verträgt, und so sehe ich denn ungeduldig der Stunde entgegen, da mich Ihre herrliche Zurückgezogenheit aufnehmen wird.

Ich sehne mich danach, in Beziehung zu treten zu Ihren lieben Kindern, in deren Herzen ein Plätzchen zu erringen ich mir Mühe geben werde. Bald werde ich meiner ganzen inneren Stärke bedürfen, da ich im Begriff stehe, mich von meiner eigenen Tochter zu trennen. Das lange Krankenlager ihres Vaters hat mich daran gehindert, ihr jene Aufmerksamkeit zu schenken, die Pflicht und Zuneigung gleichermaßen verlangt hätten, auch ist meine Befürchtung nur zu sehr begründet, daß die Erzieherin, deren Obhut ich sie übergeben hatte, ihrer Aufgabe nicht gewachsen war. Ich habe mich daher entschlossen, sie in einem der besten Londoner Internate unterzubringen, wohin zu begleiten ich selbst auf der Reise zu Ihnen Gelegenheit haben werde. Sie sehen, ich rechne schon fest damit, daß man mich in Churchhill aufnehmen wird. Es würde mich in der Tat sehr schmerzlich berühren, wenn ich erfahren müßte, daß Sie nicht in der Lage sind, mich zu empfangen.

In großer Dankbarkeit und schwägerlicher Zuneigung Ihre

S. Vernon

Lady Susan an Mrs. Johnson

Langford

Du irrst Dich in der Annahme, meine liebe Alicia, ich würde noch den ganzen Winter über hier bleiben: es betrübt mich, zu sagen, wie sehr Du Dich irrst, denn noch selten habe ich drei Monate angenehmer verbracht als die eben verflossenen. Zur Zeit geht freilich nichts so, wie ich möchte; die weiblichen Miglieder der Familie stellen sich mir geschlossen entgegen. Du hast damals gleich nach meiner Ankunft in Langford vorausgesagt, wie die Dinge sich entwickeln würden; Mainwaring ist ja so außerordentlich nett, daß ich für meine Person nicht ohne Befürchtungen war. Ich entsinne mich genau, wie ich schon während der Fahrt zum Hause zu mir sagte: Dieser Mann gefällt mir, möge der Himmel schlimme Folgen verhüten! Doch ich war fest entschlossen, vorsichtig zu sein, stets daran zu denken, daß ich erst seit vier Monaten Witwe bin, und möglichste Zurückhaltung zu üben: und dies habe ich auch, Liebste; ich habe keinem außer Mainwaring erlaubt, mir den Hof zu machen. Auf das übliche Getändel habe ich mich gar nicht erst eingelassen; keiner von den hier zahlreich verkehrenden männlichen Wesen genoß meine Gunst, ausgenommen Sir James Martin, dem ich eine gewisse Beachtung schenkte, um ihn von Miss Mainwaring abzulenken; wüßte die Welt, warum ich dies tat, dann würde sie meinen Beweggrund ehren. Man hat mich eine lieblose Mutter genannt, aber es war der heilige Impuls der Mutterliebe, es war das Wohl meiner Tochter, was mich dazu trieb; und wäre diese Tochter nicht die dümmste Gans hienieden, so wäre meinen Bemühungen wohl auch der verdiente Erfolg beschieden gewesen.

Sir James hat sich nämlich in der Tat um Frederica bei mir beworben; allein Frederica, die nur dazu auf die Welt gekommen ist, um mir das Leben schwerzumachen, geruhte sich der Verbindung so heftig zu widersetzen, daß ich's für besser hielt, vorerst nicht auf den Plan zurückzukommen. Schon mehr als einmal hab' ich bereut, daß ich Sir James nicht selbst geheiratet habe; und wär' er nur einen Grad weniger albern, so tät' ich's auch: doch in dieser Hinsicht bin ich etwas romantisch veranlagt, das muß ich zugeben; Reichtum allein genügt mir eben nicht. Dies alles hat nun sehr ärgerliche Folgen gehabt: Sir Martin ist abgereist, Maria empört und Mrs. Mainwaring unausstehlich eifersüchtig; so eifersüchtig, kurz gesagt, und so wütend auf mich, daß ich gar nicht erstaunt wäre, wenn sie sich in der Maßlosigkeit ihres Temperaments bei ihrem Vormund beklagen würde, stünde es ihr frei, sich an ihn zu wenden: aber hier habe ich Deinen Gatten auf meiner Seite: die edelste, liebenswerteste Tat seines Lebens hat darin bestanden, daß er sich bei ihrer Heirat von ihr lossagte. Halte darum seinen Grimm wach, dies sei Dir zur Pflicht gemacht. Bei uns geht's jetzt sehr unfreundlich zu; kein Haus hat sich je derart verwandelt; wir befinden uns sämtlich in Kriegszustand, und Mainwaring getraut sich kaum das Wort an mich zu richten. Es ist Zeit, daß ich das Feld räume; ich bin daher zur Abreise entschlossen und werde hoffentlich noch diese Woche einen gemütlichen Tag mit Dir in der Stadt verbringen. Wenn ich so wenig in Mr. Johnsons Gunst stehe wie sonst, dann mußt Du mich in Wigmore Street Nr. 10 besuchen; aber ich hoffe, diese Vermutung werde sich nicht bestätigen, denn da Mr. Johnson bei all seinen Fehlern ein Mann ist, dem man stets das große Wort «vornehm» zuerkennt, und da ich, wie jedermann weiß, seiner Frau so nahestehe, mutet es merkwürdig an, wenn er mich schneidet.

Ich berühre London auf meiner Fahrt in die kaum zu ertragende Öde eines Dorfs auf dem Lande; denn ich gedenke mich wirklich nach Churchhill zu begeben. Verzeih, liebe Freundin, mir bleibt kein anderer Ausweg. Stünde mir in England eine andere Häuslichkeit offen, so würde ich sie vorziehen. Charles Vernon kann ich nicht ausstehen, und vor seiner Frau ist mir bange. Doch in Churchhill muß ich nun eben bleiben, bis ich etwas Besseres in Aussicht habe. Mein Fräulein Tochter reist mit mir nach London, wo ich sie Miss Summers' Obhut in Wigmore Street übergebe, bis sie ein wenig vernünftiger geworden ist. Sie wird dort günstige Beziehungen anknüpfen, da die jungen Mädchen daselbst aus besten Kreisen stammen. Die Kosten sind enorm und übersteigen bei weitem, was ich zu leisten imstande bin.

Leb wohl, ich gebe Dir Nachricht, sowie ich in London ankomme. Immer Deine

S. Vernon

Mrs. Vernon an Lady De Courcy

Churchhill

Liebe Mutter! – Zu meinem großen Bedauern muß ich Ihnen sagen, daß es uns nicht möglich sein wird, unser Versprechen zu halten und Weihnachten bei Ihnen zu verbringen; und um diese Freude sind wir durch einen Umstand gebracht worden, der nicht geeignet ist, uns dafür irgendwie zu entschädigen. Lady Susan hat in einem Brief an ihren Schwager ihre Absicht bekanntgegeben, uns schon in den nächsten Tagen zu besuchen; und da ein solcher Besuch aller Wahrscheinlichkeit nach nur aus Gründen der Zweckmäßigkeit erfolgt, läßt sich seine Dauer unmöglich vorhersagen. Ich war auf ein solches Ereignis keineswegs gefaßt, auch kann ich mir im Moment das Verhalten ihrer Ladyship nicht erklären; Langford schien in jeder Beziehung so genau der richtige Ort für sie zu sein, sowohl wegen des eleganten und kostspieligen Lebensstils wie ihrer besonderen Zuneigung für Mr. Mainwaring, daß ich weit davon entfernt war, mich einer so plötzlichen Auszeichnung zu versehen, wiewohl ihre zunehmende freundschaftliche Annäherung an uns seit dem Tode ihres Gatten mich mit dem Gedanken vertraut gemacht hatte, daß wir eines Tages genötigt sein würden, sie bei uns aufzunehmen. Mr. Vernon hat sie nach meiner Meinung viel zu freundlich behandelt, als er sich seinerzeit in Staffordshire aufhielt; ihr Benehmen ihm gegenüber, abgesehen von ihrem

Charakter im allgemeinen, war von dem Zeitpunkt an, da von einer Heirat zwischen ihm und mir gesprochen wurde, von einer so unverzeihlichen Tücke und Lieblosigkeit, daß niemand, der weniger menschenfreundlich und gütig gewesen wäre als er, darüber hätte hinwegsehen können; und wiewohl sie, als seines Bruders Witwe und in beengten Verhältnissen, auf seinen finanziellen Beistand zählen durfte, kann ich mich der Ansicht nicht enthalten, daß seine dringende Einladung an sie, uns in Churchhill zu besuchen, gänzlich unnötig war. Stets geneigt, wie er indessen ist, von jedem Menschen nur das Beste zu denken, bedurfte es nur ihrer Schaustellung von Schmerz, ihrer Kundgebungen von Reue und ihrer Beteuerungen, sich hinfort klüger verhalten zu wollen, um sein Herz zu erweichen und ihn volles Vertrauen in ihre Aufrichtigkeit setzen zu lassen; was aber mich persönlich betrifft, so bin ich davon noch gar nicht überzeugt, und so glaubwürdig auch das jüngste Schreiben ihrer Ladyship tönt, kann ich meine innere Haltung nicht ändern, ehe ich über die wahren Motive ihres Besuches besser Bescheid weiß. Sie können sich also denken, teure Mutter, mit welchen Gefühlen ich ihrer Ankunft entgegensehe. All jene verführerischen Reize, für die sie berühmt ist, wird sie hier frei entfalten, um damit meine Sympathie zu erringen; ich gedenke jedoch dem Einfluß dieser Reize nicht zu erliegen, wenn nichts Gehaltvolleres, Zuverlässigeres sich damit verbindet.

Sie drückt den sehnlichen Wunsch aus, meine Bekanntschaft zu machen, und tut meiner Kinder sehr freundlich Erwähnung; doch ich bin nicht ganz so leichtgläubig, als daß ich annehmen würde, eine Frau, welche ihr eigenes Kind vernachlässigt, wenn nicht gar lieblos behandelt hat, könnte für die meinigen zärtliche Gefühle aufbringen. Miss Vernon soll vor der Ankunft ihrer Mutter in einem Londoner Internat untergebracht werden, worüber ich sowohl ihretwegen wie meinetwegen froh bin. Eine Trennung von ihrer Mutter muß sich günstig für sie auswirken, und ein sechzehnjähriges Mädchen, das eine so mangelhafte Erziehung erhalten hat, wäre wohl keine angenehme Hausgenossin. Reginald wünscht sich anscheinend schon lange, die fesselnde Lady Susan einmal kennenzulernen, weshalb wir damit rechnen, daß er sich unserer Gesellschaft in Bälde anschließt. Es freut mich zu hören, daß es Vater weiterhin so gut geht, und ich verbleibe mit den herzlichsten Grüßen usw.

Catherine Vernon

Mr. De Courcy an Mrs. Vernon

Parklands

Liebe Schwester! – Ich gratuliere Dir und Mr. Vernon dazu, daß Ihr demnächst die vollendetste Kokette von ganz England in Eure Familie aufnehmen werdet. Sie als eine in der Kunst der Liebelei höchst Bewanderte zu betrachten, hat man mich stets gelehrt; doch kürzlich wollte es der Zufall, daß ich über ihr Verhalten in Langford ein paar Einzelheiten erfuhr, welche beweisen, daß sie sich nicht auf jene ehrliche Art der Tändelei beschränkt, bei der die meisten ihr Genügen finden, daß sie vielmehr auf das exquisitere Vergnügen ausgeht, eine ganze Familie unglücklich zu machen. Ihr Benehmen gegenüber Mr. Mainwaring erregte bei dessen Gattin Eifersucht und Kummer, und die Aufmerksamkeiten, die sie einem jungen Mann erwies, der noch bis vor kurzem Mr. Mainwarings Schwester treu ergeben war, beraubten ein liebenswertes Mädchen ihres Anbeters.

Dies alles erfuhr ich von Mr. Smith, der sich zurzeit hier aufhält (ich habe mit ihm bei Hurst und Wilford gespeist); er kommt geradewegs von Langford, wo er vierzehn Tage mit ihrer Ladyship beisammen war, also zu den genannten Mitteilungen sicher berechtigt ist.

Was muß das für eine Frau sein! Mich verlangt danach, sie zu sehen, und Deiner freundlichen Einladung folge ich also nur zu gern, um mir eine Vorstellung zu machen von den Zauberkräften, die so viel vermögen – die zur selben Zeit und im selben Hause die Herzen zweier Männer entflammen, von denen keiner mehr die Freiheit besitzt, das seinige zu verschenken – und all das ohne die Reize der ersten Jugend! Es befriedigt mich zu hören, daß Miss Vernon ihre Mutter nicht nach Churchhill begleiten wird, da sie nicht einmal über gesellschaftliche

Manieren verfügt, die sie empfehlen könnten, und, Mr. Smiths Aussagen zufolge, so einfältig ist wie eingebildet. Wo Einbildung und Dummheit zusammenkommen, erweist sich auch, was beide zu verhüllen sucht, des Interesses nicht wert, und so falle denn Miss Vernon unerbittlicher Verachtung anheim; aber nach allem, was ich in Erfahrung bringen kann, beherrscht Lady Susan die fesselnde Kunst der Verstellung in einem solchen Grade, daß es hohes Vergnügen bereiten muß, sie dabei zu beobachten und ihr auf die Schliche zu kommen. Ich werde in Kürze bei Euch sein und verbleibe Dein Dich liebender Bruder

R. De Courcy

Lady Susan an Mrs. Johnson

Churchhill

Ich habe kurz vor meiner Abreise aus London Dein Briefchen erhalten, meine liebe Alicia, und freue mich über die beruhigende Mitteilung, daß Mr. Johnson nichts von Deiner Verabredung am Abend vorher geahnt hat. Es ist zweifellos besser, ihn regelrecht zu hintergehen, und da er sich nun einmal so eigensinnig verhält, müssen wir zur List greifen. Ich bin hier wohlbehalten angekommen und habe keinen Grund, mich über den Empfang von seiten Mr. Vernons zu beklagen; doch ich gestehe, daß mich das Benehmen der Dame des Hauses nicht im selben Maße befriedigt. Sie verfügt zwar über die höflichsten Manieren und Eleganz im Auftreten, doch gibt sie sich nicht so, daß ich an ihre herzliche Gesinnung mir gegenüber glauben dürfte. Ich hätte gewünscht, daß mein Anblick sie freudig bewegt. Ich war bei der Begrüßung so liebenswürdig wie nur möglich, aber alles umsonst. Sie mag mich nicht. Wenn man freilich bedenkt, daß ich mir tatsächlich einige Mühe gab, um die Heirat meines Schwagers mit ihr zu hintertreiben, so ist dieser Mangel an Herzlichkeit nicht weiter zum Verwundern; und dennoch zeugt es von einem engherzigen und unversöhnlichen Geiste, mir etwas nachzutragen, was vor sechs Jahren mein Handeln bestimmte und was ja doch nie zur Wirklichkeit wurde.

Manchmal wandelt mich Reue an, daß ich Charles daran hinderte, Schloß Vernon zu kaufen, als wir es verkaufen mußten; doch es war eine peinliche Angelegenheit, besonders weil der Verkauf genau zur selben Zeit stattfand wie Charles' Heirat; und jedermann sollte das Zartgefühl respektieren, dem es unerträglich war, daß meines Gatten Ansehen dadurch eine Einbuße erleiden mußte, daß nun sein jüngerer Bruder den Familiensitz innehatte. Hätten sich die Dinge so regeln lassen, daß sich für uns die Notwendigkeit zum Ausziehen aus dem Schloß gar nicht ergab, hätten wir mit Charles zusammenwohnen und ihn unverehelicht halten können, dann wäre es mir nie eingefallen, meinen Gatten zu überreden, er möchte es anderweitig veräußern; allein Charles stand eben im Begriff, sich mit Miss De Courcy zu verheiraten, und alles Folgende hat mir Recht gegeben. Hier sind Kinder genug, und welcher Gewinn hätte mir daraus erwachsen können, daß er Schloß Vernon kaufte? Daß ich dies verhindert habe, hat möglicherweise bei seiner Gattin einen ungünstigen Eindruck entstehen lassen, aber wo Bereitschaft zu Abneigung besteht, fehlt es nie an einem Vorwand; und was das Finanzielle betrifft, so hat ihn dies nicht davon abgehalten, sich mir sehr nützlich zu erweisen. Ich habe wahrhaftig etwas für ihn übrig, er ist so leicht zu täuschen! Das Haus ist solid, das Mobiliar modern, und alles zeugt von Wohlstand und Eleganz. Charles ist sicherlich sehr reich; wenn ein Mann einmal Teilhaber einer Bank ist, schwimmt er in Geld; aber sie wissen nichts damit anzufangen, pflegen wenig gesellschaftlichen Verkehr und fahren nur in Geschäften nach London. Wir werden ein denkbar fades Leben führen. Ich gedenke mit Hilfe der Kinder das Herz meiner Schwägerin zu gewinnen; bereits kenne ich alle beim Namen, und besonders zu einem fühle ich mich schon jetzt hingezogen, einem kleinen Frederic, den ich auf den Schoß nehme und bei dem mir in Erinnerung an seinen teuren Onkel so mancher Seufzer entfährt.

Der arme Mainwaring! Ich brauche Dir nicht zu sagen, wie sehr er mir fehlt, wie unaufhörlich mein Denken ihn umkreist. Bei meiner Ankunft hier fand ich einen unglücklichen Brief von ihm vor, voller Klagen über seine Frau und seine Schwester und die Grausamkeit seines Schicksals. Ich gab vor den Vernons den Brief für einen Brief seiner Frau aus, und wenn ich selbst ihm schreibe, dann muß es auf dem Umweg über Dich geschehen. Stets Deine

S. Vernon

Mrs. Vernon an Mr. De Courcy

Churchhill

Nun habe ich also dieses gefährliche Wesen gesehen, mein lieber Reginald, und muß sie Dir ein wenig beschreiben, obschon ich hoffe, Du werdest Dir bald ein persönliches Urteil bilden. Sie ist wirklich über die Maßen hübsch; wie kritisch Du auch immer die Reize einer nicht mehr ganz jungen Dame bewerten magst, so muß ich doch von meinem Standpunkt aus sagen, daß ich noch selten eine so schöne Frau gesehen habe wie Lady Susan. Sie ist von einem zarten und lichten Blond, hat schöne graue Augen mit dunklen Wimpern; und ihrem Äußern nach würde man ihr nicht mehr als fünfundzwanzig Jahre geben, obgleich sie in Wirklichkeit zehn Jahre älter sein muß. Ich war durchaus nicht geneigt, sie von vornherein zu bewundern, trotz allem, was ich von ihrer Schönheit gehört hatte; doch ich muß zugeben, daß sich bei ihr auf ungewöhnliche Weise Ebenmaß, Leuchtkraft und Anmut vereinigen. Bei der ersten Begrüßung zeigte sie sich mir gegenüber so liebenswürdig, offen, ja sogar herzlich, daß ich sie, hätte ich nicht gewußt, wie sehr sie wegen meiner Verheiratung mit Mr. Vernon stets gegen mich war und daß wir uns vorher nie gesehen hatten, für eine zärtliche Freundin hätte halten können. Man ist wohl geneigt, dreistes Auftreten mit Koketterie zu verbinden und zu erwarten, daß sich freie Auffassungen naturgemäß in freiem Benehmen äußern; zum mindesten machte ich mich bei Lady Susan auf übertriebenes Selbstvertrauen gefaßt; allein ihr Ausdruck ist von holdester Bescheidenheit, ihre Stimme und ihr Gebaren nehmen durch etwas Sanftes für sie ein. Ich bedaure, daß dem so ist, denn was steckt anderes dahinter als Verstellung? Man kennt sie leider nur zu gut. Sie ist klug, und der Umgang mit ihr ist angenehm, hat sie doch jenes Wissen von der Welt, welches ein Gespräch leicht und zwanglos macht; auch spricht sie sehr gut und gewandt, nur dient diese Gewandtheit für mein Gefühl zu oft dazu, Schwarzes weiß erscheinen zu lassen. Schon hat sie mich beinahe so weit gebracht, daß ich an ihre innere Zuneigung zu ihrer Tochter glaube, obwohl ich so lange vom Gegenteil überzeugt war. Sie spricht von ihr mit solcher Zärtlichkeit und Besorgtheit, beklagt so bitter die Mängel ihrer Erziehung, die indessen, wie sie sagt, schlechthin nicht zu vermeiden waren, daß ich, um skeptisch zu bleiben, daran denken muß, wie viele Jahre hintereinander ihre Ladyship den Frühling in London zubrachte, während in Staffordshire ihre Tochter der Obhut von Hausangestellten oder einer nur um wenig besseren Gouvernante überlassen blieb.

Wenn schon auf mein Herz mit seinem alten Groll ihr Wesen derart einwirkt, dann kannst Du Dir vorstellen, um wieviel stärker Mr. Vernons menschenfreundliches Gemüt davon beeinflußt wird. Ich wollte, ich könnte so arglos glauben wie er, daß sie wirklich aus freien Stücken Langford mit Churchhill vertauscht hat; und hätte sie sich nicht monatelang in Langford aufgehalten, ehe sie merkte, daß der Lebensstil ihrer Bekannten ihrer Lage oder ihrem Gemütszustand nicht angemessen war, so hätte ich wohl tatsächlich geglaubt, daß Schmerz über den Verlust eines Gatten wie Mr. Vernon – ihr Benehmen zu ihm kann übrigens durchaus nicht untadelig genannt werden – sie vielleicht eine Zeitlang Zurückgezogenheit ersehnen ließ. Aber ich kann die lange Dauer ihres Besuchs bei den Mainwarings nicht vergessen, und denke ich nach, wie verschieden die Lebensweise, die bei ihnen herrschte, von jener ist, der sie sich hier bei uns anzupassen hat, dann bleibt mir nur die Vermutung, daß der Wunsch, ihren guten Ruf dadurch zu befestigen, daß sie, wenn auch verspätet, den Pfad der Wohlanständigkeit beschritt, ihre Trennung von einer Familie herbeigeführt hat, bei der sie sich in Wahrheit ganz ausnehmend wohl fühlte. Der Bericht Deines

Freundes, Mr. Smiths, kann nicht wohl den Tatsachen entsprechen, da sie mit Mrs. Mainwaring in regelmäßigem Briefwechsel steht. Auf jeden Fall muß er übertrieben sein. Es ist kaum möglich, daß zwei Männer zur selben Zeit so gröblich von ihr getäuscht worden sind. Deine usw.

Catherine Vernon

Lady Susan an Mrs. Johnson

Churchhill

Meine liebe Alicia! – Es ist sehr lieb von Dir, daß Du Dich um Frederica kümmerst, und ich bin Dir dafür dankbar als Zeichen Deiner Freundschaft; doch da ich an der Wärme Deiner Zuneigung nicht zu zweifeln brauche, liegt es mir fern, ein so großes Opfer von Dir zu verlangen. Sie ist ein einfältiges Mädchen und hat nichts Anziehendes an sich. Ich möchte darum nicht, daß Du mir zuliebe auch nur einen Augenblick Deiner kostbaren Zeit opferst und sie in Euer Haus kommen lässest, besonders weil jeder Besuch eine Störung bedeutet bei der wichtigen Aufgabe ihrer Ausbildung, der ich wirklich jede Sorgfalt zugewendet wissen möchte, so lange ihre Pensionszeit bei Miss Summers dauert. Ich will, daß sie später mit einigem Geschmack und großer Sicherheit spielt und singt, denn sie hat Hand und Arm von mir und besitzt eine ganz hübsche Stimme. Ich wurde als kleines Kind dermaßen verwöhnt, daß man mich nie zwang, mich ernsthaft mit einer Sache zu beschäftigen, und so kommt es, daß mir die Fähigkeiten abgehen, die einer hübschen Frau heutzutage erst den letzten Schliff geben. Nicht daß ich der herrschenden Mode das Wort reden möchte, sich gründliche Kenntnisse in allen Sprachen, Künsten und Wissenschaften anzueignen. Es ist verlorene Zeit, wenn man Französisch, Italienisch und Deutsch wirklich zu beherrschen strebt; durch musikalische Darbietungen, Gesang, Zeichnen usw. mag sich zwar eine Frau Beifall erwerben, die Zahl ihrer Anbeter wird sich aber dadurch nicht vermehren – Anmut und vollendetes Benehmen sind am Ende doch das Wichtigste. Es liegt also nicht in meiner Absicht, daß Frederica sich mehr als oberflächliche Bildung aneigne, und ich beglückwünsche mich dazu, daß sie nicht lange genug im Internat verbleiben wird, um irgend etwas gründlich zu verstehen. Ich hoffe sie ja schon in einem Jahr mit Sir James vermählt zu sehen. Du weißt, worauf ich meine Hoffnung gründe, und es ist bestimmt ein guter Grund, denn für ein Mädchen in Fredericas Alter hat der Schulbetrieb sicher etwas Entwürdigendes. Und, nebenbei bemerkt, ist es deshalb besser, wenn Du sie nicht mehr zu Dir bittest, da ich ja gerade möchte, daß sie ihre gegenwärtige Lage als unausstehlich empfindet. Ich kann mich jederzeit auf Sir James verlassen und könnte ihn dazu bewegen, sich in einem Brief erneut um sie zu bewerben. Bis dahin tust Du mir wohl den Gefallen, dafür zu sorgen, daß er sich nicht anderweitig verliebt, wenn er in London ist. Lade ihn gelegentlich zu Dir ein und sprich mit ihm über Frederica, damit er sie nicht vergißt. Im ganzen genommen, kann ich mein Vorgehen in dieser Sache nur loben und es als sehr glückliches Beispiel von Umsicht und Mutterliebe betrachten. Manche Mütter hätten darauf bestanden, daß ihre Tochter einen so günstigen Antrag ohne zu zögern annimmt; allein ich brachte es nicht übers Herz, Frederica zu einer Heirat zu zwingen, vor der ihr ganzes Wesen zurückschreckte; statt solcher gewaltsamer Maßnahmen habe ich mir's einfach zum Ziel gesetzt, sie die gewünschte Entscheidung von sich aus treffen zu lassen, indem ich ihr so lange das Leben schwer mache, bis sie ihn endlich doch nimmt – doch genug von diesem lästigen Mädchen. Du magst Dich mit Recht verwundern, wie ich meine Zeit hier herumbringe, und die erste Woche war ja auch unerträglich langweilig. Nun beginnen sich die Verhältnisse allerdings zu bessern, indem sich unser Kreis um Mrs. Vernons Bruder erweitert hat, einen hübschen jungen Mann, der mir einige Ablenkung verspricht. Er hat etwas an sich, was mich interessiert, eine gewisse Keckheit und Vertraulichkeit, die ich ihm aber schon noch austreiben werde. Er ist lebhafter Natur und scheint auch Verstand zu besitzen, und wenn ich ihm erst einmal mehr Achtung vor mir beigebracht habe, als die guten Dienste seiner Schwester in ihm geweckt haben, läßt sich's vielleicht recht angenehm mit ihm flirten. Es liegt ein ganz besonderer Reiz darin, sich einen überheblichen Geist zu unterwerfen, einen Menschen die eigene Überlegenheit spüren zu lassen, der sich uns mit vorgefaßter Abneigung naht. Ich habe ihn durch meine kühle Reserve bereits in Verwirrung gebracht, und mein Bemühen richtet sich nun darauf, den Hochmut dieser dünkelhaften De Courcys noch tiefer zu demütigen, Mrs. Vernon zur Einsicht kommen zu lassen, daß ihre schwesterlichen Warnungen gänzlich unnötig waren, und Reginald davon zu überzeugen, daß sie mich schmählich verleumdet hat. Dieses mein Vorhaben wird mir wenigstens zur Unterhaltung dienen und mir über die schreckliche Trennung von Dir und allen, die mir lieb sind, hinweghelfen. Deine

S. Vernon

Mrs. Vernon an Lady De Courcy

Churchhill

Liebe Mutter! – Sie dürfen Reginald nicht vor Ablauf einiger Zeit zurückerwarten. Er hat mich gebeten, Ihnen zu sagen, er hätte sich durch das gegenwärtige klare Wetter dazu bewegen lassen, auf Mr. Vernons freundliche Einladung hin seinen Aufenthalt in Sussex zum Zwecke gemeinsamen Jagens noch etwas auszudehnen. Er will seine Pferde sogleich nachkommen lassen; wann Sie ihn wieder in Kent sehen werden, läß sich jetzt unmöglich voraussagen. Ich will Ihnen meine Gedanken über diesen plötzlichen Wechsel in seinen Plänen nicht verhehlen, liebe Mutter, glaube indessen, daß Sie vor Vater wohl besser über die Sache schweigen, da seine übermäßige Besorgtheit um Reginald bei ihm zu Befürchtungen führen könnte, die sein Wohlbefinden und seine Stimmung vielleicht ernstlich beeinträchtigen. Lady Susan hat es innert vierzehn Tagen jedenfalls zustande gebracht, sich meines Bruders Sympathie zu verschaffen. Kurz gesagt, ich bin überzeugt, daß sein Verbleiben bei uns über den für seine Rückkehr ursprünglich festgesetzten Zeitpunkt hinaus ebensosehr mit einer gewissen Anziehungskraft erklärt werden kann, die sie auf ihn ausübt, wie mit dem Wunsche, in Mr. Vernons Begleitung dem Jagdvergnügen nachzugehen: ich kann mich also nicht so über das ausgedehnte Beisammensein mit meinem Bruder freuen, wie dies unter andern Umständen der Fall gewesen wäre. Ich bin geradezu empört über die Verschlagenheit dieser sittenlosen Frau; welch deutlicherer Beweis für ihre gefährlichen Künste ließe sich erbringen als diese Verblendung von Reginalds kritischem Urteil, das sich zu Beginn seines Aufenthalts noch so entschieden gegen sie wandte? In seinem letzten Brief teilte er mir überdies Einzelheiten über ihr Benehmen in Langford mit, die ihm von einem Herrn zugekommen waren, der sie sehr gut kannte: entsprechen sie der Wahrheit –

und Reginald war ohne weiteres bereit, an ihre Wahrheit zu glauben –, dann können sie einen nur mit Abscheu vor ihr erfüllen. Er hätte damals in der Tat von keiner Frau in ganz England eine schlechtere Meinung haben können als von ihr; und als er zu uns kam, war es offensichtlich, daß er sie nicht als eine mit Zartgefühl und Ehrerbietung zu behandelnde Frau betrachtete, daß er vielmehr glaubte, sie würde sich die Avancen eines jeden zu einem Flirt mit ihr aufgelegten männlichen Wesens mit Vergnügen gefallen lassen. Ihr Betragen, ich muß es zugeben, war darauf angelegt, eine solche Meinung Lügen zu strafen; ich habe nicht die kleinste Ungehörigkeit daran entdecken können – nichts von Eitelkeit, von Anmaßung, von Leichtfertigkeit; dazu ist sie in jeder Weise derart anziehend, daß ich mich nicht verwundert hätte, wenn er in völliger Unkenntnis alles dessen, was dem persönlichen Kennenlernen vorausging, heftig von ihr angetan gewesen wäre. Doch daß er gegen jede Vernunft, gegen seine Überzeugung, ein solches Gefallen an ihr findet, wie ich's deutlich beobachte, setzt mich wahrhaftig in Erstaunen. Im Anfang bewunderte er sie freilich sehr, aber nicht mehr als bloß natürlich schien, und ich verstand sehr wohl, daß ihr sanftes, feinfühliges Wesen stark auf ihn wirkte; doch wenn er in letzter Zeit von ihr sprach, geschah es mit Lobesworten, die sich jedesmal im Ausdruck noch steigerten; und gestern sagte er sogar, ihn vermöchte keine Wirkung zu überraschen, die solche Schönheit, solcher Liebreiz in einem fühlenden Herzen hervorgerufen hätten. Als ich daraufhin ihren schlechten Charakter beklagte, hielt er mir entgegen, daß man ihre Fehler, worin immer sie bestanden haben könnten, ihrer vernachlässigten Erziehung und vorzeitigen Heirat zuschreiben müßte und daß sie eine ganz wundervolle Frau wäre. Diese Neigung, sich so von der Bewunderung mit fortreißen zu lassen, daß er ihr Verhalten entschuldigt oder unbewußt darüber hinwegsieht, macht mir Verdruß; und wüßte ich nicht, daß Reginald sich in Churchhill zu heimisch fühlt, als daß es einer besonderen Einladung zur Verlängerung seines Besuches bedürfte, so würde ich bedauern, daß Mr. Vernon ihn überhaupt eingeladen hat. Was Lady Susans Absichten betrifft, so handelt es sich selbstverständlich um ausgemachte Koketterie oder um das Verlangen nach allgemeiner Bewunderung; ich kann mir keinen Moment vorstellen, daß sie etwas Ernsthaftes im Schilde führt; doch es hat etwas Beschämendes für mich, mitanzusehen, wie ein junger Mann von Reginalds Verstand von ihr so genarrt wird. Ich bin usw.

Catherine Vernon

Mrs. Johnson an Lady Susan

Edward Street

Liebste Freundin! – Ich beglückwünsche Dich zu Mr. De Courcys Ankunft und rate Dir, ihn wenn immer möglich zu heiraten; das Gut seines Vaters ist, wie wir wissen, von ansehnlicher Größe und, wie ich glaube, ein unveräußerliches Erblehen. Mit Sir Reginalds Gesundheit steht es nicht zum besten, er wird Dir wohl nicht mehr lange im Wege sein. Von dem jungen Mann höre ich nur Gutes; und obschon Dich im Grunde keiner verdient, meine liebe Susan, lohnt sich's vielleicht doch, Mr. De Courcy zu erringen. Mainwaring wird natürlich toben, doch Du wirst ihn wohl ohne Mühe beschwichtigen; überdies kann auch der strengste Ehrenpunkt Dir nicht vorschreiben, daß Du wartest, bis *er* sich freigemacht hat. Ich bin mit Sir James zusammengetroffen; er kam vorige Woche für ein paar Tage in die Stadt und machte mehrmals in Edward Street Besuch. Ich sprach mit ihm über Dich und Deine Tochter, und so weit ist er davon entfernt, Euch vergessen zu haben, daß er sicher eine von Euch beiden mit Vergnügen heiraten würde. Ich machte ihm Hoffnung auf Fredericas schließliches Nachgeben und berichtete ihm ausführlich, wie günstig sie sich entwickelt hat. Ich schalt ihn, daß er Maria Mainwaring den Hof gemacht hätte; er beteuerte, es wäre ihm damit nicht Ernst gewesen, und wir lachten beide herzhaft über ihre Enttäuschung und hatten es überhaupt sehr nett miteinander. Er ist so einfältig wie nur je. In treuer Freundschaft Deine

Alicia

Lady Susan an Mrs. Johnson

Churchhill

Ich bin Dir, meine liebe Alicia, sehr verbunden für Deinen Ratschlag hinsichtlich Mr. De Courcys; sicher warst Du dabei überzeugt, mir einen nützlichen Wink zu geben, doch bin ich noch nicht ganz entschlossen, ob ich ihm folgen will. Ich kann eine so ernsthafte Sache wie eine Heirat nicht einfach so beschließen; besonders da es mir gegenwärtig nicht an Geld mangelt und mir die Verbindung bis zum Ableben des alten Herrn vielleicht nur ganz geringe Vorteile zu bieten vermöchte. Immerhin schmeichle ich mir trotzdem, daß ich sie zustande bringen könnte. Ich habe ihn meine Anziehungskraft spüren lassen und genieße nun das Vergnügen, über einen Verstand zu triumphieren, der mir von Anfang an übelwollte und mein früheres Verhalten mißbilligte. Auch seine Schwester hat nun hoffentlich eingesehen, wie wenig es nützt, wenn jemand in liebloser Weise ein nachteiliges Bild von einem andern Menschen entwirft, sobald der unmittelbare Einfluß von Geist und feinem Wesen dagegenspricht. Ich sehe klar, daß mein Ansteigen in der Hochachtung ihres Bruders sie beunruhigt, und schließe daraus, daß sie es ihrerseits an nichts fehlen lassen wird, um meine Pläne zu vereiteln; doch habe ich ihn einmal so weit gebracht, daß er die Richtigkeit ihres Urteils über mich anzweifelt, dann darf ich ihr wohl Trotz bieten. Es war für mich köstlich zu beobachten, wie er sich bemühte, in freundschaftliche Beziehungen zu mir zu treten, insbesondere sein ganz verändertes Verhalten, nachdem ich durch herablassende Kühle seine kecken Avancen abgewehrt hatte. Mein Benehmen war überhaupt von Anfang an reserviert, und in meinem ganzen Leben war ich noch nie einer Kokette unähnlicher, wiewohl mein Machtbedürfnis vielleicht noch nie so ausgeprägt war wie jetzt. Ich habe ihn durch tiefes Gemüt und ernsthaftes Gespräch gänzlich bezwungen und – ich darf wohl sagen – sein Herz wenigstens *halb* für mich entflammt, ohne dabei den Anschein eines gewöhnlichen Flirts zu erwecken. Wenn Mrs. Vernon zu sehen meint, daß ich mit meinem sanften und natürlichen Wesen irgend etwas im Schilde führe, so ist dies nur ihrem schlechten Gewissen zuzuschreiben, das ihr sagt, ihre voreilige Warnung verdiente jede Form von Rache, die mir zu Gebote steht. Soll sie indessen denken und tun, was ihr beliebt. Ich hab' es noch nie erlebt, daß ein schwesterlicher Rat einen jungen Mann vom Lieben abgehalten hätte, wenn ihm der Sinn danach stand. Wir nähern uns nun einer Art gegenseitigen Vertrauens, kurzum, es wird wahrscheinlich auf etwas wie eine platonische Freundschaft hinauslaufen. Daß es meinerseits nie mehr sein wird, dessen darfst Du versichert sein, denn empfände ich auch nicht so zärtlich für einen andern, wie sich überhaupt für jemanden empfinden läßt, so hielte ich's doch für unter meiner Würde, meine Zuneigung einem Manne zu schenken, der es gewagt hat, so gering von mir zu denken. Reginald hat eine gute Figur, und die lobenden Äußerungen, die Du über ihn hörtest, sind nicht unverdient; an unsern Langforder Freund reicht er aber bei weitem nicht heran. Er ist weniger gebildet, weniger einnehmend als Mainwaring, und es geht ihm, verglichen mit diesem, das Talent ab, die köstlichen Dinge zu sagen, die einen zufrieden machen mit sich selbst und der ganzen Welt. Immerhin, er ist unterhaltlich genug, um mich zu zerstreuen und viele von den Stunden auf angenehme Weise vergehen zu lassen, die ich sonst damit hinbringen würde, die Reserviertheit meiner Schwägerin zu überwinden und den belanglosen Reden ihres Gatten zuzuhören. Dein Bericht über Sir James tönt höchst befriedigend, und Miss Frederica gedenke ich sehr bald anzudeuten, was meine Absichten sind. Deine usw.

S. Vernon

Mrs. Vernon an Lady De Courcy

Churchhill

Ich bin allmählich ganz beunruhigt wegen Reginald, liebste Mutter, wenn ich Lady Susans ständig zunehmenden Einfluß auf ihn beobachte. Sie verkehren nun in den Formen der engsten Freundschaft miteinander und sind oft in lange Gespräche vertieft, und durch die hinterhältigste Koketterie hat sie es dahin gebracht, sein gesundes Urteil ihren eigenen Plänen dienstbar zu machen. Es ist unmöglich, das so plötzlich zwischen ihnen entstandene enge Einvernehmen ohne Befürchtung mitanzusehen, wiewohl ich kaum zu glauben vermag, daß Lady Susans Absichten sich auf eine Heirat richten. Könnten Sie Reginald nur unter einem glaubwürdigen Vorwand zurückrufen! Er ist keineswegs gesonnen, von hier abzureisen, obwohl ich ihm in bezug auf Vaters angegriffene Gesundheit so häufige Andeutungen machte, als es sich mit einfachster Höflichkeit in meinem eigenen Hause verträgt. Ihre Macht über ihn ist offenbar grenzenlos, da sie seine vorher bestehende schlechte Meinung von ihr vollständig zum Verschwinden gebracht und ihn derart verblendet hat, daß er über ihr früheres Betragen nicht nur hinwegsieht, sondern es sogar billigt. Mr. Smiths Bericht über ihr Vorgehen in Langford, wo sie, wie dieser empört feststellte, Mr. Mainwaring und einen mit Miss Mainwaring versprochenen jungen Mann sinnlos in sich verliebt machte, was Reginald noch bei seiner Ankunft hier ohne weiteres glaubte, ist jetzt nach seiner Überzeugung nichts weiter als schamlose Erfindung. Er sagte mir dies mit einer Feurigkeit des Ausdrucks, aus der seine Reue hervorging, vorher das Gegenteil geglaubt zu haben. Wie aufrichtig beklage ich's, daß sie je unser Haus betreten hat! Ihrer Ankunft habe ich zwar schon immer mit Unbehagen entgegengesehen; doch es gründete sich keineswegs auf irgendwelche Befürchtungen für Reginald. Zwar erwartete ich für mich selbst eine höchst unangenehme Hausgenossin, konnte mir aber nicht denken, es bestünde für meinen Bruder die geringste Gefahr, in die Schlinge einer Frau zu geraten, mit deren leichtfertigen Zielen er so wohlbekannt war und deren Charakter er so von Herzen verabscheute. Können Sie ihn von hier losreißen, so wird es von gutem sein. Ihre usw.

Catherine Vernon

Sir Reginald De Courcy an seinen Sohn

Parklands

Ich weiß, daß sich junge Leute im allgemeinen Erkundigungen nach ihren Herzensangelegenheiten selbst von seiten ihrer nächsten Angehörigen verbitten; dennoch hoffe ich, mein lieber Reginald, Du seiest besser als jene, die der Besorgtheit eines Vaters nichts zugute halten und sich berechtigt glauben, ihm ihr Vertrauen zu verweigern und seine Ratschläge zu mißachten. Du siehst gewiß ein, daß die Art und Weise wie Du, als einziger Sohn und Vertreter eines alten Geschlechts, Dein Leben gestaltest, die Deinen sehr nahe angeht; und ganz besonders bei dem hochwichtigen Schritt einer Heirat steht alles auf dem Spiel – Dein eigenes Glück, das Deiner Eltern und die Ehre Deines Namens. Ich glaube nicht, daß Du eine feste Bindung dieser Art bewußt eingehen würdest, ohne

Deine Eltern vorher zu unterrichten oder ohne wenigstens überzeugt zu sein, daß wir Deine Wahl gutheißen würden; doch ich muß leider befürchten, daß Du von der Dame, der gegenwärtig Deine Neigung gilt, zu einer Heirat verleitet werden könntest, welche Deine ganze Familie nah und fern aufs höchste mißbilligen muß. Schon Lady Susans Alter wäre ein gewichtiger Einwand; doch ihre Charakterlosigkeit ist ein so ungemein viel ernsteres Ehehindernis, daß im Vergleich damit der Altersunterschied von ganzen zwölf Jahren kaum ins Gewicht fällt. Wärest Du nicht durch eine Art Zauber verblendet, so wäre es lächerlich von mir, die allgemein bekannten Fälle, in welchen sie sich grobe Verstöße gegen Anstand und gute Sitten zuschulden kommen ließ, von neuem zu erwähnen.

Die Vernachlässigung ihres Gatten, ihr herausforderndes Benehmen gegenüber andern Männern, ihre Vergnügungs- und Verschwendungssucht waren so kraß und so berüchtigt, daß seinerzeit niemand über diese Dinge in Unkenntnis bleiben konnte, noch sie heute vergessen haben kann. Unserer Familie ist sie zwar von seiten Mr. Charles Vernons stets in günstigerem Lichte dargestellt worden; aber trotz seinem großmütigen Bestreben, sie nachsichtig zu beurteilen, bleibt die Tatsache bestehen, daß sie sich aus den egoistischsten Motiven jede erdenkliche Mühe gab, um seine Heirat mit Catherine zu hintertreiben.

Mein Alter und meine zunehmenden Beschwerden erfüllen mich mit dem lebhaften Wunsche, Dich den Dir gebührenden Platz in der Welt einnehmen zu sehen. Was das Vermögen Deiner künftigen Ehegattin anbelangt, so wird der Umfang meines eigenen mich dagegen gleichgültig machen; allein sie muß sowohl ihrer Herkunft wie ihrem Charakter nach untadelig sein. Triffst Du Deine Wahl so, daß gegen sie nichts einzuwenden ist, dann kann ich Dir ein rasch und gern gewährtes Einverständnis versprechen; doch es ist meine Pflicht, mich einer ehelichen Verbindung zu widersetzen, welche nur durch raffinierte Verstellung zustande kommen kann und notwendigerweise unglücklich ausgehen wird. Es kann immerhin sein, daß Lady Susans Verhalten nur von ihrer Eitelkeit diktiert ist oder auch von dem Bestreben, die Bewunderung eines Mannes zu erringen, bei dem sie ganz besonders starke Vorurteile gegen sich vermuten muß; indessen ist es wahrscheinlicher, daß sie ihr Ziel weiter gesteckt hat. Da sie arm ist, sucht sie wohl naturgemäß eine Verbindung, die für sie nur von Vorteil sein kann; Du kennst ja Deine Rechte und weißt, daß es nicht in meiner Macht steht, zu verhindern, daß Du einmal das Familiengut erbst. Die Möglichkeit, Dir noch zu meinen Lebzeiten die nötigen Mittel zu entziehen, wirkt dagegen wie eine Form von Rache, zu der ich mich wohl unter keinen Umständen erniedrigen könnte.

Ich spreche Dir ganz offen von meinen Gefühlen und Absichten: ich möchte Dich nicht einschüchtern, vielmehr auf Deine Vernunft und Sohnesliebe einwirken. Jede Freude im Leben würde mir zerstört, wenn ich erführe, daß Du Dich mit Lady Susan Vernon vermählt hast; dies wäre der Todesstoß für den berechtigten Stolz, mit dem ich bis anhin meinen Sohn betrachtet habe; ich würde schamrot, wenn ich ihn sähe, von ihm hörte, an ihn dächte. Dieser Brief hat vielleicht keine gute Wirkung außer der, daß ich mir damit meine Sorge von der Seele reden konnte; allein ich hielt es für meine Pflicht, Dir mitzuteilen, daß Deine Neigung zu Lady Susan für Deine Angehörigen kein Geheimnis mehr ist, und Dich vor ihr zu warnen. Ich wäre froh, wenn Du mich wissen ließest, aus welchen Gründen Du heute Mr. Smiths Mitteilungen keinen Glauben mehr schenkst; noch vor einem Monat hast Du ihre Richtigkeit durchaus nicht angezweifelt. Kannst Du mir die Versicherung geben, daß Du nichts anderes im Sinn hast, als eine Zeitlang den Umgang mit einer klugen Frau zu genießen und ihre Schönheit, ihren Talenten Bewunderung zu zollen, ohne dadurch für ihre Fehler blind zu sein, dann schenkst Du mir wieder Glück und Ruhe; kannst Du dies aber nicht, dann erkläre mir wenigstens, was einen solchen Wechsel in Deiner Meinung von ihr hervorgerufen hat. Ich bin usw. usw.

Reginald De Courcy

Lady De Courcy an Mrs. Vernon

Parklands

Meine liebe Catherine! – Unglücklicherweise lag ich bei Ankunft Deines letzten Briefes mit einer Erkältung zu Bett, die meine Augen derart angegriffen hatte, daß ich ihn nicht selber lesen, Deinen Vater also nicht hindern konnte, als er sich anerbot, ihn mir vorzulesen, wodurch er nun zu meinem großen Ärger von Deinen Befürchtungen wegen Deines Bruders erfahren hat. Ich hatte die Absicht, selbst an Reginald zu schreiben, sobald meine Augen es gestatteten, um ihn nach bestem Vermögen auf die Gefahren aufmerksam zu machen, die der vertraute Verkehr mit einer so raffinierten Frau wie Lady Susan für einen jungen Mann von seinem Alter und seinen glänzenden Aussichten in sich birgt. Ich wollte ihm überdies zu bedenken geben, daß wir jetzt ganz allein stehen und an den langen Winterabenden seine aufmunternde Gegenwart sehr nötig haben. Ob es etwas genützt hätte, läßt sich nun nicht entscheiden; doch es bereitet mir außerordentlichen Verdruß, daß Sir Reginald mit einer Sachlage bekannt ist, die ihn nun, wie wir vorausgesehen haben, in große Unruhe versetzt. Kaum hatte er Deinen Brief gelesen, so hatte Deine ganze Angst ihn auch schon angesteckt, und ich weiß sicher, daß ihm die Sache seither nicht mehr aus dem Kopf gegangen ist. Er hat mit gleicher Post an Reginald einen langen Brief geschrieben, der voll davon ist und in welchem er insbesondere zu erfahren wünscht, was Lady Susan ihm mitgeteilt haben kann, das geeignet ist, die letzten skandalösen Gerüchte über sie zu entkräften. Reginalds Antwort kam heute morgen, und ich lege sie Dir bei, da ich annehme, sie werde Dich interessieren. Ich wollte, sie lautete beruhigender; allein sie scheint abgefaßt mit einer derartigen Entschlossenheit, gut von Lady Susan zu denken, daß seine Beteuerungen bezüglich Heirat usw. meinen Seelenfrieden nicht wieder herstellen. Ich tue indessen, was ich kann, um Vater zu beruhigen, und seit Reginald geschrieben hat, ist er tatsächlich weniger besorgt. Wie empörend ist's doch, liebe Catherine, daß diese Deine unwillkommene Besucherin uns nicht nur daran hindert, an Weihnachten alle beisammen zu sein, sondern uns noch dazu so viel Verdruß und Unruhe bereitet! Küsse die lieben Kinder von mir. Deine Dich liebende Mutter

C. De Courcy

Mr. De Courcy an Sir Reginald

Churchhill

Verehrter, lieber Vater! – Soeben habe ich Ihren Brief erhalten: er hat in mir größere Verwunderung ausgelöst, als ich sie je empfunden habe. Vermutlich schulde ich meiner Schwester Dank dafür, daß sie mich in einem Lichte darstellte, welches Ihre Meinung von mir getrübt und Sie in solche Sorge versetzt hat. Ich weiß nicht, warum es ihr beliebt, sich selbst und den Ihren bange zu machen, indem sie ein Ereignis befürchtet, das kein Mensch außer ihr selbst – wie ich sicher bezeugen kann – je für möglich gehalten hätte. Lady Susan eine solche Absicht zu unterschieben, würde bedeuten, daß man ihr auch nicht den geringsten Teil jenes ausgezeichneten Verstandes zubilligt, den selbst ihre schlimmsten Feinde ihr nie abgesprochen haben; und ebensosehr müßte sich mein eigener Anspruch auf den Besitz gewöhnlichster Vernunft verringern, wenn man mich in meinem Verhalten zu ihr der Verfolgung von Heiratsplänen verdächtigen wollte. Der zwischen uns bestehende Altersunterschied ist ja allein schon ein unüberwindliches Hindernis, und so flehe ich Sie an, verehrter Vater, sich solcher Gedanken zu entschlagen und nicht länger einem Argwohn Raum zu geben, der sich für Ihre Seelenruhe kaum verderblicher auswirken kann als für unsern Ruf als verständige Menschen. Wenn ich mich weiterhin in Lady Susans Gesellschaft aufhalte, so kann ich damit nichts anderes bezwecken, als (wie Sie selbst es ausgedrückt haben) eine Zeitlang den Umgang mit einer Frau von hoher Intelligenz zu genießen. Würde Mrs. Vernon die lange Dauer meines Besuches ganz natürlich mit meiner Zuneigung für sie und ihren Gatten erklären, dann würde sie uns alle richtiger beurteilen; doch unglücklicherweise ist meine Schwester in einem Vorurteil gegenüber Lady Susan befangen, das zu besiegen aussichtslos erscheint. Aus Liebe zu ihrem Mann, die an sich beide Ehegatten ehrt, kann sie es Lady Susan nicht verzeihen, daß diese – wie es heißt, aus egoistischen Gründen – seinerzeit ihren Bund verhindern wollte; allein in diesem Falle, wie in zahlreichen andern Fällen, hat die Welt dieser Frau höchst unrecht getan, indem man das Schlimmste vermutete, wo die Motive ihres Handelns sich schwer durchschauen ließen. Lady Susan hatte etwas erfahren, das den Ruf meiner Schwester so schwerwiegend beeinträchtigte, daß sie der festen Überzeugung war, Mr. Vernon, dem sie stets warme Zuneigung entgegenbrachte, müßte in dieser Ehe unglücklich werden. Dieser Umstand, der die eigentliche Erklärung für Lady Susans Vorgehen bildet und den ganzen Tadel hinfällig macht, mit dem sie so freigebig bedacht wurde, mag uns überdies vor Augen führen, wie wenig Glauben wir allgemeinen Gerüchten über jemanden schenken sollten, da kein Charakter, wie ehrenfest er auch immer sein mag, gegen die Bosheit übler Nachrede gefeit ist. Wenn meine Schwester, bei wohlbehüteter und zurückgezogener Lebensweise, mit ebensowenig Gelegenheit wie Neigung zum Unrechttun, der Kritik nicht entgehen konnte, dürfen wir nicht voreilig jene verdammen, die, inmitten weltlichen Lebens, von Versuchungen umgeben, so mancher Verirrung nur darum geziehen werden, weil man die Gelegenheit dazu bei ihnen voraussetzt.

Ich tadle mich selber, weil ich den von

Charles Smith zum Nachteil Lady Susans erfundenen Skandalgeschichten so ohne weiteres geglaubt habe, denn jetzt weiß ich, wie sehr man sie damit verleumdet hat. Was Mrs. Mainwarings Eifersucht betrifft, so ist eine solche Behauptung völlig aus der Luft gegriffen, und Mr. Smiths Bericht, wonach Lady Susan Miss Mainwarings Verlobten an sich gelockt hätte, war kaum besser begründet. Sir James Martin war von dieser jungen Dame so weit gebracht worden, daß er ihr ein wenig den Hof machte, und da er begütert ist, war es leicht zu sehen, daß *sie* eine Heirat im Auge hatte. Es ist ein offenes Geheimnis, daß Miss M. sich mit allen Mitteln einen Mann zu ergattern sucht; niemand wird sie also bedauern, wenn ihr infolge der höheren Reize einer andern Frau die Möglichkeit entgeht, einen hochgeachteten Mann ins Unglück zu stürzen. Lady Susan hatte es keineswegs auf eine derartige Eroberung abgesehen, und als sie merkte, wie sehr Miss Mainwaring den Abfall ihres Anbeters übelnahm, entschloß sie sich trotz inständigem Drängen von seiten des Ehepaars Mainwaring, die Familie zu verlassen. Ich darf mit guten Gründen annehmen, daß sie von Sir James in der Tat ernstgemeinte Anträge erhalten hat, doch da sie sich, sowie sie seine Neigung für sie entdeckte, sogleich nach Churchhill begab, muß jeder Rechtdenkende sie in diesem Punkte freisprechen. Sicherlich werden Sie, verehrter Vater, die Richtigkeit meiner Darstellung einsehen und selber dazu kommen, den Charakter einer Frau, der schweres Unrecht angetan wurde, so zu beurteilen, wie er es verdient. Ich weiß, daß Lady Susan sich bei ihrem Entschluß, nach Churchhill zu kommen, nur von den ehrlichsten und liebenswürdigsten Absichten leiten ließ; ihre Vorsicht und Sparsamkeit sind mustergültig, ihre Achtung vor Mr. Vernon erreicht sogar die Höhe *seiner* Tugenden, und ihr Bestreben, sich die gute Meinung meiner Schwester zu erringen, verdient mehr Entgegenkommen, als ihr bisher gezeigt wurde. Als Mutter erfüllt sie tadellos ihre Pflicht; ihre tiefe Liebe zu ihrem Kind zeigt sich darin, daß sie es Händen übergeben hat, wo man seiner weiteren Ausbildung die nötige Sorgfalt angedeihen läßt; doch weil sie nicht die verblendete und allzu nachgiebige Zärtlichkeit der meisten Mütter besitzt, klagt man sie des Mangels an Mutterliebe an. Jeder vernünftige Mensch wird indessen ihre in die richtigen Bahnen geleitete Zuneigung zu schätzen wissen und sich mir in dem Wunsch anschließen, Frederica Vernon möge sich hinfort für die liebende Fürsorge ihrer Mutter dankbar erweisen. Verehrter Vater, ich habe Ihnen nun in aller Offenheit geschrieben, wie ich über Lady Susan denke; Sie werden aus diesen Zeilen erkennen, wie sehr ich ihre Geistesbildung bewundere und wie hoch ich ihren Charakter schätze; wenn Sie sich jedoch durch meine ausdrückliche und feierliche Versicherung nicht in demselben Maße davon überzeugen lassen, daß

Ihre Besorgnisse jeder Grundlage entbehren, wird mir dies zu tiefer Beschämung und großem Kummer gereichen. Ich bin usw. usw.

R. De Courcy

Mrs. Vernon an Lady De Courcy

Churchhill

Liebe Mutter! – Ich schicke Ihnen Reginalds Schreiben wieder zurück und freue mich aus ganzem Herzen, daß es auf Vater beruhigend gewirkt hat: sagen Sie ihm dies, bitte, nebst Glückwünschen meinerseits; unter uns gesagt, muß ich jedoch gestehen, daß mich persönlich der Brief nur davon überzeugt hat, daß er *im Moment* nicht beabsichtigt, sich mit Lady Susan ehelich zu verbinden, nicht aber davon, daß er in einem Vierteljahr nicht doch in Gefahr steht, just dies zu tun. Er gibt eine recht glaubwürdige Erklärung für ihr Verhalten in Langford; hätte er damit nur recht; doch alles, was er über den Fall weiß, stammt naturgemäß von ihr selbst, und so bin ich wenig geneigt, ihren Aussagen zu glauben, bedaure vielmehr lebhaft den zwischen ihnen bestehenden Grad der Vertrautheit, der sich darin äußert, daß sie miteinander über ein solches Thema reden. Es tut mir leid, daß ich mir sein Mißfallen zugezogen habe, kann aber wohl nichts anderes erwarten, wenn er sich so eifrig um Lady Susans Rechtfertigung bemüht. Er hat mich wirklich hart getadelt, und dennoch hoffe ich, nicht vorschnell den

Stab über sie gebrochen zu haben. Die Arme! Wiewohl ich für meine Abneigung der Gründe genug habe, kann ich doch nicht umhin, sie im gegenwärtigen Moment zu bedauern, denn sie ist in schwerer Bedrängnis und hat dazu auch alle Ursache. Heute morgen erhielt sie ein Schreiben der Dame, der sie ihre Tochter anvertraut hatte, mit der Bitte, sie möchte Miss Vernon unverzüglich aus dem Institut wegnehmen, da sie bei einem Fluchtversuch ertappt worden sei. Warum sie fliehen wollte und wohin, geht nicht aus dem Brief hervor; doch da sie anscheinend in jeder Beziehung tadellos untergebracht war, ist der Fall höchst betrüblich und bereitet Lady Susan verständlicherweise große Sorge. Frederica muß ja schon ganze sechzehn Jahre alt sein und sollte mehr Vernunft haben; aus den Andeutungen ihrer Mutter schließe ich indessen, daß sie ein bockiges, eigensinniges Mädchen ist. Freilich hat man sie vorher arg vernachlässigt, das sollte ihre Mutter bedenken. Mr. Vernon machte sich sofort nach London auf, sowie sie entschieden hatte, was nun zu geschehen hätte. Er soll wenn möglich Miss Summers dazu bringen, Frederica weiterhin im Institut zu behalten und, falls dies nicht gelingt, das Mädchen einstweilen nach Churchhill mitnehmen, bis sich etwas anderes für sie findet. Ihre Ladyship tröstet sich unterdessen damit, daß sie mit Reginald dem Staudengarten entlang lustwandelt und, wie ich annehme, bei diesem traurigen Anlaß alle seine weicheren Regungen hervorlockt. Auch mit mir hat sie darüber viel gesprochen. Sie spricht unglaublich gewandt; ich bin leider allzu herzlos, oder sollte ich eher sagen, zu gesund, als daß ich so tief zu fühlen vermöchte; aber ich will nicht absichtlich nach Fehlern suchen; sie wird vielleicht noch einmal Reginalds Frau! Das möge Gott verhüten! Allein, warum sollte ich schärfere Augen haben als alle andern? Mr. Vernon behauptet, nie hätte er tieferen Kummer gesehen als bei ihr, als sie den Brief erhielt; ist denn sein Urteilsvermögen schwächer als meins? Sie wollte zuerst nichts davon hören, daß man Frederica nach Churchhill kommen ließe, und eigentlich mit Recht, denn dadurch würde ein Betragen gewissermaßen belohnt, das ganz andere Maßnahmen verdient hätte; allein es war unmöglich, sie irgendwo anders unterzubringen, und lange soll sie hier auch nicht bleiben. «Es wird unumgänglich nötig sein», sagte sie, «wie Sie, meine liebe Schwägerin, gewiß einsehen, meine Tochter mit einer gewissen Strenge zu behandeln, solange sie hier ist; eine sehr schmerzliche Notwendigkeit freilich, aber ich will *nach Kräften* versuchen, mich ihr zu fügen. Ich fürchte, daß ich oft allzu nachgiebig war, aber meine arme Frederica mit ihrer aufbrausenden Art hat Widerstand von jeher schlecht vertragen: Sie müssen mich unterstützen und aufmuntern; Sie müssen mich, wenn Sie mich weich werden sehen, nachdrücklich darauf hinweisen, daß Tadel notwendig ist.» Dies alles tönt sehr vernünftig. Reginald ist so aufgebracht über das arme, dumme Kind! Sicher spricht es nicht für Lady Susan, daß er gegen ihre Tochter so hart ist; seine Vorstellung von ihr gründet sich offensichtlich auf die Beschreibung von seiten der Mutter. Nun, was immer das Schicksal über ihn verhängt, uns ist's tröstlich zu wissen, daß wir das Äußerste getan haben, um ihn zu retten. Wir müssen alles Kommende einer höheren Macht überlassen. Stets Ihre usw.

Catherine Vernon

Lady Susan an Mrs. Johnson

Churchhill

Nie im Leben, liebste Alicia, hat etwas mich so aufgebracht wie ein Brief von Miss Summers, der heute morgen ankam. Meine Tochter, dieses gräßliche Mädchen, hat augenscheinlich einen Fluchtversuch unternommen. Ich hatte ja keine Ahnung, daß sie solch kleiner Teufel ist, es schien, als hätte sie die ganze Vernonsche Sanftmut; doch sowie sie den Brief erhalten hatte, in welchem ich ihr energisch meine Absicht in bezug auf Sir James mitteilte, versuchte sie wahrhaftig, sich heimlich davonzumachen; wenigstens kann ich mir ihr Vorgehen nicht anders erklären. Vermutlich wollte sie zu den Clarks in Staffordshire, andere Bekannte hat sie ja nicht. Aber sie kriegt ihre Strafe, sie muß ihn einfach heiraten. Ich habe Charles nach

London geschickt, damit er wenn möglich die Sache wieder ins reine bringt, denn hier in Churchhill möchte ich sie keineswegs haben. Will Miss Summers sie nicht behalten, dann mußt Du ein anderes Internat für mich ausfindig machen, es sei denn, wir erreichen, daß sie sofort heiratet. Miss S. schreibt, es sei ihr nicht gelungen, irgendeinen Grund für ihr höchst merkwürdiges Verhalten aus der jungen Dame herauszukriegen, was mich in meiner vorher geäußerten Ansicht über den Fall bestärkt. Frederica ist wahrscheinlich zu schüchtern und hat auch zu großen Respekt vor mir, als daß sie persönliche Dinge ausplaudern würde; doch sollte ihr Onkel sie in seiner gütigen Art zum Sprechen bringen, dann ist mir gar nicht bange. Ich bin überzeugt, daß ich die Sachlage so glaubhaft darzulegen verstehe wie sie. Wenn ich auf etwas stolz bin, dann auf mein Geschick im Reden. Spricht jemand gut, so erntet er ebenso sicher Anerkennung und Wertschätzung, wie die Schönheit Bewunderung erntet, und hier habe ich Gelegenheit genug, mein Talent zu entfalten, da ich meine Zeit hauptsächlich mit Gesprächen zubringe.

Reginald gibt sich nur dann frei und ungezwungen, wenn wir unter uns sind, und bei mildem Wetter spazieren wir stundenlang im Staudengarten auf und ab. Im ganzen mag ich ihn recht gern; er ist gescheit und weiß über vieles zu reden, nur ist er zuweilen indiskret und lästig. Er hat etwas lächerlich Moralisches an sich, das sich nur mit ausführlichen Erklärungen alles dessen beschwichtigen läßt, was er etwa zu meinen Ungunsten gehört haben mag, und erst dann gibt er sich ganz zufrieden, wenn er über das ganze Drum und Dran einer Sache Bescheid zu wissen glaubt. Darin äußert sich wohl eine Form von Liebe, doch ich muß gestehen, daß sie nicht besonders nach meinem Geschmack ist. Mainwarings zärtliche, großzügige Geistesart ist mir unendlich viel lieber: zutiefst überzeugt von meinem inneren Wert, genügt ihm das Wissen, daß, was immer ich tue, recht gehandelt sein muß; mit einiger Verachtung blicke ich darum auf die von unangebrachter Wißbegier und Zweifelsucht zeugenden Grillen eines Gemüts, das ständig über die Vernünftigkeit seiner Gefühle nachzugrübeln scheint. Mainwaring ist überhaupt ohne Frage Reginald hoch überlegen – über alles verfügt er in reicherem Maße, nur nicht über die Macht, bei mir zu sein! Der Arme! Er ist schier außer sich vor Eifersucht, weswegen ich ihn gar nicht bedaure, da nichts die Liebe so kräftig nährt. Er hat mir schon wiederholt die Erlaubnis abnötigen wollen, daß er hierher in die Gegend kommt und irgendwo in der Nähe inkognito logiert; aber das habe ich ihm streng verboten. Unverzeihlich handeln die Frauen, die vergessen, was sie sich selbst und der Meinung der Mitmenschen schuldig sind. Stets Deine

S. Vernon

Mrs. Vernon an Lady De Courcy

Churchhill

Liebe Mutter! – Mr. Vernon ist Donnerstagabend in Begleitung seiner Nichte zurückgekehrt. Lady Susan hatte noch am selben Tag die briefliche Nachricht von ihm erhalten, daß Miss Summers sich strikte geweigert hätte, Miss Vernon den ferneren Aufenthalt in ihrem Institut zu gestatten; wir waren also auf ihr Kommen vorbereitet und warteten den ganzen Abend ungeduldig auf die beiden. Sie trafen dann ein, als wir gerade beim Tee saßen, und noch nie habe ich ein Wesen so verängstigt dreinblicken sehen wie Frederica, als sie ins Zimmer trat. Lady Susan, die noch eben Tränen vergossen und beim Gedanken an das Wiedersehen starke Erregung gezeigt hatte, empfing sie in völlig gefaßter Haltung und ohne die mindeste zärtliche Regung zu verraten. Sie richtete kaum das Wort an sie, und als Frederica, nachdem wir alle Platz genommen hatten, in Tränen ausbrach, führte sie sie weg und kehrte dann einige Zeit nicht zurück. Als sie wiederkam, waren ihre Augen stark gerötet, und sie zeigte sich so aufgeregt wie vorher. Ihre Tochter bekamen wir nicht mehr zu Gesicht. Dem armen Reginald ging es schrecklich nahe, seine schöne Freundin von solchem Kummer heimgesucht zu sehen, und er ließ den Blick mit solch zärtlicher Besorgnis auf ihr ruhen, daß ich, die ich sie hin und wieder dabei betraf, wie sie seinen Gesichtsausdruck triumphierend beobachtete, vor Unmut kaum mehr an mich halten konnte. Diese mitleiderregende Komödie dauerte den ganzen Abend an, und eine so bewußte und wohlüberlegte Schaustellung hat mich völlig überzeugt, daß sie in Wirklichkeit überhaupt nichts empfand. Seit ich ihre Tochter gesehen habe, zürne ich ihr mehr denn je; das arme Kind macht solch einen unglücklichen Eindruck, daß es mir ganz ans Herz greift. Lady Susan geht bestimmt zu streng mit ihr um, denn bei Fredericas Gemütsart scheint Strenge nicht erforderlich. Sie wirkt vollkommen eingeschüchtert, zerknirscht und verzagt. Sie ist sehr hübsch, obschon nicht so schön wie ihre Mutter, sieht ihr überhaupt nicht ähnlich. Ihr Teint ist zart, doch weder so hell noch so gut gefärbt wie der Teint Lady Susans; dazu besitzt sie ganz den Gesichtsschnitt der Vernons, das ovale Antlitz und die sanften dunklen Augen, in welche etwas besonders Warmes und Herzliches tritt, wenn sie mit ihrem Onkel oder mit mir spricht, denn da wir liebevoll mit ihr umgehen, haben wir natürlich dankbare Gefühle in ihr wachgerufen.

Ihre Mutter hat uns zu verstehen gegeben, daß sie ein ungebärdiges Temperament besitzt; allein noch nie habe ich ein Angesicht gesehen, das weniger von irgendwelchen schlechten Anlagen gezeugt hätte; und meine Beobachtungen in bezug auf das gegenseitige Verhalten von Mutter und Tochter, Lady Susans beständige Strenge und Fredericas stumme Bedrücktheit, führen mich wie schon vorher zur Überzeugung, daß erstere gar keine rechte Liebe zu ihrer Tochter empfindet und sie stets ohne Verständnis oder mütterliche Zärtlichkeit behandelt hat. Mich mit meiner Nichte länger zu unterhalten, ist mir bisher nicht gelungen; sie ist schüchtern, und ich glaube zu bemerken, daß man sich sogar Mühe gibt, um zu verhindern, daß sie sich zu oft bei mir aufhält. Nichts Glaubwürdiges ist bis jetzt über den Grund ihres Davonlaufens verlautet. Ihr gutherziger Onkel war, wie Sie sich wohl denken können, zu ängstlich darauf bedacht, sie auf der Reise nicht durch vieles Fragen aus der Fassung zu bringen. Wäre es mir nur möglich gewesen, sie statt seiner abzuholen. Mir wäre es wohl gelungen, ihr während einer dreißig Meilen weiten Fahrt die Wahrheit zu entlocken. Das kleine Pianoforte ist dieser Tage auf Lady Susans Bitte hin in Fredericas Ankleidezimmer aufgestellt worden, und Frederica verbringt dort einen Großteil des Tages, mit Üben, wie es heißt; allein ich höre kaum je einen Laut, wenn ich an diesem Zimmer vorübergehe; womit sie sich dort beschäftigt, weiß ich nicht. Bücher sind zwar reichlich vorhanden, doch nicht jedes Mädchen, das während der ersten fünfzehn Lebensjahre jeder geistigen Zucht entbehrte, ist zum Lesen befähigt oder geneigt. Armes Geschöpf! Die Aussicht von ihrem Fenster trägt auch nichts zu innerer Bereicherung bei, denn, wie Sie wissen, hat man von dort aus den Rasen vor Augen, den auf der einen Seite der Staudengarten begrenzt, wo sie ihre Mutter in tiefsinnigem Gespräch mit Reginald oft eine volle Stunde lang herumwandern sehen kann. Ein Mädchen in Fredericas Alter muß noch herzlich naiv sein, wenn dergleichen ihm nicht auffällt. Ist's nicht unverzeihlich, einer Tochter solch ein Beispiel zu geben? Dessenungeachtet hält Reginald Lady Susan immer noch für die beste aller Mütter und verurteilt Frederica als mißratene Tochter! Er glaubt fest, daß ihrem Fluchtversuch kein entschuldbares Motiv zugrunde gelegen und nichts ihr dazu Anlaß gegeben hat. Daß tatsächlich ein Anlaß bestand, kann ich freilich nicht behaupten; aber wenn Miss Summers erklärt, daß an Miss Vernon während der ganzen Dauer ihres Aufenthalts in Wigmore Street bis zu dem Moment, da man sie bei ihrem Vorhaben ertappte, keinerlei Anzeichen von Halsstarrigkeit oder Bösartigkeit zu bemerken waren, kann ich nicht so ohne weiteres glauben, was Lady Susan ihm eingeredet hat und auch mir einreden will, daß nämlich nur Auflehnung gegen scheinbaren Zwang und das Bestreben, sich dem geregelten Unterricht zu entziehen, an dem Plan zum Fortlaufen Schuld getragen hätten. Oh! Reginald, wie bist du jetzt in deinem Urteil versklavt! Kaum wagt er auch nur zuzugeben, daß Frederica liebreizend ist, und spreche ich von ihrer Schönheit, dann sagt er nur darauf, ihre Augen wären glanzlos! Manchmal ist er überzeugt, daß es ihr an Verstand mangelt, dann wieder gibt er ihrem Charakter alle Schuld.

Kurz, wenn jemand andauernd unwahre Dinge erfinden muß, kann er dabei unmöglich ganz konsequent sein. Lady Susan findet es offenbar nötig, Frederica als schwarzes Schaf hinzustellen, und vermutlich schien ihr's das eine Mal zweckmäßig, ihr einen schlechten Charakter anzudichten, das andere Mal hingegen ihre mangelnde Einsicht zu beklagen. Reginald spricht's Ihrer Ladyship getreulich nach. Ich verbleibe usw. usw.

Catherine Vernon

Von derselben an dieselbe

Churchhill

Liebste Mutter! – Ich sehe mit großer Freude, daß meine Beschreibung Frederica Vernons Sie interessiert hat, denn ich halte sie Ihrer Anteilnahme für wahrhaft würdig; und wenn ich Ihnen nun außerdem etwas mitteile, das mir kürzlich aufgefallen ist, wird Ihre Geneigtheit für sie wahrscheinlich noch zunehmen. Ich habe nämlich den bestimmten Eindruck, daß sie eine tiefe Zuneigung zu meinem Bruder zu fassen beginnt. So häufig habe ich schon bemerkt, wie sie den Blick mit dem sichtlichen Ausdruck sinnenden Wohlgefallens auf seinem Gesicht ruhen läßt. Er ist ja tatsächlich ein hübscher Mensch; mehr noch, sein Wesen hat etwas Freimütiges, das einen stark für ihn einnehmen muß, und sicherlich empfindet sie's auch so. Ihre sonst nachdenklichen, ernsten Züge verklären sich stets zu einem Lächeln, wenn Reginald etwas Lustiges sagt; und mag der Gegenstand, über den er spricht, noch so ernsthaft sein, so müßte ich mich sehr täuschen, wenn auch nur eine Silbe seiner Rede ihr entgeht. Ich möchte ihn für dies alles empfänglich machen, denn wir wissen, was Dankbarkeit bei einem Herzen wie dem seinen vermag; und könnte Fredericas unschuldige Liebe ihn von ihrer Mutter lösen, dann müßten wir den Tag segnen, der sie nach Churchhill geführt hat. Ich glaube, liebe Mutter, sie wäre Ihnen als Schwiegertochter nicht unwillkommen. Sie ist freilich noch ungemein jung, ihre Bildung wurde sehr vernachlässigt, und ihre Mutter hat ihr stets ein abschreckendes Beispiel von Leichtsinn geboten; aber trotzdem kann ich sagen, daß sie einen vorzüglichen Charakter und sehr gute natürliche Anlagen besitzt. Wiewohl ohne jeden äußeren Schliff und gesellschaftliche Talente, ist sie keineswegs so unwissend, wie man dies bei ihr erwarten könnte, denn sie hat Freude an Büchern und unterhält sich die meiste Zeit mit Lesen. Ihre Mutter überläßt sie häufiger sich selber als vorher, und so habe ich sie soviel wie möglich bei mir und gebe mir große Mühe, um sie aus ihrer Befangenheit zu lösen. Wir sind schon recht gute Freunde, und obschon sie im Beisein ihrer Mutter nie den Mund auftut, plaudert sie doch, wenn wir unter uns sind, genügend, um es deutlich zu machen, daß sie bei richtiger Behandlung von seiten Lady Susans stets viel vorteilhafter auf ihre Umgebung wirken würde. Ein sanfteres, anschmiegsameres Wesen läßt sich kaum denken; auch keine liebenswürdigeren Umgangsformen, wenn sie sich zwanglos geben darf; und ihre kleinen Vettern und Basen sind ihr alle sehr zugetan. Ihre Sie liebende Tochter

C. Vernon

Lady Susan an Mrs. Johnson

Churchhill

Du wirst bestimmt darauf brennen, noch weiteres über Frederica zu erfahren, und hältst mich vielleicht für gedankenlos, weil ich Dir nicht eher geschrieben habe. Letzten Donnerstag vor vierzehn Tagen ist sie hier mit ihrem Onkel angekommen, worauf ich sie natürlich sofort ins Gebet nahm und mich nach dem Grund ihres Verhaltens erkundigte. Ich fand denn auch bald heraus, daß, wie ich vollkommen richtig vermutet hatte, mein eigener Brief dazu den Anlaß gegeben hat. Was ich ihr darin in Aussicht gestellt hatte, jagte ihr einen solchen Schrecken ein, daß sie in einem Gemisch von wahrhaft kindischem Trotz und Unverstand den Entschluß faßte, sich aus dem Hause zu stehlen und mit der Post geradewegs zu ihren Bekannten, den Clarks, zu fahren; und tatsächlich war sie bei diesem Unternehmen auch schon zwei Straßen weit gekommen, als man sie glücklicherweise vermißte, ihr nachsetzte und sie einholte. So endete das erste größere Abenteuer Miss Frederica Vernons; und wenn wir bedenken, daß sie es im zarten Alter von sechzehn Jahren bestanden hat, dürfen wir uns bei ihr künftighin auf einen Ruf gefaßt machen, zu dem man uns nur gratulieren kann. Immerhin bin ich höchst empört über das pompöse Hervorkehren des Schicklichkeitsstandpunktes, der es Miss Summers unmöglich machte, das Mädchen weiterhin im Institut zu behalten; und eine solche Zimperlichkeit scheint mir bei der Herkunft meiner Tochter so außerordentlich, daß ich nur annehmen kann, die Dame habe sich durch die Befürchtung, nicht zu ihrem Gelde zu kommen, dazu bewogen gefühlt. Doch sei dem, wie ihm wolle, Frederica habe ich jedenfalls wieder auf dem Halse; und da sie ohne jede Beschäftigung ist, verfolgt sie, wie schon in Langford, eifrig sentimentale Ziele. Steht sie doch wahrhaftig im Begriff, sich in Reginald De Courcy zu verlieben! Ungehorsam gegen ihre Mutter, indem sie einen tadellosen Antrag ausschlägt, ist ihr nicht genug: sie muß auch noch ohne Einverständnis ihrer Mutter ihr Herz verschenken. Nie hab' ich noch ein Mädchen ihres Alters gesehen, das so sicher verspricht, zum Gespött der Menschheit zu werden. Ihre Gefühle sind ziemlich heftig, und sie trägt sie so entzückend naiv zur Schau, daß man mit gutem Recht hoffen darf, sie werde sich lächerlich machen und von jedem Mann verschmäht werden, der sie zu Gesicht bekommt.

Naivität in Liebesdingen ist gänzlich verkehrt; und ein Mädchen, das von Natur naiv ist oder Naivität mimt, ist geistig zu kurz gekommen. Ich bin noch nicht sicher, ob Reginald bemerkt hat, wie sie sich anstellt; doch hat dies nicht viel zu bedeuten. Er beachtet sie jetzt kaum und würde sie nur verachten, wenn er ihre Gefühle erkennte. Die Vernons machen viel Aufhebens von ihrer Schönheit; aber er ist davon ganz unberührt. Bei ihrer Tante steht sie überhaupt in großer Gunst, selbstverständlich, weil sie mir so wenig ähnlich ist. Sie eignet sich glänzend als Haustochter für Mrs. Vernon, die schrecklich gern die Erste sein und bei einem Gespräch als einzige durch Verstand und Geist brillieren möchte: Frederica wird sie niemals in den Schatten stellen. In der ersten Zeit ihres Aufenthaltes hier suchte ich nach Möglichkeit zu verhindern, daß sie sich oft bei ihrer Tante aufhielt; aber nun überwache ich sie weniger streng, da ich mich, wie ich glaube, darauf verlassen kann, daß sie sich in ihren Gesprächen an die von mir festgelegten Regeln hält. Denk aber ja nicht, daß ich trotz dieser Nachsicht den für sie geplanten Ehebund aus den Augen verloren habe. Nein, ich bin in diesem Punkt unerbittlich, obschon ich mir noch nicht über die Mittel einig bin, wie das Ziel zu erreichen wäre. Es wäre mir gar nicht angenehm, wenn die Sache hier aufs Tapet gebracht und von den weisen Häuptern Mr. und Mrs. Vernons erörtert würde; und um nach London zu fahren, mangelt es mir im Moment an Geld. Miss Frederica muß also ein bißchen warten. Stets Deine

S. Vernon

Mrs. Vernon an Lady De Courcy

Churchhill

Wir haben zurzeit einen ganz unerwarteten Gast, liebe Mutter: gestern ist er angekommen. Ich hörte einen Wagen vorfahren, als ich mit den Kindern gerade bei ihrem Nachtessen saß; und da ich annahm, meine Gegenwart werde vielleicht nötig sein, verließ ich bald darauf das Kinderzimmer und war schon zur Hälfte die Treppe hinunter, als Frederica, aschfahl im Gesicht, heraufgerannt kam und an mir vorbei in ihr Zimmer stürzte. Ich ging ihr sogleich nach und fragte, was sie hätte. «O Gott», stammelte sie, «er ist da – Sir James ist da, was soll ich nur tun?» Dies gab mir noch keinen Aufschluß, und ich bat sie, sich deutlicher zu erklären. Im selben Augenblick unterbrach uns ein Klopfen an der Tür: es war Reginald, der in Lady Susans Auftrag kam, um Frederica herunterzuholen. «Mr. De Courcy steht draußen!» sagte diese, indem sie heftig errötete. «Mama schickt nach mir; ich muß gehen!» Wir gingen alle drei hinunter, und ich bemerkte dabei, wie mein Bruder Fredericas verstörte Züge erstaunt musterte. Im Frühstückszimmer trafen wir Lady Susan und einen jungen Mann, der seinem Äußeren nach dem Adelsstand angehören mußte. Sie stellte ihn uns als Sir James Martin vor – es handelt sich also, wie Ihnen wohl noch erinnerlich ist, um eben jenen Mann, den sie, wie das Gerücht ging, mit allen Mitteln Miss Mainwaring abspenstig zu machen suchte; diese Eroberung hatte sie aber augenscheinlich nicht sich selbst zugedacht, oder sie hat sie mittlerweile an ihre Tochter weitergegeben; denn Sir James ist jetzt bis über beide Ohren in Frederica verliebt, und zwar mit ausdrücklicher Ermunterung von seiten Mamas. Das arme Mädchen will aber nichts von ihm wissen, das sehe ich genau; und obwohl er mir äußerlich nicht schlecht gefällt und ein tadelloses Benehmen hat, kommt er Mr. Vernon und mir geistig sehr unbedeutend vor. Frederica wirkte so verängstigt, so verstört, als wir ins Zimmer eintraten, daß ich großes Mitleid mit ihr hatte. Lady Susan behandelte ihren Besuch mit aller Zuvorkommenheit; und dennoch war mir, als bemerkte ich, daß sie nicht eben entzückt war, ihn hier zu sehen. Sir James sprach viel und entschuldigte sich wiederholt sehr höflich bei mir, daß er sich die Freiheit genommen hätte, nach Churchhill zu kommen – wobei er seine Rede mit häufigerem Lachen untermischte, als das Thema dies erforderte –, er sagte dieselben Dinge immer wieder und erzählte Lady Susan dreimal, daß er neulich einen Abend mit Mrs. Johnson verbracht hätte. Ab und zu richtete er das Wort an Frederica, doch öfter an ihre Mutter. Das arme Mädchen saß die ganze Zeit über da und tat ihren Mund nicht auf, den Blick hielt sie gesenkt, und die Farbe kam und ging dauernd in ihrem Gesicht; Reginald indessen beobachtete alles, was vorging, in völligem Schweigen. Schließlich schlug Lady Susan, ihrer Lage offenbar überdrüssig, einen gemeinsamen Spaziergang vor; und wir ließen die beiden Herren allein, um unsere Mäntel zu holen. Im Hinaufgehen fragte mich Lady Susan, ob sie mich kurz in meinem Ankleidezimmer aufsuchen dürfe, da ihr sehr daran gelegen wäre, ungestört mit mir zu sprechen. Ich führte sie also dorthin, und sobald sich die Tür hinter uns geschlossen hatte, begann sie: «Nie im Leben hat mich etwas derart überrascht wie die Ankunft Sir James', und das Unvermutete derselben macht einige Entschuldigung Ihnen gegenüber nötig, meine liebe Schwägerin, wenn sie auch für mich als Mutter höchst schmeichelhaft wirkt. Er hat sein Herz so sehr an meine Tochter verloren, daß er's nicht länger aushalten konnte, ohne sie zu sehen. Sir James ist ein junger Mann von zuvorkommendem Wesen und von ausgezeichnetem Charakter; vielleicht ein bißchen zu sehr zum Schwatzen geneigt, doch das gibt sich bestimmt in ein paar Jahren: und in sonstiger Hinsicht stellt er eine so durchaus wünschenswerte Partie für Frederica dar, daß ich seine Neigung stets mit größter Freude beobachtet habe und überzeugt bin, daß Sie und mein Schwager der Verbindung von Herzen zustimmen werden. Bisher habe ich zwar noch zu niemandem von einer solchen Möglichkeit gesprochen, da ich es, solange Frederica Internatsschülerin war, für klüger hielt, nichts darüber verlauten zu lassen; jetzt aber, da Frederica nach meiner Überzeugung zu alt ist, um sich in das unfreie Leben einer Schule zu fügen, und eine Eheschließung zwischen ihr und Sir James allmählich in greifbare Nähe rückt, hatte ich die Absicht, Sie selbst und Mr. Vernon in den nächsten Tagen von der ganzen Angelegenheit zu unterrichten. Sicher werden Sie, liebe Schwägerin, mein langes Schweigen entschuldigen und mir recht geben, wenn ich finde, daß man Beziehungen solcher Art, deren Ausgang aus irgendwelchen Gründen noch in der Schwebe ist, nicht sorgfältig genug geheimhalten kann. Haben Sie in einigen Jahren das Glück, Ihre reizende kleine Catherine einem Manne zur Ehe zu geben, den Herkunft und Charakter gleichermaßen auszeichnen, dann werden Sie meine heutigen Empfindungen verstehen, wenn Sie auch, Gott sei Dank, weniger Anlaß haben dürften als ich, ein solches Ereignis freudig zu begrüßen. Catherine wird einmal eine reiche Mitgift erhalten, nicht, wie meine Frederica, ihren Lebensunterhalt einer günstigen Versorgung verdanken müssen.» Sie schloß damit, daß sie mich bat, ihr Glück zu wünschen. Dies tat ich wohl etwas unbeholfen, denn die plötzliche Eröffnung einer so wichtigen Sache beraubte mich wahrhaftig des klaren Ausdrucksvermögens. Sie dankte mir jedoch äußerst herzlich für meine liebevolle Anteilnahme am Ergehen ihrer selbst und ihrer Tochter, worauf sie fortfuhr: «Es geht mir die Fähigkeit ab, meine liebe Mrs. Vernon, gewisse Dinge leichthin zu beteuern, auch ist mir nie das Talent zustatten gekommen, etwas zu heucheln, von dem mein Herz nichts weiß; darum hoffe ich sicher, Sie werden mir Glauben schenken, wenn ich Ihnen sage, daß ich, soviel Gutes und Rühmliches ich auch vor meiner persönlichen Bekanntschaft mit Ihnen über Sie gehört hatte, doch nie gedacht hätte, daß ich eine solch innige Zuneigung zu Ihnen fassen würde, wie ich sie jetzt empfinde; und ich muß ferner sagen, daß Ihre freundschaftliche Haltung mir um so mehr bedeutet, als ich mit Grund annehmen kann, daß man versucht hat, Ihnen ein Vorurteil gegen mich einzupflanzen. Ich möchte nur, die Leute, wer immer sie sein mögen, denen ich solch freundliche Absichten verdanke, könnten sehen, in welcher Weise wir jetzt miteinander verkehren, und die echte Zuneigung verstehen, die wir einander entgegenbringen; allein ich will Sie nicht länger aufhalten. Gott segne Sie für Ihre Güte gegen mich und mein Kind und schenke Ihnen und den Ihren weiterhin Glück und Wohlergehen.» Was kann man zu einer solchen Frau sagen, liebe Mutter? Ein solcher Ernst, eine solche Feierlichkeit des Ausdrucks! Und dennoch werde ich den Argwohn nicht los, daß alles, was sie sagt, der Wahrheit entbehrt.

Was Reginald betrifft, so glaube ich, daß er aus der ganzen Sache nicht klug wird. Als Sir James auftauchte, schien er eitel Verwunderung und Verwirrung; des jungen Mannes Albernheit und Fredericas Verstörtheit hielten all sein Denken gefangen; und wiewohl ein kleines Privatgespräch mit Lady Susan seither seine Wirkung getan hat, kommt er doch immer noch nicht ganz darüber hinweg, daß sie es einem solchen Manne gestattet, ihrer Tochter den Hof zu machen. Sir James hat sich selbst mit großer Seelenruhe für einige Tage bei uns eingeladen – hoffte, wir würden dies nicht merkwürdig finden, wäre sich bewußt, daß er damit recht zudringlich wirkte, doch er nähme sich eben die Freiheit eines Verwandten heraus, und ein solcher – so bemerkte er abschließend – wünschte er ja recht bald zu sein. Sogar Lady Susan schien durch diese Vorwitzigkeit etwas dekonzertiert; im innersten Herzen wünschte sie ihn gewiß ins Pfefferland. Doch das arme Mädchen hat jetzt dringend Beistand nötig, wenn ihre Empfindungen von ihrem Onkel und mir richtig gedeutet werden. Sie darf weder der Klugheit noch dem Ehrgeiz geopfert werden und soll auch nicht unter der Angst vor einer solchen Möglichkeit leiden müssen. Das Mädchen, dessen Herz Reginald De Courcy auszuzeichnen weiß, verdient – wie achtlos immer dieser sie behandeln mag – ein besseres Geschick, als Sir James Martins Frau zu werden. Sobald es mir gelingt, sie unter vier Augen zu sprechen, will ich ihr den wahren Sachverhalt enthüllen; doch anscheinend wünscht sie mir jetzt auszuweichen. Hoffentlich steckt dahinter nichts Verkehrtes, hoffentlich bleibt mir die Entdeckung erspart, daß ich sie zu hoch eingeschätzt habe. Ihr Betragen gegenüber Sir James zeugt zwar von größter Befangenheit und Verlegenheit; doch daß sie ihn irgendwie ermutigen würde, davon kann nicht die Rede sein. Leben Sie wohl, liebste Mutter. Ihre usw.

C. Vernon

Mrs. Vernon an Mr. De Courcy

Sehr geehrter Mr. De Courcy! – Ich hoffe, Sie entschuldigen, daß ich mir erlaube, Ihnen zu schreiben; nur eine ganz verzweifelte Lage zwingt mich dazu, sonst hätte ich mich geschämt, Sie zu belästigen. Ich bin sehr unglücklich wegen Sir James Martin und sehe auf der weiten Welt keine Möglichkeit zur Rettung als einen Brief an Sie, denn nicht einmal zu Onkel und Tante ist mir über diesen Gegenstand zu sprechen erlaubt; und da dies so ist, wird sich die Tatsache, daß ich mich an Sie wende, freilich nicht besser ausnehmen als ein Spiel mit Worten, so als befolgte ich Mamas strikte Befehle nur nach dem Wortlaut, nicht aber nach dem Sinn. Doch wenn Sie nicht meine Partei ergreifen und sie dazu bewegen, ihren Sinn zu ändern, werde ich halb verrückt, denn ich kann

Sir James nicht ausstehen. Kein Mensch als *Sie* darf hoffen, sie umzustimmen. Wenn Sie daher die unaussprechlich große Güte haben, ihr gegenüber für mich einzustehen und ihr zuzureden, daß sie Sir James fortschicken möge, wird mein Gefühl der Dankbarkeit größer sein, als sich's überhaupt ausdrücken läßt. Ich habe ihn von allem Anfang an nicht gemocht: es ist kein plötzlicher Umschwung bei mir, dessen kann ich Sie versichern, Mr. De Courcy; schon immer habe ich ihn für albern und aufdringlich und widerlich angesehen, und jetzt ist er schlimmer denn je. Ich wollte eher mit Arbeit mein Brot verdienen als ihn heiraten. Wie ich mich wegen dieses Briefes hinreichend entschuldigen soll, weiß ich nicht; daß ich mir damit eine große Freiheit herausnehme, weiß ich. Es ist mir klar, daß Mama deswegen in schrecklichen Zorn geraten wird; doch ich denke an die andere Gefahr. Ich bin, sehr geehrter Mr. De Courcy, Ihre ganz ergebene

F. S. V.

Lady Susan an Mrs. Johnson

Churchhill

Zu ärgerlich! Liebste Freundin, so wütend war ich noch nie, und ich muß mir nun Luft machen, indem ich Dir schreibe, die Du alle meine Gefühle gewiß nachempfinden wirst. Wer anders ist da letzten Dienstag aufgetaucht als Sir James Martin! Stelle Dir mein Erstaunen und meinen

Ärger vor – denn, wie Du wohl weißt, wünschte ich keinesfalls, daß er sich in Churchhill blicken läßt. Wie schade, daß Du von seinem Vorhaben nicht unterrichtet warst! Nicht zufrieden damit, daß er überhaupt gekommen war, lud er sich sogar noch für ein paar Tage hier ein. Ich hätte ihn vergiften können! Ich fand mich indessen einigermaßen schicklich in die Situation und erzählte Mrs. Vernon mit großem Erfolg meine Version der Angelegenheit: was immer ihre wahren Gefühle sein mögen, so sagte sie jedenfalls nichts, was mit den meinigen in Widerspruch stand. Ich achtete auch streng darauf, daß sich Frederica höflich gegen Sir James benahm, und gab ihr zu verstehen, daß es mein unerschütterlicher Wille ist, daß sie ihn heiratet. Darauf sagte sie etwas von ihrem Kummer, doch dabei blieb es. Ich habe mir diese Verbindung seit einiger Zeit besonders darum zum Ziel gesetzt, weil ich das rasche Anwachsen ihrer Neigung zu Reginald bemerkte und nicht restlos überzeugt war, daß die Kenntnis von einer solchen Neigung nicht am Ende einen Widerhall hervorrufen könnte. Müßte auch ein gegenseitiges Interesse, das sich nur auf Mitleid gründet, die beiden in meinen Augen herabwürdigen, so kann ich mich keineswegs darauf verlassen, daß eine Wirkung dieser Art nicht eintreten würde. Zwar ist Reginald kein bißchen kühler gegen mich geworden; dennoch hat er in letzter Zeit von sich aus und ohne Notwendigkeit von Frederica gesprochen und einmal sogar etwas

Anerkennendes über ihre äußere Erscheinung gesagt. *Er* war höchlich erstaunt, als mein Besuch auftauchte, und beobachtete Sir James zunächst mit einer Aufmerksamkeit, die, wie ich befriedigt feststellte, nicht ganz frei von Eifersucht war; doch leider war es mir nicht möglich, ihn regelrecht zappeln zu lassen, da Sir James, obschon höchst galant mir gegenüber, allen Anwesenden sehr bald zu verstehen gab, daß sein Herz meiner Tochter gehörte. Es fiel mir dann nicht eben schwer, De Courcy bei einem vertrauten Gespräch zu überzeugen, daß in Anbetracht sämtlicher Umstände mein Wunsch nach dieser ehelichen Verbindung durchaus gerechtfertigt ist; die ganze Angelegenheit schien also aufs erfreulichste arrangiert. Zwar konnte es keinem im Hause entgehen, daß Sir James kein Kirchenlicht ist; doch ich hatte Frederica ausdrücklich verboten, sich bei Charles Vernon oder seiner Frau zu beklagen, und sie hatten denn auch keinen Vorwand, um sich einzumischen, wiewohl meine naseweise Schwägerin dies, wie ich glaube, bei der ersten Gelegenheit getan hätte. Alles ging indessen ruhig und ungestört seinen Gang; und wenn ich auch die Stunden zählte, die Sir James noch hier verblieb, so war ich doch mit der Lage der Dinge vollkommen zufrieden. Versetze Dich also in meine Gefühle, als meine ganzen Pläne unversehens über den Haufen geworfen wurden, und dazu noch von einer Seite, woher ich mich einer Störung am wenigsten zu versehen brauchte. Reginald betrat heute mein Ankleidezimmer mit ungewohnt feierlicher Miene und ließ mich nach ein paar einleitenden Worten wissen, er wünschte eine ernsthafte Aussprache mit mir über die Ungebührlichkeit und Herzlosigkeit, die er darin erblickte, daß ich Sir James Martin gestattete, sich meiner Tochter entgegen ihrem Willen zu nähern. Ich war völlig verblüfft. Als ich sah, daß er durch Lachen nicht von seinem Vorhaben abzubringen war, bat ich ganz gelassen um eine Erklärung, indem ich zu erfahren wünschte, was ihn dazu veranlaßte und wer ihm den Auftrag gegeben hätte, mich zur Rede zu stellen. Er berichtete mir hierauf, wobei er ein paar unverschämte Komplimente und unangebrachte Liebesworte miteinfließen ließ, von denen ich mich gänzlich unberührt zeigte, meine Tochter hätte ihn von gewissen Umständen betreffend sie selbst, Sir James und mich in Kenntnis gesetzt, die ihm zu denken gäben. Kurz, ich fand, daß sie ihm erstens einmal geschrieben hatte, um ihn um Beistand zu bitten, und daß er, nach Erhalt des Briefes, über dessen Thema mit ihr gesprochen hatte, um nähere Einzelheiten und ihre eigentlichen Wünsche genau kennenzulernen. Es steht für mich außer Frage, daß das Mädchen die Gelegenheit benützt hat, um ihm eine offene Liebeserklärung zu machen. Davon überzeugt mich schon die Art, wie er von ihr sprach. Mag ihm eine solche Liebe wohl bekommen! Ich habe nur Verachtung übrig für den Mann, dem die heftigen Gefühle schmeicheln, die er gar nicht zu erwecken suchte und die man ihm ohne sein Dazutun gestanden hat. Von nun an werde ich stets Aberwillen gegen beide empfinden. Er kann mir nicht ehrlich zugetan sein, sonst hätte er nicht auf sie gehört; und *sie,* mit ihrem beschränkten, aufsässigen Sinn und unfeinen Empfinden, sie drängt sich in die schützenden Arme eines jungen Mannes, mit dem sie bisher kaum zwei Worte gewechselt hat! Ich stehe ebensosehr überwältigt vor ihrer Schamlosigkeit wie vor seiner Leichtgläubigkeit. Wie konnt' er's wagen, zu glauben, was sie an Anklagen gegen mich vorbrachte! Hätte er nicht im innersten Herzen wissen sollen, daß ich für alles, was ich tue, nicht zu widerlegende Beweggründe besitze? Wo blieb da sein Vertrauen auf meine Einsicht und Güte? Wo die zornige Aufwallung, zu der wahre Liebe ihn gegen die mich diffamierende Person hingerissen hätte – gegen eine Person obendrein, die nichts weiter ist als ein Balg, ein Backfisch ohne Talent und Bildung, die zu verachten er stets angehalten worden war? Einige Zeit blieb ich wohl ruhig; allein die größte Langmut hat einmal ein Ende, und ich hoffe, daß ich mich nachher mit gehöriger Schärfe äußerte. Er bemühte sich, bemühte sich lange, meinen Grimm zu beschwichtigen; doch die Frau ist wahrhaft töricht zu nennen, die sich zur selben Zeit, da eine beleidigende Anklage gegen sie erhoben wird, durch Komplimente wieder versöhnen läßt. Endlich ließ er mich allein, ebenso tiefinnerlich erzürnt wie ich selbst; und er trug seinen Zorn noch offener zur Schau. Ich war ganz kühl, doch er ließ der heftigsten Entrüstung freien Lauf; ich darf also erwarten, daß sie sich um so eher wieder legen wird, und vielleicht verschwindet sie überhaupt wieder ganz, während die meinige sich als immer noch unverbraucht und unerbittlich erweisen wird. Er hat sich jetzt in sein Privatgemach eingeschlossen, wohin ich ihn gehen hörte, nachdem er mein Zimmer verlassen hatte. Welch unangenehmen Überlegungen er wohl jetzt nachhängt, sollte man meinen! Allein die Empfindungen mancher Menschen sind unverständlich. Ich habe mich noch nicht genügend beruhigt, als daß ich Frederica schon gegenübertreten könnte. *Sie* soll die Vorfälle des heutigen Tages nicht so rasch vergessen; sie soll merken, daß sie ihr zärtliches Geständnis vergeblich gemacht, sich vielmehr der Verachtung der ganzen Welt und dem heftigsten Groll ihrer beleidigten Mutter für immer ausgesetzt hat. Deine Dich liebende

S. Vernon

Mrs. Vernon an Lady De Courcy

Churchhill

Lassen Sie mich Ihnen Glück wünschen, teuerste Mutter! Die Angelegenheit, die uns so sehr in Unruhe versetzt hat, nähert sich einem günstigen Ende. Etwas höchst Freudiges steht uns bevor, und da die Dinge sich nun so zum Guten gewendet haben, bedaure ich geradezu, daß ich Sie überhaupt meine Befürchtungen wissen ließ; denn die frohen Gefühle bei der Nachricht, daß die Gefahr vorüber ist, sind vielleicht teuer erkauft worden durch alles, was Sie vordem gelitten haben. Ich bin so freudig erregt, daß ich kaum eine Schreibfeder zu halten vermag, will Ihnen aber durch James ein paar Zeilen zukommen lassen, damit Sie doch eine gewisse Erklärung für etwas haben, was Sie gewiß ungemein erstaunen wird: daß nämlich Reginald nach Parklands zurückkehrt. Vor etwa einer halben Stunde saß ich mit Sir James im Frühstückszimmer, als mein Bruder mich zu sich hinaus rief. Ich bemerkte sogleich, daß etwas vorgefallen war; seine Gesichtsfarbe war lebhafter als sonst, und er sprach in großer Erregung. Sie kennen ja seine ungestüme Art, liebe Mutter, wenn etwas sein Gemüt beschäftigt. «Catherine», begann er, «ich fahre heute nach Hause; ich verlasse euch sehr ungern, aber ich muß fort: es ist schon sehr lange her, seit ich die Eltern zum letztenmal gesehen habe. Ich werde James mit den Jagdpferden sofort vorausschicken; wenn du also einen Brief hast, kann er ihn mitnehmen. Ich selbst werde nicht vor Mittwoch oder Donnerstag zu Hause ankommen, da ich über London reise, wo ich noch zu tun habe; doch bevor ich euch verlasse», fuhr er in gedämpftem und zugleich eindringlichem

Tone fort, «muß ich euch eines einschärfen – laßt es nicht zu, daß Frederica Vernon durch diesen Martin unglücklich wird. Er will sie heiraten; ihre Mutter fördert die Verbindung, aber Frederica kann nicht einmal den Gedanken daran ertragen. Du magst versichert sein, daß ich aus vollster Überzeugung von der Wahrheit dessen spreche, was ich dir mitteile; ich *weiß*, daß Sir James' fortgesetzter Aufenthalt hier für Frederica eine Qual bedeutet. Sie ist ein liebes, feines Mädchen und verdient ein besseres Los. Schicke ihn auf der Stelle fort; er selbst ist ja nur ein einfältiger Tropf, doch was ihre Mutter im Schilde führt, das weiß der Himmel! Leb wohl», sagte er schließlich, indem er mir mit großem Ernst die Hand drückte, «ich weiß nicht, wann du mich wiedersiehst; aber denke an das, was ich dir über Frederica gesagt habe; du *mußt* es dir zur Aufgabe machen, ihr zu ihrem Recht zu verhelfen. Sie ist ein liebreizendes Mädchen und hat viel mehr Verstand, als wir bei ihr voraussetzten.» Hierauf verließ er mich und rannte nach oben. Ich wollte ihn nicht zu halten versuchen, weiß ich doch, wie ihm jetzt zumute sein muß. Wie mir's selber zumute war, während ich ihm zuhörte, brauche ich wohl nicht zu schildern; einige Minuten lang blieb ich stehen, wo ich stand, überwältigt von einer Verwunderung höchst angenehmer Natur; allein, zu ruhiger Freude bedurfte es noch einiger Überlegung. Etwa zehn Minuten nach meiner Rückkehr ins Frühstückszimmer trat Lady Susan ein.

Ich schloß selbstverständlich, daß sie und Reginald sich gezankt hatten und suchte mit banger Neugier nach einem Zeichen in ihren Mienen, das meine Vermutung bestätigen würde. Als Meisterin der Verstellung, die sie ist, erschien sie jedoch gänzlich unberührt, und nachdem sie kurz über gleichgültige Dinge geplaudert hatte, sagte sie zu mir: «Ich höre soeben von Wilson, daß wir Mr. De Courcy nicht mehr unter uns haben werden – stimmt es, daß er noch heute vormittag von Churchhill abzureisen gedenkt?» Ich bestätigte dies. «Gestern abend hat er uns nichts davon gesagt», bemerkte sie lachend, «nicht einmal heute morgen beim Frühstück; aber vielleicht wußte er's selbst noch nicht. Junge Leute sind oft unberechenbar in ihren Entschlüssen und kommen ebenso plötzlich dazu, wie sie wieder davon abstehen. Ich wäre gar nicht erstaunt, wenn er sich in letzter Minute anders besänne und doch nicht abreiste.» Bald darauf ging sie aus dem Zimmer. Ich glaube indessen zuversichtlich, liebe Mutter, daß wir keine Änderung seines gegenwärtigen Vorhabens zu befürchten brauchen: die Dinge sind schon zu weit gediehen. Sie und er müssen miteinander in Streit geraten sein, und zwar wegen Frederica. Ihre Ruhe erstaunt mich. Welche Wonne wird Sie erfüllen, wenn Sie ihn wiedersehen: wenn Sie sehen, daß er noch immer Ihrer Achtung wert, noch immer imstande ist, ihre ganze Freude zu sein! Wenn ich das nächste Mal schreibe, werde ich Ihnen melden können, daß Sir James abgereist, Lady Susan besiegt und Fredericas Seelenfrieden wiederhergestellt ist. Noch ist viel zu tun, doch es soll geschehen. Ich brenne darauf, zu erfahren, wie dieser erstaunliche Wandel sich vollzogen hat. Ich schließe diesen Brief, wie ich ihn begonnen habe, mit den innigsten Glückwünschen. Stets Ihre usw.

Catherine Vernon

Von derselben an dieselbe

Churchhill

Nie hätte ich, als ich meinen letzten Brief abschickte, gedacht, liebe Mutter, daß auf die freudige Gemütsbewegung, in der ich mich damals befand, ein so plötzlicher, ein so trauriger Rückschlag folgen würde. Ich kann nicht genug bedauern, daß ich Ihnen überhaupt geschrieben habe. Allein, wer hätte voraussehen können, was geschah? Liebste Mutter, jede Hoffnung, die mich noch vor zwei Stunden so glücklich machte, ist dahin. Der Streit zwischen Lady Susan und Reginald ist beigelegt, und alle stehen wir wieder am selben Fleck wie vorher. Nur ein Ziel ist erreicht: Sir James Martin hat sich endgültig empfohlen. Was sollen wir uns nun von der Zukunft erhoffen? Ich bin grenzenlos enttäuscht: Reginald stand dicht vor der Abreise, sein Pferd war bestellt und beinahe schon bis an die Haustür herangebracht worden; wer hätte sich da nicht in Sicherheit gewiegt? Eine halbe Stunde lang erwartete ich jeden Moment seinen Aufbruch. Nachdem ich den Brief an Sie spediert hatte, begab ich mich zu Mr. Vernon und saß bei ihm in seinem Zimmer, wo wir über die ganze Sachlage sprachen; hierauf beschloß ich, Frederica aufzusuchen, die ich seit dem Frühstück nicht mehr gesehen hatte. Ich begegnete ihr auf der Treppe und bemerkte, daß sie in Tränen war. «Liebe Tante», sagte sie, «er geht fort – Mr. De Courcy geht fort, und ich bin an allem schuld. Sie werden mir gewiß sehr böse sein, aber ich hatte wirklich keine Ahnung, daß es so herauskommen würde.» «Mein Herzchen», erwiderte ich, «denke nicht, daß du dich deswegen zu entschuldigen brauchst. Mein innigster Dank gilt ja jedem Menschen, der bewirkt, daß mein Bruder nach Hause zurückkehrt, weil ich...», mich rasch fassend, «weiß, daß mein Vater sehr nach ihm verlangt. Doch inwiefern hast du verursacht, was jetzt geschieht?» Sie errötete tief, als sie zur Antwort gab: «Ich war so unglücklich wegen Sir James, daß ich mir nicht anders helfen konnte, als – ich weiß, mein Verhalten ist sehr zu tadeln; aber Sie können sich nicht vorstellen, wie ich gelitten habe: und Mama hatte mir verboten, mit Ihnen oder dem Onkel darüber zu sprechen, und – » «Du hast also mit meinem Bruder gesprochen, um ihn zu bitten, daß er sich ins Mittel legt», sagte ich, um ihr diese Erklärung zu ersparen. «Nein, ich habe ihm geschrieben – so unglaublich es tönt, ich bin heute noch vor dem Hellwerden aufgestanden und habe zwei Stunden darüber gesessen; und als der Brief fertig war, glaubte ich, ich würde nie den Mut finden, ihn dem Empfänger zu geben. Als ich aber nach dem Frühstück in mein Zimmer zurück wollte, begegnete ich ihm im Korridor, und da – weil ich wußte, daß von diesem Augenblick alles abhing –, da zwang ich mich dazu, ihm den Brief zu geben. Er war so freundlich, ihn ohne weiteres entgegenzunehmen. Ich wagte ihn nicht anzusehen und lief sogleich davon. Ich hatte solche Angst, daß mir fast der Atem stockte. Liebe Tante, Sie wissen nicht, wie verzweifelt mir zumute war.» «Frederica», sagte ich darauf, «du hättest mir deine ganze Not anvertrauen sollen. Du hättest in mir eine jederzeit hilfsbereite Freundin gefunden. Meinst du denn, Onkel und ich wären nicht so unbedingt für deine Sache eingestanden wie mein Bruder?» «Ich habe keineswegs an Ihrer Güte gezweifelt», erwiderte sie, von neuem errötend, «doch ich dachte, daß Mr. De Courcy alles bei meiner Mutter vermag; aber darin habe ich mich geirrt: sie hatten deswegen eine schreckliche Auseinandersetzung, und nun will er abreisen. Mama wird mir niemals verzeihen, und nun werde ich schlimmer dran sein denn je.» «Nein, das wirst du nicht», entgegnete ich; «bei einer Angelegenheit wie dieser hättest du dich durch das Verbot deiner Mutter nicht davon abhalten lassen sollen, mit mir zu sprechen. Sie hat nicht das Recht, dich unglücklich zu machen, und sie *darf* es auch nicht. Wenn du dich indessen an Reginald um Hilfe gewandt hast, so kann das für alle Beteiligten nur von gutem sein. Ich glaube, es ist am besten so, wie es jetzt ist. Von nun an soll niemand mehr dir Kummer zufügen, darauf kannst du dich verlassen.» Wie groß war in diesem Moment mein Erstaunen, als ich Reginald aus Lady Susans Ankleidezimmer heraustreten sah. Sogleich ahnte mir Schlimmes. Seine Verwirrung bei meinem Anblick war nur allzu deutlich. Frederica zog sich augenblicklich zurück. «Bist du schon am Aufbrechen?» fragte ich; «du findest Mr. Vernon in seinem Arbeitszimmer.» «Nein, Catherine», antwortete er, «ich reise nicht. Darf ich dich einen Augenblick sprechen?» Wir gingen in mein Zimmer. «Ich erkenne», fuhr er in zunehmender Verlegenheit fort, «daß ich mit meinem gewöhnlichen törichten Ungestüm gehandelt habe. Ich habe Lady Susan völlig mißverstanden und war schon im Begriff, unter einem falschen Eindruck von ihrem Verhalten euer Haus zu verlassen. Es lag ein ungeheurer Irrtum vor; wir haben uns wohl alle geirrt. Frederica kennt ihre Mutter nicht. Lady Susan will nur ihr Bestes, aber sie verschließt sich vor ihr. Darum erkennt Lady Susan nicht immer genau, was ihre Tochter glücklich macht. Davon abgesehen, stand mir kein Recht zur Einmischung zu. Miss Vernon hat sich mit ihrem Brief an den Falschen gewandt. Kurz, alles kam verkehrt heraus, liebe Catherine, doch jetzt ist wieder alles in schönster Ordnung. Lady Susan möchte, soviel ich weiß, mit dir über die Sache reden, wenn du etwas Zeit übrig hast.» «Gewiß», erwiderte ich mit einem tiefen Seufzer über solch fadenscheinige Ausflüchte. Ich äußerte mich indessen nicht dazu, denn Worte wären vergeblich gewesen.

Reginald war froh, von mir fortzukommen, und ich begab mich zu Lady Susan, höchst gespannt auf ihre Version der Geschichte. «Hab' ich Ihnen nicht gesagt», begrüßte sie mich lächelnd, «daß Ihr Bruder sich anders besinnen und uns nicht verlassen würde?» «Das haben Sie in der Tat», gab ich ernst zur Antwort; «doch ich schmeichelte mir, Sie würden nicht recht behalten.» «Ich hätte eine solche Prophezeiung auch gar nicht gewagt», entgegnete sie, «wenn es mir nicht im selben Augenblick eingefallen wäre, daß sein Entschluß zur Abreise mit einem Gespräch im Zusammenhang stehen könnte, das wir heute morgen geführt und bei dem wir einander nicht richtig verstanden hatten, so daß es für ihn sehr unbefriedigend verlief. Dies also fiel mir plötzlich ein, und ich beschloß sogleich, daß ein zufälliger Streit, an dem ich vermutlich ebensoviel Schuld trage wie er, Sie nicht Ihres Bruders berauben sollte. Wie Sie sich wohl erinnern, verließ ich den Raum fast im selben Augenblick. Ich wollte keine Zeit verlieren, um unser Mißverständnis so weit wie möglich aufzuklären. Es handelte sich um folgendes –: Frederica hatte sich einer Heirat mit Sir James heftig widersetzt.» «Findet Ihre Ladyship dies denn so verwunderlich?» rief ich mit einiger Wärme; «Frederica besitzt einen ausgezeichneten Verstand, Sir James aber gar keinen.» «Ich bin zum mindesten weit davon entfernt, es zu bedauern, liebe Schwägerin», sagte sie; «im Gegenteil, ich begrüße dankbar dieses Zeichen von Vernunft bei meiner Tochter. Sir James ist ihr selbstverständlich nicht ebenbürtig (das Knabenhafte an ihm steigert noch diesen Eindruck); und hätte Frederica die Einsicht und Begabung besessen, die mir bei meiner Tochter wünschenswert erschienen, oder hätte ich wenigstens geahnt, daß so viel davon bei ihr vorhanden ist, dann hätte mir diese Verbindung nicht so sehr am Herzen gelegen.» «Merkwürdig, daß Ihnen allein Fredericas Intelligenz entgangen ist!» «Frederica setzt sich nie ins rechte Licht; ihr Benehmen ist gehemmt und kindisch, und überdies hat sie Angst vor mir. Als ihr seliger Vater noch lebte, wurde sie maßlos verwöhnt; die Strenge, die ich seither gegen sie anzuwenden gezwungen bin, hat sie mir entfremdet; auch mangeln ihr ja leider die glänzenden Geistesgaben, der Scharfsinn und die kräftige Phantasie, die sich auf jeden Fall durchsetzen.» «Sagen Sie lieber, daß sie eine unzureichende Ausbildung erhalten hat!» «Der Himmel weiß, liebste Mrs. Vernon, wie genau mir dies bewußt ist; allein ich möchte lieber jeden Umstand aus meinen Gedanken verdrängen, der geeignet ist, das Andenken eines Menschen zu belasten, dessen Name mir heilig ist.» Hier zitterte ihre Stimme von falschen Tränen; doch ich verlor die Geduld. «Aber was war's denn», fiel ich ein, «was Ihre Ladyship mir über die Meinungsverschiedenheit zwischen Ihnen und meinem Bruder berichten wollte?» «Sie entstand im Anschluß an ein bestimmtes Vorgehen meiner Tochter, welches sowohl einen Beweis für ihre mangelnde Einsicht wie für die unglückselige Angst vor mir bildet, die ich eben erwähnte – sie hat an Mr. De Courcy geschrieben.» «Das ist mir bekannt; Sie hatten ihr ja verboten, mir oder Mr. Vernon gegenüber die Ursache ihres Kummers zu erwähnen; was blieb ihr also anderes übrig, als sich an meinen Bruder zu wenden?» «Großer Gott!» rief sie, «was für eine Meinung müssen Sie von mir haben! Sind Sie allen Ernstes der Meinung, daß ich genau gewußt hätte, wie unglücklich sie war? daß ich vorgehabt hätte, mein eigenes Kind ins Elend zu stürzen, und daß ich ihr verboten hätte, sich Ihnen anzuvertrauen, weil ich fürchtete, Sie würden den teuflischen Plan durchkreuzen? Halten Sie mich für bar jeden echten, jeden natürlichen Gefühls? Bin ich fähig, diejenige für ihr ganzes Leben unglücklich zu machen, deren Wohlergehen mir hienieden als erste Pflicht übertragen ist? Eine solche Vorstellung ist gräßlich!» «Was bezweckten Sie dann aber mit Ihrem Schweigegebot?» «Was hätte es denn genützt, liebe Schwägerin, sich in irgendeinem

Stadium der Angelegenheit an Sie zu wenden? Warum hätte ich Sie Bitten und Beschwörungen aussetzen sollen, denen ich selbst mein Ohr nicht leihen wollte? Dergleichen wäre sowohl im Hinblick auf Sie wie auch im Hinblick auf meine Tochter und mich selbst durchaus unerwünscht gewesen. Sobald mein Entschluß einmal gefaßt war, konnte nach meiner Ansicht ein noch so gut gemeintes Dazwischentreten einer andern Person nur störend wirken. Darin habe ich mich freilich geirrt; doch ich glaubte mich im Recht.» «Worin bestand denn nun aber der Irrtum, auf den Ihre Ladyship schon öfter angespielt hat? Woher rührte eine solch erstaunliche Verkennung der Gefühle Ihrer Tochter? Wußten Sie nicht, daß ihr Sir James im Innersten zuwider war?» «Ich wußte, daß er nicht ganz ihrem Ideal entsprach, doch ich war überzeugt, daß ihre Abneigung nicht der Einsicht in seine Mängel entsprang. Sie dürfen mich indessen nicht allzu genau über diesen Punkt ausfragen, liebste Schwägerin», fuhr sie fort, indem sie mich liebevoll bei der Hand nahm; «ich gesteh' es frei, etwas habe ich zu verheimlichen. Frederica macht mich sehr unglücklich! Daß sie Mr. De Courcy um Hilfe bat, hat mich besonders verletzt.» «Was wollen Sie damit andeuten», fragte ich, «wenn Sie den Dingen solch geheimnisvollen Anstrich geben? Vermuten Sie bei Ihrer Tochter auch wärmere Gefühle für Reginald, so verdient ihre Abneigung gegen Sir James darum doch nicht weniger Beachtung, als wenn diese Abneigung sich allein auf die Erkenntnis seines törichten Wesens gründete; und was braucht sich Ihre Ladyship überhaupt mit meinem Bruder zu entzweien wegen einer versuchten Hilfeleistung, die er – das wissen Sie sehr wohl – seiner ganzen Natur nach nicht verweigern konnte, wenn man ihn auf solche Weise darum bat?»

«Er ist, wie Sie wissen, leicht erregbar und kam, um mich zur Rede zu stellen, überströmend vor Mitleid für dieses mißhandelte Mädchen, diese Heldin in höchster Not! Wir verstanden einander nicht richtig; er glaubte, ich hätte mehr Tadel verdient, als ich in Wirklichkeit verdiente; ich betrachtete andererseits sein Eingreifen für weniger entschuldbar, als es mir jetzt vorkommt. Ich empfinde für ihn echte Wertschätzung und Sympathie, war also unsagbar in meinem Selbstgefühl getroffen, als ich fand, daß ich sie anscheinend an ihn verschwendet hatte. Wir gerieten beide in Hitze und sind natürlich beide zu tadeln. Sein Entschluß, von Churchhill abzureisen, entspricht seinem allgemeinen Übereifer. Als ich jedoch seine Absicht erkannte und mir gleichzeitig die Möglichkeit aufdämmerte, daß wir uns gegenseitig mißverstanden hatten, beschloß ich, eine Aussprache herbeizuführen, bevor es zu spät wäre. Jedem Glied Ihrer Familie bin ich ja naturgemäß ein wenig zugetan, und ich gestehe, daß es mich empfindlich gekränkt hätte, wenn meine Bekanntschaft mit Mr. De Courcy ein so betrübliches Ende genommen hätte. Des weiteren habe ich nur zu sagen, daß ich, überzeugt von Fredericas verständlicher Abneigung gegen Sir James, diesem sofort mitteilen werde, daß er nicht hoffen darf, sie zu erringen. Ich mache mir Vorwürfe, daß ich ihr, obzwar in unschuldiger Weise, in dieser Hinsicht auch nur Kummer bereitet habe. Dies soll wiedergutgemacht werden, soviel es irgend in meiner Macht steht; liegt ihr so viel an ihrem Glück wie mir, entscheidet sie klug und legt sie sich den gehörigen Zwang an, so kann sie jetzt ruhig sein. Verzeihen Sie, liebste Schwägerin, daß ich Ihre Zeit so über Gebühr beanspruche, doch dies war ich meinem Ruf schuldig, und nach dieser Aussprache besteht, wie ich sicher hoffe, keine Gefahr, daß ich in Ihrer Meinung sinke.» Ich hätte ihr antworten können: «diese Gefahr ist allerdings gering!», doch ich ging beinahe wortlos von ihr weg. Weiter reichte meine Langmut nicht. Ich hätte nicht mehr einhalten können, wenn ich einmal angefangen hätte. Ihre Unverschämtheit! Ihre Falschheit! Allein ich versage es mir, noch länger darüber zu reden; Sie werden davon zur Genüge betroffen sein. Mir ist ganz elend zumute. Sobald ich einigermaßen gefaßt war, kehrte ich ins Wohnzimmer zurück. Sir James' Wagen stand vor dem Hauseingang, und er selbst, fidel wie immer, empfahl sich. Wie leichten Sinnes ermutigt oder entläßt Ihre Ladyship einen Anbeter! Trotz dieser Entlassung wirkt Frederica noch immer bedrückt:

noch immer fürchtet sie wohl den Zorn ihrer Mutter; und obschon die Möglichkeit, daß mein Bruder doch noch abreist, sie mit Schrecken erfüllt, sorgt sie sich vielleicht andererseits um ihn, wenn er hierbleibt. Ich merke, wie scharf sie ihn und Lady Susan beobachtet, das arme Kind! Jetzt hab' ich keine Hoffnung mehr für sie. Es besteht nicht die geringste Hoffnung, daß ihre Liebe je erwidert wird. Zwar denkt er nun ganz anders über sie als vorher; er beurteilt sie gerechter, aber seine Versöhnung mit ihrer Mutter schließt jeden Gedanken an eine glücklichere Wendung aus. Bereiten Sie sich, liebe Mutter, auf das Schlimmste vor! Die Wahrscheinlichkeit, daß die beiden heiraten, hat jedenfalls zugenommen! Sie hat ihn sicherer in der Hand denn je. Wenn dieses unglückselige Ereignis eintritt, muß Frederica ganz zu uns gehören. Ich bin froh, daß mein letzter Brief diesem hier nur um so kurze Zeit vorausgeht, weil jeder Augenblick, der Sie daran hindert, heftige Freude zu empfinden, die nur zu Enttäuschung führen kann, jetzt von Bedeutung ist. Stets Ihre usw.

Catherine Vernon

Lady Susan an Mrs. Johnson

Churchhill

Ich fordere Dich auf, liebe Alicia, mir zu gratulieren: ich bin wieder ganz ich selbst, heiter und frohlockend! Als ich Dir neulich schrieb, war ich wirklich aufs höchste erbittert, und mit Recht. Ich weiß nicht einmal, ob ich jetzt schon ganz beruhigt sein darf, denn meine Bemühungen, den Frieden wiederherzustellen, haben mich zu größerer Nachgiebigkeit gezwungen, als ich vorhatte – dazu noch einer Geisteshaltung gegenüber, die, weil sie einem eingebildeten Bewußtsein von sittlicher Überlegenheit entspringt, ganz besonders anmaßend ist! Ich werde ihm nicht so schnell verzeihen, da kannst Du sicher sein. Er war sogar drauf und dran, von Churchhill abzureisen! Noch hatte ich kaum zu Ende gesprochen, als Wilson mir die Nachricht brachte. Ich sah daraufhin ein, daß etwas geschehen mußte; denn es behagte mir keineswegs, meinen Ruf einem Manne von so heftigem, nachtragendem Wesen ausgeliefert zu sehen. Ich hätte diesen Ruf aufs Spiel gesetzt, hätte ich ihn mit einem so ungünstigen Eindruck von mir abreisen lassen; so betrachtet, verlangte der Fall mein Einlenken. Ich ließ ihm durch Wilson sagen, daß ich ihn vor seiner Abreise zu sprechen wünschte; er kam sofort. Die zornigen Empfindungen, die ihm bei unserm Auseinandergehen deutlich im Gesicht geschrieben standen, hatten sich etwas abgekühlt. Er schien erstaunt, daß ich ihn noch einmal zu mir beschieden hatte, und seine Mienen drückten teils den Wunsch, teils die Befürchtung aus, meine Worte könnten ihn milder stimmen. Wenn mein Angesicht ausdrückte, was ich erstrebte, so wirkte es gefaßt und würdig, zugleich aber von einer gewissen Schwermut überschattet, aus der er ersehen mochte, daß ich nicht ganz glücklich war. «Wollen Sie gütigst verzeihen», begann ich, «daß ich mir erlaubt habe, Sie rufen zu lassen; doch da ich eben erst von Ihrer Absicht erfahren habe, heute noch abzureisen, halte ich's für meine Pflicht, Sie dringend zu bitten, Sie möchten meinetwegen Ihren Aufenthalt hier in Churchhill auch nicht um eine Stunde abkürzen. Zwar ist mir durchaus bewußt, daß nach dem, was zwischen uns vorgefallen ist, ein weiteres Zusammenleben im selben Hause für uns beide nur peinlich sein kann: eine derartige Entfremdung bei einem ehedem so engen freundschaftlichen Verhältnis macht jedes künftige Zusammentreffen notwendigerweise zu einer Qual; Ihr Entschluß, Churchhill zu verlassen, steht also zweifellos im Einklang mit unserer Lage und mit den lebhaften Empfindungen, die ich an Ihnen kenne. Anderseits aber geziemt es sich nicht für mich, das Opfer zuzulassen – und ein Opfer ist es ja gewiß –, daß Sie sich von Angehörigen trennen, mit denen Sie die zärtlichsten Bande verbinden. Mein weiteres Hierbleiben kann für Mr. und Mrs. Vernon nicht die Quelle der Freude sein, die ihnen Ihre Gesellschaft bedeutet; auch habe ich meinen Besuch wohl schon zu lange ausgedehnt. Meine eigene Abreise, die ohnehin bald erfolgen müßte, kann also mit größter Leichtigkeit vorverlegt werden; und mein besonderer Wunsch geht dahin, in keiner Weise der Anlaß dazu sein zu müssen, daß eine Familie getrennt wird, die so liebevoll aneinander hängt. Wohin ich mich wende, ist für niemanden von Bedeutung; kaum für mich selbst; Sie aber sind wichtig für alle Ihre Verwandten.» Damit endigte ich, und meine kleine Ansprache findet hoffentlich Deine Billigung. Ihre Wirkung auf Reginald berechtigt mich zu einigem Stolz, denn sie wirkte ebenso günstig wie unmittelbar. Oh, wie herrlich war's, die rasch sich folgenden Veränderungen in seinem Antlitz zu beobachten, während ich sprach! Den Kampf zwischen wiederkehrender Liebe und den letzten Resten von Unmut mitanzusehen. Es erregt angenehme Gefühle, wenn sich ein Gemüt so leicht beeinflussen läßt; nicht daß ich ihn um dieses Gemüt beneide: wollte ich's doch um alle Welt nicht selbst besitzen; aber es kommt einem sehr zustatten, wenn man die Affekte eines andern Menschen in die gewünschte Richtung lenken möchte. Und dennoch wäre dieser Reginald, den ein paar Worte von mir im Handumdrehen zu äußerster Ergebenheit erweichten, den sie gefügiger, zärtlicher, hingebender machten denn je, in der ersten stolzen Aufwallung seines Herzens von mir gegangen, ohne sich herabzulassen, eine Aussprache herbeizuführen. Trotz seiner Abbitte kann ich ihm solchen Stolz nicht verzeihen und bin nur noch im Zweifel, ob ich ihn nicht dafür bestrafen sollte, indem ich ihm nach dieser Versöhnung sofort den Laufpaß gebe oder indem ich ihn heirate und ihm auf immer das Leben verbittere. Allein diese Maßnahmen sind doch zu extrem, als daß man sie ohne jede Überlegung ergreifen dürfte; gegenwärtig kreisen meine Gedanken um verschiedene Pläne. Dabei muß ich mehrere Zwecke im Auge behalten: ich muß Frederica dafür bestrafen – und das gehörig –, daß sie Reginald um Hilfe angegangen hat; ich muß ihn bestrafen, weil er sich gleich zum Retter aufgespielt und auch sonst so übel benommen hat. Ich muß es meiner Schwägerin heimzahlen, daß sie seit Sir James' Abreise in Blick und Gebaren einen so unverschämten Triumph erkennen läßt; denn wenn ich Reginald mit mir aussöhnen wollte, blieb mir nichts übrig, als den unglückseligen jungen Mann fallenzulassen; schließlich muß ich mein Selbstgefühl wieder stärken nach der Demütigung, die ich innerhalb der letzten paar Tage erlitten habe. Mir schwebt auch ein baldiger Aufenthalt in London vor; und wie immer ich mich im übrigen entscheide, *diesen* Plan werde ich sehr wahrscheinlich ausführen; denn London ist nun einmal das schönste Aktionsfeld, wohin sich auch später meine Ziele richten mögen; und auf alle Fälle wird mich dort Deine Gegenwart belohnen, dazu ein bißchen Vergnügen und Abwechslung nach zehn in Churchhill verbüßten Wochen. Ich glaube, ich bin es mir schuldig, die Heirat zwischen meiner Tochter und Sir James zustande zu bringen, nachdem ich schon so lange darauf hinarbeite. Laß mich hierüber Deine

Meinung wissen. Nachgiebigkeit, ein von andern Menschen leicht zu beeinflussendes Wesen: nach solchen Charaktereigenschaften geht, wie Du weißt, mein Streben nicht; auch darf Frederica nicht verlangen, daß ich ihren eigenen Ideen zuliebe meine Natur vergewaltige. Ihre müßige Liebe zu Reginald obendrein! Mir obliegt es bestimmt, ihr solch romantischen Unsinn auszutreiben. In Anbetracht all dieser Umstände halte ich's für meine Pflicht, sie nach London mitzunehmen und ohne Verzug mit Sir James zu verheiraten. Wenn es nach meinem Kopf geht, und nicht nach seinem, wird für mich ein gewisses Verdienst darin liegen, wenn ich mit Reginald gut stehe, welches Verdienst ich gegenwärtig nicht eigentlich beanspruchen kann; denn wiewohl ich ihn nach wie vor in meiner Gewalt habe, hab' ich doch eben den Gegenstand geopfert, dessentwegen unser Streit entbrannte, und wer von uns beiden den Siegesruhm davonträgt, bleibt bestenfalls unentschieden.

Schreibe mir Deine Ansicht, liebe Alicia, zu all diesen Dingen, und gib mir auch Nachricht, ob Du für mich in der Nähe Eures Hauses ein passendes Quartier auftreiben kannst. Deine Dir innig verbundene

S. Vernon

Mrs. Johnson an Lady Susan

Edward Street

Daß Du Dich um Rat an mich gewandt hast, freut mich; hier ist er: Komm ohne Verzug nach London, aber nimm Frederica nicht mit. Es wäre sicher weitaus zweckmäßiger, daß Du selbst eine gute Partie machst, indem Du Mr. De Courcy heiratest, als daß Du Dir seinen Groll und den seiner Angehörigen zuziehst, indem Du Frederica zu einer Heirat mit Sir James zwingst. Du solltest mehr an Dich selbst denken und weniger an Deine Tochter. Sie besitzt keine Anlagen, mit denen Du einmal Staat machen könntest, und scheint in Churchhill, bei den Vernons, ganz am richtigen Platz zu sein. Du aber bist für ein geselliges Leben geschaffen, und es ist jammerschade, daß Du davon ausgeschlossen bist. Überlasse also Frederica zur Strafe für die Plage, die sie Dir verursacht hat, ihrer eigenen romantischen Gefühlsseligkeit, unter der sie noch genug zu leiden haben wird, und komm so bald wie möglich nach London. Ich lege Dir dies aus noch einem andern Grunde dringend nahe: Mainwaring ist letzte Woche in die Stadt gekommen und hat es gelegentlich einzurichten verstanden, hinter dem Rücken Mr. Johnsons mit mir zusammenzutreffen. Er ist Deinetwegen todunglücklich und derart eifersüchtig auf De Courcy, daß es gegenwärtig nicht ratsam wäre, die beiden zusammenzubringen. Und dennoch: erlaubst Du ihm nicht, Dich hier zu besuchen, dann kann ich nicht garantieren, daß er keine Kopflosigkeit begeht – zum Beispiel nach Churchhill kommt, was gräßlich wäre! Überdies wird es – wenn Du meinen Rat befolgst und Dich zur Heirat mit De Courcy entschließest – unumgänglich nötig sein, daß Du Mainwaring aus dem Wege schaffst; nur Du allein kannst ihn dazu bewegen, daß er zu seiner Frau zurückkehrt. Schließlich rate ich Dir noch aus einem weiteren Grunde zum Kommen: Mr. Johnson verläßt London am nächsten Dienstag; er begibt sich zur Kur nach Bath, wo ihn die Gicht, falls die Heilquellen seiner Konstitution und meinen Wünschen günstig sind, mehrere Wochen ans Bett fesseln wird. Während seiner Abwesenheit können wir uns dann die Gesellschaft wählen, die uns paßt, und uns einmal so recht amüsieren. Ich würde Dich gerne bei uns beherbergen, hätte ich ihm nicht seinerzeit sozusagen versprechen müssen, Dich nie hierher ins Haus einzuladen: nur weil ich damals so verzweifelt schlecht bei Kasse war, vermochte er mir ein solches Versprechen zu entlocken. Ich kann Dir jedoch in Upper Seymour Street ein hübsches Appartement mit Salon verschaffen, und dort oder bei mir können wir stets beisammensein, denn nach meiner Ansicht erstreckt sich das Versprechen nur darauf, daß Du nicht bei uns übernachtest (wenigstens nicht während seiner Abwesenheit). Der arme Mainwaring erzählt mir solche Schauergeschichten von der Eifersucht seiner Gattin. Wie kann denn die dumme Frau von solch einem bezaubernden

Manne Treue erwarten! Aber dumm war sie schon immer – unverzeihlich dumm, daß sie ihn überhaupt geheiratet hat, sie, die reiche Erbin, und er ohne jeden Schilling: sie hätte ja, soviel ich weiß, einen Mann mit Adelstitel haben können, dazu noch Baronets. Ihre Verblendung beim Eingehen dieser Verbindung war so groß, daß ich ihr, obschon Mr. Johnson ihr Vormund war und ich mit ihm selten gleicher Meinung bin, diesen Schritt nie verzeihen kann. Leb wohl. Stets Deine

Alicia

Mrs. Vernon an Lady De Courcy

Churchhill

Diesen Brief, liebe Mutter, wird Ihnen Reginald übergeben. Sein lange ausgedehnter Besuch geht nun doch seinem Ende entgegen, allein ich fürchte, die Trennung erfolgt zu spät, als daß sie uns noch etwas nützen könnte. Lady Susan fährt nach London, um ihre Busenfreundin, Mrs. Johnson, zu besuchen. Zuerst sollte Frederica sie begleiten, um wieder einigen Unterricht zu genießen; aber wir vermochten sie in diesem Punkt umzustimmen. Frederica machte der Gedanke an eine Abreise ganz unglücklich, und ich ertrug es nicht, sie ihrer Mutter ausgeliefert zu wissen; für den Verlust ihrer Ruhe und Freude hätten sämtliche Lehrer Londons sie nicht entschädigen können. Ich hätte mir auch um ihre Gesundheit Sorgen gemacht, überhaupt um alles außer ihrer Moral – *da* kann ihr ihre Mutter, oder deren Freundeskreis, nichts anhaben; allein in diesen Kreis (zweifellos eine lockere Gesellschaft) wäre sie zwangsläufig hineingeraten, oder man hätte sie völlig sich selbst überlassen, und welches von beiden schlimmer für sie gewesen wäre, vermag ich kaum zu sagen. Wenn sie überdies mit ihrer Mutter zusammen ist, muß sie – leider! – aller Wahrscheinlichkeit nach auch mit Reginald zusammensein, und dies wäre das größte Unglück von allen. Hier wird mit der Zeit wieder Ruhe einkehren, und unsere gewohnten Beschäftigungen, unsere Bücher und Gespräche, dazu viel Bewegung, die Kinder und jedes häusliche Vergnügen, das ich ihr verschaffen kann, werden ihr – so hoffe ich sicher – allmählich über diese schwärmerische Liebe hinweghelfen. Daß diese Liebe Erfüllung gefunden hätte, steht bei mir außer Zweifel, wäre nicht ausgerechnet ihre eigene Mutter als Rivalin aufgetreten. Wie lange Lady Susan sich in London aufzuhalten gedenkt und ob sie hierher zurückkehrt, weiß ich nicht. Meine Einladung fiel nicht besonders herzlich aus, doch wenn es ihr zu kommen behagt, wird sie sich durch mangelnde Herzlichkeit meinerseits durchaus nicht davon abhalten lassen. Ich konnte mir's nicht verkneifen, Reginald zu fragen, ob er diesen Winter in London zubringen wolle, nachdem es deutlich geworden war, daß Ihrer Ladyship Schritte sich dorthin richteten; und obwohl er behauptete, er hätte noch gar keine festen Pläne, lag doch in seinem Blick und seiner Stimme irgend etwas, das seine Worte Lügen strafte. Ich bin über das Stadium des Jammerns hinaus; ich betrachte das Kommende als so weit entschieden, daß ich mich in Verzweiflung damit abfinde. Wenn er sich von zu Hause bald nach London begibt, nehmen die Dinge rettungslos ihren Lauf. Ihre Sie liebende usw.

C. Vernon

Mrs. Johnson an Lady Susan

Edward Street

Liebste Freundin! – Ich schreibe in heller Verzweiflung: soeben ist etwas höchst Unglückseliges eingetreten. Mr. Johnson ist auf die wirksamste Art verfallen, wie er uns allen Spaß verderben kann. Vermutlich hatte er auf die eine oder andere Weise erfahren, daß Du Dich bald in London aufhalten wirst, und brachte es daraufhin fertig, sofort solch heftigen Gichtanfall zu kriegen, daß seine Reise nach Bath dadurch mindestens verzögert, wenn nicht überhaupt verunmöglicht wird. Ich bin überzeugt, daß er sich die Gicht nach Belieben zulegt oder vom Leibe hält; genau so ging's zu, als ich mit den Hamiltons zusammen nach dem Seenland fahren wollte; und vor drei Jahren, als ich selbst große Lust auf Bath hatte, ließ er sich durch nichts bewegen, mir zuliebe ein paar Symptome von Gicht zu zeigen.

Mit Vergnügen stelle ich fest, daß mein Brief eine solche Wirkung auf Dich gehabt hat und daß De Courcy sicher der Deine ist. Gib mir Nachricht, sobald Du ankommst, und laß mich vor allem wissen, was Du mit Mainwaring vorhast. Es läßt sich jetzt unmöglich sagen, wann ich zu Dir kommen kann: so wie die Dinge liegen, bin ich stark ans Haus gebunden. Es liegt solch eine Bosheit darin, hier zu erkranken, statt in Bath, daß ich kaum an mich zu halten vermag. In Bath hätten ihn seine alten Tanten gepflegt, doch hier fällt die ganze Last auf mich; und er erträgt die Schmerzen so geduldig, daß ich nicht einmal den üblichen Vorwand habe, die Geduld zu verlieren. Stets Deine

Alicia

Lady Susan an Mrs. Johnson

Upper Seymour Street

Meine liebe Alicia! – Es bedurfte dieses neuerlichen Gichtanfalls nicht, um mir Mr. Johnson unsympathisch zu machen; doch nun kann man sich das Ausmaß meiner Abneigung gar nicht vorstellen. Dich als Krankenschwester in seinem Zimmer einzusperren! Meine teure Alicia, was für einen Fehler hast Du begangen, einen Mann in seinem Alter zu heiraten! Gerade alt genug, um förmlich, eigensinnig und mit Gicht behaftet zu sein; zu alt als fröhlicher Gefährte, zu jung zum Sterben. Ich kam gestern nachmittag gegen fünf hier an und hatte kaum den letzten

Bissen meines Essens hinuntergeschluckt, als Mainwaring erschien. Ich will Dir nicht verhehlen, was für eine echte Freude sein Anblick in mir weckte, auch nicht, wie stark ich in seinem Äußeren und Benehmen den Unterschied zwischen ihm und Reginald empfand – wobei letzterer unendlich viel schlechter abschneidet. Während ein paar Stunden wurde ich sogar schwankend in meinem Entschluß, Reginald zu heiraten, und obschon dies ein allzu müßiger und unsinniger Gedanke war, als daß ich ihn lange hätte hegen können, so bin ich doch nicht sehr darauf erpicht, daß unsere Heirat vollzogen wird, freue mich auch nicht ungeduldig auf die Zeit, die Reginald, wie abgemacht, in London verbringt. Ich werde seine Ankunft wahrscheinlich unter irgendeinem Vorwand hinauszögern. Er darf nicht eher kommen, als bis Mainwaring fort ist. Zuweilen bin ich mir überhaupt noch nicht klar, ob ich heiraten soll; wenn der Alte sterben würde, würde ich wohl nicht zögern, doch ein Zustand der Abhängigkeit von den Launen Sir Reginalds wäre für meinen freien Geist unbequem; wenn ich mich entschließe, auf seinen Hintritt zu warten, so kann ich dafür gegenwärtig sehr wohl als Grund angeben, daß ich ja noch kaum zehn Monate Witwe bin. Ich habe mir vor Mainwaring nichts von meinen Absichten anmerken lassen, ihm auch nicht erlaubt, in meiner Bekanntschaft mit Reginald mehr zu sehen als den gewöhnlichsten Flirt, und so ist er leidlich beruhigt. Leb wohl, bis wir uns wiedersehen; von meinem Quartier bin ich ganz entzückt. Stets Deine

S. Vernon

Lady Susan an Mr. De Courcy

Upper Seymour Street

Ich habe Ihren Brief erhalten, und wiewohl ich nicht verhehlen möchte, daß die Ungeduld, mit welcher Sie die Stunde unseres Wiedersehens herbeiwünschen, mich freut und rührt, fühle ich mich doch gezwungen, diese Stunde auf einen späteren Zeitpunkt zu verschieben. Halten Sie mich nicht für hartherzig, wenn ich Sie auf solche Weise meine Macht spüren lasse; klagen Sie mich auch nicht der Wankelmütigkeit an, bevor Sie meine Gründe gehört haben. Während meiner Reise von Churchhill hierher hatte ich reichlich Muße, über den gegenwärtigen Stand unserer Angelegenheiten nachzudenken, und jede neue Vorstellung davon hat mich in der Überzeugung bestärkt, daß sie eine Behutsamkeit des Vorgehens erheischen, die wir bis anhin wenig beachtet haben. Wir haben uns durch unsere Gefühle zu einem Grade der Überstürzung hinreißen lassen, der sich mit den Ansprüchen unserer Lieben und der Meinung der Welt schlecht verträgt. Wir waren unvorsichtig, als wir einander übereilt unser Wort gaben; allein wir dürfen unsere Unklugheit nicht auf die Spitze treiben, indem wir den aus dem Verlöbnis sich ergebenden Schritt tun, solange noch so viel Anlaß zur Befürchtung besteht, daß Angehörige, von denen Sie abhängig sind, sich unserm Bunde widersetzen. Es steht uns kein Tadel zu an der Erwartung Ihres Vaters, daß Sie einmal eine begüterte Frau heimführen; wo ein so ausgedehntes Besitztum vorhanden ist wie bei Ihrer Familie, ist der Wunsch nach einer Vermehrung desselben, obzwar nicht unbedingt vernünftig, so doch zu allgemein menschlich, als daß man sich darüber verwundern oder entrüsten dürfte. Er hat das Recht auf eine reiche Schwiegertochter, und manchmal mache ich mir ernstliche Vorwürfe, daß ich Ihnen erlaube, eine so unkluge Verbindung einzugehen; aber die Vernunft macht sich oft zu spät geltend bei Menschen, die fühlen wie ich. Mein Witwenstand dauert erst einige Monate, und wie spärlich auch die glücklichen Erinnerungen sind, die ein paar Ehejahre in mir zurückgelassen haben, darf ich doch nicht vergessen, daß der Mangel an Zartgefühl bei einer so bald darauf erfolgenden zweiten Heirat mich der öffentlichen Mißbilligung aussetzen und, was noch unerträglicher wäre, auf Mr. Vernon verletzend wirken müßte. Mit der Zeit könnte ich zwar vielleicht unempfindlich werden gegenüber ungerechten Vorwürfen meiner Mitmenschen im allgemeinen; allein den Verlust *seiner* mir so wertvollen Achtung gelassen hinzunehmen, dazu bin ich, wie Sie wohl wissen, schlecht befähigt; und gesellt sich hiezu das Bewußtsein, daß ich Ihnen und den Ihren Schaden zugefügt habe, wie soll ich dann vor mir selbst bestehen? Bei einem so starken Gefühlsleben wie dem meinen würde mich das sichere Wissen, daß ich einen Bruch zwischen Sohn und Eltern herbeigeführt habe, sogar an Ihrer Seite zum unglücklichsten Geschöpf von der Welt machen. Es wird daher sicherlich ratsam sein, mit unserer Eheschließung zuzuwarten – zu warten, bis die äußeren Voraussetzungen dazu günstiger sind –, bis die Dinge sich in hoffnungsvollerem Lichte darbieten. Uns in diesem Entschluß zu stärken, tut uns – so glaube ich – eine vorläufige Trennung not. Wir dürfen uns jetzt nicht wiedersehen. So grausam Ihnen dieser Urteilsspruch erscheinen mag, so wird Ihnen doch seine Notwendigkeit – die mich allein damit versöhnen kann – einleuchten, wenn Sie unsere Lage in dem selben Lichte betrachten, in dem die Macht der Umstände mich sie zu sehen zwingt. Sie dürfen – Sie müssen – mir unbedingt glauben, daß nur die felsenfeste Überzeugung von meiner Pflicht mich dazu bringen konnte, mit der dringenden Bitte um eine längere Trennung meine eigenen Gefühle zu verletzen, und der Unempfindlichkeit Ihren Gefühlen gegenüber werden Sie mich wohl kaum zeihen. Noch einmal sage ich also, daß wir einander nicht wiedersehen sollten, nicht wiedersehen dürfen – vorläufig. Indem wir uns ein paar Monate lang von einander fernhalten, werden wir auch die schwesterlichen Besorgnisse Mrs. Vernons zerstreuen, die, selbst an behagliche Umstände gewöhnt, Reichtum als lebensnotwendig betrachtet und deren Empfindungsbereich sich nicht mit dem unsrigen deckt. Geben Sie mir bald – recht bald Nachricht. Sagen Sie mir, daß Sie meine Beweggründe anerkennen, und werfen Sie mir nicht vor, daß ich mich durch sie leiten lasse. Ich kann Vorwürfe nicht ertragen: meine Stimmung ist nicht so übermütig, daß sie der Dämpfung bedürfte. Ich muß versuchen, mir Ablenkung zu verschaffen; zum Glück befinden sich viele von meinen Bekannten gerade in London, unter andern die Mainwarings; Sie wissen ja, wie aufrichtig ich dem Ehepaar zugetan bin. Ich verbleibe in unwandelbarer Treue Ihre

S. Vernon

Lady Susan an Mrs. Johnson

Upper Seymour Street

Liebe Freundin! – Nur um mich zu quälen, ist er plötzlich hier erschienen, dieser Reginald. Mein Brief, der ihn noch länger auf dem Lande festhalten sollte, hat ihn eilends in die Stadt getrieben. So sehr ich ihn indessen wieder fortwünsche, kann ich doch nicht umhin, von einem solchen Beweis der Anhänglichkeit freudig berührt zu sein. Er ist mir mit Herz und Seele ergeben. Dieses Briefchen wird er selbst überbringen; es soll ihn bei Dir, die kennenzulernen er begierig ist, einführen. Erlaube ihm, den heutigen Abend bei Dir zu weilen, damit ich seine Rückkehr hierher nicht befürchten muß.

Ich habe ihm gesagt, ich fühlte mich nicht ganz wohl und müßte auf Besuch verzichten; und sollte er trotzdem noch einmal vorsprechen, so ergäbe sich vielleicht ein Durcheinander, denn auf die Dienerschaft ist kein Verlaß. Halte ihn also, ich flehe Dich an, in Edward Street zurück. Du wirst in ihm keinen schwerfälligen Gesellschafter finden, und ich erlaube Dir, mit ihm zu flirten soviel Du willst. Vergiß aber dabei nicht meine wahren Interessen; suche ihn nach Möglichkeit zu überzeugen, daß ich innerlich ganz zerrissen sein werde, wenn er hierbleibt; Du kennst ja meine Gründe – Schicklichkeit und so weiter. Ich würde sie ihm selbst noch eindringlich darlegen, wäre ich nicht schon ungeduldig, ihn loszusein, da Mainwaring in der nächsten halben Stunde kommt. Leb wohl!

S. Vernon

Mrs. Johnson an Lady Susan

Edward Street

Mein Schatz! – Ich bin in großer Seelenqual und weiß mir nicht zu helfen. Mr. De Courcy kam genau im unrichtigen Moment, im selben Moment nämlich, da Mrs. Mainwaring das Haus betreten und sich bis zu ihrem Vormund einen Weg gebahnt hatte; davon habe ich aber erst später erfahren, denn ich war ausgegangen, als sie und Reginald kamen, sonst hätte ich ihn auf jeden Fall wieder weggeschickt; doch *sie* hatte eine private Unterredung mit Mr. Johnson, während *er* im Salon auf mich wartete. Bei der Verfolgung ihres Gatten ist sie gestern hier angekommen, aber dies hast Du vielleicht schon von ihm selbst gehört. Sie hat sich nun an meinen Mann um Hilfe gewandt, und ehe ich ihre Absicht merkte, wußte er schon alles, an dessen Geheimhaltung Dir gelegen sein konnte, und unglücklicherweise hatte sie zudem aus Mainwarings Dienstmädchen herausgekriegt, daß Mainwaring Dich, seit Du in London weilst, täglich besucht und sie ihn soeben selbst bis an Deine Tür geleitet hätte! Was war da zu machen? Tatsachen sind so etwas Schreckliches! Mittlerweile hat auch De Courcy alles erfahren, der jetzt allein mit Mr. Johnson zusammen ist. Gib mir nicht Schuld; es war schlechterdings unmöglich, dies zu verhindern. Mr. Johnson hat schon seit einiger Zeit bei De Courcy die Absicht vermutet, Dich zu heiraten, und verlangte ihn unter vier Augen zu sprechen, als er erfuhr, daß er sich im Hause befand. Diese abscheuliche Mrs. Mainwaring, die – dies diene Dir zum Trost – sich magerer und häßlicher gegrämt hat als je, ist immer noch hier, und alle drei saßen sie zu geheimer Beratung beieinander. Was soll man nur tun? Auf jeden Fall hoffe ich, daß Mainwaring ihr das Leben noch mehr als vorher zur Hölle machen wird. Mit allen guten Wünschen in liebender Besorgnis Deine treue

Alicia

Lady Susan an Mrs. Johnson

Upper Seymour Street

Deine unerwarteten Eröffnungen sind höchst verdrießlich. Daß Du gerade abwesend sein mußtest! Ich meinte, ich könnte um sieben Uhr mit Dir rechnen! Dennoch bleibe ich zuversichtlich. Quäle Dich nicht mit Sorgen um mich; verlaß Dich darauf, ich kann die Dinge so darstellen, daß Reginald mir glaubt. Mainwaring ist soeben gegangen; er brachte mir die Nachricht von der Ankunft seiner Frau. Was verspricht sie sich denn von solchen Manövern, die einfältige Person? Immerhin wär' mir's lieber gewesen, sie wäre ruhig in Langford geblieben. Reginald wird zuerst ein bißchen wütend sein; doch wenn wir uns morgen zum Mittagessen hinsetzen, ist alles wieder gut. Leb wohl!

S. V.

Mr. De Courcy an Lady Susan

Hotel…

Mit diesen Zeilen möchte ich nur von Ihnen Abschied nehmen, der Zauber ist verflogen: ich sehe Sie jetzt so, wie Sie wirklich sind. Seit meinem gestrigen Besuch bei Ihnen habe ich aus unbedingt zuverlässiger Quelle Dinge über Sie gehört, die mich auf beschämendste Weise den Betrug erkennen lassen, dessen Opfer ich war, sowie die zwingende Notwendigkeit einer sofortigen und immerwährenden Trennung von Ihnen. Sie können nicht im Zweifel sein, worauf ich anspiele. Langford! Langford! Dieses Wort sagt genug. Ich habe meine Informationen im Hause Mr. Johnsons von Mrs. Mainwaring persönlich erhalten. Sie wissen, wie sehr ich Sie geliebt habe; Sie können sich also mit aller Deutlichkeit vorstellen, wie mir jetzt zumute ist; allein ich bin nicht so schwach, darin Befriedigung zu suchen, daß ich meine Gefühle einer Frau schildere, die zwar frohlocken wird, weil sie sie mit Füßen getreten hat, bei der sie aber nie wahre Gegenliebe zu erwecken vermochten.

R. De Courcy

Lady Susan an Mr. De Courcy

Upper Seymour Street

Ich will nicht versuchen, Ihnen mein Erstaunen beim Lesen Ihres soeben eingetroffenen Briefes zu beschreiben. Vergeblich zerbreche ich mir den Kopf, um zu ergründen, was wohl Mrs. Mainwaring Ihnen mitgeteilt haben kann, das einen so außerordentlichen Wechsel in Ihren Empfindungen hervorgerufen hat. Habe ich Ihnen nicht alles in bezug auf mein früheres Verhalten, was in zweifelhaftem Lichte erscheinen mochte und was die übelwollende Welt zu meinen Ungunsten ausgelegt hat, hinreichend erklärt? Was haben Sie denn *diesmal* erfahren, das Sie an mir irre werden ließ? Habe ich Ihnen je irgend etwas verheimlicht? Reginald, Sie erregen mich über die Maßen, es ist doch wohl nicht möglich, daß die alte Geschichte von Mrs. Mainwarings Eifersucht von neuem aufgewärmt wurde oder daß überhaupt jemand darauf gehört hat. Kommen Sie sofort zu mir und erklären Sie, was im jetzigen Augenblick absolut unverständlich ist. Glauben Sie mir, das eine Wort «Langford» hat keine solche Kraft der Aussage, als daß dadurch weitere Aussagen überflüssig würden. Wenn wir aber wirklich scheiden müssen, dann wird es wenigstens von Edelmut zeugen, wenn Sie sich persönlich verabschieden kommen – allein es ist mir wenig nach Scherzen zumute; mir ist im Gegenteil das Herz recht schwer; denn in Ihrer Achtung gesunken zu sein, und sei's auch nur eine Stunde lang, dies ist eine Demütigung, mit der mich abzufinden ich noch nicht gelernt habe. Ich werde die Minuten bis zu Ihrer Ankunft zählen.

S. V.

Mr. De Courcy an Lady Susan

Hotel...

Warum dieser Brief? Warum verlangen Sie noch Einzelheiten? Doch da Sie darauf bestehen, muß ich Ihnen leider sagen, daß alle Gerüchte über Ihr unpassendes Verhalten zu Lebzeiten und seit dem Tode Mr. Vernons, die mir, wie der übrigen Welt, zu Ohren gekommen und durchaus glaubwürdig erschienen waren, ehe ich mit Ihnen bekannt wurde, die Sie mir dann aber mit Hilfe Ihrer Verdrehungskünste so darstellten, daß ich willens war, sie als unwahr zurückzuweisen, nun doch, wie mir unwiderleglich bewiesen worden ist, den Tatsachen entsprechen; ja noch mehr: ich bin überzeugt, daß eine Verbindung, an die zu denken mir nie eingefallen wäre, schon seit einiger Zeit bestanden hat und immer noch besteht, nämlich zwischen Ihnen und dem Manne, dessen Angehörige Sie zum Dank für die Gastfreundschaft, mit welcher man sie in der Familie aufnahm, um Ruhe und Frieden brachten; daß Sie nach Ihrer Abreise von Langford mit ihm korrespondiert haben; nicht mit seiner Frau, sondern mit ihm, und daß er Sie jetzt täglich besucht. Sind Sie imstande – wagen Sie es, dies zu bestreiten? Und all das zu einer Zeit, da Sie meine Werbung begünstigten, mich durch Ihr Jawort beglückten! Wovor bin ich nicht verschont geblieben! Ich muß im Grunde nur dankbar sein. Fern von mir sei jede Klage, jeder bedauernde Seufzer. Meine eigene Verblendung hatte mich in Gefahr gebracht, meine Rettung verdanke ich der Güte, dem unbestechlich klaren Blick eines anderen Menschen; aber die unglückliche Mrs. Mainwaring, deren Seelenqualen bei der Vergegenwärtigung vergangener Dinge sie beinahe um den Verstand zu bringen drohten, woher soll *ihr* Trost kommen? Nach einer Entdeckung wie dieser werden Sie wohl nicht länger Erstaunen heucheln, wenn ich Ihnen auf immer Lebewohl sage. Mein Verstand ist endlich wieder erwacht und lehrt mich Abscheu vor den Künsten, denen ich erlegen war; gleichzeitig aber bringt er mir aufs beschämendste die innere Schwäche zum Bewußtsein, auf welche deren Stärke sich gründete.

R. De Courcy

Lady Susan an Mr. De Courey

Upper Seymour Street

Ich erkläre mich von der Auskunft befriedigt und werde Sie nicht länger belästigen, wenn ich diese wenigen Zeilen abgeschickt habe. Das Verlöbnis, das Sie noch vor vierzehn Tagen sehnlich zu schließen wünschten, ist jetzt mit Ihren Anschauungen unvereinbar, und ich stelle mit Vergnügen fest, daß die weisen Ratschläge Ihrer Eltern nicht umsonst gegeben wurden. Dieser Akt kindlichen Gehorsams wird ohne Zweifel Ihr seelisches Gleichgewicht sehr rasch wiederherstellen, und ich schmeichle mir mit der Hoffnung, daß ich ohne Schaden über diese Enttäuschung hinwegkommen werde, soweit sie mich betrifft.

S. V.

Mrs. Johnson an Lady Susan

Edward Street

Ich bin betrübt, wenn auch keineswegs erstaunt über Deinen Bruch mit Mr. De Courcy; dieser hat Mr. Johnson soeben brieflich davon in

Kenntnis gesetzt. Er reist, wie er sagt, noch heute von London ab. Sei versichert, daß ich innig mit Dir fühle, und zürne mir nicht, wenn ich Dir sage, daß ich bald auf jeden Verkehr, sogar brieflichen, mit Dir verzichten muß. Ich bin darüber sehr unglücklich; allein Mr. Johnson schwört, daß er sich, falls ich die Beziehung gegen seinen Willen aufrechterhalte, für den Rest seines Lebens aufs Land zurückziehen werde, und Du weißt, daß man sich unmöglich in ein so hartes Los ergeben kann, solange noch ein anderer Ausweg bleibt. Du wirst natürlich gehört haben, daß die Mainwarings vor der Scheidung stehen; leider wird Mrs. Mainwaring also wieder dauernd bei uns wohnen; aber sie liebt ihren Mann noch so sehr und grämt sich seinetwegen so schrecklich, daß ihr vielleicht kein langes Leben beschieden ist. Miss Mainwaring ist dieser Tage nach London gekommen, um mit ihrer Tante zusammenzusein, und es heißt, sie hätte erklärt, sie reise nicht eher wieder ab, als bis sie Sir James Martin geehelicht hätte. Wenn ich Du wäre, würde ich ihn auf jeden Fall für mich selbst gewinnen. Beinahe hätt' ich vergessen, Dir meinen Eindruck von Mr. De Courcy zu schildern; ich bin ganz entzückt von ihm; er ist nach meiner Ansicht durchaus so hübsch und stattlich wie Mainwaring, dabei hat er solch offenes, sympathisches Gesicht, daß man ihn auf den ersten Blick gern haben muß. Mr. Johnson und er sind schon dicke Freunde. Leb wohl, liebste Susan, ich wollte, die Dinge hätten keine so ärgerliche Wendung genommen. Dieser unglückselige Besuch in Langford! Aber Du tatest ja alles in bester Absicht, und gegen das Schicksal vermögen wir nichts. Deine Dir aufrichtig verbundene

Alicia

Lady Susan an Mrs. Johnson

Upper Seymour Street

Meine liebe Alicia! – Ich füge mich der Notwendigkeit, die uns auseinanderreißt. Unter den Umständen konntest Du nicht anders handeln. Unsere Freundschaft wird dadurch nicht berührt, und in glücklicheren Zeiten, wenn Du Dich in der selben unabhängigen Lage befindest wie ich, wird sie uns zur gleichen Vertrautheit zurückführen wie ehedem. Auf diesen Zeitpunkt warte ich nun ungeduldig, und vorerst kann ich Dir die beruhigende Versicherung geben, daß ich mich nie wohler gefühlt habe als im gegenwärtigen Moment. Deinem Gatten gilt mein Abscheu, Reginald meine Verachtung, und wiedersehen werde ich bestimmt keinen von beiden. Ist das nicht Grund zum Frohlocken? Mainwaring ist mir treuer ergeben denn je; und könnten wir tun, wie wir wollten, dann weiß ich nicht, ob ich sogar einem Ehebund widerstehen könnte, wenn er es ist, der ihn vorschlägt. Ein solches Ereignis zu beschleunigen, dies liegt – wenn seine Frau bei Euch Wohnung nimmt – vielleicht in Deiner Macht. Die Heftigkeit ihrer

Empfindungen, die sie allmählich zugrunde richten muß, läßt sich leicht immer neu entfachen. Ich baue in diesem Punkt auf Deine Freundschaft. Es ist mir jetzt ganz klar, daß ich mich nie zu einer Heirat mit Reginald hätte herbeilassen können; aber ebenso klar ist mein Entschluß, daß Frederica ihn nie heiraten darf. Morgen hole ich sie von Churchhill ab, und Maria Mainwaring möge vor den Folgen zittern. Frederica wird mein Haus nicht eher verlassen, als bis sie Sir James' Frau geworden ist, da mag sie winseln und die Vernons toben, ich kümmere mich nicht darum. Ich habe es satt, mich nach den Launen anderer zu richten; mein eigenes gesundes Urteil aus Rücksicht auf Leute zu unterdrücken, denen gegenüber ich zu nichts verpflichtet bin und für die ich keine Hochachtung empfinde; ich habe auf allzuviel verzichten, mir zu viel gefallen lassen müssen, aber Frederica soll jetzt spüren, daß ich auch anders kann. Leb wohl, teuerste der Freundinnen; möge der nächste Gichtanfall sich günstiger auswirken! Und mögest Du mich stets betrachten als unwandelbar Deine

S. Vernon

Lady De Courcy an Mrs. Vernon

Liebe Catherine! – Ich habe eine reizende Neuigkeit für Dich, und hätte ich heute vormittag meinen Brief nicht abgesandt, so wäre

Dir die ärgerliche Nachricht erspart geblieben, daß Reginald nach London gefahren ist, denn er ist zurückgekehrt. Reginald ist zurückgekehrt, nicht um uns um unsere Einwilligung zu seiner Verheiratung mit Lady Susan zu bitten, sondern um uns mitzuteilen, daß sie sich auf immer getrennt haben. Er ist erst eine Stunde im Hause, weshalb ich noch keine Einzelheiten erfahren konnte, denn er ist so niedergedrückt, daß ich nicht den Mut finde, ihm Fragen zu stellen; doch bald werden wir ja alles wissen. Dies ist die glücklichste Stunde, die er uns seit dem Tage, da er geboren wurde, bereitet hat. Es fehlt nur noch, daß auch Du hier bei uns bist, und so geht denn unser besonderer Wunsch, unsere dringende Hoffnung dahin, Du mögest so bald wie möglich zu uns kommen. Du bist uns schon seit vielen Wochen einen Besuch schuldig; ich hoffe, es werde Mr. Vernon nichts davon abhalten, Dich zu begleiten; und bringe bitte alle unsere Enkelkinder mit, und Deine liebe Nichte gehört selbstverständlich auch dazu, mich verlangt sehr, sie zu sehen. Bis jetzt hatten wir einen traurigen, beschwerlichen Winter, ohne Reginald, ohne irgendeinen lieben Besuch von Churchhill. Noch nie ist mir diese Jahreszeit so düster und öde vorgekommen; doch dieses fröhliche Familientreffen wird uns wieder verjüngen. Meine Gedanken wandern oft zu Frederica, und wenn Reginald seine gewohnte frohe Stimmung wiedererlangt hat (was sicher bald der Fall sein wird), dann wollen wir zusehen, daß er von neuem sein Herz verliert, und so bin ich voller Hoffnung, daß ich's in nicht zu ferner Zeit erleben darf, wie ihre Hände ineinandergelegt werden. Deine Dich liebende Mutter

C. De Courcy

Mrs. Vernon an Lady De Courcy

Churchhill

Liebe Mutter! – Ihr Brief hat mich über die Maßen erstaunt! Ist es denn wahr, daß sie wirklich auseinandergegangen sind – und für immer? Ich wäre selig, wenn man der Sache trauen könnte, doch wie kann man, nach allem, was ich erlebt hatte, ganz sicher sein? Und Reginald tatsächlich bei Ihnen! Meine Überraschung ist um so größer, als wir letzten Mittwoch, genau am selben Tag, da er nach Parklands zurückkehrte, einen höchst unerwarteten und unerwünschten Besuch von Lady Susan erhielten, die in strahlender Laune war und eher danach aussah, als würde unmittelbar nach ihrer Rückkehr nach London die Hochzeit mit Reginald stattfinden, als daß sie jetzt für immer von ihm getrennt ist. Sie blieb annähernd zwei Stunden, war so liebevoll und zuvorkommend wie stets, und mit keiner Silbe, nicht mit der kleinsten Andeutung ließ sie uns von irgendeinem Zerwürfnis oder einer Abkühlung zwischen ihnen etwas merken. Ich fragte sie, ob sie mit meinem Bruder zusammengewesen wäre, seit er sich in

London aufhielt; nicht, wie Sie vielleicht glauben, weil ich an der Tatsache selbst auch nur im geringsten gezweifelt hätte, sondern einfach um zu sehen, was sie dazu für ein Gesicht machen würde. Sie antwortete sofort ohne jede Verlegenheit, er wäre so liebenswürdig gewesen, sie Montag zu besuchen, doch sie glaubte, er hätte sich schon wieder zu seinen Eltern begeben, was ich keineswegs zu glauben geneigt war. – Ihre freundliche Einladung nehmen wir mit Vergnügen an, und nächsten Donnerstag treffen wir mit unserer Kinderschar bei Ihnen ein. Verhüte der Himmel, daß Reginald dann wieder in London ist! Ich wollte, wir könnten auch unsere liebe Frederica mitnehmen, doch leider hatte der Besuch ihrer Mutter den Zweck, sie zurückzuholen, und so unglücklich das arme Kind auch darüber war, gelang es mir doch nicht, sie daran zu hindern. Ich war ganz und gar nicht bereit, Frederica ziehen zu lassen, und auch ihr Onkel widersetzte sich ihrer Abreise; was wir an Gegengründen vorbringen konnten, brachten wir vor; allein Lady Susan erklärte, da sie sich jetzt für mehrere Monate in London niederzulassen gedächte, hätte sie keine Ruhe, wenn ihre Tochter nicht bei ihr wohnte, keinen Unterricht erhielte usw. Die Art, wie sie sprach, war sehr freundlich und nett, das muß ich ihr lassen, und Mr. Vernon glaubt, Frederica werde nun mit Liebe behandelt werden. Könnte ich nur dasselbe glauben. Es brach dem armen Mädchen schier das Herz, von uns Abschied nehmen zu müssen. Ich schärfte ihr ein, sie solle mir recht oft schreiben, und wenn sie in Not sei, solle sie daran denken, daß sie bei uns stets Rat und Hilfe finden könne. Um ihr das zu sagen, war ich sorgsam auf einen Moment bedacht, wo ich sie unter vier Augen sprechen konnte, und ich hoffe, sie war darnach ein wenig getröstet. Aber ich werde meine Besorgnis nicht los, ehe ich nach London fahren und mir selbst ein Bild von ihrer Lage machen kann. Ich wünschte, die Aussichten wären besser, als es jetzt den Anschein hat, daß die Verbindung einmal zustande kommt, die Sie am Schluß Ihres Briefes so zuversichtlich erwarten. Im gegenwärtigen Augenblick spricht wenig dafür. Stets Ihre usw.

C. Vernon

Ende und Ausblick

Dieser Briefwechsel konnte infolge des persönlichen Zusammentreffens eines Teils der Korrespondenten und infolge des endgültigen Auseinandergehens des andern Teils nicht länger fortgesetzt werden – was die Post einer schönen Einnahmequelle beraubte. Ein nur ganz geringfügiger finanzieller Beitrag erwuchs dem Staat aus dem brieflichen Verkehr zwischen Mrs. Vernon und ihrer Nichte; denn erstere merkte an dem Stil von Fredericas Briefen sehr bald, daß diese unter Aufsicht ihrer Mutter entstanden, und beschränkte sich daher in ihren eigenen, von da an selteneren Briefen auf das Nötigste, in der Absicht, mit genaueren Erkundigungen über Fredericas Ergehen zuzuwarten, bis sie sich davon in London persönlich überzeugen könnte. Da sie mittlerweile von ihrem offenherzigen Bruder über das, was sich zwischen ihm und Lady Susan abgespielt hatte, genügend ins Bild gesetzt worden war, um letztere tiefer als je in ihrer Meinung sinken zu lassen, schien es ihr um so dringender nötig, Frederica von einer solchen Mutter zu entfernen und in ihre eigene Obhut zu nehmen; und obschon sie sich nicht viel Erfolg versprach, gedachte sie doch nichts unversucht zu lassen, um hiezu die Einwilligung ihrer Schwägerin zu erlangen. In ihrer wachsenden Besorgnis um Fredericas Wohl drängte sie auf einen raschen Besuch in London; und Mr. Vernon, welcher – wie man bereits gemerkt haben wird – stets das zu tun beflissen war, was man von ihm wünschte, fand denn auch bald irgendein Geschäft, das ihn gefälligerweise in die Hauptstadt rief. Ganz erfüllt von ihrem Anliegen machte Mrs. Vernon gleich nach ihrer Ankunft Lady Susan ihre Aufwartung und wurde von dieser mit so viel unbefangener, gutgelaunter Herzlichkeit empfangen, daß sie sich beinahe mit Grausen von ihr abwandte. Keine Erinnerung an Reginald, kein Schuldbewußtsein brachten in ihre Mienen auch nur die geringste Verlegenheit; sie war glänzend aufgelegt und schien von Anfang an eifrig darauf bedacht, Schwager und Schwägerin durch jede mögliche Aufmerksamkeit zu beweisen, daß sie ihre Güte dankbar empfand und das Beisammensein mit ihnen sehr genoß. Frederica war ebenso wenig verändert wie Lady Susan: die selbe gehemmte Art, der selbe scheue Blick wie früher im Beisein ihrer Mutter überzeugten ihre Tante von der Unbehaglichkeit ihrer jetzigen Stellung und bestärkten sie in dem Entschluß, Abhilfe zu schaffen. Kein unfreundliches Benehmen von seiten Lady Susans ließ sich indessen feststellen. Mit dem leidigen Thema von Sir James wurde Frederica jetzt völlig verschont, sein Name nur in dem Sinne erwähnt, daß er sich nicht in London befände; überhaupt zeigte sich Lady Susan bei allem, was sie sagte, nur um das Wohl und die vorteilhafte Entwicklung ihrer Tochter besorgt und stellte mit dankbarer Freude fest, daß Frederica jetzt alle Tage mehr zu dem heranwüchse, was eine Mutter sich nur immer wünschen könnte. Mrs. Vernon, erstaunt und ungläubig, wußte nicht, was sie von solchen Reden halten sollte, und ohne daß sie ihr Ziel aus den Augen verloren hätte, sah sie nur mit Bangen größere Schwierigkeiten bei dessen Erreichung voraus. Zum erstenmal durfte sie auf eine günstigere Wendung der Dinge hoffen, als Lady Susan sie fragte, ob sie fände, daß Frederica noch so gut aussähe wie in Churchhill, da sie denn selbst gestehen müsse, daß ihr zuweilen ernstliche Bedenken aufstiegen, ob London ihrer Gesundheit ganz zuträglich sei. Mrs. Vernon, welche diese Bedenken unterstützte, machte sofort den Vorschlag, ihre Nichte möchte mit ihnen aufs Land zurückkehren. Lady Susan sah sich außerstande, solche Güte mit Worten zu würdigen, wußte aber aus einer ganzen Reihe von Gründen nicht, wie sie sich von ihrer Tochter trennen sollte; und da sie, obschon ihre eigenen Pläne noch nicht ganz feststünden, bestimmt hoffte, es würde ihr binnen kurzem möglich sein, Frederica selbst aufs Land mitzunehmen, schloß sie damit, daß sie es sich leider versagen müsse, von einer so beispiellosen Liebenswürdigkeit Gebrauch zu machen. Mrs. Vernon hielt ihr Anerbieten aber hartnäckig aufrecht, und wiewohl Lady Susan zunächst noch Widerstand leistete, schien ihr Widerstand nach ein paar Tagen doch recht abgeschwächt. Angst vor einer in London eben auftretenden Influenza entschied dann auf willkommene Weise, was sich sonst nicht so rasch entschieden hätte. Lady Susans mütterliche Besorgnis war zu sehr erwacht, als daß sie noch an etwas anderes denken konnte, als Frederica aus dem Bereich einer Ansteckung zu entfernen; von allen möglichen Krankheiten hielt sie die Influenza am gefährlichsten für die Konstitution ihrer Tochter!

Frederica kehrte also mit Onkel und Tante nach Churchhill zurück; und drei Wochen später gab Lady Susan bekannt, sie selbst stünde im Begriff, sich mit Sir James Martin zu verheiraten. Mrs. Vernon erkannte nun klar, was sie vorher nur geargwöhnt hatte, daß sie sich die ganze Mühe hätte sparen können, für Frederica auf einen Ortswechsel zu dringen, den Lady Susan offenbar schon von Anfang an geplant hatte. Fredericas Besuch sollte offiziell sechs Wochen dauern, doch obgleich ihre Mutter sie in ein paar zärtlichen Briefen zum Heimkehren aufforderte, war sie sehr gern bereit, allen Beteiligten zu Gefallen eine Verlängerung ihres Aufenthalts zu bewilligen; nach zwei Monaten erwähnte sie nichts mehr von Fredericas Fernsein von ihr, und nach weiteren zwei Monaten schrieb sie ihr überhaupt nicht mehr. Frederica fand also bei Onkel und Tante eine vorläufige Heimat bis zu einer Zeit, da sich Reginald De Courcy durch Überredung, Schmeichelei und allerlei kleine Listen dahinbringen ließe, ihr sein Herz zu schenken, was man unter Berücksichtigung einer angemessenen Frist zur Überwindung der Liebe zu ihrer Mutter, ferner unter Berücksichtigung des Umstandes, daß er jeder künftigen Neigung entsagen wollte und das weibliche Geschlecht ihm überhaupt widerwärtig geworden war, vernünftigerweise im Lauf eines Jahres erwarten durfte. Drei Monate hätten dafür im allgemeinen genügt; allein Reginalds Gefühle waren nicht weniger lebhaft als ausdauernd. Ob Lady Susan bei ihrer zweiten Wahl glücklich war oder nicht, dies festzustellen sehe ich keine Möglichkeit; denn ob nun ihre Antwort ja oder nein lautete, wer könnte ihr unbedingt glauben? Die Welt muß sich nach der jeweiligen Wahrscheinlichkeit ihr Urteil bilden; gegen Lady Susan sprach nichts als ihr Gatte und ihr Gewissen. Es mag scheinen, als hätte Sir James ein schlechteres Los gezogen, als es bloße Dummheit verdiente; ich überlasse ihn also dem ganzen Mitleid, das irgendwer für ihn aufzubringen vermag. Was mich betrifft, so gestehe ich, daß *ich* nur Miss Mainwaring bedauern kann, die, nachdem sie in die Stadt gekommen war und sich, um Sir James zu gewinnen, in Auslagen für ihre Garderobe gestürzt hatte, derentwegen sie nachher zwei Jahre darben mußte, um das ihr zustehende Glück von einer Frau geprellt wurde, die zehn Jahre älter war als sie.

Die wehrhafte Nonne

Eine außergewöhnliche Plage macht Spanien zu schaffen

In einer Nacht des Jahres 1592 – unaufgeklärt ist jedoch in welcher der 365 Nächte – erhielt ein spanischer «Wohlgeborener», ein Hidalgo und Bewohner der befestigten Stadt San Sebastian, eine höchst unerfreuliche Nachricht. Er erfuhr nämlich von einer Amme, daß seine Gattin ihm soeben eine Tochter geschenkt habe. Kein Geschenk, das die arme, irregeleitete Frau ihm möglicherweise hätte machen können, war mit seinen Wünschen so gänzlich unvereinbar. Er besaß bereits drei Töchter, was, wie er eins und zwei zusammenrechnend erkannte, jedes vernünftige und erlaubte Maß an Töchtern überstieg. Ein überzähliger Sohn hätte vielleicht noch untergebracht werden können, aber überzählige Töchter waren nun einmal *die* Plage Spaniens. So tat er, was in einem solchen Falle jeder stolze und faule spanische Edelmann sich zu tun beeilt hätte. Und sicher brauche ich meine Erzählung nicht durch eine Parenthese zu unterbrechen, um den gewöhnlichen, grundsätzlich hart arbeitenden Leser zu unterrichten, daß der spanische Edelmann seine erste Ehrenpflicht in der Pflege eben dieser beiden Eigenschaften, Stolz und Faulheit, sah. Denn wäre er nicht stolz gewesen oder hätte er irgend etwas zu tun gehabt, worauf hätte er seinen Sinn richten können, als auf die Zerstörung der alten spanischen Aristokratie? Einer Aristokratie, deren Angehörige sich zum Teil damit brüsteten, daß außer unehelichen Söhnen und bloßen *terrae filiis* kein Mitglied ihrer Familie seit der Sintflut einen einzigen Tag gearbeitet habe. In der Arche ließen sie zu, daß Noah sie kräftig zur Arbeit anhielt, denn da gab es wirklich Arbeit, die von irgend jemandem getan werden mußte. Nachdem sie aber einmal auf dem Berge Ararat vor Anker gegangen waren, bestanden sie höchst entrüstet darauf, daß kein Vorfahr des spanischen Adels jemals gearbeitet habe, es sei denn durch seine Sklaven. Und es ist die Meinung vieler Leute, daß die Hoffnung auf neue Zeiten der Untätigkeit durch neue Generationen von Sklaven die Spanier bestimmte, sich so begeistert an den Unternehmungen von Cortez und Pizarro zu beteiligen. Sie gedachten, sich als seßhafte Herren nie aussterbende Völkerscharen, die versklavt gewesen waren und versklavt werden mußten, dienstbar zu machen und, ohne ihre erlauchten Finger krümmen zu müssen, nie versiegende Gelder aus nie versiegenden Gold- und Silberminen herauszuwirtschaften. Bis diese goldenen Träume verwirklicht waren, verfuhr man mit adligen Töchtern, dem Erbübel des getreuen kastilischen Edelmannes, auf die gute alte Weise, das heißt, man steckte sie fürs ganze Leben in Nonnenklöster, eine Lösung, die von keinem der Beteiligten das geringste Opfer verlangte – freilich abgesehen von dem Opfer der Töchter, die ihres Glückes und ihrer natürlichen Geburtsrechte beraubt wurden. Aber diese notwendige, kleine Beschneidung war kaum der Aufmerksamkeit einsichtiger Menschen würdig; denn was bedeutete sie schon im Vergleich mit der ewigen Untätigkeit, die sie einer so alten Aristokratie ermöglichte? Töchter mußten generationenweise zugrunde gehen, um ihren Papas, den Hidalgos, ein Leben in Faulheit und Schwelgerei zu gestatten, und sie mußten stolz sein, dafür zugrunde gehen zu dürfen. Gemäß diesem System hüllte unser Hidalgo von San Sebastian die neugeborene Tochter, die seinem väterlichen Auge so anstößig war, in ein Tuch und begab sich, nachdem er seinen Hals mit sehr viel Sorgfalt eingehüllt hatte, zu dem in der Nähe liegenden Kloster San Sebastian, das nicht nur so hieß, weil es zur Stadt gehörte, sondern auch, weil es, im Gegensatz zu den anderen Klöstern, dem Heiligen dieses Namens geweiht war. Es ist gut, daß wir Menschen in dieser streitsüchtigen Welt so wild über Geschmack streiten; denn wären wir uns einig, welche Dinge wir schätzen müssen, so wären wir uns auch einig, welche Dinge wir uns aneignen müssen – was viel mehr Kampf und Streit hervorbrächte, als durch Uneinigkeit verursacht wird. Es zeigte sich, daß jene kleine, menschliche Kaulquappe, die die alte Kröte von einem Vater keine zehn Minuten in seinem Haus dulden wollte, in dem Kloster des heiligen Sebastian ebenso freudig aufgenommen wurde, wie man sie zu Hause losgeworden war. Die Vorsteherin des Klosters war mütterlicherseits eine Tante des neugeborenen Fremdlings. So küßte und segnete sie die kleine Edeldame. Und die armen Nonnen, denen eigene Kinder versagt waren, vergingen fast vor Freude über die Aussicht, ein kleines Kind verhätscheln zu dürfen. Die Vorsteherin dankte dem Hidalgo für sein ungemein prächtiges Geschenk. Die Nonnen dankten ihm alle einzeln. Und zu guter Letzt begann das alte Krokodil doch wahrhaftig, in Erkenntnis seiner eigenen übertriebenen Mildtätigkeit, Tränen der Rührung zu vergießen. Mildtätigkeit war, wie er bemerkte, neben väterlicher Zärtlichkeit seine größte Schwäche.

Warte nur ein Weilchen, Hidalgo!

Was für einen Genuß bereitet bisweilen dem Zyniker die Harmlosigkeit der Mitmenschen! Im Kloster des heiligen Sebastian beherrschte reine Dankbarkeit alle Gemüter. Wie schon gesagt, überhäuften sämtliche Nonnen den Hidalgo mit Dankesbezeugungen für sein Geschenk, bis der

Hidalgo endlich, für ihre Dankbarkeit gegen ihn, Dankbarkeit gegen sie zu bekunden begann. Und dann wurde eine Salve von Danksagungen auf den heiligen Sebastian losgelassen. Die Vorsteherin dankte ihm für die Sendung einer zukünftigen Heiligen; die Nonnen dankten ihm für die Sendung eines so entzückenden Spielzeuges; und Papa schließlich dankte ihm für die Sendung einer so dauerhaften Behausung und festverriegelten Unterkunft; «aus der mein Kätzchen», wie der boshafte alte Kerl sagte, «niemals in die dornenvolle und gefährliche Welt hinausfinden wird.» Wird sie das wirklich nicht? Ich befürchte, «Wohlgeborener», daß deine nächste Zusammenkunft mit «Kätzchen», welche vielleicht auch die letzte ist, an einem Ort stattfindet, der nicht die geringste Ähnlichkeit mit einem Kloster hat. Doch kehren wir zur Gegenwart zurück! Die Dankesergüsse nahmen ungestört ihren Fortgang. Eine einzige Person beteiligte sich nicht daran. Das war «Kätzchen». Das kleine Wesen lag ausgestreckt in den Armen einer lächelnden jungen Nonne, die fast geschlossenen Augen ein wenig neugierig auf die Kerzen gerichtet. Kätzchen sagte nichts. Es hat kaum Zweck, viel zu sagen, wenn die ganze Welt gegen einen ist. Doch hätte der heilige Sebastian «Kätzchen» ermächtigt, offen seine Meinung auszusprechen, hätte es sich sicherlich folgendermaßen geäußert: «So so, Herr Hidalgo, Ihr habt mir also eine Unterkunft besorgt, eine Unterkunft fürs Leben. Wartet nur ein Weilchen. Wir werden die Angelegenheit zur Entscheidung bringen, wenn meine Krallen etwas gewachsen sind.»

Anzeichen von Meuterei

Enttäuschungen standen demnach bevor. Im Augenblick war jedoch noch nichts davon zu spüren. Jenes noble, alte Krokodil, der Papa, war in keiner Weise enttäuscht. Seine Erwartungen hinsichtlich seiner jüngsten Tochter hatten sich vollkommen erfüllt; er brauchte sich weder Sorgen um sie zu machen noch Geld für sie auszugeben. Er bestand auf seinem Recht, sie zu vergessen, und nach einer Woche hatte er sie tatsächlich vergessen. Nur einmal noch in seinem Leben sollte er ihrer gedenken. Die Vorsteherin war in betreff ihrer Wünsche ebenso befriedigt, und ihre Befriedigung hielt auch einige Jahre an. Sooft sie Kätzchen fragte, ob es eine Heilige werden wolle, erklärte Kätzchen seine Bereitschaft zum Heiligwerden – allerdings unter der Bedingung, daß Heilige massenweise Zuckerwerk essen dürften. Am allerwenigsten aber waren die Nonnen enttäuscht. Kätzchens Tun übertraf ihre kühnsten Vorstellungen von der Munterkeit eines menschlichen Spielzeugs. Kätzchen machte einen ungeheuren Lärm, lief den ganzen Tag im Kloster umher und bemühte sich ohne Unterlaß, den Frieden der älteren Nonnen zu stören. Nie setzte ein Fuchs eine Hühnerstange so unausgesetzt in Aufregung wie

Kate den Schlafraum der älteren Schwestern. Aber auch die jüngeren Nonnen schonte das kleine, bevorrechtete Ding nicht. Durch ungezählte Streiche hielt es sie immerfort in Bewegung und brachte sie, selbst in der Kapelle, durch ungezählte Possen aus ihrer feierlichen Verfassung.

Die Kleine hatte bald nach ihrer Ankunft einen Taufnamen erhalten, nämlich Catalina, was so viel wie Kitty oder Kate ist. Es war ein guter Name, denn er erinnerte an ihren ursprünglichen Namen «Kätzchen». Nebenbei gesagt besaß sie auch einen alten und achtbaren Familiennamen, und zwar De Erauso, ein Name, der sich noch heute in Biskaya findet. Ihr Vater, der Hidalgo, war Offizier im spanischen Heer und interessierte sich herzlich wenig dafür, ob sein Töchterchen sich zu einem Wolf oder einem Lamm entwickelte. Er hatte seine sämtlichen Rechte auf die kleine Kate an den heiligen Sebastian abgetreten und ihm «freies Verfügungsrecht» über sie erteilt, solange sie auf dieser Welt weilte. Kate ihrerseits versprach, recht lange auf dieser Welt zu weilen; denn sie blühte wie ein Rosenstrauch im Juni und war von Gestalt groß und stark wie eine junge Zeder. Doch trotz dieser kräftigen Gesundheit, die verwehrte, an eine Trennung vom heiligen Sebastian durch Ableben zu denken, und trotz der Stärke der Klostermauer, die verwehrte, an irgendeine andere Trennung zu denken, nahte der Tag, an dem alle Ansprüche des Heiligen an

Kate, rechtlich gesprochen, «erloschen». In einer einzigen Stunde sollten plötzlich sämtliche Luftschlösser, die der Heilige auf die klösterliche Treue seines Lieblings Catalina gebaut haben mochte, in nichts zusammenfallen, wie es heutzutage mit so vielen eitlen Träumen vom Fortschritt Spaniens geschieht, wie zum Beispiel mit spanischen Verfassungen und Freibriefen, Finanzreformen, Zollregelungen und verschiedenen anderen Truggebilden spanischer Großsprecherei.

Die Anzeichen mehren sich

Als Kate ihr zehntes Lebensjahr erreichte, wurde sie nachdenklich und ziemlich eigensinnig. Zuweilen war sie sogar ungestüm und aufrührerisch, so daß die sanften Schwestern im stillen zu weinen begannen. Sie besaßen ja kein anderes Hätschelkind oder Spielzeug auf dieser Welt, und sie fürchteten, aus Versehen eine zukünftige Tigerin herangezogen zu haben; in den ersten Jahren sind ja bekanntlich sogar die Jungen einer Tigerin verspielt und harmlos. Aber in dieser Vermutung gingen die guten Damen denn doch zu weit. Catalina war hitzig und hochfahrend, manchmal gewalttätig, und hochmütig und halsstarrig gegen die, die sich auf Grund ihrer Jugend etwas gegen sie herausnahmen; sie war absolut rebellisch gegen alle unverhüllte Grobheit, aber dennoch großmütig, jeder Hinterlist und Kleinlichkeit abhold, schnell bereit zu vergeben und – ein ausgesprochen prächtiges Mädchen. Sie war sanft, wenn die anderen ihr gestatteten, es zu sein. Aber wehe denen, die sich Freiheiten gegen sie erlaubten. Eine höhere Bedienstete des Klosters gab ihr einmal, zur Frühmette schreitend, im Chorgang absichtlich einen Stoß; sie erhielt als Erwiderung von Kate, die niemandem etwas schuldig blieb, einen Blick, dessen sie sich bis zu ihrem Tode mit Schaudern erinnerte. Es schien, als flösse in Kates Adern tropisches Blut, das sie unentwegt nach den Tropen zog. Jener lachendblaue Himmel, jene rotvioletten biskayischen Berge, jenes fröhlich wogende Meer, das sie täglich von den Gärten des Klosters aus erblickte – sie waren daran schuld. Und wenn es nur zur Hälfte ihre Schuld war, so gebührte die andere Hälfte jenen wundervollen Berichten von riesigen Reichen in einer neuen Welt, die ihre Landsleute, nur auf Pferd und Lanze gestützt, gegründet hatten. Diese Erzählungen drangen, wie vom ersten Sonnenlicht behauchte Morgennebel, sogar in die Heiligtümer der Klöster hinauf. Der Leser möge sich gütigst erinnern, daß das, was er gerade liest, keine romantische, zumindest keine erfundene Geschichte ist. Und es scheint mir geraten, den Leser wirklich romantischer Dichtungen darauf aufmerksam zu machen, daß so kriegerische Damen wie die Marfisa oder Bradamant des Ariost und die Britomart unseres Spenser keineswegs so unwahrscheinliche Wesen waren, wie der heutige Leser denkt. Wie man in Kürze sehen wird, mußte mancher kräftige Mann erkennen, daß Kate, gut beritten und mit einem Säbel in der Hand, kein bißchen romantisch, sondern erschreckend wirklich war.

Gute Nacht, heiliger Sebastian!

Der Tag, der Abend ist gekommen, an dem Kate von ihrer friedlichen Zelle, von der heiligen Kapelle Abschied nehmen muß. Fünfzehn Jahre ist sie liebevoll in den Armen des heiligen Sebastian und seiner Töchter gewiegt worden; nun aber erwarten sie endlose Stürme, die ihr kaum Zeit zum Atemholen lassen. Während des Gesanges beim Abendgottesdienst erhielt sie endlich das geheime Zeichen zum Aufbruch, auf das sie schon so lange gewartet hatte. Ihre Tante, die Vorsteherin, hatte zufällig ihr Brevier vergessen. Da sich das Brevier in einem privaten Schreibpult befand, schickte die kluge Dame keine Dienerin danach, sondern zog es vor, den Schlüssel ihrer Nichte zu geben. Als Kate den Schreibtisch öffnete, lagen vor ihren Augen, zu massivem Bund zusammengefügt, sämtliche Schlüssel jener klösterlichen, sogar gegen bewaffnete Angriffe gefeiten Festung. Catalina besaß die Fähigkeit – die sie ihr ganzes Leben nicht verließ –, in entscheidenden Situationen blitzschnell das Erfordernis des Augenblicks zu erkennen. Mit einem Blick sah sie, daß jetzt der rechte Zeitpunkt gekommen war, daß jetzt die

Stunde geschlagen hatte. Diese Gelegenheit durfte sie nicht ungenutzt vorübergehen lassen, denn sie kehrte vielleicht niemals wieder. Heiliger Sebastian, siehst du, was dein Liebling sich zu tun anschickt? Und sie wird es tun, so wahr dein Name heiliger Sebastian ist. Kate begab sich mit Brevier und Schlüssel zurück zu ihrer Tante. Jene geweihte Tür, in deren Angeln sich ihr ganzes zukünftiges Schicksal drehte, ließ sie wohlweislich offen. Als sie die beiden Gegenstände der Vorsteherin übergab, klagte sie über Kopfweh – Kate, Kate, was wußtest du schon von Kopfweh? Ihre Tante küßte sie auf die Stirn und erlaubte ihr, sich zu Bett zu begeben. So hatte Kate denn drei Viertelstunden Zeit, ungestört ihr Boot loszumachen, die Ruder einzulegen und stracks aus dem Kloster des heiligen Sebastian hinaus in den großen Ozean des Lebens zu steuern.

Ich kann dem Leser versichern, daß der Menschenschlag, zu dem Catalina gehört, sich eigentlich nicht meiner besonderen Anteilnahme erfreut. Aber jedermann liebt Energie und unerschütterlichen Mut. Man bewundert stets vollkommene Exemplare einer Gattung, auch wenn die Gattung an sich nicht sehr anziehend ist. Vier Vorzüge waren es, die Catalina zu ihrer Rolle in diesem Leben tauglich machten, nämlich erstens ein gutgebauter Körper und ungewöhnlich kräftige Handgelenke; zweitens ein Herz, das nie verzagte; drittens ein schlauer Kopf, den keine törichten Einbildungen jemals von dem Grundsatz *hoc age* – nutze die Stunde – ablenkten; und viertens eine ziemlich dicke Haut – natürlich nicht im wörtlichen Sinne; denn Kate stand im Frühling ihres Lebens, war ausgesprochen hübsch und besaß in der Tat eine Haut, wie sie einer jungen Adligen aus dem äußersten Norden Spaniens anstand. Nein, was ich meine, ist dies: Sie war gleichgültig gegenüber einer gewissen Art Schicklichkeit, einer gewissen Art Rechtlichkeit, einer gewissen Art Gesellschaftsmeinung und gegen alle Arten persönlichen Ungemachs. Ich sage ausdrücklich «gewisse Arten» – denn was die Schicklichkeit angeht, so beobachtete sie doch immer die Schicklichkeit, die ein Frauenzimmer besonders im Auge behalten muß. Als sie viele Jahre später dem Papst von ihren endlosen und traurigen Wanderungen berichtete, erzählte sie dem väterlichen alten Mann – und ich bin geneigt, ihr Glauben zu schenken –, daß sie in dieser Beziehung, das heißt in allem, was ihre weibliche Tugend betraf, noch so rein wie ein kleines Kind sei. Und was die Rechtlichkeit anbelangt, so ersetzte sie nur die willkürliche und trügerische Rechtlichkeit der Städte und Höfe durch die rauhe und natürliche Rechtlichkeit der Heerlager. Ich muß die Erzählung leider noch um einige weitere Sätze unterbrechen, um einen fünften Vorzug Catalinas zu erwähnen. Er klingt bescheiden, bringt aber in der Tat große Vorteile in einer Welt, in der schon das gekonnte Falten und Siegeln eines Briefes eine nicht gering einzuschätzende Fertigkeit ist. Kate war geschickt mit der Hand, mit der Hand brachte sie alles fertig. Ich will dafür zwei erinnerungswürdige Beispiele anführen. Gab es außer ihr je ein Mädchen auf Erden, das jener schrecklichen Inquisition, die über die spanischen Klöster wachte, mit List und Tücke ein Schnippchen schlug? Das diese Tat ohne fremde Hilfe vollbrachte, nur auf sich selbst vertrauend und auf was noch? Auf eine Nadel, zwei Garnsträhnen und eine schlechte Schere! Denn die Schere war schlecht, auch wenn Catalina in ihren Erinnerungen nichts davon sagt. Ich habe einen aprioristischen Beweis dafür: Die Schere war schlecht, weil im Jahre 1607 alle Scheren schlecht waren. Ja, sagen alle braven Logiker, *consequentia valet;* es ist gut, daß man vom Allgemeinen aufs Besondere schließen kann; alle Scheren waren schlecht, *ergo* waren auch gewisse Scheren schlecht. Das zweite Beispiel für Catalinens Geschicklichkeit wird euch noch mehr erstaunen. Sie stand einmal, zum Tode verurteilt, auf dem Galgengerüst; natürlich war sie schuldlos – falsche Zeugen hatten sie verleumdet. Der «Magister», oder, um ihn bei seinem heutigen Namen zu nennen, «Meister Hans» oder «Meister Hämmerling», hatte die offenkundige Absicht, den Knoten unter ihrem Ohr zu knüpfen. Der armselige Mann des Strikkes fummelte dabei aber so kläglich herum, daß Kate die Geduld verlor, dem verächtlichen Künstler mitteilte, daß sie sich für ihn schäme, ihm den Strick aus der Hand nahm und den Knoten selbst mit großer Kunstfertigkeit band; sie hatte nämlich während ihres langen Seemannsdaseins von einem anderen «Meister» gelernt, wie man einen ordentlichen Knoten macht. Die Menge bezeugte ihr ihre Hochachtung durch eine fröhliche, lange und laute Salve von Vivas; und da das Wort Viva nun einmal von glücklicher Vorbedeutung ist, so – doch halt, ich möchte nicht vorgreifen.

Nach dieser umrißhaften Zeichnung von Catalinens Charakter ist der Leser sicher in der Lage, ihr gegenwärtiges, so entschiedenes Vorgehen zu verstehen. Sie hatte keine Zeit zu verlieren. Gewiß, das Zwielicht begünstigte sie; aber das Zwielicht ist in jeder Jahreszeit kurzlebig wie ein Groschennachtlicht und sie mußte ein Versteck gefunden haben, ehe die Verfolgung begann. Demzufolge verschwendete sie die fünfundvierzig Minuten nicht mit Überlegungen, was sie mitnehmen sollte und was nicht. Unschlüssigkeit kannte Kate nicht. Mit den Augen eines Adlers sah sie, was für ihr Vorhaben unentbehrlich war. Zunächst brauchte sie etwas Geld, damit ihre Reise nicht schon am ersten Schlagbaum endete. Sie nahm deshalb aus der Börse ihrer Tante, in der sich eine Handvoll spanische Münzen im Werte von vier Shilling befanden, eine Summe von einem Shilling. Man kann nicht behaupten, daß das ein übermäßiger Betrag war. Wer von uns gäbe der armen Kate nicht einen Shilling, um ihn in die ersten Hosen, die sie trägt, zu stecken? Ich erinnere mich da an eine Begebenheit aus meiner eigenen Jugend. Als ich mit vier Jahren meine ersten Nankinghosen tragen durfte – ein Röckchen über der Hose hielt jedoch noch den zwitterhaften Charakter meiner Kleidung aufrecht –, füllten alle meine Freundinnen meine Hosentaschen mit Halbkronenstücken; sie bemitleideten mich nämlich als einen, der jahrelang an Wechselfieber gelitten hatte. Wieviel Geld mir damals alles in allem zufloß, kann ich heute nicht mehr angeben. Aber was bedeuteten meine erbärmlichen Ansprüche verglichen mit denen Kates? Kate ist ein hübsches, blühendes Mädchen von fünfzehn Jahren, ohne eine Spur von Wechselfieber; und sie soll, bevor der nächste Tag anbricht, ihre ersten selbstgefertigten Hosen anziehen. Zu diesem Zweck nimmt sie von den Wertsachen in dem Pult ihrer Tante nur folgende Gegenstände: erstens den Shilling, für den ich schon eine Quittung ausstellte; zweitens zwei Stränge brauchbaren Garns; drittens eine starke Nadel; und viertens – wie ich schon erwähnte, wenn ihr euch gütigst erinnert – eine schlechte Schere. Nun war sie bereit, das Schlepptau des heiligen Sebastian von sich zu werfen, bereit, die Anker zu lichten und einen möglichst fernen Hafen anzusteuern. Als letzte Handlung vor ihrem Aufbruch blieb ihr nur noch das Aussuchen der richtigen Schlüssel. Auch hier offenbarte sie die gewohnte Umsicht. Sie richtete keinen grundlosen Schaden an.

Sie nahm nicht die Schlüssel des Weinkellers, um nicht dem guten Beichtvater Verdruß zu bereiten. Sie nahm auch nicht die Schlüssel des Kämmerchens, in dem das Pfefferminzwasser und die anderen Herzstärkungen standen, denn das hätte die älteren Nonnen in Not gebracht. Sie nahm nur die Schlüssel, die ihr zustanden – falls ihr überhaupt welche zustanden –, nämlich die Schlüssel, die sie von ihrer natürlichen und rechtmäßigen Freiheit abschlossen. Den Schritt, den Kate im Begriff stand zu tun, beurteilen verschiedene Parteien recht verschieden. Das Gericht zu Rom sieht darin eine unmittelbare Eingebung des Teufels, für die es keine Vergebung gibt. Ein anderes, weit gewichtigeres und mächtigeres Gericht, nämlich das Gericht, das seine furchtbaren Sitzungen im Herzen und Gewissen des Einzelnen abhält, bezeichnet diesen Akt als den Ausdruck eines unabänderlichen und unveräußerlichen Rechtes des Menschen.

Kates erste Übernachtung im Freien und ihr erster Marsch

Ob sie nach dem spitzfindigen Recht der römischen Kirche einen Frevel beging oder nicht, war Kate allerdings gleichgültig. Sie hatte beschlossen, sich aus dem Kloster davonzumachen; und sie tat es auch. Und aus Furcht, jemand könne, während der Abendgottesdienst im Gange war, hineinschleichen und den Küchenrost stehlen, schloß sie ihre alten Freunde ein. Dann suchte sie sich einen Unterschlupf. Die Luft war mäßig warm. Sie eilte in einen Kastanienwald, und auf welken Blättern, die ihr, wie künftig noch oft, als Lager dienten, schlief sie bis zum ersten Morgengrauen. Jugend und spanische Kost halten Verdauungsstörungen und schwere Träume fern. Als die Lerche sich erhob, erhob sich auch Catalina. Es war keine Zeit zu verlieren. Sie trug noch immer die Tracht einer Nonne und konnte deshalb, nach einem nur allzu bekannten und verbreiteten Gesetz, von jedem Menschen, auch dem erbärmlichsten und ärmsten in ganz Spanien, angehalten und festgenommen werden. Sie steckte den Fingerhut an – ach ja, ich vergaß den Fingerhut, Catalina aber dachte an ihn – und ging daran, ihr reichbesticktes Kleid zu verwandeln. Sie kehrte das Innere nach außen; und mit der Zauberkraft, die nur Frauenhände besitzen, hatte sie bald ein Paar fesche Wellingtonhosen entworfen und angefertigt. Auch die übrigen Kleidungsstücke veränderte sie, so gut sie es mit den dürftigen Hilfsmitteln vermochte, immerhin gut genug, um ihre beiden Hauptgefahrenquellen zu verbergen – ihr Geschlecht und ihre klösterliche Bestimmung. Wohin sollte sie sich nun wenden? Die Erwähnung von Wellingtonhosen in Verbindung mit Nordspanien riefe bei uns den Gedanken an Vittoria wach. Auch Kate richtete ihren Sinn auf Vittoria, nicht aber aus diesem Grunde, was kaum möglich ist, sondern weil sie sich dunkel erinnerte, von einem dort lebenden Bruder ihrer Mutter gehört zu haben. So lenkte sie ihre Schritte nach Vittoria; und wie der Herzog, nur über zwei Jahrhunderte früher als dieser, erfocht sie daselbst einen glänzenden Sieg. Sie schaffte den Weg in zwei Tagen; ihre Nahrung auf dem Marsch bestand ausschließlich aus wilden Beeren. Um etwas Besseres in den Magen zu bekommen, blieb ihr nur eines übrig: mit dem Säbel in der Hand ihren lieben Verwandten anzugreifen, seine Festung zu erstürmen und sich einen Platz in seinem Frühstückszimmer zu sichern – falls er ein solches besaß. Dies führte sie denn auch keck wie der Herzog aus. Jener liebenswerte Verwandte erwies sich als ein ältlicher Mann, der nur einen Fehler besaß – oder war es eine Tugend? –, nämlich Pedanterie; und diese Pedanterie war bei ihm schon so weit fortgeschritten, daß sie sein ganzes Wesen beherrschte. Kate entdeckte diesen Zug sofort und richtete sich danach. Sie untermischte ihre Rede mit einer Reihe lateinischer Sätze, die sie in den Gottesdiensten des Klosters gelernt hatte. Latein! – nein, so etwas Reizendes, und bei einem so jungen Menschen! Der würdige Don besaß ein fühlendes Herz; er ließ sich auf der Stelle erweichen und drückte den hoffnungsvollen jungen Gentleman an seine oheimliche, unheimlich eckige Brust. Die Lebensweise, die in diesem Haus gepflegt wurde, hatte recht unterschiedliche Seiten. Das Essen war gut, aber was interessierte Kate das Essen? Die tägliche Unterhaltung war dagegen von der unerfreulichsten Sorte. Sie bestand zur Hauptsache im Konjugieren lateinischer Verben, besonders ganz und gar unregelmäßiger Verben. Wer die ewige Dankbarkeit des Don zu gewinnen wünschte, der brauchte ihm nur ein verstümmeltes, rundherum abgestorbenes Verb zu zeigen, ein Verb, dem das Präteritum fehlte, die Gerundien fehlten, die Supina fehlten, dem mit einem Wort alles in der Welt fehlte, was ein Verb überhaupt begehrenswert macht. Den ganzen Tag lang ließ der Don, bildlich gesprochen, seine Lieblingsbrigaden von Verben auf- und abmarschieren: frequentative Verben, inochative Verben, desiderative Verben – Kavallerie, Infanterie, Artillerie. Er wechselte die Front, machte unerwartete Vorstöße und ließ zu Scharmützeln ausschwärmen. Leider war es Kate nicht gegeben, in Ohnmacht zu fallen; aber sie muß bisweilen daran gedacht haben, eine Ohnmacht vorzutäuschen, wie sie einmal in ihrem Leben zum rechten Zeitpunkt ein abendliches Kopfweh vortäuschte. Das war in der Tat schlimmer als das Leben im Kloster des heiligen Sebastian. Es erinnerte einen an eine lustige Stelle in Thiebaults Memoiren, wo sich eine ländliche Gesellschaft ebenso verzweifelt bemüht, das Verb «s'ennuyer» zu konjugieren: «je m'ennuie, tu t'ennuies, il s'ennuiet, nous nous ennuyons usw.»; dann das Imperfekt: «je m'ennuyais, tu t'ennuyais usw.»; dann den Imperativ: «qu'il s'ennuie»; und so fort durch die ganze beschwerliche Konjugation. Nun, wenn es soweit kommt, daß «nous nous ennuyons», ist es bekanntlich das beste, sich zu trennen. Kate erkannte das und verließ ohne Zögern das Haus des Dons – der in seiner tiefen Leidenschaft für defekte Verben die Katastrophe eigentlich hätte voraussehen müssen. Kate vergaß nicht, von dem Geld auf dem Kaminsims eine Summe, die größer war als jene, um die sie ihre Tante erleichtert hatte, mitgehen zu heißen. Schließlich, vergeßt das nicht, war auch der Don ein Verwandter von ihr, und zweifellos schuldete er ihr einen kleinen Bankscheck dafür, daß sie stets zu seinen Feldübungen angetreten war. Kein Mensch, auch kein Verwandter, besitzt ein unbegrenztes Recht, einen zu langweilen. Freilich besitzt ein Onkel ein bedingtes Recht, seine Neffen zu langweilen, auch wenn es zufällig Nichten sind; doch er besitzt kein Recht, seine Neffen – oder Nichten – gratis zu langweilen.

Kate kommt mit dem Hof in Berührung, verschreibt verschiedene Aderlässe und erhält einen Posten

Kate schloß sich einem Botengänger an und wanderte unter dessen Führung von Vittoria nach Valladolid. In Valladolid hielten sich gerade der König und sein Hof auf, ein Umstand, der Kate zunächst Glück zu bringen schien, der aber endgültig nichts an ihrer Lage änderte. Natürlich befanden sich in Valladolid auch zahlreiche Regimenter und Regimentskapellen; und Kate lauschte, von einer der letzteren angezogen, einem Musikstück. Einigen Straßenlümmeln fiel das bunte Äußere der stillen Zuhörerin auf, und sie höhnten über den außergewöhnlichen Schnitt ihrer im Walde gefertigten Kleidung. Schurken! Was für Hosen hättet ihr mit einer so schlechten Schere zustande gebracht? Sie erfrechten sich sogar, Kate mit Steinen zu bewerfen. Oho, ihr nichtswürdigen Brüder, ihr wißt nicht, wen ihr euch da für eure Experimente ausgesucht habt. Sie ist unter allen spanischen Männern und Frauen das einzige Wesen von fünfzehn Jahren, das genügend Gewitztheit, Körperkraft und Kampfeslust besitzt, euch den Übermut auszutreiben. Und Kate zögerte nicht, dies zu tun. Mit Hilfe scharfer Steine brachte sie einer ganzen Reihe von Köpfen Löcher bei und ließ – eher zu wenig als zu viel – von dem schlechten Valladolider Blut fließen. Aber man achte auf die beharrliche Bosheit dieser Welt! Einige Polizeidiener – gewissen Polizeidienern unserer Breiten nicht unähnlich – hatten den Auftritt verfolgt und ruhig mitangesehen, wie der freundlose Fremdling beleidigt und angegriffen wurde; nun aber besannen sie sich plötzlich auf ihre Pflicht und nahmen die arme Nonne wegen ihrer so natürlichen Vergeltungsmaßnahmen fest. Und hätte Valladolid so etwas wie eine Tretmühle besessen, wäre Kate sicherlich ohne weitere Nachforschung dort als Arbeitskraft eingereiht worden. Glücklicherweise aber trägt das Unrecht nicht immer den Sieg davon. Ein braver, junger Edelmann hatte vom Fenster aus die Szene beobachtet. Er hatte mitangesehen, wie man Kate reizte, und er bewunderte ihr anfangs so geduldiges und zuletzt so kühnes Verhalten. Als sie abgeführt wurde, eilte er auf die Straße, verfolgte die Polizeidiener und zwang sie, indem er Kates Unschuld bewies, die Gefangene freizugeben; der kaum Geretteten bot er einen Platz in seinem Gefolge an. Er war ein Mann von edler Abkunft und großem Reichtum; und da der angebotene Posten, nämlich der eines Ehrenpagen, keineswegs erniedrigend war – auch nicht für eine «Wohlgeborene» –, wurde er mit Freuden angenommen.

Zu schön, um von Dauer zu sein!

Welch ein glückliches Vierteljahr verbrachte Kate hier! Sie trug nun prächtige Kleider aus dunkelblauem Samt, von einem Schneider, der nicht in der Düsternis eines Kastanienwaldes arbeitete. Sie und der junge Edling, Don Francisco de Cardenas, fanden großen Gefallen aneinander und pflogen gegenseitiges Vertrauen. Alles ging gut, bis eines Abends – glücklicherweise war die Sonne schon fast untergegangen und alles in ein ungewisses Halbdunkel getaucht – niemand anders in das Vorzimmer des Edelmanns marschierte, als das größte aller

Krokodile, der Papa, den wir vor fünfzehn Jahren aus den Augen verloren und den wir nach dieser Nacht nie wiedersehen werden. Er hatte all seine Krokodilstränen in Bereitschaft, um sie zum rechten Zeitpunkt wie den Inhalt einer guten, fleißigen Feuerspritze hervorsprudeln zu lassen. An wen in diesem herrlichen Haus wird er sich zuerst wenden? Es war ausgerechnet Kate, zu der er herantrat, die er doch, sollte man meinen, aus vielerlei Gründen nicht wiedererkennen konnte. Die Zahl der verflossenen Jahre, die Männerkleidung, das Zwielicht, alles war gegen ihn. Doch vielleicht besaß ihr Gesicht Familienähnlichkeit? Und Kate bildete sich ein – aber es war sicher nur eine Einbildung –, daß er einen verdächtig forschenden Blick auf ihr Gesicht warf. Er fragte nach dem jungen Don. Ihr Gesicht abzuwenden, ihn bei Don Francisco anzumelden und ihn, ihren Papa, an die Gestade jenes ehrwürdigen Flusses, des Nils, zu wünschen, war für die rührige Catalina das Werk eines Augenblicks. Sie verweilte jedoch an der Tür des Audienzzimmers, denn ihr Amt berechtigte sie dazu. Sie vermutete schon, was ihres Vaters Begehr war, und im nächsten Augenblick hörte sie es von seinen eigenen Lippen. Seine Tochter Catalina, so unterrichtete er den Don, sei aus dem Kloster des heiligen Sebastian entflohen – aus einer Stätte mannigfaltiger Vergnügungen, strahlender Feste, üppigen Wohllebens. Hierauf zeigte er die beispiellose Undankbarkeit eines solchen

Schrittes auf. Ach, die unermeßlichen Schätze, die er für dieses Mädchen verbraucht hatte! Die ungeheuren Geldsummen, die unendlichen Barschaften, die er auf diese unglückliche Spekulation verwandt hatte. Die schlaflosen Nächte, die ihn während ihrer Kindheit heimgesucht hatten! Die fünfzehn Jahre, die er mit Plänen für ihre Zukunft vergeudet hatte! Es hätte das Herz eines Steins bewegen können! Der Hidalgo weinte reichlich zu seiner eigenen rührenden Ansprache. Und sein spanischer Sinn für das Erhabene hatte ihn so weit von aller Kleinheit entrückt, daß er verschmähte, ja, nicht einmal in einer Zwischenbemerkung ließ er sich herbei, jenes Tuch zu erwähnen, das er einst als Hülle für «Kätzchen» im Kloster des heiligen Sebastian zurückgelassen hatte und das, wie Kätzchen zu wissen glaubte, das einzige Andenken Papas war, von dem im Kloster des heiligen Sebastian je etwas vernommen ward. Kätzchen empfand jedoch kein Bedürfnis, den väterlichen Bericht zu überprüfen und richtigzustellen. Sie zeigte ihre gewöhnliche Klugheit und unvergleichliche Entschlossenheit. Es sah bisher nicht so aus, als wollte ihr Vater oder Don Cardenas sie ins Kloster zurückbringen oder als vermuteten sie überhaupt in ihr den Flüchtling. Im Gegenteil, sie mußte zu ihrer Überraschung den Worten ihres Vaters entnehmen, daß ihr gar niemand nach Valladolid gefolgt war und daß auch ihres Vaters Besuch keinerlei Verbindung mit einem verdächtigen Wanderer in dieser Gegend hatte. Der Fall lag ganz anders. So seltsam es klingt, der größte aller Zufälle hatte sie geradewegs in das einzige Haus geführt, das eine offizielle Verbindung mit dem Kloster des heiligen Sebastian hatte. Das Kloster war von der Familie des jungen Edelmannes gegründet worden; und nach spanischer Sitte war der junge Mann, als gegenwärtiger Repräsentant seines Hauses, der verantwortliche Beschützer und amtliche Berater dieser Niederlassung. Es war nicht der Don als Beherberger seiner Tochter, sondern der Don als erblicher Patron des Klosters, an den der Hidalgo sich wandte. Ein Beispiel für das eigenartige Schicksal, das Kate ihr ganzes Leben hindurch verfolgte! Da die Sache sich so verhielt, hätte Kate vermutlich ohne Gefahr noch einige Zeit bleiben können. Aber würde sie dadurch nicht mannigfache Anhaltspunkte für ihre Auffindung liefern? Und zuletzt entdeckte man sie wahrscheinlich doch, in welchem Fall der Don sie bei all seinem jugendlichen Edelmut nicht mehr schützen konnte; zu furchtbar war die Rache, die den Helfershelfer einer flüchtigen Nonne erwartete, und gar, wenn ein amtlicher Vertreter der Kirche sich eines solchen Frevels schuldig machte! Freilich brachte auch der Weg der Flucht große Gefahren. Es war ziemlich sicher, daß der Don in ihr die vermißte Tochter erkennen würde. Indes, auch wenn das geschah, so verpflichtete ihn im Augenblick nichts, sie zu verfolgen, wie es einige Wochen später der Fall sein mochte. Kate beurteilte die Lage, meine ich, wie immer vollkommen richtig. Die Stimme der Vernunft flüsterte ihr unentwegt zu, den Atlantischen Ozean zwischen sich und das Kloster des heiligen Sebastian zu bringen. Dort glaubte sie endlich Sicherheit finden zu können. Der Zufall aber wollte es anders. Oder, wie sich ein Franzose mit beredtem Witz zu eben dieser Geschichte äußert: «Zufall ist nichts als ein Pseudonym Gottes für jene besonderen Fälle, bei denen er vorzieht, nicht deutlich mit eigener Hand zu unterschreiben.» Ihr Leben war bestimmt, so stürmisch wie die Bucht von Biskaya zu sein, und es ist seltsam, daß dieses Leben gerade an jener stürmischen Bucht von Biskaya begonnen hatte. Kate schlich hinauf in ihre Schlafkammer. Einfach sind die Reisevorbereitungen derer, die nichts besitzen und folglich keine Koffer zu packen haben. Sie hätte wie jener arme Wanderer des Juvenal fröhlich singend durch einen Wald voller Räuber ziehen können. Sie hatte ja nichts zu verlieren, außer einem Bündel Ersatzwäsche, das sich leicht unter dem linken Arm tragen ließ und den rechten frei ließ, die Fragen unverschämter Kunden zu beantworten. Als sie die Treppe hinabschlich, hörte sie, daß das alte Krokodil noch immer weinend seine Sorgen dem nachdenklich lauschenden Halbdunkel und dem Ohr des mitfühlenden Don Francisco anvertraute. Ach, was für ein herrlicher Gedanke mir an dieser Stelle kommt! Ich sah einst bei einer

Wahlkundgebung in Liverpool, wie ein mutwilliger Seemann das keifende, bis zum äußersten geöffnete Mundwerk eines Volksredners mit einem Pflasterstein schloß – ein trefflicher Wurf! Hier in Valladolid gab es ein Mundwerk, das ebenso der Stopfung bedurfte. Zu schade deshalb, daß kein fideler Mitpage von Kate in der Nähe war, um sich, mit einer Bratkartoffel bewaffnet, in das Zimmer zu schleichen und dieselbe mit einem gutgezielten Wurf in dem abscheulichen Mundwerk des Krokodils landen zu lassen. Doch welch ein Anachronismus! Zu jener Zeit (1608) gab es nachweisbar noch keine Bratkartoffeln in Spanien, denn es gab überhaupt noch keine Kartoffeln dort, und nur sehr wenige in England. Aber der Zorn verführt einen Menschen, die unmöglichsten Dinge zu sagen.

Auf der Suche nach einer Unterkunft

Catalina sollte Valladolid nie wiedersehen. Sie hatte ihren kurzen Aufenthalt dort jedoch insofern nutzbringend angewandt, als sie sich sowohl einige Freunde als auch einige Feinde erworben hatte. Und wären alle Valladolider Augen auf sie gerichtet gewesen, als sie in der Dämmerung durch die Straßen tappte, hätte manches Auge ihr mit Haß nachgestarrt und manches Auge sich beim Anblick ihres trostlosen Zustandes mit Tränen gefüllt. Wie gerührt aber wären die erst gewesen, die ihr wohlwollten, wenn sie die Kämpfe, die dem Kinde noch bevorstanden, hätten ahnen können! Doch weshalb unnütze Tränen um Kate vergießen? Wartet bis zum nächsten Sonnenaufgang, und seht nach, ob sie des Mitgefühls besonders bedürftig ist. Ich habe einen hübschen Themavorschlag für einen Preisessay: Eine junge Dame ohne Einführungsschreiben ist gezwungen, sich bei Einbruch der Nacht in Valladolid eine Unterkunft zu suchen. Sie hat keinerlei Veranlassung, diese oder jene Straße zu bevorzugen, sie hat nur Veranlassung, eine bestimmte Straße zu meiden. Wohin soll sie sich wenden? Kate durchdachte beim Weitergehen dieses große, von mir aufgezeigte Problem. Und sie fand, wie stets in praktischen Lebensfragen, genau die richtige Lösung. Sie entschied, daß es in einem solchen Fall das beste sei, an die Tür zu klopfen, an die überhaupt nicht geklopft werden mußte, weil der Besitzer sie aus eigenem Antrieb allen Gästen offenließ. Sie sagte sich nämlich, daß es hinter einer solchen Tür nichts zu stehlen gab, weshalb man sie zumindest nicht im Dunkel irrtümlich für eine Diebin halten konnte. Und selbst bestohlen zu werden, davor hatte sie keine Bange – das sollte nur einer versuchen!

Gemäß diesen grundlegenden Folgerungen, die zu entkräften feindlich gesinnte Kritiker vergebens versuchen werden, versicherte sich Kate mittels ihres Tastsinns eines Dinges, das sich wie eine rohgezimmerte Stalltüre anfühlte. Und in der Tat: Es war eine Stalltüre. Der Stall war allerdings nicht ganz leer. Ein Karren stand darin, ein vierrädriger Karren. Aber einen Karren konnte man wahrhaftig nicht in der Hosentasche forttragen. Außerdem lagen da noch fünf Wagenladungen Stroh; aber davon konnte eine Dame nur so viel mitnehmen, als in ihren Strickbeutel ging, und was war schon ein Strickbeutel voll Stroh? Dagegen konnten die Spanier bei ihrer Zuvorkommenheit doch sicher nichts haben. Kate hatte also recht mit der Annahme, daß sie schwerlich in den Verdacht kommen konnte, eine Diebin zu sein. Sie schloß die Tür so sanft, wie sie sie geöffnet hatte, und ließ sich, prächtig angezogen, wie sie war, auf dem nächsten Strohhaufen nieder. Einige zehn Schritt von ihr lagen zwei Maultiertreiber, bedürfnislose und biedere Männer im Vergleich zu dem königlichen Kammerherrn in Valladolid, aber gleichwohl derbe Gesellen, deren Sinne durch den Genuß von Knoblauch und Zwiebeln und anderer schrecklicher Genußmittel abgestumpft waren. Aus diesem Grunde entging ihnen Kates Ankunft, und bis zum nächsten Morgen blieb ihnen die Anwesenheit des schmucken Jünglings verborgen. Dafür bemerkte Kate *sie* und hörte ihre Unterhaltung mit an. Die beiden erwachten nämlich hin und wieder und unterhielten sich. Sie sprachen vor allem von einer Expedition nach Amerika, die in Bälde unter dem Oberbefehl Don Ferdinand de Cordovas von einem andalusischen Hafen aus abgehen sollte. Das war das Richtige für Kate. Beim ersten Morgengrauen erwachte sie und sprang von ihrem Lager auf. Ihre Toilette nahm nicht mehr Zeit in Anspruch als die der Vögel, die schon in den Gärten sangen, oder die der zwei redlichen Maultiertreiber. Die beiden gutmütigen Kerle begrüßten freundlich den jungen Burschen; und sie nahmen ihm nicht einmal übel, daß er sich, ohne sie um Erlaubnis zu fragen, ihres Strohs bedient hatte.

Mit jenen knoblauchfreundlichen Männern zusammen brach Kate auf. Der Morgen war überwältigend schön; und Kates Stimmung paßte zu dem herrlichen aufdämmernden Tag. Sie war besten Mutes. In Anbetracht ihres unbemerkten Abgangs hielt sie ihr endgültiges Entkommen schon für verbürgt; und der Gedanke an das Krokodil, an den heiligen Sebastian und an den Schirmherrn des sebastianischen Klosters versetzte sie nicht mehr in Furcht. Ja des letzteren gedachte sie sogar mit einiger Zärtlichkeit – so unauslöschlich ist die Erinnerung an eine freundliche und gerechte Behandlung. Sie brauchte lange, um nach Andalusien zu gelangen. Viele Wochen war sie unterwegs. Aber was bedeuten schon Wochen? Sie erreichte Sevilla mehrere Monate vor ihrem siebzehnten Geburtstag und gerade rechtzeitig, um sich der Expedition anzuschließen.

Ein arges Dilemma, in dem die Frage nach dem rechten oder unrechten Weg zu der Frage nach dem rechten oder linken Weg reduziert wird

Arg ist in der Tat ein Dilemma, bei dem man auf der einen Seite von Schiffsbruch und Wogen und auf der anderen Seite vom Hungertode bedroht ist und ein mögliches Entkommen ganz davon abhängt, ob man an einer Stelle, an der kein Wegweiser steht, den richtigen Weg einschlägt.

Da San Lucar der Sammelplatz für die peruanische Expedition war, begab sich Catalina dorthin. Alle Ankömmlinge waren an Bord der Flotte willkommen; und natürlich erst recht ein so stattlicher Jüngling wie Kate. Sie wurde sofort als Maat eingesetzt. Das Ziel ihres Schiffes war Peru und sein Bestimmungshafen Paita. Ohne Verlust umfuhren sie Kap Horn. Sie waren dem Hafen Paita schon sehr nahe, als ein Sturm sie auf ein Korallenriff schleuderte. Es bestand wenig Hoffnung, das Schiff zu retten; das Steuer versagte, und die Planken hielten voraussichtlich keine 24 Stunden zusammen. Leser, beachte, wie sich Kate in dieser Lage, im Angesicht des Todes verhielt, und erinnere dich dessen mit Wohlwollen, wenn sie durch irgendeine Kleinigkeit dein Mißfallen erregt. Die Mannschaft ließ die Pinasse hinab. Vergebens protestierte der Kapitän gegen die verräterische Desertion von einem königlichen Schiff, das vielleicht noch einmal zur Rettung der kostbaren Ladung flottgemacht werden konnte. Die ganze Mannschaft, bis auf den letzten Mann, verließ den Kapitän. Man darf das ruhig wörtlich nehmen, denn die einzige Ausnahme war kein Mann, sondern unsere tapfere Kate. Sie war der einzige Seemann, der sich weigerte, seinen Kapitän oder das Schiff des spanischen Königs im Stich zu lassen. Die übrigen ruderten in Richtung Küste davon, und sie hatten alle Aussicht, sie zu erreichen. Eine halbe Stunde später jedoch änderte sich die Lage vollständig. Eine Garbe von Blitzen durchbrach plötzlich die abendliche Dunkelheit und enthüllte ein seltsames Bild: Das Boot kletterte wie ein Pferd auf ein verborgenes Riff, füllte sich augenblicklich mit Wasser und schleuderte die ganze Mannschaft heraus. Sämtliche Männer verschwanden zwischen den Brandungswellen. Die Nacht, die folgte, war traurig für beide Repräsentanten Ihrer Katholischen Majestät. Die Versicherer von Lloyd's müssen zugeben, daß der Stall der Maultiertreiber in Valladolid zwanzig solcher Schiffe aufwog, auch wenn er nicht gegen Feuer versichert war, das Schiff aber gegen Wind und Wellen – das Werk eines äußerst leichtfertigen Versicherungsagenten. Doch was hat es für einen Sinn, sich hinzusetzen und zu weinen? Das gehörte nie zu Kates Praxis. Bei Tagesanbruch war sie mit der Axt in der Hand bei der Arbeit. Ich wußte es lange, bevor ich zu der diesbezüglichen Stelle in ihren Erinnerungen kam. Ich fühlte so sicher, als hätte ich es gelesen, daß wir Kate bei Morgengrauen an der Arbeit fänden. Fingerhut oder Axt, Hose oder Floß, ihr galt alles gleich.

Anders der Kapitän. Hatte er in seinem Pflichtbewußtsein und seiner Königstreue noch Hoffnung gehegt, das königliche Eigentum zu retten, so schien er von Anfang an die Hoffnung, sich selbst zu retten, aufgegeben zu haben. Er beteiligte sich mit keinem Handgriff an der Herstellung des Floßes. Es wurde jedoch von Minute zu Minute deutlicher, daß auch er sich einmal zur Tat aufraffen mußte; denn die Notwendigkeit, das Schiff zu verlassen, ließ sich beim besten Willen nicht mehr übersehen. Kates Floß war fertig; und sie ermunterte den Kapitän zu glauben, daß es stark genug sei, sie beide zu tragen oder ihnen zumindest beim Schwimmen einen Halt zu geben. Alles war bereit zum Aufbruch, und auch das Schiff erwartete nur noch einen letzten Stoß, um dem König von Spanien für immer Lebewohl zu sagen. Kate begab sich noch einmal ins Schiffsinnere. Sie tat etwas, das einige Leute voraussichtlich falsch auslegen werden. Sie wußte von einer Kiste voller Goldstücke, die angeblich dem König von Spanien gehörten; sie waren für unvorhergesehene Ausgaben während der Reise gedacht. Kate schlug mit der Axt den Deckel der Kiste entzwei und entnahm ihr eine größere Anzahl Dukaten und Pistolen, insgesamt eine Summe von hundert englischen Guineen. Sie steckte das Geld in einen Kissenüberzug und band diesen zu. Dann eilte sie entschlossen zum Floß zurück. Nun, dieses Geld war zwar kein Strandgut, denn das Wasser konnte es nicht an Land tragen, es war aber nach allgemeinem Seerecht Wrackgut. Es wäre der müßigste der Skrupel, sich einzubilden, daß die Wellen oder ein Hai ein größeres Anrecht darauf hatten als ein vernünftiger Mensch oder ein prächtiges Mädchen, das in der Lage war, eine sehr hübsche Selbstbiographie zu schreiben, und das, wie der Leser noch sehen wird, als Soldat mehr als einen Feind des Königs erschlug und das Banner des Königs zurückeroberte. Kein geistig gesunder Moralist würde, unter gleichen Umständen, zögern, das gleiche zu tun, sogar auf einem englischen Segelschiff und unter den Augen des Marineministers und des Premiers, der seine Nase in alle Angelegenheiten der Schiffahrt steckt. Das Floß wurde nun ins Wasser geworfen. Kate sprang nach; und sie forderte den Kapitän auf, ihr zu folgen. Er versuchte es; aber da ihm ihre jugendliche Gewandtheit fehlte, stieß er mit dem Kopf an eine Spiere, sank wie Blei und meldete drunten, daß sein Schiff bei der ersten Gelegenheit nachkäme. Kate indessen hatte Glück. Sie erklomm das Floß, und die steigende Flut spülte sie langsam an die Küste. Sie war jedoch so erschöpft, daß sie die Besinnung verlor. Für Stunden lag sie bewußtlos am Strand; schließlich weckte die Sonnenwärme ihre Lebensgeister. Sie setzte sich auf und blickte um sich. Nach beiden Richtungen erstreckte sich eine öde Küste – nichts zu essen, nichts zu trinken. Glücklicherweise waren Floß und Geld in ihrer Nähe an Land geworfen worden; keiner der Stricke hatte nachgegeben – nur: Wozu ist ein Golddukaten, auch wenn er neun oder sogar hundert Silberschillinge wert ist, zwischen Algen und Seemöwen nütze? Sie verteilte das Geld auf ihre Taschen, und bald fühlte sie sich kräftig genug, aufzustehen und loszumarschieren. Aber was war vorwärts und was rückwärts? Sie wußte aus Gesprächen mit den Seeleuten, daß Paita in der Nähe lag; und da Paita ein Hafen war, konnte es nicht im Innern Perus, sondern mußte natürlich irgendwo an der Außenseite Perus liegen – und die Außenseite eines am Meer gelegenen Landes ist die Küste. Wenn sie sich also an die Küste hielt und weit genug ging, mußte sie früher oder später auf Paita stoßen; auch in der schwärzesten Nacht konnte sie nicht daran vorbeilaufen; Voraussetzung war nur, daß sie herausfand, ob sie nach rechts oder nach links gehen mußte. Denn andernfalls lief sie sich womöglich die Sohlen ab, um schließlich festzustellen, daß sie tausend Meilen umsonst marschiert war. Ein mißlicher Fall! Und alles wegen des Nichtvorhandenseins eines Wegweisers. Doch wenn man sich Kates bisheriges Glück vergegenwärtigt, wenn man daran denkt, daß sie nach einer so langen Reise als einziges Mitglied der ganzen Mannschaft an die amerikanische Küste geworfen wurde und obendrein noch aus dem Unternehmen einen Reingewinn von hundertfünfzig Pfund schlug, wenn man all das in Betracht zieht, steigt unwillkürlich die Überzeugung in einem auf, daß Kate schlechterdings nicht falsch raten konnte. Eine Möglichkeit, eine Entscheidung zu treffen, war ein Wurf mit einer Münze – Kopf oder Wappen! Sie hatte ja genug Münzen in der Tasche. Aber diese Art, das dunkle Schicksal zu befragen, begann damals in der Christenheit in den Ruf eines heidnischen und jüdischen Brauches zu kommen. So riet sie denn einfach. Und sehr bald trat ein Umstand ein, der zwar durchaus nicht ihre Mutmaßung als richtig erwies, aber viel tat, sie zu versüßen, falls sie sich als falsch erweisen sollte. Als sie um einen Knick in der Küstenlinie ging, stieß sie auf ein an Land gespültes Faß mit Schiffszwieback. Es stammte von ihrem Schiff. Zwieback ist eines der nützlichsten Nahrungsmittel, die ich kenne, aber auch das leichtestverderblichste. Gerne ließ ich mich über eine rätselhafte Erscheinung belehren, nämlich über die vernichtende Wirkung des Wassers auf den Zwieback. Eine einzige Berührung dieses Elements macht dem Zwieback den Garaus und verwandelt ihn in *caput mortuum*. In Ermangelung eines Besseren bereitete Kate sich aus diesem *caput* ein Frühstück. Und als sie ihr Frühstück beendet hatte, läutete sie dem Kellner, um abtragen zu lassen und – halt, was für ein Unsinn! Es konnte dort keine Glocke geben, und erst recht keinen Kellner. Sie behalf sich also ohne die Hilfe eines Kellners. Klug wie immer, packte sie sich einigen Zwieback des spanischen Königs auf, wie sie sich zuvor ein – viel zu kleines – Quantum seines Goldes aufgepackt hatte. In einem solchen Fall stellt sich eine höchst knifflige Frage, die gleichermaßen die Ernährungskunde und die Algebra berührt. Und zwar ist es diese: Wieviel Proviant darf man sich in einem solchen Fall aufpacken? Wenn man sich zuviel aufpackt, verzögert man durch diese Extralast an Gesalzenem möglicherweise um Tage die Erreichung frischer Vorräte; wenn man sich andererseits zuwenig aufpackt, verhungert man vielleicht und kommt nirgendwo an. Catalina traf das *juste milieu;* und am Abend des dritten Tages marschierte sie in Paita ein. Sie hatte auf dem Weg nicht einmal einen wirklich breiten Fluß durchschwimmen müssen.

Von der Bosheit des Meeres zu der Bosheit der Menschen

Das erste, was eine junge Dame, auch wenn sie zufällig ein junger Herr ist, in einem so elendigen Zustand in Angriff nimmt, ist die Verschönerung ihrer Kleidung. Auch Kate achtete stets auf ihr Äußeres. Der Mann, nach dem sie schickte, war eigentlich kein Schneider, sondern einer, der Schneider beschäftigte und in der Hauptsache einen Großhandel für Schneidereibedarf betrieb. Er hieß Urquiza, eine Tatsache, die uns im Jahr 1854 wenig bedeutete, wenn dieser

Herr in Kates kleinem Bericht nur eine Nebenfigur gewesen wäre. Doch unglücklicherweise spielte Herr Urquiza bei ihrem Debüt auf der weiten amerikanischen Bühne eine recht bedeutsame Rolle. Herr Urquiza hatte das in der Alten und Neuen Welt gleich alltägliche Mißgeschick, ein Lump zu sein, und dazu noch ein protziger, aufspielerischer Lump. Kate zeigte der Mitwelt nun, ohne deswegen besonders eitel oder eingebildet zu sein, eine wahrhaft prächtige Gestalt. Die Zwiebackrationen und Anstrengungen während der Schiffsreise hatten ihrem Körper gutgetan und ihm die rechten Proportionen gegeben. Und als sie in einer Weise, die sich für einen jungen Offizier in spanischen Diensten schickte, neu eingekleidet war, sah sie wie das Urbild eines spanischen Caballadors aus. Es ist seltsam, daß eine solche Erscheinung und ein solcher Rang in Urquiza den vermessenen Wunsch geweckt haben sollen, Kate zu seinem Angestellten zu machen. Und doch wünschte er es; denn Kate schrieb außerdem eine schöne Handschrift. Und noch seltsamer ist es, daß Kate sein Angebot annahm. Weshalb sie das tat? Wahrscheinlich weil sich keine Heereseinheit, zu der sie hätte stoßen können, in der Nähe befand; das Schiff, mit dem sie an der Küste gescheitert war, hatte nur Vorräte nach Paita bringen sollen. Und einen entfernteren Ort aufzusuchen, das war damals in Peru mit fast unüberwindlichen Schwierigkeiten verbunden. Bis Militär nach Paita kam, mußte sie sich also irgendwie ihren Lebensunterhalt verdienen. Urquiza besaß zwei Geschäftsniederlassungen – eine in Trujillo und eine in Paita. Die Leitung der letzteren sollte Kate übernehmen. Er selbst begab sich, nachdem er Kates Zustimmung erhalten hatte, nach Trujillo. Vorsichtig, wie wir sie kennen, bat ihn Kate noch vor seiner Abreise um spezifische Anweisungen für ihr Verhalten in dieser so ungewohnten Stellung. – Unsere Kate war unzweifelhaft auf dem rechten Wege, das Leben kennenzulernen: Im Kloster des heiligen Sebastian hatte sie ihre Rosenkränze gebetet, in Vittoria mit unregelmäßigen Verben manövriert, in Valladolid als Kammerherr amtiert; in Diensten Ihrer spanischen Majestät hatte sie Kap Horn umfahren und an der peruanischen Küste gegen Stürme und Haie gekämpft; und nun begann sie in Paita als Buchhalter oder «Kommis» eines Tuchwarenhändlers – verdient sie nicht den Namen, den ich ihr kurz vor ihrer Flucht aus dem Kloster gab: «ein Mädchen mit geschickter Hand»? Herrn Urquizas Instruktionen waren kurz, leicht faßlich und ein bißchen seltsam. Und dennoch führten sie zu tragischen Begebnissen. Seine Anweisungen betrafen zwei Schuldner seines Geschäfts. Er besaß, so möchte man hoffen, deren mehrere, aber nur zwei erfreuten sich seiner liebevollen Aufmerksamkeit. Zur Behandlung dieser beiden hinterließ er höchst unterschiedliche Richtlinien. Die erste Person war eine sehr schöne Dame, und die sie betreffende Regel lautete, daß ihr unbegrenzter, absolut unbegrenzter Kredit gewährt werden müsse. Das schien klar. Der andere Kunde, dessen Urquiza beim Abschied gedachte, war ein junger Mann, ein Vetter der jungen Dame, mit dem Namen Reyes. Dieser Jüngling nahm in Urquizas Schätzung eine ebenso extreme Stellung ein, nur mit umgekehrten Vorzeichen. Die ihn betreffende Regel lautete, daß ihm kein, absolut kein Kredit gewährt werden dürfe. In diesem Fall sah Kate erst recht keine Schwierigkeiten; und als sie Herrn Reyes etwas näher kennen lernte, stellte sie fest, daß sie bei der Befolgung der ihn betreffenden Regel nicht mit ihrer Neigung in Konflikt kam. Sie hielt diese deshalb mit der gleichen Bestimmtheit ein, mit der Herr Urquiza sie formuliert hatte. Doch in dem anderen Fall kamen ihr Bedenken. «Unbegrenzt» war vielleicht keine spanische Rechtsfloskel, sondern eine spanische Redensart, so etwa wie: «Mögen sie tausend Jahre alt werden», ein Wunsch, den sogar Rentenzahlstellen ohne Unbehagen äußern. Kate schrieb deshalb einen Brief nach Trujillo, in dem sie ihren aufrichtigen Befürchtungen Ausdruck gab und bestimmtere Weisungen forderte. Die Antwort war eindeutig. Wenn es der Dame einfiel, den ganzen Laden zu beanspruchen, solle Kate ihr augenblicklich willfahren und das Geschäft zu ihren übrigen Schulden schreiben. Nun, die Dame hatte zwar bisher noch nicht das Geschäft beansprucht, doch sie ließ immer deutlicher durchblicken, daß sie beabsichtigte, den Geschäftsführer zu beanspruchen. Ihr umherschweifendes Auge war auf dem blühenden, jungen Biskayer hängengeblieben; und sie war drauf und dran, Kate zu ihrem Liebhaber zu bestallen. Kate verfolgte diese Entwicklung mit schwerem Herzen. Aber nicht nur die Aussicht auf eine zärtliche Freundin, die sie nicht begehrte, versetzte sie in Unruhe, sondern auch das Wissen von einem neuen Feind, den sie ebensowenig begehrte. Sie hatte nicht die geringste Ahnung, was sie getan hatte, um Herrn Reyes gegen sich aufzubringen. Höchstens die Sache mit dem Kredit; aber in dieser Angelegenheit hatte sie doch nur ihre Anweisungen befolgt. Allerdings war Herr Reyes der Auffassung, daß man Befehle so und so ausführen kann. Aber an dem Hauptgrund seines Erzürntseins trug Kate keine Schuld. Reyes war, was Kate noch nicht wußte, selbst ein Kandidat für den Posten des Geschäftsbesorgers gewesen; und er beabsichtigte ohne Zweifel, in der Kreditsache etwas zu ändern. Nicht daß er das herrschende Gleichgewicht aufzuheben gedachte; nein, er wollte nur mit der schönen Dame den Platz tauschen, von der negativen auf die positive Seite überwechseln, eine Umstellung, die ja für Herrn Urquiza keine finanziellen Veränderungen gebracht hätte.

So stand die Sache, als eine umherziehende Komödiantentruppe in Paita ein Gastspiel gab. Kate gehörte als im Mutterland geborene Spanierin der Aristokratie von Paita an, und man erwartete ihre Anwesenheit bei der Vorstellung. Also ging sie hin. Und das gleiche tat der übelwollende Reyes. Er kam und setzte sich absichtlich so, daß Kate nichts mehr von der Bühne sah. Kate war von Natur aus frei von Streitlust. Solange ihr biskayisches Blut nicht durch eine Unbill in Wallung gebracht wurde, war sie sanft wie ein Kind. Sie bat Herrn Reyes höflich, etwas zur Seite zu rücken. Reyes antwortete darauf, daß es zwar nicht in seiner Macht stehe, dem Geschäftsbesorger diesen Gefallen zu tun, daß er ihm aber mit Vergnügen die Kehle durchschneide. Augenblicklich erwachte der Tiger, der in Kate schlummerte. Sie ergriff den Beleidiger und schickte sich an, auf der Stelle Rache an ihm zu üben. Aber einige junge Männer traten dazwischen und zwangen die Kämpfenden, wenigstens vorläufig voneinander abzulassen. Kate war stets bereit, zu vergeben und zu vergessen. Am nächsten Tag dachte sie schon nicht mehr an den Zusammenstoß. Nicht so Reyes; er erschien vor dem Laden, spuckte gegen das Fenster und suchte Kate durch mancherlei Gesten zu beleidigen. Erneut kam ihr spanisches Blut zum Kochen. Mit dem Säbel in der Hand stürzte sie auf die Straße; es entspann sich ein Duell, und sehr bald hatte sie ihren Säbel in das Herz ihres Gegners gestoßen. Wie gewöhnlich erschien, nachdem die unselige Tat begangen war, die gesamte Polizei auf dem Plan, um der angenehmen Pflicht des Rachenehmens nachzukommen. Und Kate saß unversehens hinter dicken Gefängnismauern, fast jeder Hoffnung bar, sie zu einem anderen Zwecke als zu ihrer Hinrichtung zu verlassen.

Von den Stufen, die zum Galgen hinanführen, zu den Stufen, die zum Meuchelmord hinabführen

Die Verwandten des Getöteten besaßen großen Einfluß in Paita und schrien nach Gerechtigkeit. Da der Corregidor zudem wenig Chancen sah, Bestechungsgelder zu erhalten, machte er es sich zur Pflicht, gänzlich unbestechlich zu sein. Der Leser weiß jedoch, daß zu den Verwandten des getöteten Raufboldes auch jene schöne Dame gehörte, deren Gefühle gegen Kate ebenso von denen ihres Vetters abwichen wie die Höhe ihres Kredits bei Herrn Urquiza von dem seinen. Ihr schrieb Kate einen Zettel; und dank einer Goldmünze des spanischen Königs, die sie dem Kerkermeister zusteckte, wurde er auch ordnungsgemäß abgeliefert. Dies war allerdings überflüssig. Denn die Dame hatte bereits selbständig Schritte unternommen und Herrn Urquiza aus Trujillo herbeigerufen. Mittel, deren Charakter wir nur ahnen können, wurden angewandt; die richtigen Gelder fanden den Weg zu den richtigen Personen, und bei Anbruch der Dunkelheit wurde Kate in ein hübsches Haus in den Außenbezirken geschmuggelt. Hätte sie genau ihre Position gegenüber dem Gesetz gekannt, wäre ihre Haltung eine entschlossene gewesen. So aber war sie unsicher und witterte Unheil. Und noch vor dem Abendessen wurde ihr alles klar. Herr Urquiza teilte seinem Geschäftsführer mit, daß es für ihn, den Geschäftsführer, erforderlich sei, die schöne Dame zu ehelichen. Aber weshalb denn das? Weil, sagte Urquiza, der für seine Hartnäckigkeit berüchtigte Corregidor auch nach einem mehrstündigen Gespräch «keine Vernunft» habe annehmen wollen und sich erst zu der Freigebung des Gefangenen herbeigelassen habe, als der Kompromiß der Heirat vorgeschlagen wurde. Aber wie konnte der allgemeinen Forderung nach Gerechtigkeit Genüge getan werden, indem eine Base des Verstorbenen dem Geschäftsführer Liebe, Achtung und Gehorsam auf Lebenszeit gelobte? Was hatte das mit der unseligen Bluttat zu tun? Kate konnte diesem Gedankengang nicht folgen. «Unfug», versetzte Urquiza hier, «Ihr begreift nicht das eigentlich Wesentliche. Wie die Sache steht, heißt das Vergehen Mord und die Strafe Erhängen. Wenn Ihr aber in die Familie des Getöteten einheiratet, wird das Ganze zu einer kleinen Familienangelegenheit – ganz interne Sache ohne alle Komplikationen. Was hat der Corregidor damit zu schaffen? Oder die Öffentlichkeit? Und nun laßt mich die Braut vorführen.» In diesem Augenblick kam das Abendessen herein und unmittelbar dahinter die Braut. Die Nachdenklichkeit des Geschäftsführers entging den Tischgenossen nicht, gab sogar Anlaß zu einigen

Anspielungen; doch sie wurde höflich der verständlichen Besorgnis eines Gefangenen und der Beklemmung wegen der noch keineswegs aufgelösten Gefängnisaufsicht zugeschrieben. Kate hatte sich in der Tat nie zuvor in einer so mißlichen Lage befunden. Der nächtliche Abschied vom Kloster des heiligen Sebastian war trotz all seiner Bedenklichkeit nichts dagegen gewesen. Damals wäre ein Fehlschlag vielleicht noch gutzumachen gewesen; sie hätte ja nur zu warten und zu wachen brauchen. Doch hier an dieser Abendtafel stand es sehr viel schlimmer um sie. Es gab für sie keinen Zweifel, daß sie diesmal in einer tödlichen Gefahr schwebte. Wenn sie nicht bis zum Anbruch des Morgens entkam, würde sie das Haus niemals lebend verlassen. Die Verheimlichung ihres Geschlechts, die gar nichts mit diesen Menschen zu tun hatte, würde denselben gleichwohl als eine allein auf sie gerichtete Bosheit scheinen. Die Dame auf der einen Seite mußte die Sache als eine Verhöhnung ihrer Person ansehen. Herr Urquiza auf der anderen verlor die Möglichkeit, sich einer allzu mächtigen Gebieterin zu entledigen. Und Kate wußte, daß sie gemäß den Bräuchen jenes Landes und jener Zeit innerhalb von vierundzwanzig Stunden einem Meuchelmord zum Opfer gefallen wäre.

Leute von geringerer Entschlossenheit hätten absichtlich solange wie möglich an der Abendtafel verweilt, um den Augenblick der letzten Auseinandersetzung hinauszuzögern. Nicht so

Kate. Sie hatte in wenigen Minuten den Fall mit all seinen Seiten durchdacht und ihren Entschluß gefaßt. Das Verfahren konnte ihrethalben sogleich beginnen. Sie war bereit; und als die Dame fragte, ob er, der Geschäftsbesorger, nicht nach den Härten der Kerkerhaft zu ruhen wünsche, sagte sie ja und erhob sich augenblicklich von der Tafel. Eine Art Prozession wurde gebildet, um dem bedeutsamen Gast eine Ehre zu erweisen und ihn mit Pomp zu seinem Schlafgemach zu geleiten. In Kates Augen besaß die Prozession große Ähnlichkeit mit einer anderen Prozession, zu der sie einige Tage lang vom Corregidor eine Einladung erwartet hatte. Vorneweg trabte als eine Art Vorreiterin die Dienstmagd. Ein gutes Stück dahinter schritt Urquiza mit zwei Wachslichtern, eines in jeder Hand – ein Pascha mit zwei Ehrenstandarten zum Zeichen der zwei Arten Kredit, die er gewährte, nämlich unbegrenzten und überhaupt keinen. Es fehlten nur noch Zimbeln und Pauken, um seiner kastilischen Großmannssucht die Krone aufzusetzen. Als nächste folgte die Braut; sie war dem Geschäftsbesorger etwas voraus, hatte aber den Kopf schräg nach hinten zu ihm gewandt und lächelte ihm huldvoll ins Gesicht. Als letzter kam, den Nachtrab bildend, der Gefangene – unsere arme, eingekreiste Kate –, die Nonne, der Page, der Maat, der Geschäftsführer, der Totschläger, der Häftling und, nur für diese Nacht, auf besonderen Wunsch, der erwählte Bräutigam.

Kate war überzeugt, daß es keine Rettung mehr für sie gab, sobald sie einmal einen Schlafraum betrat, der allem Anschein nach keinen Ausgang hatte. Ihre Lage glich der eines Schlachtochsen: Außerhalb des Schlachthauses kann der Bulle sich noch mit den Hörnern verteidigen; aber ist er einmal drinnen, so fehlt ihm der Bewegungsraum, und man kann ihm mit Leichtigkeit die Augen verbinden und das Maul stopfen. Kate prüfte deshalb mit den gleichbleibend wachsamen und rastlosen Augen eines Habichts jede Biegung, um die sie ging. Sie war entschlossen, das Gemach, das man ihr anwies, vor dem Betreten von der Tür aus zu rekognoszieren und wenn notwendig den Kampf noch auf dem Gang auszufechten; denn dies war unter lauter schlechten Chancen die einzige, die etwas taugte. Alles kommt einmal zu einem Ende; und auch die Prozession erreichte schließlich die Schlafzimmertür. Die Vorreiterin stellte sich hinter Kate auf. Ein Blick genügte Kate, um sich zu vergewissern, daß es in dem Raum keine Fenster, also auch keine Möglichkeit zum Entkommen gab. Das machte den Verrat recht deutlich. Kate war, obgleich unglücklicherweise waffenlos, zum Widerstand gezwungen. Herr Urquiza betrat als erster den Raum, noch majestätisch-aufgeblasener als sonst und mit einem unbeschreiblich erhabenen Gebaren. – «Blast die Trompeten! Schlagt die Trommeln!» Es gab in dem Raum, wie wir bereits wissen, keine Fenster; aber ein kurzes Verstummen von Herrn Urquizas mächtig hallenden Schritten zeigte, daß Stufen in das Schlafgemach hinabführten. Die, dachte Kate, werden mir sogar noch besser zustatten kommen. Sie hatte das Aufschließen der Tür beobachtet und, da ihr nichts entging, auch bemerkt, daß der Schlüssel noch im Schloß stak. In diesem Augenblick wandte sich die schöne Dame mit der Miene einer freundlichen Mahnerin an Kate; mit den Gegebenheiten des Hauses vertraut, reichte sie Kate ihre weiße Hand, um sie vorsichtig die Stufen hinabzugeleiten. Es wirkte wie eine Aufforderung zum Tanz; und Kate antwortete mit einer Geste des modernen Walzers: sie schlang schnell den Arm um die Taille der Dame und schleuderte sie geradeswegs die Stufen hinunter gegen Herrn Urquiza, den Tuch- und Schnittwarenhändler. Dann warf sie blitzschnell die Türe zu und sperrte, den Schlüssel zweimal herumdrehend, den Gläubiger und die Schuldnerin in jene Mausefalle, die sie für sie selbst vorbereitet hatten.

Die erschrockene Vorreiterin floh mit Entsetzen. Sie wußte, daß der Geschäftsbesorger bereits einen Mord begangen hatte; ein zweiter würde ihn noch weniger Überwindung kosten. So konnte Kate ohne Schwierigkeit das Haus verlassen.

Von der Bosheit der Menschen zurück zu der Bosheit von Wind und Wellen

Kate war wieder frei, frei unter dem hellen, sternenklaren Nachthimmel. Aber wohin sollte sie sich wenden? Vor Morgengrauen mußte sie die Stadt verlassen haben; andernfalls würde ganz Paita für sie eine einzige große Mausefalle sein – so schlimm wie die von Herrn Urquiza. Ohne langes Nachsinnen erkannte sie, daß das Meer ihre einzige Chance war. Sie lief zum Hafen. Alles war ruhig dort; Wachtposten gab es keine. Sie sprang in ein Boot. Die Ruder zu brauchen, war zu gefährlich, denn sie hatte nichts, womit sie sie umwickeln konnte. Doch es gelang ihr, ein Segel zu hissen. Sie stieß sich mit einer Schifferstange ab und glitt bald, von einer sanften, aber günstigen Brise getrieben, der Hafenausfahrt zu. Nachdem sie ihr Fahrzeug glücklich durch die Ausfahrt gelenkt hatte, legte sie sich auf den Boden des Bootes und schlief, ohne es zu wollen, ein. Als sie erwachte, war es Tag. Die Sonne mußte schon drei oder vier Stunden aufgegangen sein. Sonst war alles in Ordnung. Wäre Kate kein erfahrener Seemann gewesen, hätte sie vielleicht trotzdem zu zittern begonnen. Denn während ihres langen Schlafes von etwa sieben oder acht Stunden war das Land außer Sicht gekommen. Wie weit es entfernt war, konnte sie nur raten; und in welcher Richtung es lag, war auch nicht sicher. In den Augen des tapferen Mädchens, das an die zurückgelassenen Feinde dachte, erschien das alles jedoch als ein großes Glück. Das Unglück war – daß sie kein Frühstück hatte, nicht einmal aufgeweichten Schiffszwieback. Natürlich erwachte auch eine gewisse Sorge in ihr, die über das Frühstücksproblem hinausging. Aber wer wird sich gleich fürchten? Wie Seeleute nach einer Brise pfeifen, brauchte Kate ja nur nach irgend etwas zu pfeifen, und es stellte sich gewiß gleich ein. Sie hätte wie Cäsar zu dem Steuermann von Dyrrhachium zu ihrem Fahrzeug sagen können: «*Catalinam vehis et fortuna ejus*.» Vielleicht wäre das für das arme, furchtsame Boot, dem allerdings ein baldiger Untergang bestimmt war, eine gewisse Ermutigung gewesen. Inzwischen hielt sie ihr kleines Segel, wie Seeleute sagen, «am Wind», das heißt, sie überließ den Kurs des Bootes ganz dem sanften Zureden der pazifischen Brisen. Sie wußte ja nicht, welchen Kurs sie am besten einschlug, und war schon zufrieden, wenn ihr Kurs sie nicht zurück an die Küste führte. «Alles klar im Rücken», war Kates Wunsch, und bald konnte sie, was besser war, auch sagen: «Alles klar voraus». Zwei Stunden vor Sonnenuntergang – selbst Kate dachte jetzt fast ausschließlich ans Essen – begann sich nämlich ein näherkommendes großes Schiff gegen den wunderbar klaren Himmel abzuzeichnen. Ein Schiff, das in jenen Jahren in jenen Breiten kreuzte, war in den meisten Fällen ein spanisches; fünfzig Jahre später lag das Übergewicht bei den englischen

Freibeutern, was Kates Gedanken eine andere Richtung gegeben hätte. Kate machte lebhafte Zeichen mit dem Taschentuch, das weißer war als das des Krokodils Anno Domini 1592; andernfalls wäre es kaum bemerkt worden. Vielleicht wäre es auch trotz seiner Sauberkeit unbemerkt geblieben, wenn nicht der Kurs des großen Schiffes dieses in die Nähe von Kates Boot geführt hätte. Das fremde Fahrzeug drehte ihrethalben bei. Es war bereits dunkel, als Kate ihr Boot unter die Windvierung des Seglers steuerte; und an dieser Stelle lieferte das Mädchen wieder einmal einen Beweis für ihre nie nachlassende Wachsamkeit. Am Heck ihres Bootes stand etwas geschrieben; aber sie konnte es nicht lesen; sie war jedoch sicher, daß diese Worte, wie immer sie lauteten, in einer Verbindung mit dem Hafen standen, dem sie gerade den Rücken gekehrt hatte. Nun war es ja ihre Absicht, dem Schurken Urquiza keinen Anhaltspunkt für ihren Verbleib zu geben; denn wenn er ein Lebenszeichen von ihr erhielt, würde er bestimmt mittels seiner Geschäftsverbindungen in ganz Peru ein keineswegs schmeichelhaftes Bild von ihr verbreiten. Wie konnte sie das verhindern? Es war dunkel, und Kate stellte sich wie ein Etonschüler in ihrem Boot auf und schaukelte es so lange hin und her, bis es ihr genügend Wasser geschluckt zu haben schien. Die Konstitution des Bootes vertrug eine solche Flüssigkeitsmenge nicht, und da sich Kate weigerte, es zu zapfen, ging es an Wassersucht ein. Sie wurde selbst tüchtig naß dabei, aber was machte ihr das schon aus? So fröhlich wie damals, als man sie noch Kätzchen nannte und sie die Nonnen im Kloster des heiligen Sebastian herumjagte, kletterte sie an der Seite des Schiffes empor, sprang an Deck und wandte sich an den Ersten Offizier. Der fragte sie nach ihren Abenteuern, und sie erzählte ihm gerade so viel von der Wahrheit, wie ein Mann, dessen Rang unter dem eines Admirals lag, zu erfahren berechtigt war.

Die Sonne scheint

Der Bestimmungshafen des Schiffes, das Rekruten für das spanische Überseeheer beförderte, war Concepcion. Dieser Umstand bewies von neuem, daß Kates so zufällig anmutenden Abenteuern ein tieferer Sinn innewohnte und ein roter Faden durch all ihre Erlebnisse lief. Als das Schiff in Concepcion einlief, kam ein fescher junger Offizier an Bord, den Kate, obzwar sie ihn nie mit Bewußtsein gesehen hatte, sogleich an seinem Rang und Namen als ihren eigenen Bruder erkannte. Er hatte den Auftrag, die Rekruten an Bord zu inspizieren, denn er bekleidete neben seiner Stellung als Kavallerieoffizier noch einen anderen hervorragenden Posten im Dienste des Generalgouverneurs, nämlich den des Sekretärs. Beim Durchgehen der Liste fiel sein Augenmerk auf den Namen eines Freiwilligen, der den Angaben nach aus

Biskaya stammte. Das war Kate, die sich während der Fahrt als Rekrut hatte anwerben lassen. Der feurige junge Mann ging mit edlem Anstand auf Kate zu und schüttelte ihr die Hand, denn er fühlte wohl, daß ein Landsmann an diesem fernen Ort eine Art Verwandter war. In dem Auftritt lag ein biblisches Pathos, er wirkte wie eine Wiedersehensszene in einer patriarchalischen Zeit. Der edle Offizier sprach bewegt von seiner Knabenzeit und fragte den jungen Rekruten vielerlei. Er war der älteste Sproß des Hauses Erauso und hatte Spanien verlassen, als Catalina erst drei Jahre zählte. Und doch, so seltsam es klingt, die erste Person, nach der er sich erkundigte, war Catalina, jenes wilde Kätzchen. Er entsann sich noch gut, sie im Kloster des heiligen Sebastian gesehen zu haben. «Kennt Ihr meine Familie, die de Erausos?» fragte er den Rekruten. «O ja, *die* kennt jeder.» «Kennt Ihr die kleine Catalina?» Lächelnd bejahte Catalina diese Frage. Und sie lieferte eine so lebendige Schilderung des ungestümen kleinen Dinges, daß in die Augen des Offiziers ein freudiger und zärtlicher Glanz kam. Er war nun endgültig überzeugt, einen echten Biskayer vor sich zu haben. Freilich, wenn Kate keine gute Beschreibung von «Kätzchen» geben konnte, wer konnte es dann? Das Ende der Unterredung war, daß der Offizier Kate aufforderte, sein Quartier mit ihm zu teilen. Er erwies seiner unerkannten Schwester noch andere Dienste. Er setzte sie als Kavalleristen in seinem eigenen Regiment ein und gewährte ihr all die Begünstigungen, über die ein Mann mit Befehlsgewalt gebieten kann. Doch die Person, die Kate letztlich die besten Dienste leistete, war Kate selbst. Es waren damals heftige Kämpfe mit den Indianern Perus und Chiles im Gange. Kate hatte bei den Begegnungen stets ihre Pflicht getan; in der Entscheidungsschlacht von Puren ergab sich jedoch eine Gelegenheit, etwas mehr zu tun. Ihre Schwadron war einem wilden Gemetzel zum Opfer gefallen; der größte Teil der Offiziere war getötet und die Standarte geraubt worden. Kate sammelte eine kleine Schar um sich, verfolgte im Galopp die Indianerkolonne, die die Trophäe davontrug, griff an, sah all ihre Leute fallen, wurde selbst im Gesicht und an der Schulter verwundet und vermochte dennoch, die Standarte an sich zu reißen und hinwegzutragen. Sie ritt zurück zu ihrem General und seinem Stab, stieg vom Pferd und lieferte ihre Beute ab. Blut lief ihr in die Augen und trübte ihr den Blick; aber das Blut mischte sich mit Tränen der Freude. Denn der General schwang bewundernd seinen Säbel über ihrem Haupt und erhob sie auf der Stelle im Namen des Königs von Spanien und Westindien in den Rang eines Alferez oder Standartenträgers. Diese Freude war zu groß für Kate – sie verlor das Bewußtsein. Schöne Kate! Brave Kate! Ich wünschte, daß uns keine Jahrhunderte trennten und es mir vergönnt wäre, deine edle Hand zu küssen.

Kate war klug genug, einzusehen, daß es zu gefährlich war, ihr Geschlecht oder die Verwandtschaft dem Bruder zu enthüllen. Der Griff der Kirche ließ nie nach, «verjährte» nie, nur die Kirche selbst konnte ihn lockern. Wenn man in ihr die Nonne erkannte, würde man sie in den Pferdeunterständen oder im Dragonersattel verhaften. So widerstand sie, stark wie sie war, Jahre hindurch dem schwesterlichen Impuls, ihren Bruder ins Vertrauen zu ziehen. In diesen Jahren, die die wichtigsten ihres Lebens waren, da sie ihren Charakter bildeten, führte sie unter der Gönnerschaft ihres Bruders das Leben eines glänzenden Kavallerieoffiziers. Und das bitterste und traurigste Ereignis in Kates ganzem Leben war die tragische – und wäre sie nicht sicher bezeugt, möchte man sagen – hyperdramatische Begebenheit, die der langen Verbindung mit ihrem Bruder ein Ende machte. Laßt mich ein Wort zur Entschuldigung der armen, irrenden Kate sagen. Wir alle begehen Fehler, sowohl ich als auch du, Leser. Nein halt, das ist unhöflich. Du, Leser, bist – ich weiß es wohl – ein Heiliger Und ich bin keiner, aber nahe daran. In großen Zwischenräumen mache ich Fehler; und dann denke ich mit Nachsicht an die vielen Umstände, die zugunsten des armen Mädchens sprechen. Die spanischen Heere jener Tage hatten von den Heeren der glänzenden Feldherrn Cortez und Pizarro nicht nur kriegerische Kühnheit, sondern auch schlimmste Sittenlosigkeit geerbt. Blutvergießen, Streit, Kampf, Spiel, Plünderei gehörten nun einmal zu der Atmosphäre eines Lagers, zu dem Gemisch aus Müßiggang und alter Tradition. Niemand stieß sich daran; der Selbsterhaltungstrieb zwang dazu, sich solcher Mittel zu bedienen. Hinzu kam ein besonderer Verfall der Sitten durch den hemmungslosen und blutigen Krieg, den das spanische Heer damals mit den Wilden führte. Leser, entsetze dich nicht zu sehr über die Tötung eines Menschen, ich bitte dich, tu es nicht. Man sollte eine solche Tat nicht an den Maßstäben unserer Zeit messen. Und doch! Wenn einer der Männer, die sie tötete, ihr ... Ach Gott! es war zu traurig; wir wollen es mit ein paar Worten hinter uns bringen. Jahre nach dieser Periode wurde Kate einmal von einem jungen Offizier, der zufällig mit ihr speiste, gebeten, ihm bei einem Duell als Sekundant zu dienen. Solche Dinge gehörten zum Alltag des Lagers. Kate hatte jedoch Gründe, das Ansinnen abzulehnen, und tat es. Der Offizier aber sagte, als er sich mit finsterer Miene zum Gehen wandte, daß Kate, falls er getötet würde – und er war überzeugt, getötet zu werden –, für seinen Tod verantwortlich sei. Ich für meinen Teil kann mich seiner Betrachtungsweise des Falles nicht anschließen, und sein Pathos und seine Logik lassen mich kalt. Kate aber ließen sie nicht kalt, und sie gab nach. Das Duell wurde auf elf Uhr nachts festgesetzt. Unter den Mauern eines

Klosters trafen sich die Gegner. Unglücklicherweise erwies sich die Nacht als ungewöhnlich dunkel, und die Duellanten mußten, um sich erkennen zu können, weiße Tücher um die Oberarme binden. In der Verwirrung brachte jeder dem anderen tödliche Wunden bei. Nach einem Brauch, der nicht nur in Spanien, sondern, wie der Leser zweifellos weiß, auch in England noch im 17. Jahrhundert allgemein verbreitet war, hatten die Sekundanten die Ehrenpflicht, etwas zu unternehmen, um ihre Duellanten zu rächen. Kate entwickelte ihr gewöhnliches, verhängnisvolles Glück. Ihr Säbel fuhr dem anderen geradeswegs durch den Körper. Ihr unbekannter Gegner stürzte zu Tode getroffen nieder. Es blieb ihm gerade noch genug Atem zu rufen: «Ah, Schurke! Mich hast du getötet!» In der Stimme lag ein furchtbarer Vorwurf, und es war die Stimme ihres Bruders!

Das Klirren der Säbel und die wütenden Rufe der Kämpfenden hatten die Mönche des Klosters, in dessen schweigendem Schatten das Duell stattfand, aus dem Schlaf gerüttelt, und sie eilten mit Fackeln bewaffnet heraus. Sie fanden von den vier Offizieren nur noch einen am Leben. Jedes Kloster und jede Kirche besitzt das Recht, für kurze Zeit Asyl zu gewähren. So brachten die Mönche die in ihrem Schmerz empfindungslose Kate in das Heiligtum der Kapelle. Dort hielten sie sie für einige Tage versteckt. Doch dann versorgten sie sie mit einem Pferd und einigen Nahrungsmitteln und überließen sie ihrem Schicksal. Wohin sollte der unglückliche Flüchtling sich wenden? In ihrer tiefen Verstörtheit wandte sich Kate zum Meer. Das Meer hatte sie nach Peru gebracht; das Meer brachte sie vielleicht auch wieder fort. Das Meer hatte ihr zuerst dieses Land mit seinen goldenen Aussichten gezeigt; das Meer sollte nun auch die Stätte ihrer schrecklichen Erlebnisse ihren Blicken verbergen. Das Meer hatte zweimal in äußerster Not ihr Leben geschont; das Meer mochte nun, wenn es wollte, das Stückchen Tand zurücknehmen, das es umsonst geschont hatte.

Kate besteigt die Anden

Drei Tage lang ritt unsere leidgeprüfte Heldin an der Küste entlang. Schließlich konnte sich das Pferd kaum noch fortbewegen. Aus diesem Grunde wandte Kate sich landeinwärts in Richtung eines Dickichts. Sie hoffte dort Schutz und Futter für das Tier zu finden. Als sie sich dem Dickicht näherte, schallte ihr ein «Wer seid Ihr?» entgegen. «Ein Spanier», antwortete Kate. «Was weiter?» «Ein Freund.» Die Fragenden waren zwei desertierte Soldaten. Kate teilte ihren Proviant mit ihnen, denn die beiden waren dem Hungertode nahe. Und als sie hörte, daß die Deserteure beabsichtigten, die Kordilleren zu überqueren, erklärte sie sich bereit, an der Expedition teilzunehmen. Die beiden hegten den wilden Plan, den Doradofluß zu finden, von dem es hieß, daß seine Wasser Goldsand führten und seine Kiesel Smaragde seien. Kate ihrerseits hoffte, einen vor Verfolgern sicheren Ort zu finden, wo sie ein neues Leben beginnen und das Vergangene vergessen konnte. Nach einigen Tagen unausgesetzten Kletterns gelangten die drei, gänzlich erschöpft, in die Regionen ewigen Schnees. Der Sommer kam sogar hier herauf. Doch er kam in dieses Reich des Frostes so vergeblich wie zu dem Grab ihres Bruders. Kein Feuer wollte in dieser himmelnahen Einsamkeit lange brennen. Auch war Material zum Feueranmachen schwer zu finden; und das Geheimnis, durch das Aneinanderreiben zweier trockener Stöcke ein Feuer zu entfachen, kannten im allgemeinen nur die Indianer. Doch unsere Kate vermag alles. Dem jugendlichen Feuer des Blutes, das in ihren Adern lief, konnte die Kälte nichts anhaben. Und sie ist das einzige Mädchen – falls überhaupt ein Mädchen jemals so etwas versucht hat –, dem ich eine Überquerung der Kordilleren unbesehen zutraue. Wollen wir wetten, Leser, daß sie das Ding schafft? Du müßtest mir nur, wie die Leute, die per Post Schach spielen, postwendend deinen Einsatz zuschicken. Unter dieser Voraussetzung wette ich mit dir, daß Kate die Überquerung schafft, daß die Soldaten sie nicht schaffen und daß das Pferd, wenn es die Anstrengungen überhaupt übersteht, sie in einer Verfassung übersteht, die ihm wenig Grund läßt, sich zu brüsten.

Die drei Abenteurer hatten am Fuß des Gebirges wilde Beeren und eßbare Wurzeln gesammelt. Und der große Nutzen des Pferdes lag im Transport dieser Vorräte. Doch der Proviant war bald verzehrt. Es gab fast nichts mehr zu tragen, so daß der Wert des Pferdes als Tragtier rapid sank. In der Tat konnte es sich nach einiger Zeit kaum selbst noch tragen. Für einen Schritt aufwärts tat es drei zurück. Es ließ sich also leicht ausrechnen, wann es den Ausgangspunkt der Expedition wieder erreichen würde. Ein Kriegsrat wurde abgehalten, und das kleine Heer beschloß, sein Pferd zu schlachten. Das Pferd, obwohl ein Mitglied der Expedition, besaß keine Stimme; und wenn es eine besessen hätte, so wäre das Ergebnis doch drei zu eins gewesen. Die Mehrheit entschied. Das Tier wurde in vier Teile zerlegt und diese mit einiger Mühe unter die drei Anteilberechtigten verteilt. Weder Salpeter noch Zucker war zur Hand; aber durch den Frost wurde das Fleisch vor Fäulnis bewahrt. Auf die gleiche Weise überstehen ja auch Aprikosen und Erdbeeren den Winter. Und diese praktische Konservierung meinte ich, als ich dem Pferd auf der vorigen Seite versprach, daß es die Besteigung überstehen werde.

Über einem kläglichen, von Ginster und dürrem Laub genährten Feuer brieten sich die drei ein Pferdesteak. Anstelle eines Getränks durfte man sich *à discretion* des Schnees bedienen. Dies hätte der Gesellschaft eigentlich neue Kräfte geben müssen. Und auf Kate übte es vielleicht auch diese Wirkung aus. Aber die armen Deserteure waren dünn gekleidet, und es fehlte ihnen Catalinens glühendes Herz. Es ging mehr und mehr bergab mit ihnen. Kate tat ihr Bestes, um sie aufzumuntern. Aber für die zwei war der Marsch fast zu Ende; eine halbe Stunde später sollten sie ihren letzten Seufzer tun. Bevor sie jedoch ihren Soldatengeist endgültig aufgaben, wurde ihnen noch ein seltsamer Anblick zuteil – ein Anblick, wie ihn außer den oberen Regionen der Kordilleren nur wenige Plätze bieten können. Sie erreichten nun eine Stätte, an der zahllose kleine und große Felsbrocken in wildem Durcheinander umherlagen. Ihre jäh aufragenden Seitenflächen wirkten erschreckend schwarz in der weiten Schneewüste. Auf den höchsten ersteigbaren Brocken stieg Kate. Und sie entdeckte – oh, welche Wonne zu dieser Stunde! – auf einem entfernten Felsbrocken einen Mann mit einem Gewehr an der Seite. Sie stieß einige Freudenrufe in Richtung ihrer Gefährten aus und eilte hinab, um ihnen die glückliche Neuigkeit mitzuteilen. «Dort drüben ist ein Jäger; wahrscheinlich lauert er auf einen Adler. Jetzt werden wir Hilfe bekommen!» Das Gesicht des einen Mannes erglühte in der fiebrigen Röte plötzlicher Freude; und er erhob sich hastig, um loszumarschieren. Der andere versank mehr und mehr in den Schlaf, den der Frost als seinen barmherzigen Sachwalter vorausschickt. Als jedoch die Botschaft der nahen Hilfe in sein traumverhangenes Bewußtsein drang, erhob auch er sich, mit der Unterstützung seines Kameraden, schwankend auf die Füße. Kate glaubte, daß der Weg bis zu dem Standort des Jägers keine drei Minuten dauern könne. Dieser Glaube hielt sie alle aufrecht. Kate, die mit den Augen eines Seemannes die Lage gepeilt hatte, führte die anderen durch ein Labyrinth von Steinbrocken. Schließlich kam der Mann in Sicht. Er hatte seinen Standort nicht verlassen. Ihre Schritte auf dem schallschluckenden Schnee konnte er natürlich nicht hören; und da sie sich ihm von hinten näherten, konnte er sie noch weniger sehen. Kate rief ihn an; aber er war so sehr in irgendeine Überlegung oder die Beobachtung seines Opfers vertieft, daß er sie nicht beachtete. Er wandte nicht einmal den Kopf. Nun befand sich Kate genau hinter seinem Rücken. Sie berührte seine Schulter und sagte: «He, mein Freund, schlaft Ihr?» Ja, er schlief wahrhaftig – er schlief den Schlaf, von dem es kein Erwachen gibt. Die leichte Berührung von Kates Hand hatte den Leichnam aus dem Gleichgewicht gebracht, und er kippte in den Schnee. Der gefrorene Körper tönte dumpf wie eine Eisenröhre. Er blieb, mit dem blauangelaufenen Gesicht nach oben, liegen. Der erstarrte Mund stand offen und ließ die geisterhaft gebleckten Zähne sehen – und auf den Lippen lag ein gräßliches Grinsen. Dieser entsetzliche Anblick machte den Kämpfen des schwächeren Mannes ein Ende. Er sank hin und starb. Der andere gab sich einen so lebhaften Ruck, daß Kate glaubte, der Schock habe die wohltätige Wirkung eines Belebungsmittels gehabt. Doch der Schein trog. Es war nur das letzte Aufbäumen einer gebrochenen Kraft. Ein Zusammenbruch folgte; sein Blut begann zu erstarren, und trotz Kates Bemühungen ließ auch er sich in den Schnee sinken und verschied ohne weiteren Kampf. Ja, mit den armen, geplagten Deserteuren ist es vorbei. Sie liegen ausgestreckt im Schnee, und ihre Gebeine sind zum Bleichen verurteilt. Die verletzte Militärordnung ist gerächt. Große Könige haben lange Arme; und niedrige Handlanger findet der Mächtige überall. Was Frost und Schnee damit zu tun haben? Nun, sie waren es doch, die die beiden Deserteure schließlich auf dem Gipfel der Anden zur Strecke brachten. Sie machten sich in dieser Angelegenheit zu niedrigen Gehilfen des spanischen Königs, und auf sie war mehr Verlaß als auf irgendeinen spanischen Bluthund oder die Kugel irgendeines spanischen Schützen.

Kate steht allein auf dem Gipfel der Anden

Nun steht Kate allein auf dem Gipfel der Anden. Und die Einsamkeit ist furchtbar, denn sie ist allein mit ihrem befleckten Gewissen. Zweimal hatte sie sich schon, inmitten des Stillen Ozeans mit seinen wilden, wilden Wogen, in einer ebensolchen Einsamkeit befunden; aber damals war ihr Gewissen noch rein gewesen. Ach, jetzt ist keiner mehr übrig, der ihr beistehen kann – das Pferd ist tot – die Soldaten sind tot. Keiner ist da, zu dem sie sprechen kann, nur Gott. Und bald wird sich zeigen, daß sie tatsächlich mit ihm spricht, hat sie doch in diesen luftigen Höhen bereits seine Stimme vernommen. Ihre Gedanken schweiften zurück zu der ersten Begegnung mit ihrem Bruder, den sie getötet hatte. War nicht fast das erste Wort, das sie beim Erreichen der amerikanischen Küste gehört hatte, aus seinem Munde gekommen? Schmerzhaft überfiel sie die Erinnerung an jenen Auftritt: Wie der stattliche junge Mann sich gleich nach dem so viele Jahre nicht erblickten «Kätzchen» erkundigt hatte; wie er an ihren Lippen gehangen hatte, als sie ihm in ihrer baskischen Mundart das kleine mutwillige Ding schilderte, das sie selbst vor zwölf Jahren gewesen war; wie er abwechselnd rot und blaß geworden war, als ihre Erzählkunst seine Erinnerung an die kleine Schwester wieder erweckte, und sie vor seinen Augen wie in einem Spiegel ihre eigene Kindheit wiedererstehen ließ; wie er wie einst fröhlich lachte, als sie die eichhörnchenartige Ruhelosigkeit und rehgleiche Anmut des wilden kleinen Dinges schilderte, das in seiner Unschuld das düstere Kloster des heiligen Sebastian mit Glanz erfüllt hatte; wie er versichert hatte, daß allein der Vorzug, jenes «Kätzchen» berührt, geherzt, erheitert zu haben, ein Recht auf seine Gastfreundschaft gebe, und sie, ohne eine Widerrede dulden zu wollen, bei sich aufgenommen hatte; wie ihr durch ihn eine günstige Aufnahme in den Heerlagern zuteil geworden war; wie sie durch ihn den Weg zu Ehren und Auszeichnungen gefunden hatte. Ohne sie zu erkennen, hatte er sie geschützt und gefördert, und alles nur aus reiner, heiliger Liebe zu ihr als dem unschuldigen Spielzeug im Kloster des heiligen Sebastian. Und doch hatte sie diesen liebevollen und großherzigen Bruder mit einem einzigen Säbelstoß vom Leben zum Tode befördert! Sie hielt in ihrem Gedankengang inne und sah sich um, als wolle sie zu seinem Grab zurückschauen. Sie blickte über die schreckliche Schneeöde hin, die sie bereits durchquert hatte. Schweigen herrschte hier zu dieser Jahreszeit, wie ja sogar in den heißen Zonen der Sahara in der brennenden Mittagshitze oft Schweigen herrscht. Das Schweigen war furchtbar, denn es erinnerte allzusehr an das Schweigen eines Grabes. Gräber befanden sich am Fuß der Anden. Das wußte sie nur zu gut; und Gräber befanden sich auf dem Gipfel der Anden, das sah sie nur zu gut. Und als ihr umherschweifender Blick auf den Leichen der armen Deserteure hängenblieb, durchfuhr sie ein plötzlicher Gedanke – bereitete sie sich nicht vielleicht selbst, wie diese beiden, ihren Untergang? Lief sie nicht vor einem ungewissen Schicksal davon, um in die Fänge eines unerbittlichen Schicksals zu geraten? Sie floh in Panik – aber verfolgte sie denn überhaupt jemand? Zum erstenmal in ihrem Leben zitterte Kate. Nicht zum erstenmal weinte Kate. Und schon gar nicht zum erstenmal beugte Kate das Knie, faltete die Hände und betete. Doch sie betete zum erstenmal, wie jene beten, denen keine Hoffnung mehr geblieben ist, außer der Hoffnung, die das Gebet gibt.

Laßt mich einen Augenblick einhalten, um jemanden zu ärgern. Ein Franzose, der Kate durch ein Pariser Operngglas betrachtet und sie infolgedessen völlig falsch beurteilt, behauptet, daß Kate an dieser Stelle zum erstenmal betet; er schließt das aus dem Umstand, daß Kate hier zum erstenmal von Beten spricht. Ich kann diese Meinung nicht teilen. Ich liebe diese Kate, blutbefleckt wie sie ist, und ich könnte kein Weib lieben, das niemals sein Knie zu einem danksagenden oder flehenden Gebet beugte. Wir haben jedoch alle ein Recht auf unsere eigene nichtige Meinung; und es seid nicht Ihr, *mon cher*, dem ich zürne, sondern jemand anders, der hinter Euch steht. Ihr, Herr Franzose, und Eure Landsleute entzückten mich immer wieder durch ihre von Herzen kommende Fröhlichkeit; und ich streite nur gegen eure Oberflächlichkeit und ewige Weltlichkeit, die ebensolche Kälte verbreitet wie die Luft in den oberen Regionen der Anden und alles mit ihrem Frost überzieht. Ihr sprecht von Kate mit der gleichen Leichtfertigkeit, mit der ihr von allen Frauen sprecht. Euer natürlicher Skeptizismus verführt euch, alle tieferliegenden Herzenswahrheiten zu verhöhnen. Auf der anderen Seite wiederum seid ihr nur zu höflich zu Kate, denn mit euren

«Huldigungen» – wenn man es so nennen darf – seid ihr stets sehr schnell zur Hand. Aber hinter euch sehe ich einen schlimmeren Gesellen – einen düsteren Fanatiker und religiösen Heuchler, der sich durch Bitterkeit gegen die Vergehen anderer seinen Kreis geneigt zu machen und die Aufmerksamkeit von seinen eigenen Missetaten abzulenken sucht. Und gegen ihn muß ich ein Wort zu Kates Gunsten sagen – bitte sei nicht ungeduldig, Leser. Jener Schurke eröffnet sein Feuer auf Kate im Schutze einer Lüge. Denn es gibt gerade in der Verfassung der bürgerlichen Gesellschaft eine nicht zu tilgende Lüge, eine notwendige Verzerrung, die uns beim Einschätzen von Verbrechen in die Irre führt. Pure Notwendigkeit zwingt den Menschen, viele Taten, die sein gesunder Sinn im geheimen als leicht entschuldbare Verfehlungen erkennt, als Schwerverbrechen anzusehen und dementsprechend zu ahnden. Wie ist es zum Beispiel mit jenen armen Meuterern oder Deserteuren – war ihre Handlungsweise so ganz und gar unentschuldbar? Vielleicht hatte man sie schlecht behandelt. Doch in den kritischen Zeiten des Krieges muß ein Meuterer, ungeachtet der Umstände, die für ihn sprechen, erschossen werden. Es geht eben nicht anders. So erschießen wir ebenfalls – ach, wir sind dazu gezwungen! – in Zeiten allgemeiner Hungersnot den Mann, der beim Ausräubern eines Nahrungsmittellagers ertappt wird, obgleich er es doch nur tut, um den Hunger seiner sterbenden Kinder zu stillen. Gewiß wiegt ein solcher Frevel in den Augen Gottes nur gering; und allein Dummköpfe richten ihre Skala der Schuld nach der Skala der von Menschen eingeführten Bestrafungen. Unser böser Freund nun, der Fanatiker, mißbraucht mit Absicht den Vorteil, den ihm die übertriebene Einschätzung aller Gewaltsamkeit seitens der Gesellschaft bietet. Da die Sicherheit des Einzelnen nun einmal ein Hauptanliegen der Gesellschaftsordnung darstellt, müssen wir jede Gewalttätigkeit als einen Angriff auf den Kern dieser Gesellschaft strengstens verurteilen. Es bleibt uns nichts übrig, als die Tat nach den allgemeinen Folgen, die sie womöglich nach sich zieht, einzustufen, ohne Rücksicht auf die besondere Verkettung von Umständen, die vielleicht die Schuld an dem Zustandekommen der Tat trägt. So entsteht in uns ein Abscheu vor jenen Verbrechen, die, philosophisch gesprochen, jenseits einer gewissen Grenze liegen. Im Laufe der Zeit machen sich sogar religiöse Menschen die ethischen Maßstäbe einer Polizeiwache zu eigen. Aber ich sage diesem heuchlerischen Fanatiker, und nicht ihm allein, daß er Kate Unrecht tut und den Vorteil, den er der notwendigerweise verzerrten Anschauung der Gesellschaft verdankt, gegen sie mißbraucht. Und dann sage ich ihm noch eines: Wenn er seinen Blick einmal von Kates hervorstechendstem Charakterzug, ihrer allzu wilden Neigung, sich mit Gewalt Recht zu verschaffen, wegwendet und auf ihre religiösen Anlagen richtet, wird er feststellen, daß in ihr tausendmal mehr Gutes steckte als in ihm selbst. Es ist unmöglich, in vieler Hinsicht edel zu sein, ohne gleichzeitig wirkliche Frömmigkeit zu besitzen. Wer das leugnet, widerspricht dem Christentum. Kate hatte viele gute Eigenschaften. Trotz all ihren Verirrungen war sie doch frei von Eigennutz und Falschheit. Sie war tapfer, großmütig, voller Aufrichtigkeit, sie vergab schnell und kannte keine Bosheit – Eigenschaften, die Gott bei Mann und Frau liebt. Zudem haßte sie Kriecher und Heuchler. Auch ich hasse sie, und jetzt, da es um Kates Charakter geht, mehr denn je. Ich wollte, sie wäre hier, um dem Kerl, der sie verleumdet, eins auf den Schädel zu geben. Kommen wir jedoch zu dem Punkt zurück, von dem diese kurze Abschweifung ihren Ausgang nahm: Ein Franzose behauptete, Kate sei ein Mensch, der nur in höchster Not den Weg zum Gebet finde. Nun, ich bin der Meinung, daß Kate kein solcher Mensch war. Gewalttätige Menschen sind nicht immer aus freiem Willen gewalttätig; oft zwingen die Umstände sie dazu. Und obwohl Kates bewegtes Leben ihr wenig Zeit ließ, sich ihrer Wünsche bewußt zu werden, so ist doch sicher, daß diese Wünsche stets auf Frieden und auf ein keineswegs weltliches Glück gerichtet waren, sofern sich solche Träume überhaupt verwirklichen ließen. Die Sturmwolken, die in den Heerlagern über ihr dräuten, öffneten sich bisweilen und gaben ihr den Blick auf einen weitentfernten, heiter-blauen Himmel frei. Oft sehnte sie sich nach einer Ruhe, die sie in den Lagern und Heeren nicht finden konnte. Und es ist gewiß, daß bei all ihren Gedanken und Träumen von einer künftigen Ruhe der Beistand jener Religion der Sanftmut, die so tief zu bewundern man sie im Kloster des heiligen Sebastian gelehrt hatte, eine wesentliche Rolle spielte.

Kate beginnt die mächtige Stiege hinabzusteigen

Kate beendet soeben ihr Gebet, beenden wir also auch unseren Wortkampf gegen ihre Verleumder. Wir wollen nun zusammen mit ihr einige Überlegungen hinsichtlich des Geländes vor ihr anstellen. Was ist davon zu halten? Wie ist es beschaffen? Was für Hoffnungen läßt es zu? Ich wünschte, wir hätten ein Fernglas, einen Theodoliten und einige andere Instrumente hier, um ein paar wichtige Fragen zu klären. Doch nein! Die Bitte war unüberlegt. Kein Mensch, dem die gute Fee, ohne deren Beistand selbst die Herbeischaffung eines Fernglases unmöglich ist, einen Wunsch gewährte, würde ihn für einen solch unwürdigen Gegenstand vergeuden. Ich jedenfalls gäbe dem guten Wesen keinen so unwürdigen Auftrag. Ich ließe es nicht ein Fernglas holen, sondern ein Glas steifen Grogs für Kate. Und als nächstes bestellte ich eine Sänfte und fünfzig starke Träger zur Ablösung – alle volltrunken, damit sie die Kälte nicht spürten. Die Kernfrage dieses Falles lautete: War der Aufstieg bereits vollbracht oder nicht? Und wenn ja, wann begann der Abstieg? Oder hatte er schon lange begonnen? Dies zu klären war augenblicklich die wichtigste, aber auch schwierigste Aufgabe. Das mit dem Auge überschaubare Gelände gab keine sichere Auskunft. Meilen und Meilen war der Boden so wellig, daß jedes Auge, auch das des Ingenieurs, verwirrt werden mußte. Es war unmöglich zu entscheiden, ob es nun endgültig bergauf oder bergab ging. Vielleicht traf überhaupt keines von beiden zu. Es war gar nicht so unwahrscheinlich, daß Kate sich für die Überquerung der Kordilleren eine Stelle ausgesucht hatte, an der zahllose sich aneinander reihende Terrassen ein breites Hochplateau bildeten. In diesem Fall war sie die ganze Zeit weder aufwärts noch abwärts gegangen, sondern im großen und ganzen auf gleicher Höhe geblieben. Aber sicher war das nicht. Und wenn es stimmte, so stellte sich die Frage: Ging es wirklich nicht noch weiter aufwärts? Und war das Plateau bald zu Ende? Hier lag offensichtlich Kates letzte Chance. Sie mußte so schnell wie möglich absteigen und ein wärmeres Klima erreichen. Andernfalls würde bloße Müdigkeit sie zwingen, sich niederzulegen; und war einmal die durch Bewegung hervorgebrachte Wärme von ihr gewichen, würde ihr die grausame Kälte nicht gestatten, wieder aufzustehen. Oder umgekehrt: Auch wenn sie sich weiterschleppte, würde die andauernde Kälte den Rest der nötigen Energie, weiterzugehen, den ihr die Müdigkeit noch gelassen hatte, sehr bald aufbrauchen. Kurzum – entweder machte ihr die Kälte mit Hilfe der übermäßigen Müdigkeit, oder die Müdigkeit mit Hilfe der übermäßigen Kälte den Garaus.

Kate war inzwischen ein gutes Stück vorangekommen. Doch da jene quälende Frage von einer Lösung ebenso fern war wie zuvor, überfiel sie mit doppelter Kraft die Verzweiflung, die ihr glühendes Gebet so wunderbar gemildert hatte. Das Ganze war, wie sie nun sah, nichts anderes als ein Rennen gegen die Zeit und den endlosen Weg; und sie armes Ding, wie wenig war sie in ihrem jetzigen Zustand zu einem Wettlauf fähig, und schon gar zu einem Wettlauf gegen zwei so hartnäckige Bestien wie Zeit und Raum! Diese Phase in ihrem Marsch, dem Höhepunkt ihrer Mühen, war offenbar die Krisis der ganzen Unternehmung. Verzweiflung begann rasch die Oberhand zu gewinnen. Ein kleiner Hoffnungsschimmer hätte ihr Kraft zum Durchhalten gegeben; aber sich durch eine schreckliche Wildnis von Schneewehen und Schneelöchern zu einem aufragenden Felsbrocken durchzuarbeiten, um ihn herumzugehen und wieder vor einer gleich endlosen Öde zu stehen, das war zuviel – zuviel für ihre ermatteten Lebensgeister und ihre steifwerdenden Glieder. Über ihr Bewußtsein begann sich ein schreckliches Dunkel zu legen. Wenn aber die Verzweiflung einmal triumphierte, würde es auf der Stelle um den letzten Rest an physischer Kraft geschehen sein.

Ach, ihr grünen Felder der Menschen, ihr Männer und Frauen – Kate erschienen sie plötzlich alle als Schwestern und Brüder –, ihr kleinen Häuser dort tief unten, ihr Kinder, die ihr in den Gärten spielt, ach, Frühling und Sommer, Blumen und Blüten, die ihr von Gott das wunderbare Vorrecht erhieltet, als Symbole seiner Schöpferkraft auf Erden immer wieder von neuem seine geheimnisvolle Vollkommenheit zu offenbaren – soll euch die arme Kate wirklich nie wiedersehen? Kate stellte sich selbst flüsternd diese Frage. Doch seltsam sind die Launen von Ebbe und Flut in den verborgenen Wassern menschlicher Empfindung. Gerade in diesem Augenblick, als eine alles lähmende Verzweiflung ihr Herz zu besiegen drohte, fuhr ein zuckender Hoffnungsstrahl wie ein Blitz tief in ihre Seele – eine fast übernatürliche Nachwirkung des Trostes, den sie aus dem Gebet geschöpft hatte. Für Stunden waren ihre Sinne getrübt und ihre Wahrnehmungen verschwommen gewesen. Aber jetzt überkam sie mit aller Macht die Überzeugung, daß es talwärts ging. Sie sah zurück, um die Strecke, die sie in der letzten halben Stunde zurückgelegt hatte, mit den Augen abzumessen. Sie erkannte den mächtigen Felsbrocken, in dessen Nähe die drei Leichen lagen. Die Stille schien tiefer denn je. Weder das Auge noch das Ohr konnte in der schweigenden Einöde ein Lebenszeichen wahrnehmen – keinen

Flügelschlag, kein Echo, kein grünes Blatt, kein Tier, das herumkroch; keinen Laut und keine Bewegung. Ach, wie erlösend hätte in diesem schwer lastenden Schweigen ein menschlicher Seufzer gewirkt! Diese Betrachtung schien ein Grund für noch schlimmere Verzweiflung zu sein. Und doch! Gerade in diesem Augenblick durchdrang sie ein freudiges Gefühl und schmolz das Eis an ihrem Herzen. Der Blick zurück zeigte ihr, daß das Gelände zwischen ihr und dem Ort, wo die Leichen lagen, gleichmäßig abfiel. Eine Täuschung war ausgeschlossen. Trotz ihren durch die Mühsale getrübten Sinnen hatte sie gefühlt, daß es langsam abwärts ging; dieses Gefühl hatte sie veranlaßt, sich umzusehen; und nun bestätigten ihre Augen, was ihre Beine zuerst gespürt hatten. Die Entfernung ließ keinen Zweifel zu: Es ging talwärts, es ging ganz sicher schon seit einiger Zeit talwärts. Eine innere Stimme sagte ihr, daß das Schlimmste überstanden war. Furchtbar war dieser plötzliche Freudenstoß. Es war, als ob das mitternächtliche Dunkel, der Bundesgenoß der Mörder, von unserem bedrohten Schutzort weiche und der Morgen sich mit aller Deutlichkeit ankündige. Es war, als ob die Flut, die die ganze Zeit gegen die Wände unseres Hauses wütete, plötzlich – so scheint es uns – zu sinken beginne; wir messen mit klopfendem Herzen, und wirklich! Sie ist gefallen, unsere Lieben sind gerettet. Kate wandte erregt den Kopf in ihre eigentliche Marschrichtung. Und sie sah etwas, das ihr in ihrer früheren Betäubung und Verwirrung entgangen war. Kaum zwei Steinwürfe voraus lag ein massiver Felsbrocken, von dem ein Einschnitt einem Tore glich. Durch diese Öffnung führte ganz bestimmt der Weg hinab. Sie stürzte vorwärts und blieb zwischen den beiden natürlichen Torpfosten stehen. Es war ein Tor des Paradieses. Oh, welch ein Anblick eröffnete dieses Tor ihrem geblendeten Auge! Welch eine Offenbarung himmlischer Verheißung! Sie stand vor einer engen, ganze zwei Meilen langen Schlucht, und diese Schlucht führte stetig, stellenweise sogar steil abwärts. Jetzt gab es keinen Zweifel mehr. Sie ging bergab; seit Stunden vielleicht stieg sie, ohne es zu merken, die mächtige Stiege hinab. Ja, Kate verläßt das Reich des Frostes und die Stätte des Todes. Zwei Meilen noch, und sie kann sich zur Ruhe legen, vielleicht sogar unter einem Dach. – Sehr bald wurde ihrem neuen Glück die Krone aufgesetzt. Sie entdeckte nämlich am Ende jener Felsschlucht eine zeltförmige Masse dunkelgrünen Laubwerks, eine von dichtem Buschwerk eingefaßte Baumgruppe – wäre das Unterholz nicht gewesen, die Bäume hätten in einem der wunderhübschen Parks von England stehen können. War dieser wunderbare Anblick, der sich ihr plötzlich bot, ein Zeichen, daß sich der Zorn des Höchsten gelegt hatte? Jedenfalls schien ein Bote des Himmels ihren Augen, deren Sehkraft schon zu erlahmen begann, diesen olivgrünen Flecken gezeigt zu haben. Die Baumgruppe erschien ihr wie ein einsames Araberzelt, das sich mit den heiligen Zeichen des Friedens inmitten einer schrecklichen Wüste erhob. Du grüne Oase, soll Kate jetzt noch sterben, dich sehen und nicht erreichen? Du Grenzposten menschlicher Macht, der du selbst im Leben stehst, aber auf ewigen Tod blickst, lockst du nur, um zu betrügen, lädst die Gequälte ein, um sie zu enttäuschen? Wohl nie zuvor war auf dieser Welt die Linie, die Rettung und Untergang scheidet, so scharf gezogen. Wie sich die Taube vor dem niederstoßenden Habicht in ihren Schlag flüchtet, wie die christliche Pinasse vor den blutigen mohammedanischen Korsaren zur christlichen Hauptmacht flieht, so floh die arme erschöpfte Kate mit letzter Kraft vor dem rachsüchtigen Frost zu den still daliegenden Büschen, die ach! ihre Anker nicht lichten und ihr entgegensegeln konnten.

Und Kate erreichte sie. Mit wankenden Knien, halb ohnmächtig, stolperte sie unter den Baldachin schattenspendender Bäume. Doch es ging ihr wie manchem israelitischen Flüchtling, der sein Leben vor dem Vollstrecker der Blutrache in Sicherheit zu bringen suchte: Er erreicht die Schutz gewährende Stadt und kniet dankbar nieder, um den heiligen Schatten des Tores, das ihm als Himmelstor erscheint, zu küssen. Aber die Hetzjagd hat ihn so erschöpft, daß er sich nicht mehr erheben kann und in kindlicher Schwäche auf der Stelle einschläft – manchmal, um nie wieder zu erwachen. So sank, so stürzte die kriegerische Nonne nieder. Sie war zu schwach, sich ihr Lager auszusuchen. Ja, sie hatte wenig Aussicht, überhaupt je wieder auf die Füße zu kommen. Sie lag – ein glücklicher Zufall hatte es so gefügt – mit dem Oberkörper unter niedrigem Buschwerk, so daß ihr Kopf gegen einen möglicherweise aufkommenden kühlen Wind geschützt war. Sie lag so, wie sie hingesunken war, die Augen gen Himmel gerichtet. So kam es, daß die sich schließenden Augen der Nonne als letztes just die zwei Eindrücke empfingen, die für die zufallenden Augen einer Nonne die geeignetsten sind, gleichgültig ob diesen Augen bestimmt ist, sich wieder zu öffnen oder sich für immer zu schließen. Sie erblickte über sich die Kuppel der ineinandergreifenden Zweige, der Kuppel eines Domes ähnlich! Und sie erblickte durch das Blätterwerk hindurch weit droben die Kuppel eines himmlischen Domes, den keine Menschenhände gebaut hatten. Und an dieser oberen Kuppel sah sie die Abendlichter, die noch die überwältigende Farbenpracht eines gerade wie ein mächtiger Chor verklungenen Sonnenuntergangs widerspiegelten. Bis zu diesem Augenblick war ihr gar nicht bewußt geworden, welche Tageszeit es war. In ihrer jammervollen Verwirrtheit hatte sie nicht gemerkt, ob es Morgen oder Abend war. Aber nun flüsterte sie vor sich hin: «Es ist Abend», und was unbewußt in den Worten mitschwang, war vielleicht dies: «Die Sonne, die Freude bringt, hat ihr Tagewerk getan; der

Mensch, der arbeitet, das seine; und ich, die ich leide, das meine.» Dies mochten ihre Gedanken sein. Was sie aber sagte, war dies: «Es ist Abend; jetzt rufen die Glocken im Kloster des heiligen Sebastian zum Abendgebet.» Was veranlaßte sie, an das Kloster des heiligen Sebastian zu denken, obwohl doch ein solcher Abgrund an Zeit und Raum sie vom Ort ihrer Kindheit trennte? Ihre Gedanken wanderten, nun da ihre Füße stillstanden. Von der himmlischen Kuppel schweiften sie zu der irdischen; so kam es, daß sie an irdische Dome dachte, und an Domchöre, und an die Kapelle im Kloster des heiligen Sebastian, deren silberne Glocken das Abendgeläut weit hinab in die Schluchten des Gebirges trugen. Vielleicht versetzte sie sich, während ihre Gedanken weiterwanderten, zurück in ihre Kindheit und wurde wieder «Kätzchen». Vielleicht bildete sie sich ein, alles seitdem Geschehene sei ein böser Traum; sie befinde sich nicht irgendwo auf den schrecklichen Anden, sondern kniet noch immer in der heiligen Kapelle zur Abendandacht; sie sei noch so unschuldig, so geliebt wie damals; und alle Menschen, die behaupteten, sie habe sich mit Blut befleckt, seien Lügner. Sie berichtet uns wenig von den Täuschungen, denen sie sich hingab; doch das wenige bietet einen Schlüssel zu der Sehnsucht, der ihr heftiges Herz gehorchte und die unentwegt als tausendfältiges Bild vor ihrem geistigen Auge stand. Ruhelosigkeit hielt sie noch für eine kurze halbe Stunde in Wachträumen befangen. Dann forderten Fieber und Delirium ihr Recht. Fieber, Delirium und Erschöpfung wirkten zusammen wie ein mächtiges Bannerheer. Die Augen der Nonne starrten nicht mehr in das zunehmende Dunkel; sie sahen keine irdischen Dome mehr und auch nicht den majestätischen Dom, der sich über der Hingesunkenen ins Unendliche erhob.

Reiter dringen in Kates Schlafgemach ein

Die ganze Nacht schlief sie in ihrer grünen Klosterherberge, ohne ein einziges Mal zu erwachen, und ob sie jemals wieder erwachte, schien ganz in den Händen des Zufalls zu liegen. Der Schlummer, der auf ihrem Bewußtsein lastete, war wie die silberne Säule in den Röhren der Wissenschaft, die keine eigentliche Gestalt besitzt und abwechselnd in die Höhe strebt, zusammensinkt, dunkel wird, hell wird, sich ausdehnt und sich zusammenzieht; oder wie der Nebel, der an trüben Nachmittagen über dem amerikanischen Fluß St. Peter liegt und sich entweder für Minuten zu einem sonnigen Schleier verdünnt oder für Stunden zu einem undurchdringlichen Leichentuch verdickt. Ihr meint, daß sie nach zwölf Stunden Schlaf erfrischt sein mußte, gleichgültig, wie dieser Schlaf beschaffen war; jedenfalls, so glaubt ihr, müßte sie erfrischter sein als nach der letzten Nacht. Aber ach! Es ist nicht immer die Aufgabe des Schlafs zu erfrischen. Schlaf ist manchmal der geheimnisvolle Raum, in dem der Tod seine Hilfsmittel bereitstellt und seine Geschütze in Anschlag bringt. Schlaf ist manchmal jene tiefe und unergründliche Sphäre, in der die menschliche Seele langsam ihre Flügel ausbreitet, um ihre irdische Wohnung zu verlassen. – Es ist jetzt acht Uhr morgens; und allem Anschein nach wird Kate nie mehr erwachen, falls sie nicht bis Mittag Hilfe erhält. Wenn die Sonne sich das nächste Mal zur Ruhe begibt, wird sich Kate, ach!, wenn niemand kommt, ebenfalls zur Ruhe begeben; und wenn die Sonne das nächste Mal mit ihren goldenen Strahlen die Stunde christlicher Besinnung und Läuterung anzeigt, wird Kate in den Armen brüderlichen Vergessens in ewigen Schlaf gesunken sein.

Kates Schicksal liegt nun bei ihren Mitmenschen, und es ist zu hoffen, daß ihren Mitmenschen etwas an ihr liegt. Mögen sie ihr, bevor es zu spät ist, ein kleines Glas Branntwein zur Stärkung zukommen lassen. Das Feuer des Lebens glomm noch im geheimen, das Lebenslicht flakkerte noch und mochte noch lange flackern; aber ohne eine kräftige Nachhilfe von außen wollte es sich augenscheinlich nicht wieder zur Flamme erheben. Nur ein wenig Alkohol war zu Kates Rettung notwendig. Und Kate hatte wie immer Glück im Unglück. Die Mitmenschen hielten sie nämlich wie ich der Rettung für würdig und machten sich um neun Uhr morgens auf, ihr zu Hilfe zu kommen. Gerade als sich die leidvolle Nacht verzogen hatte, fing Kates Ohr in einem der lichten Augenblicke, die dann und wann für kurze Zeit ihren Todesschlaf unterbrachen, einen seit langem vertrauten Laut auf. Was war es? Sie erkannte es, obwohl es so dumpf und matt wie ihr Gehörsinn war. Es war das Geräusch sich nähernder Reiter. In ihre wilden Träume mischten sich seltsame Vorstellungen: War es vielleicht die spanische Reitermacht, an deren Spitze sie so oft die blutdürstigen, indianischen Skalpjäger angegriffen hatte? Oder war es eine Reiterschar, die zur Vergeltung dem Blut ihres Bruders entsprossen und ihr auf die Anden gefolgt war? Erzählten nicht die Geschichten aus alter Zeit von solchen aus dem Boden aufgeschossenen Heerhaufen? Ihr traumverlorenes Bewußtsein, das sich widerstrebend dem Geräusch geöffnet hatte, wartete nicht auf Antwort, sondern trat wieder in den Zustand völliger Unempfindlichkeit ein. Glücklicherweise fiel ein glitzernder Zierat an Kates Kleidung, eine Spange oder ein Achselband, den Reitern in die Augen. Die Männer – es waren Jäger und Forstleute aus dem Tiefland, Knechte auf dem Gut einer wohltätigen Dame – hatten bei der Verfolgung eines Wildes ihre gewohnten Grenzen weit überschritten. Das plötzliche Funkeln an Kates Uniform, auf der die Morgensonne spielte, erregte ihre Neugier, und sie ritten an das Dickicht heran. Groß war ihr Erstaunen und groß ihr Mitleid, als sie zwischen den Büschen, auf dem Boden ausgestreckt, einen jungen Offizier fanden, der offensichtlich im Sterben lag. Da sie seit frühester Kindheit in nächster Nähe dieser dem Tod und dem Winter geweihten Grenze gelebt hatten, war ihnen gleich alles klar. Sie stiegen von den Pferden, hoben den armen, erfrorenen Kornett mit weiblicher Zartheit auf und netzten seine Schläfen mit Branntwein, indes einer der Unglücklichen von Zeit zu Zeit ein paar Tropfen zwischen die Lippen tröpfeln ließ. Da der Fremdling zur Wiederherstellung offenbar dringend eines warmen Bettes bedurfte, hoben sie ihn auf ein Pferd. Sie selbst schritten nebenher, um ihn zu stützen. Wieder einmal sitzt unsere Kate im Sattel, wieder einmal ist sie ein spanischer Caballero. Aber die Hand, mit der sie sonst die Zügel hielt, ist kalt wie die einer Toten. Und ihre Sporen, die sie seit dem Verlassen des klösterlichen Asyls kein einziges Mal abgeschnallt hatte, hängen schlaff herab wie die Segel eines gestrandeten Schiffes, mit denen der Wind spielt.

Die Prozession hatte viele Meilen zurückzulegen, und der Boden war schwer gangbar. Schließlich aber erreichte man den forstähnlichen Park und das schloßähnliche Gutshaus der reichen Landeigentümerin. Kate war noch immer halb erfroren und konnte nur von Zeit zu Zeit ein paar Worte herausbringen. Himmel, kann dieses schlappe, leichenhafte junge Wesen die Kate sein, die einst in ihrer strahlenden Mädchenzeit mit einer Handvoll Gefährten unter einen Haufen von zweitausend Feinden ritt, ihre Mitkämpfer sterben sah, weiterkämpfte, als alle tot waren, und aus der Mitte der Feinde die Fahne ihres Heimatlandes Spanien davontrug? Wetter und Wechsel haben «fremde Furchen» in ihrem Gesicht zurückgelassen. Vieles hat sich geändert. Aber einiges in ihr und ihren Mitmenschen hat sich nicht verändert. Es gibt noch immer natürliche Freundlichkeit und überfließendes Mitleid. Es gibt noch immer Hilflosigkeit, die wortlos um Mitgefühl bittet. – Kate fand nunmehr Aufnahme bei einer Señora, die nicht minder wohlwollend war als jene mütterliche Verwandte, die sie einst in der Nacht ihrer Geburt in einem Heim der Liebe willkommen geheißen hatte. Und sie selbst, die Heldin Spaniens, ist in diesem Moment ebenso hilflos wie jene winzige Dame, die, damals zehn Minuten alt, von allen Schwestern im Kloster des heiligen Sebastian geküßt und gesegnet worden war.

Eine zweite Ruhepause in Kates sturmbewegtem Leben

Wir müssen uns Kate nun in einem warmen Bett vorstellen. Wir müssen uns vorstellen, daß sie nach wenigen Stunden ihr volles Bewußtsein wiedererlangte; daß sie sich nach einigen Tagen schon bei einigen Dingen selbst helfen konnte, daß sie nach vierzehn Tagen in der Lage war, den fröhlichen Salon aufzusuchen, in dem die Señora allein saß, um ihr ihren Dank abzustatten. Mit der tiefen Aufrichtigkeit, die unsere ungestüme Kate immer auszeichnete, dankte sie für die Dienste, die jene Dame und ihre Bediensteten ihr in ihrer kritischen Zeit hatten zuteil werden lassen.

Die Dame, eine Witwe, war eine Frau, die die Franzosen eine *métisse*, die Spanier eine *mestizza* nennen, das heißt die Tochter eines echten Spaniers und einer indianischen Mutter. Ich will sie einfach eine Kreolin nennen, denn dieser Name zeigt deutlich genug ihren Mangel an spanischem Blut an, um ihre hohe Achtung vor Vollblutspaniern zu erklären. Sie war eine gütige und weitherzige Frau. Was ihr Alter betraf, so zählte sie nach der Rechnung der boshaften Welt fünfzig, nach der eigenen etwa zweiundvierzig Jahre. Sie besaß größeren Reichtum, als es an einem Ort, wo keine Theaterlogen vermietet wurden, vonnöten war. Vor allem aber besaß sie eine überaus liebliche Tochter, der nicht einmal die boshafte Welt mehr als sechzehn Jahre nachsagen konnte. Diese Tochter Juana war – doch halt! Laßt sie für sich selbst sprechen. Sie öffnet nämlich gerade die Tür des Salons, in dem der Kornett und die Señora sich unterhalten. Sie hatte den Vertreter der Alten Welt und die Vertreterin der Neuen eine Stunde sich selbst überlassen, denn eine Stunde schien ihr ausreichend Zeit, alle Probleme zwischen den beiden Welten zu klären – ach, sie hatte in ihrem unschuldigen Leben nie mit einem wirklichen Problem zu tun gehabt! Wäre Pietro Diaz, wie Catalina sich jetzt nannte, wirklich ein Peter und kein falscher Peter gewesen, welche Gefühle würde ihm der liebliche Anblick, der sich ihm beim Öffnen der Tür bot, erweckt haben! Erwartet nicht, daß ich das Mädchen beschreibe – was ich wohl könnte, denn es ruht heute noch, zweihundertachtundzwanzig Jahre nach jener Episode, genügend Material in den Archiven. Folgendes mag genügen: Es wird berichtet, daß sie sowohl den königlichen Gang der andalusischen Frauen als auch die unschuldig-glutvollen Augen der Peruanerinnen besaß. Die blendende Hautfarbe und die wunderbare Gestalt stammten von ihrem Vater, einem Edelmann aus Granada, in dessen Adern das beste Blut der Welt geflossen war – das Blut der Goten und Vandalen, das, Gott sei Dank, einen zwiefachen Schuß arabischen Blutes abbekommen hatte, einmal durch die Mauren und einmal durch die Juden. Juanas Großmutter hatte ihrer Enkelin die tiefe und feinsinnige Melancholie vererbt und außerdem die wundervoll geformten Gliedmaßen, Eigentümlichkeiten der indianischen Rasse, der es – ach weshalb? – bestimmt ist, langsam und leise vom Antlitz dieser Erde zu verschwinden. Das Mädchen war ganz Grazie; mit der Geschmeidigkeit einer wilden Antilope glitt sie in das Zimmer. Aus ihrem Benehmen sprach keine städtische Geziertheit, nur die natürliche Freude eines Menschen, der ein überschwengliches Willkommen sagen möchte und nicht recht weiß, ob es am Platze ist. Ihre Züge verrieten das Erstaunen einer Miranda, die, in völliger Einsamkeit aufgewachsen, zum erstenmal den prinzlichen Ferdinand erblickt. Und sie bewahrte gerade so viel Zurückhaltung, um euch zu zeigen, daß sie es nicht wie Catalina für angemessen hielt, ihr Geschlecht zu verbergen. Und dann – du erinnerst dich doch, Leser, daß die Señora fünfzig Prozent spanischen Blutes besaß? Wenn du ein guter Rechner bist, wirst du leicht herausfinden, daß Juana fünfundsiebzig Prozent besitzen mußte. Es ist also nicht verwunderlich, daß gegenwärtig ihr westgotisches, ihr vandalisches, ihr arabisches und ihr spanisches Feuer gegen ihre indianische Traurigkeit obsiegten.

Catalina war durch die Schlechtigkeit der Welt verhärtet. Und doch berührte sie die Unschuld dieses Kindes tiefer, als sie wollte. Das geht aus ihren Erinnerungen deutlich hervor. Dank Juana erfreute sich Kate einer kurzen Ruhepause in ihrem allzu stürmischen Dasein. Wäre es Catalina in diesem Leben überhaupt vergönnt gewesen, ein Mädchen ihre Schwester zu nennen, sie hätte sich Juana erkoren. Und wie stand Juana zu dem Kornett? Selbstverständlich erregte der auf die Hilfsbereitschaft und Gastfreundschaft ihrer Mutter und deren Bediente angewiesene Fremdling von vornherein ihr Interesse. Hinzu kam seine Errettung aus jenem schrecklichen, so nahegelegenen Reich des Todes, über das man ihr in ihrer Kindheit so viele grausige Geschichten erzählt hatte.

Solche Dinge gewannen ja auch das Herz der himmlischen Desdemona. Bald schon steigerte sich Juanas Anteilnahme zu einer nie gefühlten Bewunderung. Das war die Wirkung seines männlich-kriegerischen Auftretens, seiner noch jugendlichen Schönheit, seines offenherzigen Betragens und der lebhaften Art, in der er von hundert leidvollen und gefährlichen Kämpfen berichtete. Richtige Männer hatte sie nie gesehen, nur untergeordnete Bedienstete und gelegentlich einmal einen Priester. Aber hier war ein Edelmann, jung wie sie selbst, ein glänzender Reiter, der der spanischen Kavallerie angehörte und das Banner des einzigen Herrschers trug, von dem die Peruaner wußten – des Königs von Spanien und Südamerika –, ein Edelmann, der Kap Horn umfahren, die Anden überquert, Schiffbruch erlitten, hundert Stürme durchstanden und in hundert Schlachten um sein Leben gekämpft hatte.

Der Leser ahnt schon alles, was folgte. Die schwesterliche Liebe, die allein Kate für diese junge Bergbewohnerin hegte, wurde, wie zu erwarten, falsch ausgelegt. Eines Tages überraschte die Mutter den Kornett, wie er seinen kriegerischen Arm um die Taille ihrer Tochter legte, wiewohl doch der Walzer mindestens zwei Jahrhunderte später erst nach Peru kam. Für Kate war diese Handlung nur eine Erwiderung auf die einfachen und unbewußten Freundlichkeiten der unbefangenen Juana. Diese brachten sie stets in Verlegenheit; aber aus aufrichtiger

Zuneigung oder auch aus bloßem Anstandsgefühl konnte sie nicht unterlassen, dem Mädchen entsprechende Aufmerksamkeiten zu erweisen. Die Señora bezichtigte sie gleich der Unehrenhaftigkeit und des Vertrauensmißbrauchs. Der Kornett machte nur einen ungeschickten Versuch, sich zu verteidigen. Er murmelte etwas von «brüderlicher Zuneigung» und «Hochachtung» und einen Haufen abstrakter Wörter, die besser unübersetzt bleiben; man mag sie im spanischen Original nachlesen. Die gute Señora ließ sich, obwohl sie nur auf eine zweiundvierzigjährige, oder sagen wir vierundvierzigjährige Erfahrung zurückblicken konnte, mit diesen Phrasen keineswegs «abspeisen». Sie war so gewitzigt wie eine Fünfzigjährige und brachte die Angelegenheit flugs zur Krise. «Ihr seid ein Spanier», sagte sie, «und damit ein Ehrenmann. Denkt daran, daß Ihr ein Ehrenmann seid. Sind Eure Absichten nicht ernsthaft, verlaßt bitte noch heute abend mein Haus. Geht nach Tucuman; meine Pferde und Knechte stehen zu Eurer Verfügung; aber bleibt nicht länger, um nicht den Kummer zu vermehren, den Ihr bereits verursacht habt. Meine Tochter Juana liebt Euch, das ist Kummer genug, falls Ihr nur Euer Spiel mit uns treibt. Doch wenn Ihr es ernst mit uns meint, wenn Ihr sie ebenfalls liebt und Euch mit unserer zurückgezogenen Lebensweise befreunden könnt, bleibt bei uns – bleibt für immer; heiratet Juana, Ihr habt mein volles Einverständnis. Ich frage nicht nach

Reichtum, ich besitze genug für Euch beide zusammen.» Der Kornett protestierte: Er habe nie einen so vermessenen Wunsch gehegt – die Ehre sei zu groß für ihn – und außerdem –. Nun, wir können dem Leser seine weiteren Worte ersparen. Nichtssagende Phrasen waren, wie man sieht, in Peru zwischen den Gold- und Silberminen ebenso beliebt wie in einigen nördlicheren Ländern, in denen nur Kupfer und Kohlen zu Tage gefördert werden. «Kohlen» können allerdings auch von Nutzen sein. Die entzückte Señora räumte alle großen und kleinen Einwände aus dem Weg; und sie lieferte den Beweis für Juanas Annahme, daß man in einer Stunde alle Probleme zwischen der Alten und Neuen Welt beseitigen könne, indem sie in genau zwanzig Minuten ihrer Tochter zu ihrem Lebensglück verhalf. Die arme, schwache Catalina ließ sich zu Juanas Liebhaber machen. Doch man kann sie nicht der Gewissenlosigkeit zeihen, denn sie war aufrichtig bekümmert über die mutmaßlichen Folgen ihres Verhaltens. Aber sie schreckte nach Weiberart vor der tödlichen Beleidigung zurück, die sie durch festes Verharren auf ihrer Pflicht der Señora und ihrer Tochter zufügen mußte. Sie klammerte sich an die Hoffnung, daß ein kurzer Aufschub Hilfe bringen würde. Die Hochzeit wurde nämlich wegen der unerläßlichen Vorbereitungen einige Zeit aufgeschoben. Es war nötig, verschiedene Einkäufe zu tätigen, und zu diesem Zweck mußte Tucuman aufgesucht werden. Dort konnte dann auch die Hochzeit in allem Glanze gefeiert werden. Demzufolge begab sich die ganze Gesellschaft einige Wochen darauf nach Tucuman. Und in Tucuman kam es zu den tragischen Ereignissen, die diesem Täuschungswerk ein Ende machten und dennoch die arme Juana in dem glücklichen Glauben ließen, aufrichtig geliebt worden zu sein.

Einer der Bearbeiter dieser Geschichte, die uns Herr de Ferrer als erster zur Kenntnis brachte, behauptet, seine gewöhnliche Großmütigkeit vergessend, daß die Señora nicht ganz ohne Eigennutz gewesen sei, als sie ihre Tochter dem Alferez übergab. Sicher war ihr Verhalten nicht so gänzlich uneigennützig, wie es der eine oder andere Europäer in seiner Einfalt glauben mag; doch sie enthielt gerade das Maß an Eigennutz, das man erwarten sollte, wenn es um die Zukunft des eigenen Kindes geht. Ein echter Spanier war damals in jenem abgelegenen Winkel eine seltene Erscheinung – ein Spartaner unter Heloten; er galt dort von vornherein als Edelmann, und die Verbindung mit ihm brachte seiner Gattin und den Nachfahren Ehre. Der Kornett hätte also zum Ansehen der Familie beigetragen. So verriet es keineswegs Eigennutz, sondern nur Sorge um das Wohlergehen ihrer Tochter, wenn die Señora, gleichsam als Gegengewicht gegen den Reichtum ihrer Tochter, der Familie adliges Blut zuzuführen suchte.

Unser Alferez, Spanier, der er war, fand indes in Tucuman keine Spanier, mit denen er sich hätte zusammentun können, sondern nur zwölf Portugiesen.

Kate gerät von neuem in Stürme

Catalina erinnerte sich zwar des spanischen Sprichwortes: «Presse aus einem Spanier alle guten Eigenschaften heraus, und du erhältst einen prachtvollen Portugiesen», aber da es niemanden sonst gab, mit dem sie um Geld spielen konnte, ließ sie sich ohne Zögern mit den zwölf Portugiesen ein. Bald schon kam ihr der Verdacht, daß falschgespielt wurde. Sie paßte auf, und als ihre letzte Münze wegging, war sie sicher, daß man sie betrogen hatte. Im ersten Aufwallen ihres Zorns war sie geneigt, das ganze Dutzend auf einmal anzufallen. Doch zwölf gegen einen war ein ungünstiges Zahlenverhältnis, und sie beschloß, die Ausübung ihrer Rache auf den Hauptschurken zu beschränken. Als er das Haus verließ, folgte sie. Bald war sie dicht hinter ihm. An seiner Silhouette, die sich auf einer Hauswand abzeichnete, erkannte sie, daß sie den Richtigen vor sich hatte. Sie behielt ihn im Auge und ging in kurzem Abstand hinter ihm her. Der sorglose junge Edeling pfiff beim Gehen eine alte portugiesische Liebesweise. Nach einer Viertelstunde Weges blieb er vor einem Haus stehen und schickte sich an, die Vordertür mit einem großen Schlüssel zu öffnen. Diese Unternehmung war für Kate das Zeichen zum Angriff; die Stunde der Rache hatte geschlagen.

Mit ein paar schnellen Schritten trat sie an ihn heran, tippte ihm auf die Schulter und sagte: «Señor, Ihr seid ein Räuber!» Der Portugiese sah sich kaltblütig um, erkannte seinen Spielgegner und erwiderte: «Möglich, Herr; aber ich liebe es nicht besonders, so genannt zu werden.» Und im selben Augenblick zog er seinen Säbel. Catalina wünschte einen fairen Kampf. Warum sonst hatte sie ihm auf die Schulter getippt und ihn angeredet? Wie wir sie kennen, lag ihr fern, jemanden überrumpeln zu wollen. Aber in solchen Fällen hat meist derjenige, dessen Absicht von vornherein feststeht, einen unbewußten und unvermeidlichen Vorteil gegenüber demjenigen, der so plötzlich zur Selbstverteidigung genötigt wird. Wie dem auch sei, der Kampf währte noch keine Minute, als Kate schon den Körper ihres Gegners mit ihrem Säbel durchbohrte. Der portugiesische Edeling brach ohne einen Seufzer oder Wehlaut auf seiner eigenen Schwelle zusammen. Kate suchte mit den Ohren und, soweit die Dunkelheit es erlaubte, auch mit den Augen die Straße ab. Alles war totenstill, kein menschliches Wesen bewegte sich. Nachdem Kate sich hiervon überzeugt hatte, überlegte sie, was mit dem Leichnam geschehen solle. Ein Blick auf die Haustür löste das Problem: Fernando hatte sie gerade geöffnet, als Kate ihn aufforderte, sich umzuwenden. Sie schleifte den Körper hinein und ließ ihn am Fuß der Treppe nieder. Den Schlüssel legte sie neben den Toten. Dann trat sie vorsichtig auf die Straße hinaus und schloß so lautlos wie möglich die Tür hinter sich. Sie hielt noch einmal inne, um zu lauschen und sich umzusehen. Hierauf kehrte sie zu dem Haus der gastfreundlichen Señora zurück, begab sich zu Bett und wurde am nächsten Morgen in aller Frühe von dem Corregidor und vier Alguazils aus dem Schlaf geweckt.

Die Gesetzlosigkeit all dessen, was folgte, wirft ein Schlaglicht auf den furchtbaren Zustand der öffentlichen Rechtsprechung, die damals im Bereich des spanischen Gesetzes geübt wurde. Für die Annahme, daß Kate irgend etwas mit dem Tode des Fernando Acosta zu tun habe, gab es nicht den geringsten Beweis. Der Umstand, daß Kate am Spieltisch viel Geld an Acosta verloren und gleich hinter ihm das Haus verlassen hatte, das einzige, auf Grund dessen man sie hätte festhalten können, bis man klarer sah, kam überhaupt nicht zur Sprache. Keiner der portugiesischen Spieler erhob öffentlich Anklage gegen sie. Die elf besaßen augenscheinlich Gründe, die Aufmerksamkeit der Öffentlichkeit nicht auf ihr Treiben in Tucuman zu lenken; außerdem maßen sie vielleicht einem solchen Vorfall keine große Bedeutung bei. So fehlte für Kates Festnahme jede vernünftige Grundlage. Wahrscheinlich basierte sie allein auf einer anonymen Information, die der Friedensrichter erhalten hatte; aber auch die wurde nicht angeführt. Eine erfreuliche Eigenschaft besaß das rechtswidrige spanische Gerichtswesen jedoch: Es trödelte nicht. Es arbeitete mit unvergleichlicher Schnelligkeit. Oft genügte eine Woche für die Beweisaufnahme, den Prozeß und die Hinrichtung. Indes hatte dieses geschwinde Vorgehen einen Nachteil: Nach einigen Wochen stellte sich bisweilen zum Leidwesen des Gerichts heraus, daß das ganze Verfahren übereilt gewesen war. Bei dem Opfer, das man feierlich dem erzürnten Gesetz gebracht hatte, stimmte alles, außer – dem Opfer selbst; es war der falsche Mann. Und das brachte neuen Kummer. Denn die ganze Sache mußte noch einmal wiederholt und ein neuer Mann hingerichtet werden; und dieser Mann war womöglich erst noch zu finden.

Im gegenwärtigen Fall nahm das spanische Recht seinen gewöhnlichen hurtigen Lauf. Kate wurde gezwungen, auf der Stelle das Bett zu verlassen; sie durfte zu niemandem im Hause sprechen; doch als sie das Haus verließ, öffnete sich eine Tür, und sie gewahrte die junge Juana, die ihr mit ihrem allertraurigsten indianischen Gesichtsausdruck nachblickte. Der Prozeß dauerte nur einen Tag. Catalina gab an – und sie sprach die Wahrheit –, daß sie Acosta kaum kenne; außerdem, sagte sie, seien Leute ihres Ranges gewohnt, ihren Gegnern von Angesicht zu Angesicht gegenüberzutreten und nicht, sie hinterrücks zu ermorden. Kates Antworten beeindruckten die Richter – aber wem und auf was antwortete sie eigentlich? Es gab ja weder eine eindeutige Anklage noch einen offenen Ankläger. Die Dinge begannen sich zum Guten zu wenden. Doch im nächsten Augenblick warfen zwei Zeugen alles über den Haufen. Der Leser, der in diesem Fall faktisch eine Art Mitwisser ist – denn er kennt die Wahrheit und behält sie dennoch für sich –, erkennt in den beiden sofort zwei falsche Zeugen. Die alten Perückenträger aber meinten, daß sich bessere Zeugen schlechthin nicht finden ließen, und vernarrten sich geradezu in sie. Die Zeugen waren zwei Burschen von ungesundem Äußeren, wie es ja ihre Aufgabe verlangte. Der erste ließ sich nun folgendermaßen vernehmen: Es sei in seiner Gegend von Tucuman eine bekannte Tatsache, daß der Alferez – Catalina – die Gattin Acostas mit schlimmen Absichten verfolge. Ohne Zweifel habe der beleidigte Ehemann den Angeklagten heimkehrend überrascht, und daraus erkläre sich auf natürliche Weise der Mord – die Treppe – der Schlüssel, kurzum alles, was man nur wünschen könne. Nein halt! Was sage ich da – erkläre sich alles, was man verabscheuen sollte. Zum Schluß – den Hauptpunkt hatte er ja geklärt – sagte er noch, daß er einen Freund besäße, der den Fall dort fortzuführen vermöchte, wo er ihn leider infolge seiner Kurzsichtigkeit abbrechen müsse. Dieser Freund – der Pythias des kurzsichtigen Damon – sprang bei besagter Aufforderung in wilder Tugendhaftigkeit auf und stürzte vor den Sitz der Alguazils. Nachdem durch seinen Freund, so sagte er, einwandfrei bewiesen worden sei, daß der Beklagte sich im Hause aufgehalten und Acosta umgebracht habe, bleibe ihm nur noch die Aufgabe, zu zeigen, wie der Mörder aus dem Haus entkommen sei. Dies bedeute für ihn eine Kleinigkeit. Denn unter dem Fenster des zweiten Stocks laufe ein Balkon entlang; und er selbst habe, in einem Winkel der Straße verborgen, beobachtet, wie der Angeklagte eines der Fenster aufgestoßen habe und in einem Riesensatz von besagtem Balkon auf die Straße gesprungen sei. Auf solch stichfeste Beweise ließ sich nichts entgegnen; jede Verteidigung war zwecklos. Der Angeklagte wußte in der Tat auch nichts, was er zu seiner Verteidigung hätte vorbringen können. Er konnte weder das Vorhandensein der Treppe noch das Vorhandensein des Balkons leugnen; die Beschreibung des Hauses stimmte vollkommen – die Straße ist, wie Jack Cades Schornstein, noch heute zu sehen. Und was unseren Freund anbetraf, der den Sprung gesehen hatte, so stand er da in voller Lebensgröße – niemand konnte *sein* Vorhandensein leugnen! Freilich hätte der Angeklagte darauf hinweisen können, daß er nie von der Gattin Acostas gehört habe, daß die Existenz einer solchen Person keineswegs bewiesen, sondern vielmehr im höchsten Maße zweifelhaft sei. Aber die Meinung des Gerichts stand fest. Vernünftige Gegengründe vorzubringen, war von nun an eine Unverschämtheit. Das Urteil wurde gesprochen: Der Angeklagte solle am achten Tage nach der Festnahme öffentlich auf dem Hauptplatz von Tucuman hingerichtet werden.

Catalina hatte in ihrem Leben mehr als einen Menschen getötet; ihre Aufzeichnungen zeigen, daß ihr das Töten eines Menschen, solange es dabei fair zuging, als eine ziemlich natürliche Angelegenheit erschien. Ebenso natürlich schien es ihr, dem eigenen Tode gefaßt entgegenzusehen; Todesfurcht gehörte nicht zu ihren Schwächen. Oft in ihrem Leben bewies sie, daß sie bereit war, in einer ausweglosen Situation dem Tod mit Kaltblütigkeit, ja Fröhlichkeit zu begegnen. Doch in diesem Fall stand es in ihrer Macht, ihr Leben zu retten. Sie brauchte ja nur ihr wahres Geschlecht zu entdecken, und die lächerlichen Zeugen, deren Aussage die einzige Handhabe gegen sie war, mußten auf der Stelle dem Spott anheimfallen. Catalina besaß einigen Sinn für Spaß. Ein Hauptanreiz, diesen Schritt zu tun, war für sie die Möglichkeit, den Richtern sagen zu können: «Nun seht ihr, was für ausgemachte Narren ihr seid. Bald wird euch jedes Kind und jede Frau in Peru auslachen.» Eine starke Versuchung! Ich muß meine eigene Schwachheit bekennen; ich hätte dieser Versuchung nicht widerstanden; das Fleisch ist schwach und die Freude am Spaß groß. Catalina dagegen widerstand ihr. Zwar würde man, so dachte sie, dieses unmögliche Motiv für den Mord an Acosta mit Gelächter fallenlassen, doch das sprach sie noch nicht endgültig frei; man brauchte ihr ja nur ein anderes Motiv für die Tat zuzuschreiben. Aber auch damit, daß sie sich auf diese Weise von jedem Verdacht reinigte, schaffte sie keineswegs alle Gefahr aus der Welt. Vielmehr mußte sie gewärtig sein, daß die Offenbarung ihres Geschlechts ein Licht auf viele ihrer früheren Taten würfe, die Nachricht davon ihren Weg nach Spanien fände und die zarte Aufmerksamkeit der Inquisition auf sie lenkte; und nichts fürchtete sie mehr als das. Sie hielt deshalb fest an ihrem Entschluß, ihr Leben nicht durch die Entdeckung ihres Geschlechts zu retten. Hätte ihr Schicksal allein in ihren eigenen Händen gelegen, wäre sie zweifellos in den Tod gegangen – eine höchst phantastische Grille, wie mir scheint: Ein Mensch wählt einen augenblicklichen und sicheren Tod, um einem fernen, unbestimmten Tod zu entgehen. Aber was ist das überhaupt für ein merkwürdiger Fall! Eine Frau wird von lügnerischen Zeugen fälschlich einer Tat beschuldigt, die sie wirklich begangen hat; man erfindet ein Motiv, um sie zur Urheberin eines Verbrechens zu machen, das sie aus einem anderen Grund tatsächlich verübt hat!

Als die Sonne am siebenten Tag unterging, marschierten vier Personen in geistlicher Tracht in Kates Zelle. Die Stunden des Gefangenen waren gezählt; und die Männer hatten die christliche Pflicht, den Gefangenen auf den Tod vorzubereiten. Catalina beobachtete die vier genau und glaubte in den Augen des Führers, der sie besonders ernst anschaute, ein geheimes Zeichen zu lesen; er schien ihr irgendeine Mitteilung machen zu wollen. Sie verstand es, wie von inneren Kämpfen geschüttelt, die Hände dieses Mannes zu umklammern, und er verstand es, ihr einen winzigen Zettel in die Hände gleiten zu lassen. Es war eine Botschaft von der armen Juana; sie bestand nur aus drei Worten – für mehr Worte war auch kein Platz: «*Beichtet nicht. – J.*» Diese so einfache und kurze Vorsichtsmaßregel erwies sich als Glücksbringer. Der Inhalt bezog sich keineswegs auf ein Beichten des Verbrechens; das wäre eine Anmaßung gewesen, zu der Juana weder berechtigt noch geneigt war; nein, er bezog sich im kirchlichen Sinn des Wortes auf die Beichte vor Gott. Catalina vermochte einen kurzen Blick auf den Zettel zu werfen und begriff alles. Sie weigerte sich standhaft zu beichten, indem sie vorgab, noch ungefestigt im Glauben zu sein und geistlicher Unterweisung zu bedürfen. Und die vier Mönche zogen sich zurück, um das Ergebnis ihrer Mission zu berichten. Als der Erste Richter von der Unbußfertigkeit des Gefangenen hörte, gewährte er einen Tag Aufschub. Als aber am Ende dieses Tages sich weder das Verhalten des Angeklagten noch sonst etwas geändert hatte, gab er den Befehl zur Hinrichtung. So formte sich bei Sonnenuntergang im Gefängnis die traurige Prozession. Sie bewegte sich zu dem Hauptplatz von Tucuman, wo das frisch errichtete Galgengerüst stand. Die gesamte Einwohnerschaft von Tucuman hatte sich versammelt, um dem Schauspiel beizuwohnen. Catalina stieg ohne Zittern die Leiter des Gerüsts hinauf; sogar jetzt wankte sie nicht in ihrem Entschluß, ihre Lage nicht durch die Enthüllung ihres Geschlechtes zu verbessern. Und trotz ihrer verzweifelten Lage ließ sie es sich nicht nehmen, dem tölpelhaften Henker ihre Verachtung zu bezeigen und ihn wegen seiner Ungeschicklichkeit beim Knotenbinden zurechtzuweisen. Sie machte den Knoten selbst nach herkömmlicher Seemannsart und erhielt in Erwiderung dieser Tat den begeisterten Applaus des Publikums. Sie lief dadurch jedoch Gefahr, ihr Schicksal zu beschleunigen. Denn die ängstlichen Richter fürchteten angesichts des wilden Geschreis eine Befreiung durch den Pöbel und befahlen dem Henker zornig, dem Auftritt ein Ende zu machen. In diesem Augenblick wurde jedoch das Getrappel eines herangaloppierenden Pferdes hörbar und zwang die Vollstrecker, in ihrem Tun einzuhalten. Die Menge öffnete eine Gasse, um den Reiter hindurchzulassen. Es war ein Bote des obersten Richters von La Plata. Er brachte den Befehl, die Hinrichtung aufzuschieben, bis zwei Gefangene verhört worden seien. Diese neue Wendung war das Werk der Señora und ihrer Tochter. Die Mutter hatte Erkundigungen über die zwei Zeugen eingezogen und sie nach La Plata verfolgt. Dank ihrem Einfluß auf den Gouverneur gelang es ihr, die beiden Kerle festnehmen zu lassen. Sie wurden als alte Übeltäter erkannt und gestanden in ihrem Schrecken halb und halb ihren Meineid. Catalina wurde nach La Plata übergeführt und feierlich freigesprochen.

Und auf Anraten des obersten Richters unterbrach sie auf unbestimmte Zeit ihre Verbindung mit der Familie der Señora.

Kates vorletztes Abenteuer

Catalinas vorletztes Abenteuer steht nun unmittelbar bevor. In Europa erwartete sie noch manche hübsche Überraschung; doch in Amerika waren ihr, laut ihren Aufzeichnungen, nur noch zwei Abenteuer beschieden. Europa hatte bisher noch nichts von ihr gehört – aber es wird sehr bald etwas von ihr hören; die Könige, der Papst und die Kardinäle wissen noch nichts von ihrer Existenz – in sechs Monaten werden sie davon wissen; und alle werden sie nach ihrer Bekanntschaft lechzen. Du meintest, Leser, Kate sei eine ganz unbekannte Person und nur unser beider Liebling? Großer Irrtum! Sie würde mit Verachtung auf uns herabblicken. Denn wisse: Eminenzen, Exzellenzen, Hoheiten – nein, sogar königliche Hoheiten und kirchliche Heiligkeiten dürsten danach, sie zu sehen oder werden zumindest bald danach dürsten. Aber wie soll es dazu kommen, wenn sie in ihrer gegenwärtigen Anonymität verharrt? Gewiß geht es nicht ohne eine kräftige Peripetie oder eine scharfe Drehung des Glücksrades. Und diese Wendung wird man nun im Laufe ihres nächsten größeren Abenteuers eintreten sehen. Mit einem Schlag werden ihre Taten der Welt bekannt werden und ihr bisheriges Leben in ein Claude-Lorrainesches Licht tauchen, und Könige, die während ihrer peruanischen Jahre keinen Gedanken an sie verschwendeten, werden sie in ihren späteren Jahren mit Ehren überhäufen.

Die Señora – und selbstverständlich spricht aus dieser und jeder anderen Freundlichkeit, die sie Kate erwies, auch Juanas Herz – hatte auf Anraten des Präsidenten Mendonia Catalina eine ansehnliche Geldsumme für die Reisekosten zurückgelassen. Das war ganz in Ordnung. Aber Herr Mendonia knüpfte aus eigenem Ermessen eine kleine Bedingung an das Geschenk der Señora, zu der ihn weder sie noch ihre Tochter ermächtigt hatte. «Sagt einmal, Señor Pietro Diaz», fragte dieser neugierige Präsident, der doch sicherlich genug Beschäftigung in seinem eigenen Bereich hätte finden können, «hieltet Ihr Euch jemals in Concepción auf? Und kanntet Ihr den Signor Miguel de Erauso? Dieser Mann, mein Herr, war mein Freund.» Wie schade, daß Kate bei dieser Gelegenheit nicht wagen konnte, frei heraus zu sprechen! Was für eine großartige Rede hätte sie halten können: «Ihr wart sein Freund?» hätte sie gesagt, «der Freund von Miguel de Erauso, der siebenhundert Meilen entfernt von Euch lebte? Ich zweifle stark daran. Aber jener Mann war mein Freund und obendrein mein Bruder. Es stimmt: ich habe ihn umgebracht. Aber es war eine Verwechslung, die Dunkelheit war schuld. Und wenn ihr das alles wißt, was für ein gemeiner Mensch müßt Ihr sein, mich so brutal daran zu erinnern. Ihr könnt Euch doch denken, daß ich entsetzlich darunter leide.» Doch wie so oft unter ähnlichen Umständen zog Kate vor zu schweigen. Offenheit, dachte sie, würde ihr mehr Schaden als Nutzen bringen. Und außerdem: Wie konnte sie der Bruder des verstorbenen Herrn Erauso sein, wenn sie Pietro Diaz hieß? Während der Zeit des Zusammenlebens mit ihrem Bruder war niemals von Verwandtschaft die Rede gewesen. Die ganze Wahrheit durfte sie auf keinen Fall erzählen, und ein Teil der Wahrheit, sagte sie sich, würde ihre Stellung auch nicht verbessern. – Der Präsident legte Señor Pietro nahe, eine «Erholungsreise» zu machen. Ich nehme ihm das aus Zuneigung zu der armen Kate übel. Was ging ihn die Gesundheit anderer Leute an? Da Herr Peter jedoch das Geld der Señora eingesteckt hatte, hielt er es für richtig, auch den Rat, der die Auszahlung begleitete, einzustecken. Und um die «Erholungsreise» in die Tat umzusetzen, machte er sich auf, ein Pferd zu kaufen. Bei einem Pferdekauf muß man – und das ist in allen Ländern das gleiche – aus einem nur halb geklärten Grunde Glück haben, um nicht einem Spitzbuben in die Finger oder gar in die Fäuste zu geraten. Aber an diesem Tage hatte Kate Glück: Außer dem Geld und dem Ratschlag erwarb sie noch zu niedrigem Preise ein schönes und reisetaugliches Pferd. Nach Paz, zu der

Stadt mit dem glückverheißenden Namen, reiste der Kornett zuerst. Aber Paz erfüllte nicht, was sein Name versprach, denn es legte den Grundstein zu einer Fehde, die Kates Aufenthalt in Amerika schließlich ein gewaltsames Ende bereitete.

Ihr erstes Abenteuer war eine Bagatelle und schien eher für ein Witzbuch geeignet als für eine ernsthafte Geschichte. In Wahrheit aber war es kein bißchen spaßig, denn es führt zu der nachfolgenden Tragödie. Als unser stattlicher Standartenträger auf seinem schönen Roß in Paz einritt, zogen seine und seines Pferdes Reize *comme de raison* alle Augen auf sich. Der Neugier der Bevölkerung konnte man in einer spanischen Stadt nicht entgehen, und Kate war daran gewöhnt. Gleichwohl beobachtete sie, die sie kürzlich etwas sehr viel öffentliche Beachtung genossen hatte, mit einer gewissen Unruhe, wie zwei Soldaten das schöne Pferd und den schönen Reiter mit einer Aufmerksamkeit betrachteten, hinter der mehr als bloßes ästhetisches Interesse steckte. Kate ließ sich jedoch durch nichts, schon gar nicht durch etwas, das nach Frechheit aussah, aus der guten Laune bringen. Sie ritt fröhlich pfeifend weiter, als plötzlich – niemand anders als der Alkalde von Paz ihr in den Weg trat. Ach Alkalde, es wäre besser für dich, wenn du nie den Pfad dieses biskayischen Alferez gekreuzt hättest; denn es ist ihm bestimmt, sich an deinem Leib und Leben zu vergreifen, obwohl er im Augenblick selbst noch nichts davon ahnt.

Der Alkalde sah Kate sehr streng an, worauf Kate ihn fragte, ob er irgendein Anliegen habe. «Ja», sagte der Alkalde, «diese beiden Männer beschuldigen Euch, ihnen das Pferd gestohlen zu haben.» Kate, die gerade erst mit knapper Not dem Balkonzeugen und seinem Freund entgangen war, fand es keineswegs komisch, neue Eideserklärungen in Vorbereitung zu sehen. Sie war nervös, aber nichts brachte sie aus der Fassung. Im Nu zerrte sie eine Satteldecke unter ihrem Gesäß hervor, warf sie dem Pferd über den Kopf, so daß nur noch Maul und Ohren herausschauten, und erwiderte: «Ich habe das Pferd in La Plata gekauft, Euer Gnaden, und dafür bezahlt. Falls es aber wirklich diesen Männern gehört, müssen sie wissen, auf welchem Auge es blind ist – auf dem rechten oder linken; ein Auge kann es ja nur sein.» Einer der Soldaten rief augenblicklich aus, daß es das linke sei; aber der andere sagte: «Nein, nein, du irrst dich, es ist das rechte.» Kate machte mit boshafter Miene auf diesen kleinen Widerspruch aufmerksam. Die Männer aber entgegneten, das habe nichts zu bedeuten – die Eile – sie entsännen sich nun wieder und seien sich einig, daß es das linke sei. «Bleibt Ihr bei dieser Aussage?» «O ja, wir sind ganz sicher – das linke Auge – das linke.»

Hierauf zog Kate die Pferdedecke fort und sagte fröhlich zu dem Beamten: «Bitte, mein Herr, überzeugt Euch, daß beide Augen des Gaules völlig in Ordnung sind.» Und in der Tat, es stimmte. Der Alkalde erkannte den Schurkenstreich und befahl seinen Alguazils, die beiden Angeber festzunehmen. Sie wurden auf dem schnellsten Wege in den Genuß von Wasser und Brot und anderer lang verdienter Freuden gesetzt. Kate aber spornte ihr Pferd und machte sich auf die Suche nach dem besten Abendessen, das La Paz zu bieten hatte.

Vorbereitung zu Kates letztem Abenteuer in Peru

Die Bekanntschaft mit dem Alkalden sollte jedoch kein so rasches Ende finden. Das Verhalten des jungen Caballeros hatte Eindruck auf den Mann des Gesetzes gemacht. Er bereute seine Barschheit und bedauerte, überhaupt einen so niedrigen Verdacht gegen eine so vornehme Person gehegt zu haben. Er schickte deshalb seinen Vetter, Don Antonio Calderon, zu Kate, um in seinem Namen Abbitte zu tun. Gleichzeitig übermittelte er dem Fremden, dessen Rang und Stand er bedauerlicherweise nicht gekannt habe, eine Einladung zum Abendessen; der Caballero würde ihm, ließ er ausrichten, durch sein Kommen eine große Ehre erweisen. Nachdem Catalina für die Liebenswürdigkeit gedankt hatte, wurde sie von Don Antonio über dessen eigene Stellung aufgeklärt; er sei, so sagte er, ein Vetter des Alkalden und Neffe des Bischofs von Cuzco. Diese Vertraulichkeit und die freundliche Einladung zwangen Kate, auch etwas von sich zu erzählen. «Ich bekleide», sagte sie, «den Rang eines Alferez in Diensten Ihrer katholischen Majestät. Ich bin gebürtiger Biskayer und befinde mich im Augenblick in privater Angelegenheit auf dem Wege nach Cuzco.» – «Nach Cuzco?» rief Antonio, «und Ihr stammt aus dem lieblichen Biskaya? Welch ein glücklicher Zufall! Mein Vetter ist auch in dem teuren Biskaya beheimatet, und wie Ihr tritt er morgen eine Reise nach Cuzco an. Wenn Ihr wollt, Señor Alferez, könnt Ihr Euch uns anschließen.» Welch eine herrliche Aussicht bot sich hier dem sturmgeplagten Kornett! Es sollte ihm nicht nur gestattet sein, mit einem rechtlichen Manne zusammen zu reisen, sondern den Inbegriff, die reitende Allegorie der Gerechtigkeit selbst zum Reisegefährten zu haben. Was für ein ausgezeichneter Schutz gegen alle «Balkonzeugen» und «Liebhaber blinder Pferde»! Kate war begeistert von dem Gedanken, und es wurde vereinbart, daß sie sich der Gesellschaft anschlösse. Frohen Mutes begleitete sie Don Antonio zu dem Haus des Beamten. Don Pedro de Chavarria empfing sie mit großer Achtung und gab noch einmal seinem Bedauern über den lächerlichen Auftritt mit den zwei schurkischen Augenspezialisten Ausdruck. Dann stellte er Kate seiner Gattin vor, einer prächtigen andalusischen Schönheit, die er erst vor etwa einem Jahr geheiratet hatte.

Es besteht ein Anlaß, besagte Dame näher zu beschreiben. Der französische Bearbeiter von Kates Erinnerungen läßt sich sehr weitschweifig über dieses Thema aus. «Sie verband», sagt er, «die Sanftheit einer Deutschen mit der Tatkraft einer Araberin» – eine schwer zu beurteilende Mischung. «Was ihre Füße anbetrifft», fährt er fort, «so sage ich nichts, denn sie besaß fast überhaupt keine Füße – *je ne parle point de ses pieds, elle n'en avait presque pas.*» «Die arme Dame», sagt ein mitleidiger Bauer, «keine Füße!» «Eine so schöne Frau und so gräßlich verstümmelt!» Ach, mein lieber Bauer, du bist ganz und gar im Irrtum. Der Franzose will ihr damit sein höchstes Kompliment machen. Doch sie muß wirklich schön gewesen sein, und eine Cinderella, wie ich hoffe, aber keine Cinderellula – nein, sie war sicher keine Cinderellula, denn sie besaß ja den unnachahmlichen Gang der andalusischen Frauen, für den auf jeden Fall eine gewisse, dem Körper entsprechende Standfläche notwendig ist.

Der oben erwähnte Anlaß für eine Beschreibung dieser Dame ist ihre Verstrickung in die tragischen Ereignisse, die folgten. Sie war in ihrer verbrecherischen Leichtfertigkeit die Ursache des ganzen Unglücks. Ich muß hier zunächst den voreiligen Moralisten vor zwei Irrtümern warnen, die zu begehen er vermutlich schon im Begriff steht; nämlich erstens, daß er nur einen Extrakt aus einem nicht unmittelbar zur Sache gehörenden liederlichen Liebeshandel lesen soll; zweitens, daß ein solcher von Catalina eingeschoben ist, um den allzu kriegerischen Charakter ihrer Memoiren zu mildern.

Ich kann ihm zu meiner Freude versichern, daß er sich im tiefsten Irrtum befindet und jede Änderung seiner Meinung, wie immer sie ausfällt, eine Wendung zum Besseren sein wird. Er kann keinen Schritt tun, der nicht zugleich ein Fortschritt ist, und das ist eine köstliche Vorstellung für einen irregehenden Moralisten. Was den ersten Punkt angeht, so braucht er nur weiterzulesen, um festzustellen, daß er in dieser Erzählung nichts von einem liederlichen Liebeshandel, wie er bisweilen vor Gericht aufgedeckt wird, zu hören bekommt. Und was den abwegigen Gedanken betrifft, Catalina habe ihre Erinnerungen auszuschmücken gesucht, so möge er wissen, daß es eine solche Praktik damals noch nicht gab – ganz bestimmt nicht in der spanischen Literatur. Kates Memoiren bestechen durch ihre Sachlichkeit, und ihre Erzählweise ist durch und durch trocken.

Doch laßt uns fortfahren. Don Antonio war ein hübscher, gebildeter Edelmann. Im Laufe des Abendessens machte Kate die Feststellung, daß zwischen ihm und der schönen Frau des Alkalden ein unerlaubtes Einverständnis bestand. Das verdächtige Verhalten der beiden und die verstohlenen Blicke, die sie wechselten, führten sie zu diesem Schluß. Es verwunderte sie, daß der Alkalde offenbar nichts davon bemerkte. In diesem Punkt mußte sie allerdings einige Tage später ihre Meinung ändern. Manche Leute sehen alles, während sie vorgeben, nichts zu sehen. Die ganze Sache ging sie jedoch nichts an, und sie hätte sie ganz aus ihren Gedanken gestrichen, wenn nicht auf der Reise so furchtbare Ereignisse eingetreten wären.

Diese Reise nun vollzog sich in zwar gleichmäßigem, aber doch langsamem Tempo. Infolge des erbärmlichen Straßenzustandes kam man am Tage nur elf Seemeilen, also etwa fünfundzwanzig Meilen voran; und selbst das stellte die höchsten Ansprüche an Mensch und Tier. Am vorletzten Reisetag erreichte die Gesellschaft, bestehend aus dem Alkalden, seiner Gattin, seinem Vetter und Kate, eine kleine, zehn Meilen von Cuzco entfernte Ortschaft. Der Corrégidor dieses Ortes war ein Freund des Alkalden. Dank seinem Einfluß erhielten die Reisenden zum erstenmal annehmbare Unterkünfte. Bisher hatten sie entweder in einer *venta* genannten Hundehütte oder der wettergeschützten Ecke einer Scheune übernachten müssen. Den Alkalden nahm der Corrégidor in seinem eigenen Haus auf. Den beiden jungen Edelleuten, Calderon und unserer Kate, wurden Schlafräume in der «Locanda» des Ortes angewiesen. Für die Dame aber war ein kleines Lusthaus in einem umzäunten Garten reserviert. Es war ein bloßes Spielzeughaus. Da es aber Sommer war und tropische Blumen das Häuschen umstanden, zog es die Dame, trotz seiner Einsamkeit, dem feuchten Wohnhaus des Corrégidors vor, der ihrer bescheidenen Meinung nach nicht weniger muffig als sein muffiges Haus war.

Der junge Mann Antonio, der kein junger Offizier war, und der junge Offizier Catalina, der kein junger Mann war, speisten vergnügt miteinander in der «Locanda». Vermutlich machten sie beim Essen auch ihre Späße über Ihro Gnaden, den Corrégidor, und verglichen ihn mit Don Quijote, welcher damals gerade in Spanisch-Amerika populär zu werden begann. Dann schlenderten die beiden zu dem kleinen, blumenumstandenen Pavillon, um der dort präsidierenden Schönen ihre Aufwartung zu machen. Sie wurden freundlichst empfangen und hatten die Ehre, daselbst seine Muffigkeit, den Alkalden, und seine Modrigkeit, den Corrégidor, anzutreffen. Die Unterhaltung dieser beiden Herren muß sehr erbaulich gewesen sein, denn sie war in keiner Weise geistreich. Wie das Gespräch unter dem Gewicht zweier solcher Tröpfe vorankam, ist bis auf den heutigen Tag ein Geheimnis geblieben. Aber es besteht kein Zweifel, daß es vorankam, denn die Herrschaften blieben bis elf Uhr zusammen. Einen «geselligen Abend» konnte man es nicht nennen, denn es war zwar Abend, aber von Geselligkeit keine Spur. Durch Zufall bemerkte Kate etwas, das ihr Sorge bereitete. Die beiden Beamten hatten sich bereits verabschiedet und waren die Stufen in den Garten hinabgegangen. Kate kehrte, da sie ihre Kopfbedeckung vergessen hatte, noch einmal zurück, um dieselbe zu suchen. In dem kleinen Vorraum standen die Dame und Don Antonio und tauschten einige Abschiedsworte und -gesten aus – ach, es sollte ein Abschied für immer sein! Unter den Gesten erregte eine Kates besondere Aufmerksamkeit, und sie erriet sofort ihre Bedeutung. Die Dame machte Don Antonio durch das Heben ihres Zeigefingers auf die Symbolik ihrer nächsten Handlung aufmerksam, und diese Handlung bestand in dem Ausblasen einer der Kerzen. Der junge Mann antwortete mit einem verstehenden Blick. Dann schritten alle drei die Stufen hinunter. Die Dame wollte ein wenig frische Luft schnappen und begleitete sie bis zur Gartenpforte. Und als sie den Gartenweg hinabschritten, fiel Kate etwas auf, das sie in ihrer Vorahnung kommenden Übels bestärkte. Sie gewahrte für einen Augenblick zwischen den Büschen zwei zu ihnen herüberstarrende Augen; und unmittelbar darauf hörte sie ein Rascheln. «Was war das?» fragte die Dame. Don Antonio antwortete sorglos: «Ein Vogel, der aus dem Gebüsch aufflog.» Aber Vögel bleiben nicht zum Vergnügen bis Mitternacht auf. Und außerdem tragen Vögel keine Rapiere.

Catalina durchschaute wie gewöhnlich alles. Jeder heimliche Wink, jedes Rascheln sagte ihr etwas. Sie wußte aufs Haar genau, was kommen würde. Deshalb begab sie sich, als sie die «Locanda» erreichte, nicht zu Bett, sondern ging vor dem Haus auf und ab. Sie brauchte nicht lange zu warten. Nach einer Viertelstunde öffnete sich leise die Tür, und Calderon trat heraus. Ohne Zögern ging Kate auf ihn zu und sagte ihm lächelnd, daß ein Ausgang in dieser Nacht seiner

Gesundheit nicht zuträglich sei. Der junge Mann verriet einige Ungeduld. Kate machte ihn deshalb mit ihrem Verdacht bekannt und gab ihm zu verstehen, daß der Alkalde nicht so blind sei, wie es den Anschein habe. Calderon dankte für den Wink – er werde auf der Hut sein; um jedoch weiteren Vorstellungen aus dem Wege zu gehen, drehte er sich auf dem Absatz herum und verschwand in der Dunkelheit. Kate jedoch gedachte nicht, ihn so einfach seinem Schicksal zu überlassen; sie wußte zu gut, daß Unheil im Anzug war. Sie folgte ihm auf dem Fuße und betrat fast zur gleichen Zeit wie er, ohne ein Geräusch zu machen, den Garten. Beide bezogen hinter einem Baum Posten. Calderon achtete auf nichts als die brennenden Kerzen. Kate jedoch achtete auf alles, was um sie vorging, um ihr Verhalten danach zu richten. Die Kerzen in dem kleinen Pavillon brannten hell. Plötzlich wurde eine ausgelöscht. Sofort lief Calderon zu dem Häuschen, sprang die Stufen hinauf und verschwand im Vorraum. Kate eilte ihm nach. Es folgte eine schreckliche pantomimenhafte Szene, ein Kampf auf Leben und Tod, bei dem Panik und höllische Wut jeden verständlichen Laut erstickten.

Zunächst ertönte ein gurgelnder Laut; es klang, wie wenn eine Bestie ein anderes Lebewesen würgte und dabei vergebens versuchte, ein Triumphgeheul auszustoßen. Als nächstes stürzte eine schwarze Masse aus der Tür, wogte hin und her, trennte sich in zwei Gestalten, vereinigte sich, trennte sich wieder und fiel schließlich als großer Klumpen die Stufen hinab. Dann erschien eine weiße Gestalt in der Tür. Es war die unglückliche Andalusierin. Als sie Kates Umrisse erkannte, stürzte sie zu ihr hin. Sie litt Entsetzensqualen und brachte keinen Laut hervor. Kate dauerte die Arme. Sie hüllte sie in ihren Umhang und führte sie zur Gartenpforte hinaus. Calderon hatte inzwischen sein Leben ausgehaucht, und der rasende Alkalde erhob sich, um sein Weib zu verfolgen. Kate aber sah seine Absicht voraus und trat in den Schatten der Gartenmauer. Der Wütende suchte mit den Augen die Straße in Richtung der Stadt ab. Da er keine Bewegung vernahm, änderte er seinen Sinn und ging zurück zum Häuschen. Diesen Augenblick nutzte Kate; mit der in ihrem Schrecken noch immer um Atem ringenden Dame eilte sie zur «Locanda». Was war zu tun? Sich in diesem kleinen Gasthof verbergen zu wollen, war sinnlos. Der Alkalde besaß Macht in dem Städtchen und würde keinen Augenblick zögern, seine Frau umzubringen. Kates Großmut verbot ihr, diesem mörderischen Ansinnen in irgendeiner Weise Vorschub zu leisten. Dem größten Kloster von Cuzco, so unterrichtete die Andalusierin Kate, stehe eine nahe Verwandte von ihr vor, dort könne sie Schutz finden. Also sattelte Kate in aller Eile ihr Pferd, hob die Dame hinter sich in den Sattel und ritt in die Dunkelheit.

Ungefähr fünf Meilen außerhalb der Stadt kreuzte ein reißender Strom ihren Weg. Zum Überspringen war er zu breit. «Vorwärts!» schrie die Dame, «um Gottes willen, vorwärts!» Kate gab die Aufforderung an das Pferd weiter, und das lenksame Tier sprang ins Wasser. Zuerst tauchten sie alle unter. Als das Pferd aber den Kopf freibekam, schwamm es ungehindert durch das nächtliche Dunkel und kletterte an der anderen Seite wieder an Land. Die beiden Reiter waren am ganzen Körper triefendnaß. Kate entdeckte jedoch einen Lichtschimmer und ritt darauf zu. Es war das erleuchtete Fenster eines Häuschens, das einem armen Landarbeiter gehörte. Der Mann gab ihnen eine Kleinigkeit zu essen und ließ sie sich an seinem Feuer erwärmen. Auch erstand Kate von ihm einen warmen Umhang für die Dame, die außer den Rückständen ihres Flußbades nur ein leichtes Nachtgewand auf dem Leibe trug und ihr Leben allein Kates Reitermantel verdankte. Doch es war keine Zeit zu verlieren. Dank ihrem kalten Bade hatten sie bereits zwei Stunden vertrödelt. Cuzco war noch immer achtzehn Meilen entfernt. Und der Alkalde war nicht so dumm, über das Ziel seiner Gattin im Zweifel zu sein. Sie stiegen wieder zu Pferd. Bald schon vernahmen sie durch die Stille der Nacht das Hufgetrappel eines Verfolgers. Nun begann ein tollkühnes Wettrennen, bei dem jeder ritt, als hinge sein Leben von dem

Ausgang ab. Das Tempo war mörderisch; und Kate behauptet in ihren Erinnerungen, daß der Alkalde besser zu Pferd gewesen sei. Das mag man füglich bezweifeln. Und gewiß hatte Kate zu lange als Kavallerist im spanischen Heer gedient, um sich durch Ihro Gnaden Reitkunst beunruhigen zu lassen. Aber ihr Pferd mußte die doppelte Last tragen; das war ein gewaltiger Nachteil. Und das Pferd, das ihr Verfolger ritt – es gehörte dem ermordeten Antonio –, kannte Kate als ein kräftiges Tier. Mittlerweile hatten sie sich Cuzco bis auf drei Meilen genähert. Der Weg ging nun bis zur Stadt in einem fort bergab; er war an manchen Stellen so steil, daß nur ein sehr kaltblütiger Reiter ihn bewältigen konnte. Plötzlich erblickten die Gejagten einen tiefen Graben vor sich. Da er die Heide in ihrer ganzen Breite durchschnitt, war es sinnlos, eine Umgehung zu versuchen. Zögern bedeutete Untergang. Kate war sich klar, daß der Graben genommen werden mußte; doch sie bezweifelte, daß das Pferd nach einundzwanzig mehr als anstrengenden Meilen noch Kraft für den Sprung hatte. Nun war aber das Ziel des Rittes fast erreicht – ein schlimmes Stück Weges lag hinter ihnen; und Kates stets siegreicher Grundsatz nicht nur für den Sattel, sondern auch, im übertragenen Sinn, für das Leben überhaupt, hieß, auf alles loszureiten, das sich ihr entgegenstellte. Sie handelte auch jetzt danach. Da sie für einen guten Sprung zu nah am Graben war, ließ sie das Pferd wenden, um das Hindernis mit

Schwung zu nehmen. Entschlossen ritt sie auf den Graben los. Das Pferd sprang und erreichte die gegenüberliegende Seite; aber seine eine Hinterhand glitt wegen des lockeren Bodens ab. Kate zwang das Tier mit aller Kraft nach vorn, und dank ihrer helfenden Hand faßte es auch endgültig Halt. – Es konnte höchstens noch zehn Minuten dauern, bis sie in Cuzco waren. Der rachsüchtige Alkalde hatte große Hoffnungen auf den Graben gesetzt. Als er nun sah, daß der schmucke Schwarze und seine zwei schmucken Reiter das Hindernis überwunden hatten, nahm er das Gewehr von der Schulter, hielt sein Pferd an und schoß hinter ihnen her. Dieses tückische Manöver hätte ihn indessen jede Wette verlieren lassen, die er auf den Ausgang dieses trefflichen Hindernisrennens abgeschlossen haben mochte. Denn, so erzählt Kate in ihren Erinnerungen, die Kugeln flogen der sich festklammernden Dame *en croupe* zwar um die Ohren, trafen sie jedoch zum Glück nicht. Allerdings verwundete eine Kugel das Pferd. Und das machte den Vorteil wieder wett. Kate stemmte sich fest in die Steigbügel. Sie konnten von Glück sagen, wenn sie lebend nach Cuzco kamen, denn das Pferd war durch die Wunde so von Sinnen gebracht, daß es in wahnsinniger Geschwindigkeit bergab raste. Und Kate mußte all ihre Reitkunst aufbieten, um zu verhindern, daß das Tier von den schmalen bischöflichen Wegen abwich. Doch obgleich das Pferd nun ununterbrochene Aufmerksamkeit verlangte, konnte Kate, aus reiner Freude am Wettkampf, nicht unterlassen, sich ein wenig im Sattel umzuwenden, um zu sehen, wie der Alkalde mit dem halsbrecherischen Graben fertig wurde. Da Ihro Gnaden Reitkunst etwas veraltet und ihm das Pferd nicht besonders vertraut war, wäre er vielleicht lieber abgestiegen oder hätte das Hindernis umgangen. Aber das war unmöglich, er mußte den Sprung wagen. Und ich bin in der glücklichen Lage, des Lesers Neugier hinsichtlich dieses Unterfangens befriedigen zu können. Hier hat er den Verlauf, jedenfalls soweit Kate ihn mitansah: Sich zur bösen Tat sammelnd, ließ der Alkalde sein Pferd eine mächtige Schwenkung ausführen, so als wollte er den Riß zu einem großen Heerlager oder das *promaerium* für ein zukünftiges Rom in den Staub zeichnen. Und dann raste er mit in die Höhe geworfenen Armen auf den zitternden Graben los. Doch das Pferd verweigerte den Sprung. Den Graben zu nehmen, hielt es für unmöglich. Seine Dienste ganz und gar zu verweigern, empfand es als ungesittet. So sah es in seiner Beschränktheit nur eine Lösung, nämlich Ihro Gnaden abzuwerfen. Und das tat es denn auch. Der Alkalde flog im Bogen über den Hals des Gauls und landete wohlbehalten in einem Sandhaufen; Wolken Sandstaubs erhoben sich unter dem Geschrei der Vögel in die Morgenluft. Kate hatte leider keine Zeit, ihm in Form eines fröhlichen Hallos ihre Anerkennung zu bezeigen. Der Alkalde war bei dieser Gelegenheit nahe daran, sich sein Genick zu brechen; zwanzig Minuten darauf konnte er allerdings, wie man sehen wird, ohnehin nichts mehr damit anfangen. – Kate ritt stracks gen Cuzco. Und bald erreichte sie die Stadt. Mit der Dame hinter sich und dem blutigen Pferd hätte sie eine Sensation hervorrufen müssen. Aber unglücklicherweise schliefen die Bürger von Cuzco fest in ihren Betten, und niemand sah, wie sie in einem Galopp, mit dem kein Jagdhund hätte Schritt halten können, in die Stadt einritt.

Schon das Hindernisrennen nach Cuzco war in Anbetracht des reißenden Stromes, des Grabens, der schönen, schreckensgepeinigten Andalusierin hinter Kate und des mildgrauen Zwielichts ein hübsches, handfestes Drama gewesen. Aber das Finale brachte eine Häufung sich überstürzender Ereignisse, wie sie gewöhnlich nur im Melodrama vorkommen. Kate erreichte ohne weitere Behelligung das Kloster. Nachdem sie die Dienerschaft aus dem Schlaf gerüttelt und Eingang erlangt hatte, trug sie die schöne Andalusierin auf ihren Armen hinein und lieferte sie wie ein Geschenk ab. Dies alles nahm allerhand Zeit in Anspruch, und als sie durch das große Klostertor wieder auf die Straße hinaustrat, sah sie sich unerwarteterweise dem Alkalden gegenüber. Wie er dem Graben entkommen war – niemand weiß es. Er hatte keine Zeit, Memoiren zu schreiben, und sein Pferd war zu ungebildet dazu. Aber er war ihm entkommen. Und das Grabenabenteuer hatte seinen Rachedurst keineswegs gedämpft, so daß sein Zorn sich jetzt, da er sich um seine Beute geprellt sah, zu einem höllischen Grimm steigerte. Er konnte gut genug sehen, um seinen Säbel zu handhaben und seinen Gegner zu erkennen, und er stürzte sich mit wahnsinniger Wut auf Kate. Beide waren erschöpft, und Kate hätte sehr gern einen Waffenstillstand geschlossen. Es bestand ja gar keine persönliche Feindschaft zwischen ihr und dem Alkalden. Sie hatte nur die Dame in Sicherheit bringen wollen, und diese Aufgabe war nun erfüllt. Kate hatte Mühe, ihren Säbel zu führen, und es gelang dem Alkalden, sie schwer zu verwunden. Das aber brachte ihr edles spanisches Blut in Wallung, und sie drängte mit tödlicher Entschlossenheit auf ihn ein. In diesem Augenblick ritten zwei Diener des Alkalden hinzu und ergriffen die Partei ihres Herrn. Dieses Übergewicht verstärkte Kates Kampfgeist, verminderte jedoch ihre Chancen. Just da tauchte der Diener des ermordeten Don Calderon auf und kam Kate zu Hilfe. Gleich darauf stieß Kate ihren Säbel in des Alkalden Herz, so daß er auf der Stelle sein Leben aushauchte. Unmittelbar darauf nahm der Diener des Don Calderon Reißaus. Und unmittelbar darauf erschienen die Alguazils auf der Bildfläche. Sie und die Diener des Alkalden drangen hitzig auf Kate ein. Wieder einmal kämpfte Catalina mit Menschen um ihr Leben, die sie nicht einmal vom Sehen kannte. Gegen diese Übermacht verlor sie mehr und mehr an Boden. In diesem Augenblick aber öffneten sich auf der gegenüberliegenden Straßenseite die mächtigen Tore des bischöflichen Palastes. Der Diener des Don Calderon war dorthin geflüchtet. Der Bischof und seine Bediensteten eilten über die Straße. «Señor Caballero», sagte der Bischof, «ich befehle Euch im Namen der heiligen Jungfrau, mir Euren Säbel zu übergeben.» «Eminenz», versetzte Kate, «mit so viel Feinden um mich her wage ich es nicht.» «Aber ich bin gesetzlich für Eure Sicherheit verantwortlich», sagte der Bischof. Auf diese Worte hin ließen alle in kindlicher Ehrerbietung ihre Säbel sinken. Da Kate schwer verwundet war, führte der Bischof sie in seinen Palast. Und unmittelbar darauf folgte die Katastrophe. Kates Geheimnis mußte entdeckt werden – das Blut floß in Strömen, und die Wunde saß in der Brust! Sie forderte ein Gespräch unter vier Augen mit dem Bischof. Er erfuhr alles in einem Augenblick – Ärzte und Pfleger wurden eiligst herbeigerufen –, und Kate verlor das Bewußtsein. Der gute Bischof hatte Mitleid mit ihr und ließ sie in seinem Palast gesund pflegen. Dann wurde sie auf seine Veranlassung in ein Kloster in Cuzco und später in ein anderes Kloster in Lima gebracht. Auch schickte er eine ausführliche Darstellung des ganzen außergewöhnlichen Falles an den königlichen Hof in Madrid. Und viele Monate später kam von König Philipp IV. und dem päpstlichen Gesandten der Befehl, die Nonne nach Spanien überzuführen.

Der heilige Sebastian wird endgültig schachmatt gesetzt

Ja, zuletzt muß die kriegerische Dame – der schöne Kornett, die martialische Nonne, der hübsche Dragoner – noch einmal in das Land ihrer Kindheit zurückkehren. Siebzehn Jahre ist sie fortgewesen. In Spanien, Italien, Portugal sprach alles von ihren Abenteuern. Ganz Spanien, von Norden bis zum Süden, war ein einziger brennender Wunsch, das wilde Mädchen zu sehen. Ihr einzigartiges Mädchenschicksal, ihr vaterländisches Heldentum nahmen die Einbildungskraft ihrer Landsleute gefangen. Der König von Spanien ließ es sich nicht nehmen, seine getreue Tochter zu küssen, denn sie hatte nicht zugelassen, daß sein Banner Schmach erlitt. Der Papst ließ es sich nicht nehmen, seine wandernde Tochter zu küssen; denn sie kehrte als treues Lamm in den Schoß der Kirche zurück. Wenn so mächtige Fürsten wie diese Worte der Zuneigung sprechen, so hat das Gewicht. Alles wurde vergeben: die Klosterflucht, das Blutvergießen und die Geringschätzung der Schlüssel, die dem heiligen Petrus ebensogut gehörten wie dem heiligen Sebastian. Die Pardons wurden ausgeschrieben, unterzeichnet, versiegelt, und die Gerichtshöfe der Erde waren zufriedengestellt.

Ach, was für ein freuden- und sorgenvoller Tag war der Tag ihrer Heimkehr in den ersten Novemberwochen des Jahres 1624! Das Schiff näherte sich der andalusischen Küste. Kate stieg über in die Barke, und Bootsmänner in königlichen Livreen ruderten sie zum Pier von Cadiz. Sie sah, daß jedes Schiff, jede Straße, jedes Haus, jedes Kloster, jede Kirche wie an einem großen Gerichtstag dicht mit Menschen besetzt war; und all die unzähligen Männer, Frauen und Kinder hatten ihre glänzenden Augen auf *sie* gerichtet! Ach, welche Freude – doch plötzlich dachte sie zurück an die Anden, ihre schrecklichen Gipfel und ihr noch schrecklicheres Tiefland. Ach, wieviel Leid – jetzt aber rissen sie die lauten Jubelrufe ihrer Landsleute, der Anblick der unzähligen Fahnen und die Musik aus ihrer Erinnerung an die Anden und lenkten ihre Gedanken, jedenfalls für den Augenblick, auf die von fröhlichen Menschen wimmelnde Küste, der sie sich näherte.

Vor der mächtigen Menge, die an Land ihrer harrte, stand, sie zu empfangen, der Erste Minister von Spanien, jener Conde Olivarez, der erst vor einem Jahr den hochmütigen und anmaßenden Herzog von Buckingham so hochmütig und anmaßend behandelt hatte. Vor einem Jahr war nämlich der Prinz von Wales in Spanien gewesen, um sich dort eine Braut auszusuchen. Auch ihn hatte man mit Triumph und großer Freude willkommengeheißen, aber nicht mit einem Hundertstel der Begeisterung, mit der man jetzt die heimkehrende Nonne empfing. Und Olivarez, der den englischen Herzog so grob behandelt hatte, war gegen sie «liebreich wie der Sommer». Durch ein endloses Gedränge willkommenrufender Landsleute geleitete er sie zum König. Der König schloß sie in die Arme und konnte gar nicht genug davon bekommen, ihren Berichten zu lauschen. Er ließ sie immer wieder zu sich kommen. Er war begeistert von ihrer so eigenartigen, so natürlichen, so lebendigen Erzählweise. Er setzte ihr eine Pension aus – damals ein seltenes Glück. Und er schickte sie, da das Jahr 1625 ein Jubeljahr war, nach Rom. So reiste sie, einige Monate nach ihrer Ankunft in der Heimat, von Madrid nach Rom. Ihr Weg führte sie über Barcelona. Dort und überall empfing man sie mit der Achtung, die einer durch die Gunst des Königs ausgezeichneten Dame gebührte. Sie kam nach Rom, und alle Türen flogen zu ihrem Empfang auf. Sie wurde Seiner Heiligkeit, dem Papst, vorgestellt – sie wies Schreiben von Ihrer katholischen Majestät vor; aber es bedurfte gar keiner Schreiben. Der Papst bewunderte sie ebenso wie alle anderen. Er wollte ihre sämtlichen Abenteuer hören. Was ihm am meisten an ihr gefiel, war ihre aufrichtige Art, sich selbst zu schildern. Sie machte sich weder besser noch schlechter, als sie in Wirklichkeit war; und sie bereute von Herzen ihre Verfehlungen. Nein, Kate kannte keinen Hochmut, keine Heuchelei, keine falsche Unterwürfigkeit. Urban VIII., der damals auf dem Stuhl des heiligen Petrus saß, versäumte nicht, die Gedanken seiner Tochter von irdischen Dingen fort auf Höheres zu lenken. Er ließ sie den Blick auf jene mächtigen Wolken richten, die über die Kuppel des St.-Peters-Domes dahintrieben, und er sagte ihr, was sie schon damals im Angesicht des feierlichen, mit Sternen besetzten Domes zwischen den schimmernden Wolken der Anden gedacht hatte – wie süß, wie göttlich es sei, um Christi willen alles Unrecht zu vergeben. Er sagte, er sei sicher, daß sie nicht mehr an Blutvergießen denke und von nun an die Vergeltung für alle Unbilden, die sie erlitte, Gott, dem letzten Rächer, überlassen werde. Und ich muß noch eine Kleinigkeit hinzufügen, obwohl die Drucker und Setzer schon wegen meiner Trödelei außer sich sind: Der Papst gab seiner lieben Tochter zum Abschied – er sollte sie nie wieder sehen – eine Generalerlaubnis, von nun an in allen Ländern, sogar in *partibus infidelium*, die Uniform eines Kavallerieoffiziers zu tragen; Stiefel, Sporen, Säbel – alles, was die oberste Kavallerieleitung guthieß, war ihr gestattet. Drum, Leser, sag kein Wort gegen die in dem Kastanienwald gefertigten Wellingtonhosen und erlaube auch keinem Schneider, ein Wort oder auch nur den Bruchteil eines Worts dagegen zu sagen; denn das päpstliche Zugeständnis erstreckt sich auf die Vergangenheit wie auf die Zukunft und gilt damit sowohl für alle früher getragenen als auch alle noch kommenden Hosen.

Von Rom aus kehrte Kate nach Spanien zurück. Sie begab sich sogar nach San Sebastian, aber nicht zum Kloster – vielleicht fehlte ihr der Mut dazu. Sie zog von Stadt zu Stadt, und überall war sie willkommen, überall ein geehrter Gast, aber überall ruhelos. Die Armen und Niedrigen hörten nie auf, sie zu verehren, und unter den Reichen und Adligen, mit dem König an der Spitze, fand sie bei zwei Gruppen besondere Zuneigung: bei den Männern der Kirche und bei den Männern des Heeres. Die Kardinäle und Bischöfe liebten sie als zur Kirche zurückkehrende Tochter, die Militärs liebten sie als in den Ruhestand tretenden Berufskameraden.

Lebwohl, Mädchen aus San Sebastian!

Es ist soweit – ich muß meine Geschichte abschließen. Aber ich gestatte dem Leser, noch eine Frage zu stellen, ehe ich meine Feder niederlege. Also zu, lieber Leser, beeile dich und stelle geschwind deine Frage. In ein und einer halben Minute werde ich in großen Lettern das Wort FINIS schreiben. Und danach darf ich, wie du weißt, keine einzige Silbe mehr hinzufügen; denn das Wort FINIS ist Inhalt eines geheimen Abkommens mit dem Leser und gibt ihm die Sicherheit, daß er mit keinem noch so winzigen Wort mehr belästigt wird. Es wäre schändlich, diesen Vertrag zu brechen. Ich wette zwanzig zu eins, daß ich deine Frage bereits kenne. Du möchtest mich fragen: Ja, was wurde denn nun aus Kate? Wie und wo endete sie?

Ach, Leser, wenn ich dir auf diese Frage eine Antwort gebe, wirst du sagen, es sei keine Antwort; wenn ich dir das Geheimnis entdecke, wirst du sagen, das Geheimnis sei noch ungelüftet. Doch ich versprach es, und ich möchte nicht deinen Zorn auf mich ziehen. Ich versuche deshalb mein Bestes zu tun. Zehn rastlose Jahre verbrachte Kate in Spanien. Immer wieder kehrten ihre Gedanken zurück zu den furchtbaren Anden. Und eines Tages hörte sie von einer Flotte, die in Kürze nach Spanisch-Amerika segeln sollte. Da alle Soldaten sie kannten, erhielt sie Nachricht von jeder Neuigkeit, die durch die Heerlager ging. An der Expedition nahmen Männer von höchstem militärischem Rang teil. Doch Kate war ihnen gleichgestellt; jede Brigade oder «Tertia» liebte und ehrte sie wie das eigene Regimentsbanner. Und sämtliche Offiziere der Flotte, vom höchsten bis zum niedrigsten Dienstgrad, freuten sich, Kate als Stabsmitglied begrüßen zu dürfen. Kates Schiff segelte bald mit anderen Schiffen aus; wie das endgültige Ziel der Expedition hieß, weiß ich nicht mehr. Aber der erste amerikanische Hafen, den das Schiff anlief, war Vera Cruz. Eine große Anzahl der Soldaten ging an Land. Die Offiziere bildeten mit der gleichen Absicht eine gesonderte Gruppe. Sie wünschten, nach der langen Eingeschlossenheit auf dem Schiff, im ersten

Gasthaus am Platze ein fröhliches und freies Mahl einzunehmen, und wirklich vollkommen konnte das Mahl nur durch Kates Beisein werden. Sie gab ihre Einwilligung, denn sie war stets ein guter Kamerad. Sie stieg mit Offizieren allen Alters zusammen ins Beiboot, und nach zwanzig Minuten Fahrt legte das Boot an der Küste an. Vergnügt wie losgelassene Schuljungen sprangen die Offiziere an Land und eilten fröhlich und lachend zum Gasthaus, denn ihre Zeit war begrenzt. Dort angekommen sahen sie sich alle eifrig um und fragten: «Wo ist denn unsere liebe Kate?» Ach ja, meine teure Kate, wo warst du nur in diesem feierlichen Augenblick? Sie hatte ihren Platz im Boot eingenommen – das stand außer Zweifel. Aber da beim Verlassen des Bootes ein solches Durcheinander geherrscht hatte, konnte niemand mit Sicherheit angeben, ob sie an Land gegangen war oder nicht. Das Meer wurde nach ihr abgesucht, die Wälder nach ihr durchkämmt. Aber das Meer gab sie nicht heraus, falls es sie wirklich barg, und auch in den Wäldern fanden die bekümmerten Suchenden keine Spur der Vermißten. Ihr möchtet wissen, ob ich mir eine Vermutung über ihr geheimnisvolles Schicksal, ihr plötzliches und endgültiges Verschwinden gebildet habe? Ja, das habe ich. Aber meine Vermutung ist zu verschwommen und unbestimmt, um hier vorgetragen zu werden. Selbst ihre besorgten Kameraden, die doch am ehesten Anhaltspunkte für eine vernünftige Theorie hatten, verharrten in völliger Verwirrung und brachten es nicht einmal zu einer überzeugenden Vermutung.

Seit diesem Ereignis sind nun zweihunderteinundzwanzig Jahre vergangen! Fassen wir noch einmal kurz zusammen: Die Nonne Catalina de Erauso segelte von Spanien nach Peru und fand keine Ruhe für ihren wandernden Fuß. Sie segelte von Peru zurück nach Spanien und fand keine Ruhe für ihr drängendes Herz. Sie segelte nochmals von Spanien nach Amerika und fand – die Ruhe, die wir alle finden. Aber wo sie ruht, das ist weder dem Vater des spanischen Heeres in Madrid noch Kates geistlichem Vater in Rom bekannt. Bekannt ist es nur Dem, der unser aller Vater ist. Ihm ist bekannt, was für die Menschen über zwei Jahrhunderte ein Geheimnis war und immer ein Geheimnis bleiben wird!

THOMAS HOOD

Aus den Tagen der großen Pest

Ungefähr fünf oder sechs Jahre nach jener fürchterlichen Pestepidemie in London geschah etwas, das Defoe in seinem Buch über die Pest nicht erwähnt hat. Deshalb erlaube ich mir, darüber zu berichten, nicht nur, weil es sich um ein merkwürdiges Ereignis handelt, sondern auch, weil es eine moralische Lehre enthält, wie dies jede gute Geschichte sollte.

Es ist eine bekannte Tatsache, die aus den Sterberegistern hervorgeht, daß allein in der Hauptstadt mehrere hunderttausend Menschen an der Pest gestorben sind und daß es trotz dieser eindringlichen Mahnung damals mehr Sündhaftigkeit und Schlechtigkeit gab, als man je zuvor oder danach erlebt hatte. Besonders London wurde von Räuber- und Mörderbanden geradezu überlaufen, wogegen es kaum Abhilfe gab, da sich die Polizei während der verheerenden Pestzeiten völlig aufgelöst hatte. Auch stand den Menschen noch kaum der Sinn danach, ihr Eigentum zu schützen, da sie noch zu sehr um Leib und Leben bangten, denn obwohl die Pest angeblich an ihrem eigenen Übermaß zugrunde gegangen war, tauchten von Zeit zu Zeit Gerüchte auf, die Seuche sei erneut ausgebrochen. Blattern und tückisches Fieber waren die Urheber dieser Schreckensnachrichten. Als die Pest auf ihrem Höhepunkt war, waren verschiedene schwere Einbrüche und etliche schreckliche Morde ungestraft geblieben, wodurch die Verbrecher in ihrer Bosheit und Verwegenheit noch bestärkt wurden, so daß es schien, als sei die Stadt und ihre Umgebung eine Beute von Teufeln, die eine Zeitlang den Fesseln des Gesetzes entschlüpft waren.

Nun waren vier solcher Gauner im «Delphin» in Deptford zusammengekommen und hatten verabredet, daß sie eine herrschaftliche Villa überfallen wollten, die einsam zwischen den Themsesümpfen und dem Wald von Hainault lag und der Obhut eines einzigen Mannes überlassen war, da die Familie des gesünderen Klimas wegen auf ihren Landsitz nach Wiltshire gezogen war. Die Schurken hatten folgenden Plan: Einer von ihnen sollte an die Haustür klopfen und mit verstellter Stimme kläglich um Obdach bitten. Sobald die Tür geöffnet würde, wollten die Spitzbuben hineinstürmen, den Diener entweder fesseln oder töten, ihm die Schlüssel abnehmen und das Haus durchsuchen, in dem sie eine Menge Gegenstände aus Gold und Silber zu finden hofften. Sie machten sich also an einem Freitag mitten in der Nacht auf. Ihr Anführer war ein Kerl, den sie den Schwarzen nannten, weil er bei solchen Gelegenheiten stets eine schwarze Maske trug. Unterwegs vertrieben sie sich die Zeit damit, den Beuteanteil eines jeden von ihnen in der für ihn günstigsten Weise festzusetzen. Schließlich betraten sie den Vorhof des Hauses, das sie ausplündern wollten und das totenstill und dunkel dalag bis auf einen Lichtschimmer aus einem Fenster im obersten Stockwerk. Wie verabredet klopfte der Schwarze gegen die Tür; aber da ihm der Alkohol zu Kopf gestiegen war, vergaß er, um Nachtquartier zu bitten, sondern brüllte stattdessen den Diener an, dem er mit schrecklichem Gefluche befahl, schleunigst herunterzukommen und seine Schlüssel herauszurücken, da man ihn von seinen Pflichten befreien wolle.

«In Gottes Namen, meine Herren», rief der Diener aus dem Fenster, «was wünschen Sie?»

«Wir sind hier», schrie der Schwarze, «um dir deinen Posten zu nehmen. Wirf die Schlüssel herunter.»

«Wenn das alles ist», sagte der Diener, der Adams hieß, «dann wartet nur ein wenig, und ihr könnt ohne weiteres meine Schlüssel und meinen Posten haben. Kommt in ein paar Stunden wieder und ihr findet mich tot, so daß ihr mit mir und dem mir anvertrauten Gut machen könnt, was ihr wollt.»

«Hör auf», schrie der Schwarze, «halt keine langen Reden, komm herunter und mach auf, sonst stecken wir die Tür in Brand.»

«Das ist nicht nötig», antwortete Adams, «hört

nur erst, was ich euch zu sagen habe; dann könnt ihr sofort hereinkommen. Aber ich warne euch, denn obwohl ich allein, unbewaffnet und todkrank bin, wird euch der Eintritt in dieses Haus so viele Leben kosten, als ihr Personen zählt, denn in diesen Mauern haust ein finsterer Riese, stärker als die Pest, der Tausende erschlagen hat.» Diese düsteren Worte erschreckten die Verbrecher doch etwas, aber der Schwarze machte ihnen wieder Mut, indem er sagte, der Diener habe sich das nur ausgedacht, um sie von ihrem Vorhaben abzubringen.

«Ach», sagte Adams, der ihre Worte gehört hatte, «was ich sage, ist die reinste und traurigste Wahrheit, die ich hiermit zum letztenmal ausspreche, denn morgen werde ich die Sonne nicht mehr sehen. Ich werde euch jetzt eigenhändig die Tür öffnen, wobei ich euch bitte, in eurem Interesse etwas beiseite zu treten, um nicht mit meinem Atem in Berührung zu kommen, der sicheren Untergang bedeutet. Drinnen liegt die Leiche eines Kindes, wie ihr wahrnehmen werdet, wenn ihr den Mut habt, einzutreten, denn es liegt unbestattet in der Halle.» Nach diesen Worten stieg er hinab und riß die Tür auf, während die Spitzbuben sich etwas zurückzogen. Beim Schein eines Nachtlichtes, das er hielt, sahen sie, daß er nur mit einem weißen Tuch bekleidet war und daß er tatsächlich bleich und geisterhaft aussah und unheimliche dunkle Ringe um die Augen hatte.

«Wenn ihr mir immer noch nicht glauben

wollt», sagte er, «so blickt hinein, wenn ich von der Tür zurücktrete, und ihr werdet ein Kind sehen, das noch heute lebte und das nun eine Leiche ist, die bald zerstört sein wird. Ach, mitten im Leben sind wir vom Tod umgeben – dies Kind hat er mitten im Spiel hinweggerafft.» Bei diesen Worten trat er zur Seite, und die Verbrecher blickten durch die Tür und sahen, daß es sich verhielt, wie er gesagt hatte, denn das Kind lag auf dem Tisch in der Halle, hatte die gleichen schwarzen Ringe um die Augen und war mit Brokat und Seidenbändern geschmückt, als habe der Tod es in seinen Festtagskleidern zu sich geholt. Nachdem die Kerle eine Weile hingestarrt hatten, sagte Adams: «Und hier sind die Schlüssel», womit er ihnen einen gewaltigen Schlüsselbund entgegenstreckte; aber die Schurken wollten ihn ebenso wenig angreifen, als habe man ihnen Schlangen und Skorpione angeboten, und sie starrten ihn an, als sei es der Schlüssel zum Totenreich. Nachdem sie noch ein paar kräftige Flüche ausgestoßen hatten, wandten sie sich in übelster Laune zum Gehen, als Adams sie aufforderte, seine letzten Worte zu vernehmen.

«Obwohl ihr herkamt», sagte er, «um zu rauben und vielleicht zu morden, will ich als guter Christ euch nicht nur eure schlechten Absichten vergeben, sondern euch noch raten, wie ihr dem traurigen Ende entgehen könnt, das mich so bald erwartet. Wenn auch eure Seelen vor neuen Sünden bewahrt blieben, so haben doch eure

Körper sich lange genug in dieser vergifteten Luft aufgehalten, daß sie Schaden genommen haben könnten. Deshalb hört den Rat eines Sterbenden und geht von hier aus geradewegs nach Laytonstone, wo es Lohgruben gibt, und setzt euch eine gute Stunde in die Gerbsäuredämpfe, die besser gegen die Ansteckung mit Pest sind als Tabak oder Heilmittel. Tut dies und lebt, denn das Gift ist stark und heimtükkisch und ergreift einen, ehe man die Quellen des Lebens gewahrt.» Hierauf stieß er ein unheimliches Stöhnen aus, dem er ein entsetzliches Geschrei folgen ließ, so daß die Verbrecher augenblicklich die Flucht ergriffen und nicht aufhörten zu rennen, bis sie in Laytonstone im Hof des Gerbers angelangt waren, wo sie Platz nahmen, sich über die Lohgrube beugten und die Dämpfe mit einer Gier einsogen, als sei dies der Atem des Lebens selbst. Als sie so eine halbe Stunde saßen, betraten mehrere Personen mit einer Laterne den Hof, die sie für den Gerber und seine Leute hielten und bei denen sie sich deshalb für ihr Eindringen entschuldigten und sie baten, noch eine Weile bleiben zu dürfen, da sie sich von der Pest reinigen wollten. Aber kaum hatten sie diese Worte geäußert, als sie allesamt am Kragen gepackt und im Nu gefesselt wurden und die Polizisten, denn um solche handelte es sich, sie noch obendrein verhöhnten und sagten, die Pest sei zu beschäftigt, um persönlich kommen zu können, deshalb habe sie ihnen Strick und Galgen geschickt, die den gleichen Dienst täten. Die Schurken waren hierauf natürlich ganz niedergeschmettert bis auf den Schwarzen, der fluchte und schrie, er wolle vor seinem Tod nur noch eins wissen, was nämlich aus dem toten Kind und dem pestkranken Mann geworden sei, die er beide mit eigenen Augen gesehen habe. Darauf drehte der Mann mit der Laterne das Licht so, daß sein Gesicht zu sehen war, und die Verbrecher erkannten Adams' Züge, aber ohne die schwarzen Ringe um die Augen, die er, wie er erklärte, einem Stück Kohle verdanke. «Was das tote Kind anbetrifft», sagte er, «so müßt ihr euch bei der ehrenwerten Vereinigung der Wundärzte erkundigen. Dort wird man euch von einer Wachspuppe namens Hygieia erzählen, der Göttin der Gesundheit, die bei Umzügen zur Schau gestellt wurde. Als sie nicht mehr benutzt wurde, hat meine Herrin, Lady Elinor Wood, sie als Spielzeug für ihre Kinder gekauft. – Ihr seht nun also, daß ein kluger Kopf mehr wert ist als vier Paar starke Hände, und ihr alle miteinander, so große und stramme Burschen ihr auch sein mögt, seid von einem alten Mann und einer Puppe besiegt worden.»

JOHN MACKAY WILSON

Grizel Cochrane

Als die Tyrannei und Bigotterie Jakobs II. seine Untertanen dazu getrieben hatte, die Waffen gegen ihn zu erheben, war Sir John Cochrane einer der gefürchtetsten Gegner des Königs. Er gehörte zu den Anführern des Aufstandes in Südschottland, und es schien, daß das Verhängnis, das über seinem Stammhaus schwebte und alle ins Unglück brachte, die sich mit diesem verbanden, auch ihn nicht verschonen sollte. Des Königs Truppen umzingelten ihn, er wehrte sich lange und mit verzweifelter Tapferkeit; aber schließlich wurde er durch die zahlenmäßige Überlegenheit überwältigt, gefangengenommen, vor Gericht gestellt und zum Tode auf dem Schafott verurteilt. Er hatte nur noch wenige Tage zu leben, und sein Kerkermeister wartete nur noch auf das Eintreffen des Hinrichtungsbefehls, um ihn zur Richtstätte zu führen. Seine Freunde und seine Angehörigen hatten ihn im Gefängnis besucht und mit herzzerbrechendem Jammer Abschied von ihm genommen. Aber eine war nicht gekommen mit den anderen, um seinen Segen zu empfangen, jene, die die Freude seiner Augen und der Stolz seines Hauses war, Grizel, seine vor allen geliebte Tochter. Das Zwielicht, das durch die Gitter fiel, verdüsterte das Gefängnis; es schmerzte ihn tief, daß er sein geliebtes Kind nicht mehr ein letztesmal sehen sollte. Er preßte seinen Kopf gegen die kalte, feuchte Zellenwand, um seine fiebernden Pulse zu kühlen, als sich die Tür langsam in ihren ächzenden Angeln drehte und der Wärter eintrat, gefolgt von einer schönen jungen Dame. Sie war von hoher und einnehmender Gestalt. Ihre Augen waren tränenlos und von dunklem Glanz; aber gerade dieser Glanz verriet einen Kummer, der zu tief saß, als daß Tränen ihn hätten lindern können. Ihre tiefschwarzen Flechten teilten sich über einer Stirn, die so klar und rein war wie Marmor. Der unglückliche Gefangene blickte auf, als die beiden eintraten: «Mein Kind! Meine geliebte Grizel!» Leidenschaftlich warf sie sich an seine Brust.

«Mein Vater! Mein lieber Vater!» schluchzte das arme Mädchen und wischte die Tränen weg, die über ihre Wangen rollten.

«Eure Unterredung muß kurz sein, sehr kurz sein», sagte der Kerkermeister, als er wegging, um sie für einige Augenblicke allein zu lassen.

«Gott schütze und tröste dich, meine Tochter!» seufzte der unglückliche Vater, preßte sie an seine Brust und küßte sie auf die Stirn. «Ich fürchtete, sterben zu müssen, ohne mein Kind segnen zu können, und das war mir härter als der Tod. Aber du bist gekommen, mein Liebling, du bist gekommen, und dein unglückseliger Vater kann dir seinen letzten Segen...»

«Nein, nein, sage das nicht! Nicht deinen letzten Segen! Nicht deinen letzten! Mein Vater darf nicht sterben!» rief sie.

«Still, still, mein Kind. Gebe es der Himmel, daß ich dich trösten könnte – mein liebes Kind! Aber es besteht keine Hoffnung. Noch drei Tage, und du und alle meine Kleinen werden...» keinen Vater mehr haben, wollte er sagen, aber die Worte erstarben auf seinen Lippen.

«Drei Tage!» wiederholte sie, hob den Kopf von seiner Brust, faßte aber heftig nach seiner Hand. «Drei Tage! Dann ist noch Hoffnung – mein Vater wird leben. Ist nicht mein Großvater mit Pater Petre, dem Beichtvater des Königs, befreundet? Von ihm muß er das Leben seines Sohnes erbitten, und mein Vater wird nicht sterben.»

«Nein, nein, meine Grizel», entgegnete er. «Täusche dich nicht – es gibt keine Hoffnung, mein Schicksal ist besiegelt, der König hat bereits den Hinrichtungsbefehl unterzeichnet, und der Todesbote ist unterwegs.»

«Aber mein Vater darf nicht sterben, *soll* nicht sterben», wiederholte sie heftig, faltete die Hände und rief: «Möge der Himmel den Plan einer Tochter gelingen lassen!» Dann wandte sie sich dem Vater zu und sagte ruhig: «Wir müssen uns nun trennen, aber wir werden uns wiedersehen!»

«Was hat mein Kind vor?» forschte er gespannt und blickte sie bange an.

«Frage jetzt nicht, mein Vater», antwortete sie, «frage jetzt nicht, aber bete für mich und gib mir deinen Segen – aber nicht deinen letzten!»

Wieder drückte er sie unter Tränen an sein Herz. Der Kerkermeister trat ein, und sie mußten sich trennen.

Am Abend des zweiten Tages nach der eben berichteten Unterredung schritt ein Wanderer von Norden über die Zugbrücke von Berwick. Er ließ sich auf einer Bank vor einem Wirtshaus nieder, fast genau gegenüber der damaligen «Hauptwache». Er betrat das Gasthaus nicht, da es offenbar seine Verhältnisse überstieg. Es handelt sich nämlich um dasjenige, in dem Oliver Cromwell vor wenigen Jahren sein Hauptquartier aufgeschlagen und wo einst Jakob VI. residiert hatte, als er unterwegs war, um die Herrschaft Englands anzutreten. Der Wanderer trug ein grobes Wams mit einem Ledergürtel und darüber einen kurzen Umhang aus dem gleichen einfachen Stoff. Es handelte sich offensichtlich um einen jungen Mann; aber sein Hut war so tief ins Gesicht gezogen, als sollten seine Züge verborgen bleiben. In der einen Hand trug er ein kleines Bündel, in der anderen hielt er einen Pilgerstab. Nachdem er ein Glas Wein bestellt hatte, nahm er ein Stück Brot aus seinem Bündel. Er ruhte sich eine kurze Weile aus, erhob sich dann und setzte seinen Weg fort.

Es wurde rasch dunkel, und es schien eine stürmische Nacht zu werden. Am Himmel zog sich's schwarz zusammen, Wolken trieben vom Meer heran, heftige Windstöße heulten durch die Straßen, Regen prasselte herab, und das Wasser des Tweed war in Aufruhr.

«Der Himmel stehe Euch bei, wenn Ihr in solch einer Nacht weiter wollt!» sagte der Posten am «Englischen Tor», als der Wanderer an ihm vorbeikam und über die Brücke schritt.

Bald darauf erreichte er das öde und düstere Moor von Tweedmouth, eine meilenweite Wüste von Stechginster, Farn, Heidekraut und mit von Gestrüpp bewachsenen Mulden. Langsam arbeitete er sich über den steilen Hügel, gegen den Sturm ankämpfend, der nun mit wildestem Ungestüm raste. Es goß in Strömen, der Sturm heulte und jagte ein klagendes und zorniges Echo über die Heide. Immer noch strebte der Wanderer vorwärts, bis er ungefähr zwei bis drei Meilen von Berwick entfernt war. Nun suchte er Unterschlupf in einem Brombeergestrüpp am Wege, als ob er dem Sturm nicht länger standhalten könne. Gegen eine Stunde hatte er an diesem dürftigen Zufluchtsort verbracht, die Nacht war finsterer und der Sturm noch heftiger geworden, als man den Hufschlag eines Pferdes hörte, das sich rasch näherte. Der Reiter hielt seinen Kopf vor dem Sturm gesenkt. Plötzlich wurde sein Pferd am Zügel gefaßt, der Reiter hob das Kinn und sah, wie eine dunkle Gestalt ihm die Pistole auf die Brust setzte.

«Steig ab!» rief ihm der Angreifer drohend zu.

Der Reiter, starr vor Schreck, machte einen Versuch, nach seinen Waffen zu greifen; da ließ der Räuber den Zügel los, packte den Reiter an der Brust und riß ihn zu Boden. Schwer fiel er aufs Gesicht und verlor die Besinnung. Der Fremde nahm die Ledertasche an sich, die die Post für den Norden des Landes enthielt, warf sie sich über die Schulter und verschwand in der Heide.

Früh am nächsten Morgen sah man viele Einwohner von Berwick zu der Stelle eilen, wo der Überfall stattgefunden hatte. Sie umstellten das Moor, ohne aber eine Spur des Räubers zu finden.

Drei Tage waren vergangen, und Sir John Cochrane lebte noch. Der Postsack, in dem sich sein Todesurteil befunden hatte, war geraubt worden, und ehe ein neuer Hinrichtungsbefehl eintreffen konnte, hatte vielleicht die Fürsprache seines Vaters, des Grafen von Dundonald, beim Beichtvater des Königs Erfolg. Grizel leistete dem Gefangenen nun fast ständig Gesellschaft im Kerker und sprach ihm Trost zu. Seit dem Überfall auf den Postboten waren zwei Wochen vergangen, und dieses lange Warten und Hoffen wurde Sir John bitterer als seine erste Verzweiflung. Aber die Hoffnung, so bitter sie war, war trügerisch: die Fürsprache seines Vaters war umsonst gewesen, zum zweitenmal hatte der bigotte, despotische Monarch das Todesurteil unterschrieben, das in wenig mehr als vierundzwanzig Stunden das Gefängnis erreichen mußte.

«Der Wille des Himmels geschehe!» seufzte der Gefangene.

«Amen!» antwortete Grizel, fuhr dann aber heftig fort: «Aber mein Vater darf nicht sterben!»

Wieder war der Reiter mit der Post am Moor von Tweedmouth angelangt, und zum zweitenmal trug er das Todesurteil bei sich. Er spornte sein Pferd zu äußerster Eile an, er blickte vorsichtig nach vorne, nach hinten und nach allen Seiten. In der rechten Hand hielt er eine Pistole zu seiner Verteidigung. Der Mond tauchte die Heide in geisterhaftes Licht, ließ ihre Öde erkennen und jeden Busch wie ein Gespenst erscheinen. Der Reiter bog gerade um ein wild wucherndes Gebüsch, als sein Pferd sich beim Knall eines Pistolenschusses aufbäumte, der offenbar vor dessen Augen abgefeuert worden war. Sofort gab auch er aus seiner Pistole einen Schuß ab, worauf das Pferd sich noch heftiger bäumte und ihn aus dem Sattel warf. Im nächsten Augenblick hatte der Räuber ihm den Fuß auf die Brust gesetzt, beugte sich über ihn, zückte einen kurzen Dolch und rief:

«Gib deine Waffen oder stirb!»

Der Bote des Königs verlor den Mut, wagte nicht, sich zu widersetzen, und tat, wie ihm befohlen.

«Zieh nun deiner Wege», befahl der Räuber, «aber laß mir dein Pferd und die Post, sonst wird's dir übel ergehen!»

Zitternd erhob sich der Kurier und wandte sich nach Berwick; der Räuber aber bestieg das Pferd und galoppierte über die Heide.

Die Vorbereitungen für Sir John Cochranes Hinrichtung waren getroffen, und die Vollzugsbeamten warteten nur auf die Post mit dem zweiten Todesurteil, um ihn zum Schafott zu führen, als sich die Nachricht verbreitete, daß der Postbote zum zweitenmal überfallen worden sei. Das Leben des Gefangenen war um weitere vierzehn Tage verlängert. Wieder fiel er seiner Tochter um den Hals und sprach unter Tränen:

«Wir sind in der Hand des Allmächtigen!»

«Habe ich nicht gesagt», sprach das Mädchen, das zum erstenmal laut weinte, «daß mein Vater nicht sterben darf?»

Die vierzehn Tage waren noch nicht herum, als die Gefängnistore aufflogen und der alte Graf von Dundonald seinen Sohn in die Arme schloß. Seine Fürsprache beim Beichtvater des Königs hatte endlich Erfolg gehabt. Jakob II., der zweimal Sir Johns Todesurteil unterzeichnete, das ebensooft nicht an seinen Bestimmungsort gelangt war, hatte nun sein Siegel unter die Begnadigung gesetzt. Sir John eilte mit seinem Vater nach Haus, wo ihn seine Familie mit Freudentränen empfing. Sie fragten sich voller dankbarer Gefühle, durch welch geheimnisvolle Fügung zweimal die Post abgefangen und Sir Johns Leben gerettet worden sei. Da ließ ein Fremder um eine Unterredung bitten. Sir John ließ ihn kommen, und der Räuber trat ein. Er trug die gleiche Kleidung, die wir beschrieben haben, den groben Umhang und das grobe Wams; aber sein Benehmen entsprach nicht dieser Kleidung. Als er eintrat, berührte er leicht seinen Hut, ohne ihn jedoch abzunehmen.

«Wenn Ihr diese eingesehen habt», sagte er und zog zwei Schriftstücke aus seinem Wams, «werft sie ins Feuer!»

Sir John sah auf die Papiere, fuhr zusammen und erblaßte. Es waren seine Todesurteile.

«Mein Befreier», rief er, «wie kann ich Euch danken, wie Euch vergelten, daß Ihr mir das Leben gerettet habt! Vater – Kinder – dankt ihm, dankt ihm!»

Der alte Graf ergriff die Hand des Fremden, die Kinder umklammerten seine Knie.

«Wie darf ich meinen Befreier nennen?» fragte Sir John gespannt.

Der Fremde brach in Tränen aus; dann nahm er seinen Hut ab, und Grizel Cochranes schwarze Flechten fielen auf den groben Umhang.

«Gerechter Himmel!» rief der Vater überwältigt. «Das ist ja mein Kind! Mein Retter! Meine Grizel!»

ELIZABETH CLEGHORN GASKELL

Ein Held

Die Nachmittagssonne ergoß ihre prächtigen Strahlen in den grasüberwachsenen Kirchhof, und der Schatten der alten Eibe, unter der wir saßen, schien gegen ihre strahlende Helle dunkler und dunkler zu werden. Die Luft war erfüllt von dem einschläfernden Gesumm unzähliger Sommerinsekten.

Ich vermag nur einen unvollkommenen Eindruck von dem Bild zu geben, das sich unseren Blicken bot. Den Vordergrund bildete die graue Sandsteinmauer des Pfarrgartens, die durch zahllose Flechten und Farne, Efeu von zartestem Grün und feinster Verästelung und den leuchtendroten, in jeder Vertiefung und Ritze wurzelnden Kranichschnabel ein farbenfrohes Aussehen erhielt. Auf der anderen Seite der Mauer wurden Wein und eine Kletterrose gezogen, so daß einige unbeschnittene Weinranken und lange, blütenbeladene Rosenzweige oben auf jenem alten Gemäuer prangten. Jenseits der Mauer aber lagen grüne Wiesen und graue Berge und, nicht allzufern von uns, die blaue, in der Sonne glitzernde Morecambebucht. – Eine Weile saßen wir schweigend da und ließen den Anblick und das summende Geräusch auf uns wirken. Wir hatten vor einer Viertelstunde den schattiggrünen Rastplatz entdeckt und uns, eine plötzliche Müdigkeit verspürend, niedergelassen. Seitdem war unser Gespräch verstummt; nun aber nahm Jeremy die unterbrochene Unterhaltung wieder auf.

Es gehört zu den Annehmlichkeiten der Ferienzeit, daß die Gedanken nicht überstürzt und zur Unzeit hervorgezwungen werden, sondern sich in der Untätigkeit sonniger Tage von selbst auf die Lippen drängen. Der Stamm ist vielleicht schlecht, aber die Frucht ist reif.

«Und wie lautet nun deine Definition eines Helden?» fragte ich.

Es folgte eine lange Pause; ich beobachtete die Bewegungen eines Wolkenschattens auf den weitentfernten Hügeln. Als Jeremy auf meine Frage antwortete, hatte ich diese selbst schon fast vergessen.

«Für mich ist *der* Mensch ein Held, der kein Opfer scheut, um das zu erfüllen, was er für seine höchste Pflicht ansieht. Diese Bestimmung umschließt meines Erachtens alle Arten von Helden, auch die Helden des Altertums, die nur die eine, für uns unwürdige Pflicht kannten, tapfer zu sein.»

«So läßt du auch ein kriegerisches Heldentum gelten?» fragte ich.

«Ja, aber ich bedaure doch, daß die Umstände

jenen Menschen nicht gestatteten, sich eine höhere Pflichtvorstellung zu bilden. Wenn sie sich jedoch für eine Sache opferten, die sie aufrichtig für das Rechte hielten, kann ich ihnen wohl billigerweise nicht den Heldentitel versagen.»

«Welch ein erbärmliches und unchristliches Heldentum, das darin besteht, den Mitmenschen Schaden zuzufügen», sagte ich. Hier ließ uns eine dritte Stimme auffahren.

«Wenn ich so kühn sein darf –.» Der Sprecher hielt inne.

Es war der Totengräber. Bei unserer Ankunft hatten wir ihn zwar als Teil der Szenerie wahrgenommen, ihn aber wieder vergessen, gleichsam als sei er ein ebenso lebloser Gegenstand wie einer der moosüberwucherten Grabsteine.

«Wenn ich so kühn sein darf –», sagte er wieder und wartete, daß man ihm zu sprechen erlaube. Jeremy verbeugte sich ehrerbietig gegen sein weißes, unbedecktes Haupt; und dergestalt ermutigt, fuhr der Alte fort:

«Was dieser Herr gerade sagte» – er spielte auf meine letzten Worte an –, «erinnert mich an einen Mann, der nun viele Jahre tot ist. Vielleicht habe ich Ihre Gedanken nicht recht verstanden, meine Herren, doch nach dem, was ich von Ihrer Unterhaltung hörte, glaube ich, daß Sie beide den armen Gilbert Dawson für einen Helden gehalten hätten. Auf jeden Fall», sagte er und ließ einen langen, zittrigen Seufzer hören, «habe ich Grund, ihn für einen Helden zu halten.»

«Bitte, setzt Euch und erzählt uns von ihm», sagte Jeremy und blieb stehen, bis der alte Mann sich niedergelassen hatte. Ich gestehe, daß ich nicht sehr erbaut über die Unterbrechung war.

«Kommenden Martinstag», sagte der Totengräber, sich auf einen grasbewachsenen Hügel zu unseren Füßen setzend, «ist es fünfundvierzig Jahre her, daß ich meine Lehre beendete und mich in Lindal niederließ. Lindal liegt auf der anderen Seite der Bucht, ein wenig nördlich von Grange. An klaren Morgen und Abenden können Sie es von hier aus sehen, Herr; wenigstens habe ich es oft genug gesehen, bevor meine Augen so schwach wurden. Ich habe manche Viertelstunde damit verbracht, nach dem fernen Städtchen hinüberzuschauen und an meine Zeit dort zurückzudenken. Und zuletzt waren meine Augen jedesmal so voller Tränen, daß ich nichts mehr sehen konnte. Ich werde Lindal nie wieder erblicken, weder von nah noch von fern. Doch Sie können es sich allemal aus der Nähe oder Ferne anschauen, und Lindal ist weiß Gott kein übler Ort. Als ich in jungen Jahren nach Lindal kam, um mich dort niederzulassen, fand ich in dem Städtchen eine Bande der wildesten Burschen, die man sich vorstellen kann. Sie kannten nichts als kämpfen, wildern, streiten und was dergleichen mehr ist. Zunächst war ich bestürzt über die Horde, unter die ich da gefallen war; doch bald begann ich, es genau wie sie zu treiben, und nach einiger Zeit war ich ein ebensolcher Taugenichts wie nur irgendeiner von ihnen. Als jener Gilbert Dawson nach Lindal kam, lebte ich schon zwei Jahre dort und wurde von den meisten als der Hauptkerl des Städtchens angesehen. Gilbert Dawson war ein ebenso ansehnlicher Bursche wie ich – so geschrumpft und gebeugt ich jetzt bin, maß ich doch einst ganze sechs Fuß. Außerdem hatten wir den gleichen Beruf; wir arbeiteten beide Weiden und Bretter für die Liverpooler Faßbinder vor – die Liverpooler Faßbinder beziehen nämlich einen Großteil ihres Materials aus dem Gehölz rund um die Bucht, Herr. So kamen wir natürlich häufig zusammen und wurden bald dicke Freunde. Ich strengte mich mächtig an, um nicht hinter Gilbert zurückzustehen, und holte all meine Kenntnisse hervor; denn ich hatte allerhand gelernt, aber in meiner Lindaler Zeit sehr viel davon vergessen. Auch ließ ich eine Zeitlang von meinem rohen Treiben ab, denn ich fürchtete, daß Gilbert davon erfahre, und ich schämte mich vor ihm. Doch dieser Zustand währte nicht lange. Es gab da ein Mädchen, das ich aufrichtig liebte, das mir jedoch nie Hoffnungen gemacht hatte. Ich begann nun zu argwöhnen, daß auch Gilbert Absichten auf sie hegte. Ach, sie war weiß Gott ein hübsches Ding zu jener Zeit. Kein Mädchen von heute gleicht ihr. Ich sehe sie noch vor mir, wie sie mit ihrem tänzelnden Schritt die Straße entlang ging, ihre langen, blonden Locken zurückwarf und mich oder einen anderen jungen Burschen mit einem hochmütigen Wort bedachte. Kein Wunder, daß Gilbert sich in sie vernarrte, denn er war so schrecklich ernst und sie so fröhlich und wohlgemut. Doch ich fing an zu glauben, daß auch sie Gefallen an ihm fand, und das machte mich rasend. Zuvor hatte ich bewundernd zugesehen, wenn er sprang, Kricket spielte oder den Ring warf. Aber wenn er jetzt sein Können zeigte und Letty schaute zu, so knirschte ich voller Grimm mit den Zähnen. Zwar behandelte sie ihn genau so von oben herab wie all die andern, aber ich sah an ihren Blicken, daß sie ihn mochte. Herrgott, vergib mir!, wie ich diesen Menschen haßte.»

Es schien, als hätte er den Haß noch gestern empfunden, so deutlich waren die Gefühle und Handlungen seiner Jugend in seinem Gedächtnis aufgezeichnet. Dann senkte er die Stimme und fuhr fort:

«Nun, in meinem Zorn sann ich nur auf eines, nämlich mit ihm zu kämpfen, und ich wartete auf eine Gelegenheit, mit ihm Streit anzufangen. Ich dachte, wenn ich ihn schlüge – und ich war damals ein erstklassiger Boxer –, werde sich Letty von ihm abwenden. So kam es eines Abends beim Wurfringspiel zum Streit zwischen uns. Ich weiß nicht mehr, was der genaue Anlaß war, aber es entstehen ja oft große Folgen aus kleinen Dingen. Ich forderte ihn zum Kampf heraus. Ich sah, daß er sehr wütend war; sein Gesicht wurde abwechselnd blaß und zornrot; und wie ich schon sagte, war er ein handfester und kampffähiger junger Bursche. Aber auf einmal gab er klein bei und sagte, er wolle nicht kämpfen. Die Lindaler Burschen, die uns zusahen, ließen ein schreckliches Geheul ertönen. Ich höre es noch heute. Ich konnte nicht anders, ich bedauerte ihn wegen dieser Erniedrigung. Ich dachte, er habe mich nicht richtig verstanden und ich müßte ihm noch eine Chance geben. So wiederholte ich meine Herausforderung. Ich sagte ihm in unmißverständlichen Worten, daß ich unsern Streit durch einen Faustkampf auszutragen wünschte. Er erwiderte mir, daß er keinen Grund habe, mit mir zu kämpfen. Ob er etwas Beleidigendes gesagt habe? Er könne sich an nichts Derartiges erinnern; wenn es aber der Fall sei, bitte er mich um Verzeihung. Er werde jedoch um keinen Preis mit mir kämpfen.

Seine Feigheit flößte mir eine solche Verachtung ein, daß es mir leid tat, ihm eine zweite Chance gegeben zu haben. Und ich stimmte in das Geheul der Umstehenden ein, das sich mit doppelter Lautstärke erhob. Er ließ es mit zusammengebissenen Zähnen über sich ergehen. Sein Gesicht war sehr weiß. Als wir das Geheul einstellten, sagte er mit lauter, aber rauher und unnatürlicher Stimme:

‹Ich kämpfe nicht, weil ich es für falsch halte, sich zu streiten und Gewalt zu brauchen!›

Dann wandte er sich zum Fortgehen. Ich war so von Haß und Verachtung überwältigt, daß ich ihm nachrief:

‹Sag wenigstens die Wahrheit, Freundchen. Wenn dir schon der Mut zum Kämpfen fehlt, so gib es auch zu. Mutters Schürzenkind fürchtet sich vor einem blauen Auge, nicht wahr? Es soll ihm nichts passieren, aber es soll auch keine Lügen erzählen.›

Nun, die andern lachten, aber ich konnte nicht lachen. Solch ein kräftiger junger Bursche ein Feigling, ein Angsthase! Ich konnte es nicht begreifen.

Vor Sonnenuntergang wußte jedermann in Lindal, daß ich Gilbert zum Kampf gefordert und er gekniffen hatte. Daß sich jemand vor einem Kampf drückte, so etwas hatten die Leute von Lindal noch nie gehört. Als Gilbert den Berg hinauf nach Hause ging, standen sie vor ihren Türen und starrten ihn an wie einen Ausländer oder Affen, aber niemand wünschte ihm einen guten Abend. Am nächsten Tag fanden sie indessen ihre Sprache wieder. Die Männer murmelten das Wort ‹Feigling›, so daß Gilbert es hören konnte, und gingen ihm im übrigen aus dem Weg. Die Frauen tuschelten kichernd miteinander, wenn er vorüberging. Und die frechen kleinen Jungen und Mädchen riefen ihm nach: ‹Seit wann seid Ihr Quäker geworden?›, ‹Gott sei mit Euch, Herr Quäker› und ähnliche Späße.

An jenem Abend traf ich ihn, mit Letty an seiner Seite. Sie kamen vom Strand herauf. Als ich ihnen an der Wegbiegung begegnete, sah ich, daß Letty dem Weinen nahe war. Sie blickte mit einer Miene zu seinem Gesicht auf, als bitte sie ihn etwas. Und so verhielt es sich tatsächlich, wie sie mir später erzählte. Denn sie mochte ihn wirklich gern und konnte es nicht ertragen, daß jeder ihn einen Feigling schalt. Sie vergaß an jenem Abend ihre ganze Schüchternheit und sagte ihm, daß sie ihn liebe; und sie bat ihn, die Schande nicht auf sich sitzen zu lassen und meine Herausforderung anzunehmen. Aber er blieb dabei – daß er nicht kämpfen könne, weil es falsch sei. Das brachte sie so außer sich, daß sie ihn selbst einen Feigling nannte und ihm mehr verletzende Dinge sagte als all die andern zusammen; jedenfalls hat sie mir das später erzählt. Es machte sie halb rasend, daß sie ihm ihre Gefühle enthüllt und ihn mit schmeichelnden Worten umzustimmen versucht hatte. Und zuletzt sagte sie ihm, daß sie nie wieder mit ihm sprechen werde – und doch hat sie es noch einmal getan – ihr Segen war der letzte menschliche Laut, den er vor seinem schrecklichen Ende vernahm.

Doch bis zu diesem Ereignis geschah noch vieles. Von dem Tag an, an dem ich die beiden zusammen getroffen hatte, wandte Letty sich mir zu. Ich bemerkte wohl, daß sie es teilweise tat, um Gilbert zu kränken, denn sie war doppelt so nett zu mir, wenn er in der Nähe war oder durch Dritte davon hören konnte. Aber mit der Zeit gewann sie mich um meiner selbst willen lieb, und wir beschlossen zu heiraten. Gilbert hielt sich von jedermann fern und verfiel in eine traurige und nachlässige Lebensweise. Sogar sein Gang veränderte sich; sein früher frischer und klingender Schritt wurde nun schwer und schleppend. Ich sah ihm oft ins Gesicht, um ihn auf die Probe zu stellen; aber er begegnete meinem Blick stets mit Festigkeit und Ruhe. Er ließ sich nicht einschüchtern, obwohl sich so vieles in seinem Leben geändert hatte. Die jungen Burschen wollten ihn nicht mehr bei ihren Spielen dabeihaben; und als er merkte, daß ihn nur Hohn und Spott erwartete, wenn er zum Kricketspielen oder Ringwerfen kam, erschien er eben überhaupt nicht mehr.

Der alte Küster war der einzige, mit dem er noch verkehrte, oder vielleicht richtiger, der einzige, der noch mit ihm verkehrte. Und sie wurden so gute Freunde, daß der alte Jonas allenthalben behauptete, die Schrift sei auf Gilberts Seite und Gilbert habe nur nach den Forderungen der Schrift gehandelt. Doch wir machten uns nicht viel aus seinen Worten, denn hatte der Pfarrer nicht einen Bruder, der Oberst im Heer war? Trotzdem hatten wir manchen Streit mit dem alten Jonas. Hielt er sich etwa für einen besseren Kenner der Bibel als der Pfarrer? Das hieße ja die natürliche Ordnung umstoßen, wie es die französischen Radikalen taten. Und wenn der Pfarrer Kampf und Streit für schlecht und unchristlich hielt, weshalb machte er dann so viel Aufhebens von den zahllosen Siegen, die damals erfochten wurden, und ließ das Glöckchen der Lindaler Kirche immerfort läuten? Und weshalb spielte ‹mein Bruder, der Oberst›, wie er ihn nannte, eine solche Rolle in seinen Reden?

Nachdem Letty meine Frau geworden war,

hörte ich auf, Gilbert zu hassen. Ja, ich bemitleidete ihn sogar in gewisser Weise. Der Arme hatte so viel Spott und Geringschätzung zu leiden. Obwohl er immer eine stolze Miene zeigte, so, als sei er sich gar keiner Schmach bewußt, schien er doch vom Kummer gebeugt zu sein. Es ist eine zermürbende Sache, wenn kein Mitmensch mehr etwas von einem wissen will, und genau das war Gilberts Schicksal. Die Kinder allerdings waren gern um ihn. Er sprach nie ärgerlich oder laut mit ihnen, auch wenn sie noch so ungezogen waren. Oft umringten sie ihn wie ein Schwarm Bienen. Sie waren noch zu jung, um zu wissen, was ein Feigling ist; sie fühlten nur, daß er sie liebte und stets bereit war, ihnen zu helfen. Nach einiger Zeit hatten Letty und ich selbst ein Kind, ein gesegnetes kleines Mädchen; und wir liebten es innig, besonders Letty, die bei der Pflege ihres Kindes zu meiner Freude all ihre jugendliche Leichtfertigkeit zu verlieren schien.

Meine ganze Familie wohnte auf dieser Seite der Bucht, oberhalb von Kellet. Jane – sie liegt dort bei dem weißen Rosenstrauch begraben – sollte damals heiraten, und sie bestand darauf, daß Letty und ich zu der Hochzeit hinüberkämen. Alle meine Schwestern liebten Letty, denn sie hatte so etwas Gewinnendes an sich. Wir hatten eine kleine Auseinandersetzung wegen des Kindes; denn Letty wollte es nicht zurücklassen, und ich wollte nicht, daß sie es mitnähme. Schließlich vereinbarten wir, das Kind für den Nachmittag dem Schutz von Lettys Mutter anzuvertrauen. Ich sah, daß Lettys Herz ein wenig weh tat, denn sie hatte ihr Kind bisher noch nie allein gelassen, und sie fürchtete alle Arten von Unheil, sogar, daß die Franzosen kämen und die Kleine raubten. Nun, wir liehen uns eine klapprige Chaise, schirrten die alte graue Mähre an, die sonst meinen Arbeitskarren zog, und fuhren großartig wie König Georg über das Watt. Wir brachen um etwa drei Uhr auf, denn um zwölf war noch Hochwasser gewesen, und wir wollten vor der nächsten Flut zurück sein, weil Letty ihr Baby nicht lange allein lassen konnte. Um neun Uhr spätestens mußten wir deshalb die Heimfahrt antreten. Es war ein lustiger Nachmittag, weiß Gott – das letzte Mal, daß ich Letty herzlich lachen sah, und, was das betrifft, auch das letzte Mal, daß ich selber wirklich herzlich lachte. Wir brachen später als geplant nach Hause auf. Die Uhren gingen falsch, und wir hatten einige Mühe, ein Schwein einzufangen, das mein Vater Letty geschenkt hatte. Zuletzt kriegten wir es aber doch, und es quiekte laut hinten in unserer Chaise. Wir lachten, und die anderen lachten auch. Als unsere Ausgelassenheit ihren Höhepunkt erreichte, ging plötzlich die Sonne unter. Das ernüchterte uns ein bißchen, denn wir wußten nun, wie spät es war. Ich peitschte auf die Mähre ein, aber sie war noch ein Stück träger als am Morgen; bergauf und bergab ging sie im gleichen langsamen Trott – und zwischen Kellet und dem Strand liegen nicht wenige Hügel. Auf dem Watt wurde es noch schlimmer. Der Sand war schwer gangbar, denn der viele Regen hatte ihn aufgeweicht. Herrgott, wie ich die arme Mähre peitschte, um den letzten roten Lichtschimmer auszunutzen. Sie kennen vielleicht das Watt der Morecambebucht nicht, meine Herren. Vom Boltoner Ende des Watts bis Cart-lane sind über sechs Meilen zurückzulegen und zwei Priele zu durchqueren, ganz zu schweigen von den Löchern und Triebsandstellen. Solange es hell genug ist, um das Watt zu überqueren, wartet am zweiten Priel ein Wattführer; bei Anbruch der Dunkelheit aber verläßt er seinen Posten; über die gewöhnliche Zeit hinaus bleibt er nur nach besonderer Verabredung, und in den drei Stunden, in denen beiderseits des Priels Hochwasser steht, ist er natürlich nicht an seinem Platz. Sie sehen also, in was für einer Lage wir in jener schrecklichen Nacht waren. Um und über uns wurde es dunkler und dunkler, nur über den Bergen zeigte sich noch ein roter Lichtstreifen. Wir hatten inzwischen zwei Meilen zurückgelegt und den ersten Priel durchquert. Nun gerieten wir plötzlich in eine Senke – obgleich das Watt so flach aussieht, sind doch viele Vertiefungen darin, in denen man den Strand ganz aus den Augen verliert. Wir brauchten für die Durchquerung der Senke mehr Zeit, als wir hätten brauchen dürfen, denn der Sand gab unter dem Gewicht unseres Gefährtes so sehr nach. Als wir aus der Senke herauskamen, sahen wir gegen den dunklen Hintergrund die weiße Linie der die Bucht heraufwogenden Flut. Sie schien keine Meile von uns entfernt; und wenn der Wind über die Bucht weht, kommt sie schneller heran als ein galoppierendes Pferd. ‹Herrgott, hilf uns!› stieß ich hervor, und dann reute mich der Ausruf, denn er mußte Letty erschrecken; aber das Entsetzen hatte mir die Worte aus dem Herzen gepreßt. Ich spürte, wie Letty an meiner Seite zusammenschauerte und sich an meinen Überwurf klammerte. Das Schwein, das sich vor einiger Zeit heisergeschrien hatte, begann nun wieder mit solcher Gewalt zu quietschen, daß es jeden Mann aus der Fassung bringen mußte. Es schien, als ahnte es die Gefahr, in der wir alle schwebten. Ich verfluchte das Tier für seinen Lärm: Ach! was für ein hartnäckiger Sünder war ich doch! Das Kreischen des Schweines war nur Gottes Antwort auf meinen Bittruf. Ja, Sie mögen lächeln, mein Herr, aber Gott bedient sich zu seinen Zwecken im Notfall der verächtlichsten Dinge.

Der Mähre stand jetzt dicker Schaum vor dem Maul. Sie schnaubte und bebte wie in Todesfurcht, denn obwohl wir auf der letzten Anhöhe vor dem zweiten Priel waren, stieg ihr das Wasser an den Beinen hoch. Und sie war so schrecklich erschöpft! Als wir den Priel fast erreicht hatten, hielt die Mähre plötzlich an, und all mein Peitschen konnte sie nicht von der Stelle bringen. Sie stöhnte nur laut auf, und ihr Körper erschauerte in einem furchtbaren Zukken. Bis jetzt hatte Letty noch kein Wort gesprochen; sie hatte sich nur fest an meinen Überrock geklammert. Aber nun hörte ich sie etwas sagen und beugte meinen Kopf zu ihr herab. ‹Ich glaube, John – ich glaube – ich werde Baby nie wiedersehen.›

Und dann sandte sie einen furchtbaren Schrei zum Himmel – einen lauten, schrillen, klagenden Schrei. Er machte mich schier wahnsinnig. Ich zog mein Messer heraus, um die Mähre anzutreiben. Auf irgendeine Weise mußte der verzweifelten Situation ein Ende gemacht werden. Das langsam steigende Wasser erreichte schon fast die Wagenachse – und dazu diese weißen Wellen, die mit unbarmherziger Stetigkeit vordrangen! Jene Viertelstunde, mein Herr, erschien mir so lang wie mein ganzes späteres Leben. Gedanken, Einbildungen, Träume, Erinnerungen flossen ineinander. Der dicke Nebel, der uns immer mehr einschloß, schien die Düfte unseres Gartens mit sich zu bringen. Vielleicht war es gar keine Täuschung, denn dieser Nebel, der uns wie ein Leichentuch vorkam, senkte sich auf die Blumen um unsere Schwelle wie ein glückbringender Tau. Letty erzählte mir später, daß sie über dem Gurgeln des steigenden Wassers ihr Kind nach ihr rufen hörte, so deutlich, wie sie nur je etwas gehört habe. Die Seevögel schrien und das Schwein quiekte, aber die Laute drangen nicht in mein Bewußtsein – zumindest schienen sie mir Meilen entfernt.

Gerade hatte ich mein Messer herausgezogen,

da hörten wir durch das Gurgeln des nahen Wassers und das Rauschen des fernen – ach! so fern war es gar nicht! – einen anderen Laut. Wir konnten kaum sehen, aber wir glaubten etwas Schwarzes gegen das Bleigrau von Himmel, Nebel und Wasser zu erkennen. Es kam näher und näher. Mit langsamer, aber stetiger Bewegung durchquerte es rechts von uns den Priel. Guter Gott, es war Gilbert Dawson auf seinem kräftigen Braunen!

Wir wechselten nur wenige Worte, denn die Zeit war knapp. Vergangenheit und Zukunft gab es in diesem Augenblick nicht. Mein einziger Gedanke war, Letty und wenn möglich auch mich vor dem Tode zu bewahren. Ich entsinne mich nur, daß Gilbert sagte, das entsetzte Geschrei eines Tieres habe ihm den Weg gewiesen. Später, als alles vorüber war, hörte ich, daß er wegen der starken Regenfälle besorgt um unsere Rückkehr gewesen war. Er hatte sich einen Sattel für sein Pferd geliehen und war am frühen Abend nach Cart-lane hinunter geritten, um nach uns auszuschauen. Wäre alles gut gegangen, hätten wir nie etwas davon erfahren. Nachdem das Unglück aber geschehen war, berichtete uns der alte Jonas all diese Dinge, und während er erzählte, fielen die Tränen von seinen welken Wangen herab.

Wir banden das Pferd an der Chaise fest und hoben Letty in den Sattel. Das Wasser stieg unentwegt mit dumpfem Geräusch. Letty klammerte sich an den Sattelgriffen fest, ließ aber den

Kopf hangen, als hätte sie noch immer keine Lebenshoffnung. In Gedankenschnelle saß Gilbert neben mir in der Chaise. Und doch! Hätte er nicht Zeit gehabt, einen Gedanken zu fassen? Warum sollte *er* nicht mit Letty davonreiten und sich anstatt meiner retten?

‹Schnell›, sagte er klar und fest, ‹du mußt den Braunen reiten und Lettys Halt sein! Das Pferd kann schwimmen. Mit Gottes Hilfe werde ich folgen. Ich kann die Riemen durchschneiden, und wenn die Mähre nicht mehr durch die Chaise behindert ist, wird sie mich sicher durchbringen. Wie dem auch sei, du hast Weib und Kind, um mich aber schert sich niemand.›

Denken Sie nicht allzu schlecht von mir, meine Herren. Ich wünsche oft, daß das Geschehen jener Nacht ein Traum gewesen wäre. Wie ein Traum hat es mich seitdem im Schlaf verfolgt. Und doch war es kein Traum. Ich setzte mich in den Sattel und legte Lettys Arm um meinen Körper. Ihr Kopf sank an meine Schulter. Ich hoffe bei Gott, daß ich ihm einige Dankesworte sagte, aber ich weiß es nicht genau. Ich erinnere mich nur, daß Letty den Kopf hob und rief:

‹Gott segne dich, Gilbert Dawson. Ohne dich wäre mein Kind heute nacht zur Waise geworden.› Und dann fiel sie bewußtlos gegen mich.

Ich brachte sie heil an Land, oder besser, das Pferd schwamm tapfer durch die steigende Flut. Wir trieften vor Nässe, als wir die Ufersandbänke erreichten. Doch es gab für uns nur einen Gedanken – wo war Gilbert? Dichter Nebel und das Gewoge des Wassers schlossen uns rings ein. Wo war er? Wir riefen. Letty erhob, so schwach sie war, ihre Stimme und rief klar und hell. Es kam keine Antwort. Das Meer dröhnte fort, unablässig und dumpf. Ich ritt zu dem Haus des Wattführers. Er lag zu Bett und wollte sich nicht erheben, obwohl ich ihm mehr Geld anbot, als mein ganzer Besitz wert war. Vielleicht wußte er es, der verfluchte alte Schurke! Aber er hätte sein Geld bestimmt bekommen, und wenn ich mein ganzes Leben dafür hätte schuften müssen. Er sagte, ich könne sein Horn nehmen und blasen. Ich tat es und blies so laut durch die stille, schwarze Nacht, daß die schwere Luft die Töne zurücktrug. Aber keine menschliche Stimme, kein menschlicher Laut war zu hören. Das wilde Geschmetter des Horns konnte keinen Toten wecken.

Ich brachte Letty heim zu ihrem Kind, über dem sie die ganze Nacht hindurch weinte. Ich selbst ritt zurüok zum Strand. Ich ging bei Cart-lane mit müden Schritten am Rande des Wassers auf und ab und rief ab und zu vergeblich Gilberts Namen. Es blieb still. Das Wasser ging zurück und hinterließ keine Spur. Zwei Tage später wurde er bei Flakeborough an Land gespült. Die Chaise und die arme alte Mähre fand man halb verschüttet in einem Sandhügel bei Arnside Knot. Meiner Vermutung nach hatte Gilbert bei dem Versuch, die Riemen durchzuschneiden, das Messer fallenlassen und so jede Chance, zu überleben, verloren. Jedenfalls wurde das Messer in einer Deichselspalte gefunden.

Als er beerdigt wurde, kamen seine Freunde von Garstang herüber. Ich hätte gern als Hauptleidtragender an dem Begräbnis teilgenommen. Aber ich hatte kein Recht dazu; so ließ ich es lieber. Bis zum heutigen Tage habe ich jedoch nicht aufgehört, um ihn zu trauern. Als seine Schwester seine Habseligkeiten zusammenpackte, bat ich sie inständig um ein Stück von seinen Sachen. Von seinen Kleidern wollte sie mir nichts geben, denn sie war ein recht habsüchtiges Frauenzimmer und hatte selbst Knaben, die in die Sachen hineinwachsen konnten. Aber sie warf mir seine Bibel hin. Sie besitze bereits eine, sagte sie, und Gilberts Bibel sei nur ein armseliges, abgenutztes Ding. Die Bibel hatte ihm gehört, und so war sie mir wert. Sie hatte einen schwarzen Ledereinband und altertümliche Taschen an den Seiten. Und in einer der Taschen steckte ein Strauß wilder Blumen, von denen Letty fast sicher war, ihn einst Gilbert gegeben zu haben. Viele Stellen im Bibeltext waren mit seinem Zimmermannsstift dick angestrichen. Sie rechtfertigten zur Genüge seine Weigerung zu kämpfen. Ja, Herr, der Dienst an Gott und die Nächstenliebe bieten genug Gelegenheit zur Tapferkeit, auch ohne Kampf und Streit.

Ich danke Ihnen, meine Herren, daß Sie mir

zugehört haben. Ihre Unterhaltung rief in mir den Gedanken an jenen Mann wach, und mein Herz gebot mir zu sprechen. Aber jetzt muß ich abbrechen. Ich habe noch ein Grab für ein kleines Kind zu schaufeln, das morgen früh begraben werden soll, gerade wenn seine Spielgefährten zur Schule marschieren.»

«Aber erzählt uns doch von Letty; lebt sie noch?» fragte Jeremy.

Der alte Mann schüttelte den Kopf und kämpfte gegen einen würgenden Seufzer an. Nach einer Pause von einer Minute sagte er:

«Sie starb kaum zwei Jahre nach jener Nacht. Sie war nie wieder die alte. Oft saß sie in Gedanken vertieft da. Ich nahm an, daß sie an Gilbert dachte; aber ich konnte sie deswegen nicht tadeln. Wir bekamen einen Jungen und nannten ihn Gilbert Dawson Knipe. Er ist Heizer bei einer Londoner Eisenbahngesellschaft. Unser Mädchen nahm Gott noch als kleines Kind zu sich. Danach war Lettys Leben nur noch ein stilles Verdämmern, und sie starb kaum sechs Wochen später. Sie wurden beide hier begraben. Ich kam her, um ihnen nahe zu sein; ich verließ Lindal gern, denn nachdem Letty gestorben war, konnte ich dort nicht mehr leben.»

Er wandte sich um und nahm seine Arbeit wieder auf. Auch wir erhoben uns, da wir genügend gerastet hatten, und gingen davon.

WILLIAM MAKEPEACE THACKERAY

Blaubarts Geist

Nachdem sie auf so grausame Art ihres Gatten beraubt worden war, verbrachte Blaubarts Witwe, wie man sich denken kann, geraume Zeit in einem Zustand tiefer Trauer.

Im ganzen Land gab es keine verwitwete Frau, die sich den schwarzen Stoff so viel kosten ließ. Ihr schönes Haar stopfte sie unter gefältelte Hauben, und der Trauerschleier hing ihr bis über die Ellbogen herab. Selbstverständlich duldete sie niemanden um sich außer ihre Schwester Anna (deren Gesellschaft ihr alles andere als angenehm war); was ihre Brüder anlangte, diese brachten aus der Offiziersmesse Manieren mit, die ihr schon immer zuwider gewesen waren. Was lag ihr an Witzen über den Major oder an Klatschgeschichten über den schottischen Regimentsarzt? Ob sie den Wein aus schwarzen Flaschen oder aus Kristallglas tranken, was kümmerte sie das? Und was die Brüder vom Stall, von der Parade, von der letzten Jagd erzählten, war ihr ohnehin verhaßt; außerdem konnte sie ihre dreisten Schnurrbärte und ihre üble Zigarrenraucherei nicht leiden.

Sie waren ihr schon immer als ungehobelte Kerle vorgekommen, doch jetzt, ach, jetzt war die Gegenwart ihrer Brüder ein Greuel für ihr zartes Gemüt! Wie konnte sie nach dem, was geschehen war, ihren Anblick noch ertragen? Den besten aller Ehemänner hatten sie mit ihren Kavalleriesäbeln erbarmungslos zusammengehauen, den herzensguten Freund, den rücksichtsvollen Gutsbesitzer, den makellosen Friedensrichter; frech hatten sich diese Fahnenjunker in seine Ehezwistigkeiten eingemischt, hatten das ehrwürdige blaue Haar in ein unrühmliches Grab gezerrt!

Sie ließ ihrem dahingegangenen Herrn und Gebieter über der Familiengruft der Blaubarts ein höchst glanzvolles Denkmal errichten. Der Pfarrer, Dr. Sly, der Blaubarts Studienberater gewesen war, setzte eine Grabschrift in hochtrabendem und doch höchst rührendem Latein auf:

Siste, viator! moerens conjux, heu! quanto minus est cum reliquis versari quam tui meminisse…

Kurz, alles, was gewöhnlich auf Grabsteinen steht. Eine Büste des Dahingegangenen, mit der Gestalt der Tugend darüber, stand über der Inschrift, umgeben von ovalen Plaketten mit den Namen seiner Ehefrauen; eine dieser Plaketten war noch nicht beschriftet; dagegen hieß es in der Grabschrift, die Witwe sei untröstlich, bis ihr Name dort eingetragen sei. «Dann bin ich nämlich bei ihm. *In coelo quies*», sagte sie jeweils mit Augenaufschlag, wobei sie zitierte, was auf dem Totenschild stand, das in der Kirche aufgestellt worden war und auch im Schloß, wo die gesamte Dienerschaft in tiefster Trauer war. Wenn der Wildhüter auf die Jagd ging, trug er ein schwarzes Band; ja sogar die Vogelscheuchen im Obstgarten mußten schwarz gekleidet werden.

Anna, die Schwester, war die einzige Person, die sich weigerte, in Schwarz zu erscheinen. Blaubarts Witwe hätte gerne auf sie verzichtet, hatte aber keine andere weibliche Verwandtschaft. Ihr Vater, wie man sich aus dem früheren Teil ihrer Lebensgeschichte erinnern mag, hatte wieder geheiratet, und die Stiefmutter war ihr, wie nicht anders zu erwarten war, tödlich verhaßt. Frau Shacabac hatte ihr einen Beileidsbesuch abgestattet, doch schon am zweiten Tag ihres Aufenthalts war die Witwe ihr gegenüber so ruppig, daß die Stiefmutter das Haus wutschnaubend verließ. Die Blaubarts ihrerseits haßten natürlich die Witwe, hatte ihr doch Blaubart sein ganzes Vermögen vermacht. Da er keine Kinder aus früherer Ehe hatte, kann man sich vorstellen, daß das Vermögen recht stattlich war. So war also ihre Schwester Anna die einzige weibliche Verwandte, die Blaubarts Witwe in ihrer Nähe duldete; bekanntlich muß ja eine Frau unbedingt eine weibliche Verwandte um sich haben, wenn sie verheiratet ist oder sich in heiklen Umständen befindet. Doch weiter mit unserer Geschichte.

«Nie werde ich für diesen schlechten Kerl Trauer tragen», rief Anna jeweils.

«Ich muß dich recht sehr bitten, in meiner Gegenwart keine solchen Ausdrücke zu brauchen, wenn du vom besten aller Ehegatten sprichst», erwiderte die Witwe dann, «sonst kannst du gleich das Zimmer räumen!»

«Es ist sowieso nicht besonders gemütlich hier. Warum hältst du dich nicht im Zimmer auf, wo die andern Frauen Blaubarts sind, liebe Schwester?»

«Frechheit! Sie sind alle von Monsieur Gannal einbalsamiert worden. Wie kannst du es wagen, die ungeheuerlichen Verleumdungen nachzuplappern? Nimm die Familienbibel und lies, was mein herzensguter Mann da von seinen Frauen sagt – lies, was da von seiner eigenen Hand geschrieben steht:

Freitag, 20. Juni. – Heiratete meine geliebte Frau, Anna Maria Scrogginsia.

Samstag, 1. August. – Ein trauernder Hinterbliebener hat kaum die Kraft, um in diese Chronik einzutragen, daß seine überaus teure Gattin, Anna Maria Scrogginsia, heute an Halsweh verstarb.

Also, was braucht es noch mehr, um dich zu überzeugen? Dies vielleicht?

Dienstag, 1. September. – Heute führte ich den Trost meiner Seele, Luise Mathilde Hopkinson, zum Trau-

altar. Möge dieser Engel mir diejenige ersetzen, die ich verlor!

Mittwoch, 5. Oktober. – O Himmel, erbarme dich der Seelennot dessen, der die Vernichtung all seiner Hoffnungen und Herzenswünsche aufzeichnen muß! Heute hat meine innigst geliebte Luise Mathilde Hopkinson den Geist aufgegeben. Kopf- und Schulterbeschwerden waren die plötzliche Ursache des Ereignisses, das den unglücklichen Endesunterfertigten zum Elendesten aller Elenden gemacht hat. Blaubart

Alle seine Frauen sind auf diese entzückende, diese ergreifende, diese wahrhaft edelmütige und zartfühlende Art registriert. Glaubst du, wer solcher Regungen fähig ist, könne ein Mörder sein?»

«Willst du damit sagen, er habe sie nicht umgebracht?»

«Umgebracht! Du meine Güte, Anna, sie sind alle eines so natürlichen Todes gestorben, wie er hoffentlich auch dir beschieden sein wird. Mein Mann war in der Ehe stets ein Ausbund an Liebe und Güte. War es sein Fehler, daß die Ärzte versagten? Sicherlich nicht, und nach dem Tode seiner Frauen ließ er die Leiche jeweils einbalsamieren, um sich hienieden nie von ihr trennen zu müssen.»

«Und warum ist er mit dir in den Turm hinaufgestiegen, bitte? Und warum hast du mich in aller Eile auf die Zinne hinaufgeschickt? Warum hat er sein langes Messer gewetzt und geschrien, du sollst herunterkommen?»

«Bloß um mich für meine Neugier zu bestrafen, die liebe, gute Seele von einem Menschen!» schluchzte die Witwe, überwältigt von der Erinnerung an die Aufmerksamkeiten ihres Gatten.

«Ich wollte, ich hätte es nicht so eilig gehabt, meine Brüder herbeizurufen», erwiderte Anna verdrossen.

Blaubarts Witwe stieß einen gellenden Schrei aus. «Ach», rief sie, «bitte nicht – bitte erinnere mich nicht an jenen schrecklichen Unglückstag! Wenn du deine Brüder nicht verleitet hättest, dann wäre mein armer lieber Blaubart noch am Leben, und immer noch – immer noch der Seelentrost seiner Fatima!»

Ob es sich nun so verhält, daß alle Frauen ihre Männer vergöttern, wenn diese nicht mehr sind, oder ob Fatimas Darstellung wirklich zutrifft und die allgemeine Auffassung von Blaubart nur einem Vorurteil entspringt, das bleibe dahingestellt; es ist für die weiteren Erlebnisse seiner Witwe auch nicht erheblich. Wenn gemunkelt wird, der Umstand, daß Blaubart seiner Frau sein ganzes Vermögen vermachte, sei bloß eine Finte gewesen in Anbetracht dessen, daß er fest entschlossen war, ihr nach den Flitterwochen den Kopf abzuschlagen, so lassen sich seine wahren Absichten doch am besten an der tiefen Trauer erkennen, die die Witwe nach seinem Tode an den Tag legte, sowie an der Tatsache, daß er sie in recht begüterten Umständen hinterließ.

Wenn jemand mir und dir, liebe Leserin, ein

Vermögen hinterließe, würden wir da allzu mäklig in dem Wie und Warum herumstochern? Pah, wir würden es nehmen, und damit basta, und so hielt es auch Blaubarts Witwe. Die Verwandten ihres Gatten suchten es ihr zwar auszureden. «Gnädigste», sagten sie, «Sie werden einsehen, daß Blaubart das Vermögen nicht Ihnen zugedacht haben kann, da er zweifellos vorhatte, Ihnen den Kopf abzuschlagen. Es ist deshalb klar, daß er das Geld seinen Blutsverwandten zukommen lassen wollte; Sie sollten von Rechts wegen damit herausrücken.» Aber sie wimmelte sie ab. «Der Gedankengang mag richtig sein», meinte sie, «aber ich behalte das Geld doch lieber selbst.» Und sie bestellte die Trauerkleider, wie bereits beschrieben, und gab sich ihrem Kummer hin, und für den verstorbenen Gatten hatte sie nichts als Lob. Wenn doch jemand mir ein Vermögen hinterlassen wollte, was für ein Begräbnis und was für eine Leichenrede würden ihm von mir zuteil!

Blaubarts Schloß steht bekanntlich in einem entlegenen Teil des Landes; es ist zwar ein schönes Gebäude, aber bemerkenswert düster und einsam. Der zartbesaiteten Witwe wurde der Ort nach dem Tode ihres teuren Gatten unerträglich. Die Pfade, der Rasen, der Springbrunnen, das Wäldchen im Park, in welchem sich die Rehe tummelten, alles das rief in ihr Erinnerungen an den lieben Verstorbenen wach. Ihr war, als hätten sie sich erst gestern abend im Park ergangen, wobei Blaubart dem Wildhüter den feisten Hirsch bezeichnete, der erlegt werden sollte. «Ach», seufzte die Witwe mit Tränen in den schönen Augen, «der hilflose Hirsch wurde erlegt, ausgewirkt und gebraten, die Preiselbeeren im Garten, die Blaubart so liebte, wurden zubereitet, aber gekostet, ach, hat er das Wildbret nicht mehr! Schau, liebe Anna, hier im Rittersaal hängen noch seine Jagdtrophäen und die Bildnisse seiner erlauchten Ahnen! Schau, beim Kamin hängen noch seine Reitgerte und der Unkrautstecher, in jener Schublade sind seine Sporen, seine Trillerpfeife, die Visitenkarten, auf denen sein lieber Name steht! Und da sind die gebrauchten Stücke Bindfaden, die er immer aufhob, weil man sie stets brauchen kann, da ist sein Knopfhaken, und da ist der Haken, an den er jeweils den Hut h–h–hängte!»

Gefühlsaufwallungen und Tränenausbrüche folgten jeweils, wenn die Witwe sich solchermaßen in zärtlichen Erinnerungen erging; kurz und gut, es litt sie nicht länger in dem Schloß, sie wollte woanders hin; hier, wo alles sie an den lieben Verstorbenen erinnerte, hielt sie es nicht mehr aus.

Die Leute, mißgünstig wie sie sind, behaupteten natürlich, sie sei bloß des Lebens auf dem Lande überdrüssig und wolle wieder heiraten; aber sie kehrte sich nicht an das Gerede, und Anna, die ihre Stiefmutter haßte, war bereit, mit ihrer Schwester in die Stadt zu ziehen, wo die Blaubarts seit langem ein großes, vornehmes altes Haus besitzen. So siedelten sie denn in die Stadt über, wo sie in Unfrieden miteinander weiterlebten. Obwohl Anna oft damit drohte, sie werde ihre Schwester verlassen und sich in einer Pension einmieten, deren es am Ort genug gab, so blieb sie doch da; mit dem Wagen ihrer Schwester auszufahren, Kutscher und Lakai in Schwarz, und das Wappen der Blaubarts und der Shacabacs am Wagenschlag, das gab ihr ein höheres Ansehen, und so wohnten denn die beiden lieblichen Schwestern weiterhin beieinander.

Für eine trauernde Witwe wie Frau Blaubart hatte das Stadthaus noch andere, eigentümliche Vorteile. Abgesehen davon, daß es ein äußerst geräumiges und trostloses Backsteingebäude war, mit einem trostlosen Eisengeländer davor, hatte es auch eine trostlose Reihe länglicher Fenster, die auf den Friedhof hinausgingen, wo zwischen zwei kunstvoll gestutzten Eiben das Grabmal des verstorbenen Blaubart über der Familiengruft stand. Dies war das erste, was die Witwe am Morgen von ihrem Schlafzimmer aus sah, und es war köstlich, abends von der Stube aus zu verfolgen, wie die Büste des Verstorbenen vom bleichen Mondschein erhellt wurde, mit den dunkeln Schatten, die die Gestalt der Tugend darüberwarf. Schlüsselblumen, Rhododendren und Ranunkeln waren innerhalb der eisernen Umfassung angepflanzt, die die letzte Ruhestätte der Blaubarts umgab, und der Friedhofgärtner hatte Anweisung erhalten, jeden

Knirps, der sich an diesen Zeichen der Gattenliebe vergreifen mochte, halb umzubringen.

Über dem Büfett im Eßzimmer hing Blaubart in Uniform und voller Lebensgröße, gemalt von einem Mitglied der Königlichen Akademie, und sah finster auf Besteck und Silbertabletts herunter. Über dem Kaminsims war er in Weidmannstracht abgebildet, hoch zu Roß; im Schlafzimmer der Witwe hing er als Schattenriß, im Wohnzimmer als Miniatur. Diese stammte noch aus seiner Studentenzeit, ehe er sich den blauen Bart hatte wachsen lassen, der die Zierde seiner Mannesjahre bildete und von dem ein Stück jetzt eine wunderschöne blaue Halskette für seine Witwe abgab.

Die Schwester behauptete, das Stadthaus sei noch trostloser als das Landhaus; dort gebe es wenigstens frische Luft, und es sei angenehmer, auf einen Park hinauszublicken als auf einen Friedhof, mochten die Grabmäler noch so schön sein. Doch die Witwe nannte sie ein leichtfertiges Ding und ließ sich von ihrem Klagen und Trauern nicht abbringen. Das einzige männliche Wesen, das bei ihr Zutritt hatte, war der Pfarrer der Gemeinde, der ihr Kanzelreden vorlas, und da dieser Geistliche mindestens siebzig Jahre alt war, hatte Anna keinerlei Gelegenheit, auf Abwege zu geraten, und die Leute in der Stadt konnten nicht das geringste gegen den Umgang der betrübten Witwe mit dem ehrwürdigen Mann einwenden.

Jeden andern Umgang aber mied sie. Als die

Wandertruppe in der Stadt auftrat und der Theaterdirektor bei ihr vorsprechen wollte, um ihre Unterstützung zu erbitten, wurde der Ärmste vom Herrschaftsdiener unsanft hinausbefördert. Obwohl Bälle, Bridgeabende und Gesellschaften stattfanden, war die Witwe Blaubart für dergleichen nie zu haben; und selbst die Offiziere, denen sonst jede Tür und jedes Herz offensteht, fanden nie Einlaß. Drei Wochen lang stolzierte Hauptmann Whiskerfield vor dem Haus auf und nieder, ohne die geringste Wirkung. Hauptmann O'Grady, von einem irischen Regiment, versuchte die Dienerschaft zu bestechen und stieg eines Nachts sogar über die Gartenmauer; doch alles, was er erreichte, war, daß er in eine Fußangel geriet, ganz zu schweigen von den Verletzungen, die er sich durch Glasscherben zuzog; und so stand auch er von dem neckischen Spiel ab. Schließlich war da noch Hauptmann Schwarzbart, dessen Haarwuchs es mit dem des verstorbenen Blaubart aufnehmen konnte; obwohl er seit zehn Jahren keinen Fuß mehr in eine Kirche gesetzt hatte, wohnte er jetzt regelmäßig dem Gottesdienst bei, doch trug ihm seine Frömmigkeit nichts ein; die Witwe würdigte ihn keines einzigen Blickes. In der Kaserne herrschte Verzweiflung, und Hauptmann Whiskerfields Schneider, der ihn neu ausstaffiert hatte, damit er das Herz der Witwe erobere, ließ ihn schließlich in den Schuldturm werfen.

Das Verhalten der Witwe gegenüber den

Offizieren wurde vom Pfarrer höchlich belobigt; da er aber selber eher ein geselliger Mensch war und ein gutes Essen und eine Flasche nicht verachtete, redete er der schönen Leidtragenden zu, sie solle sich doch etwas Zerstreuung verschaffen, und empfahl ihr, von Zeit zu Zeit ein paar gesetzte, ernsthafte Leute einzuladen, die er ihr gerne vorstellen werde. Da Dr. Sly großen Einfluß auf sie hatte, kam sie seinem Wunsch nach, und so führte er denn einige seiner ehrbarsten Bekannten in ihr Haus ein, alles verheiratete Leute, damit die Witwe nichts zu befürchten brauche.

Zufällig hatte Dr. Sly einen Neffen, der in London als Rechtsanwalt tätig war, und dieser kam in den Gerichtsferien, um seinem Onkel pflichtschuldigst einen Besuch abzustatten. «Er gehört nicht zu diesen jungen Zechbrüdern», meinte der geistliche Herr, «er verschönert seiner Mama und seinen Schwestern das Leben; Tee ist das Schärfste, was er trinkt; in den letzten zwanzig Jahren hat er sonntags nicht einen einzigen Kirchgang ausgelassen; ich hoffe, liebe, gnädige Frau, Sie haben nichts dagegen, diesen vorbildlichen jungen Mann seinem Onkel zuliebe zu empfangen.»

Die Witwe erklärte sich damit einverstanden. Ein schöner Mann war Fred Sly allerdings nicht. «Was verschlägt's», meinte der Pfarrer, «er ist ein guter Mensch, und Tugend ist besser als die Schönheit aller Dragoner in königlichen Diensten.»

Fred Sly kam also zum Abendessen, und er kam zum Tee; er fuhr mit der Witwe in ihrem Wagen aus, und in der Kirche reichte er ihr das Gesangbuch; kurz, er erwies ihr jede Aufmerksamkeit, die man von einem so gesitteten jungen Mann erwarten konnte.

Natürlich entstand in der Stadt bald ein Gerede. «Alle Junggesellen hat der Pfarrer von der Witwe ferngehalten», sagten die Klatschmäuler, «damit dieser mißliche Neffe bei ihr freie Bahn hat.» Die schnöden Reden kamen Anna zu Ohren, und das listige Ding hinterbrachte sie ihrer Schwester voller Schadenfreude, um sie zu bewegen, etwas lebenslustigere Gesellschaft zu empfangen. Anna war dem Tanzen oder Kartenspielen viel mehr zugetan als einer steifen Unterhaltung am Teetisch, und so setzte sie ihrer Schwester Tag und Nacht zu und bedeutete ihr, sie vergebe sich gar nichts, wenn sie ihr Haus der vornehmen Welt öffne und einen angemessenen Aufwand treibe.

Schließlich ließ die Witwe sich umstimmen, wenn auch ungern; sie ging sogar so weit, ein hübsches Halbtrauerkleid zu bestellen, von dem jedermann sagte, es stehe ihr sehr gut. «Ich trage meinen lieben Blaubart im Herzen», erklärte sie, «das trauert ihm immer noch nach, und wenn das Herz trauert, kann man auf Äußerlichkeiten verzichten.»

So verschickte sie denn Einladungen zu einem ruhigen kleinen Tee und Abendessen, und mehrere der besten Familien aus der Stadt und

Umgebung folgten der Einladung. Natürlich blieb es nicht bei dem einen Abend, es fanden weitere statt, und schließlich wurde sogar Hauptmann Schwarzbart eingeführt, wenn auch, wie man sich denken kann, in Zivilkleidung.

Dr. Sly und sein Neffe konnten den Hauptmann nicht ausstehen. Sie behaupteten, sie hätten da sonderbare Dinge gehört, wie es in der Kaserne zu und hergehe. «Wer war es, der drei Flaschen nacheinander austrank? Und wie kam es, daß Dolly Coddlins so plötzlich verreiste?» Fred Sly verdrehte die Augen, als sein Onkel diese Fragen stellte, und seufzte über die Verdorbenheit dieser Welt. Dessen ungeachtet freute er sich, vor allem über die Ungehaltenheit, die die Witwe an den Tag legte, als die Affäre mit Dolly Coddlins gestreift wurde. Sie war höchlich erbost und beteuerte, der elende Kerl werde ihr nie mehr ins Haus kommen, zur großen Genugtuung des Rechtsanwalts und seines Onkels. O ihr Kurzsichtigen, glaubt ihr denn, Frau Blaubart hätte sich so aufgeregt, wenn sie nicht eifersüchtig gewesen wäre? Glaubt ihr, sie wäre eifersüchtig gewesen, wenn sie nicht – was denn? Sie behauptete, sie mache sich ebenso wenig aus dem Hauptmann wie aus einem ihrer Lakaien; doch bei seinem nächsten Besuch werde sie ihn keines Wortes würdigen.

«Gnädiges Fräulein», sagte der Hauptmann zu Anna, als er sie in einem Vergnügungslokal traf, wo sie mit Leutnant Trippet tanzte, «was ist denn in Ihre schöne Schwester gefahren?»

«Dolly Coddlins ist in sie gefahren», sagte Anna. «Fred Sly hat ihr alles erzählt», und schon war sie entschwebt.

Der Hauptmann wurde so puterrot, daß jedermann sehen konnte, wie ungerecht der Anwurf war. Er machte beim Tanzen unzählige Fehler und warf die ganze Zeit so wütende Blicke auf Fred Sly (der nicht tanzte, sondern mit der Witwe zusammen ein Eis verzehrte), daß seine Partnerin ihn für übergeschnappt hielt und Fred Sly allmählich wie auf Nadeln saß.

Als der Tanz zu Ende war, kam Hauptmann Schwarzbart herüber, um der Witwe seine Aufwartung zu machen, und trat dabei Fred Sly zufällig so himmeltraurig auf den Fuß, daß dieser vor Schmerz laut aufschrie und bald darauf wegging. Dennoch blieb die Witwe dem Hauptmann gegenüber so ungnädig wie zuvor. Sie bat Leutnant Trippet, ihr diesmal den Wagen zu besorgen, und fuhr nach Hause, ohne ein einziges Wort mit Hauptmann Schwarzbart gewechselt zu haben.

Am nächsten Morgen sprach Pfarrer Sly bei der Witwe vor, wobei er ein übernatürlich langes Gesicht machte. «Verworfenheit und Blutdürstigkeit», sagte er, «nehmen auf der Welt überhand. Ach, gnädige Frau, was für Unmenschen begegnen wir hienieden, was für Unholde und Tückebolde laufen frei herum! Würden Sie es für möglich halten, daß heute morgen, als mein Neffe friedlich beim Frühstück saß, einer dieser Grobiane aus der Kaserne auftauchte und ihm eine Herausforderung von Hauptmann Schwarzbart überbrachte?»

«Ist ihm etwas geschehen?» rief die Witwe.

«Nein, Verehrteste, meinem lieben Fred ist nichts geschehen. Wie wird es ihn freuen, zu erfahren, daß Sie so besorgt sind um sein Wohlergehen!»

«Sie wissen ja, ich hatte für ihn schon immer die größte Hochachtung», erklärte die Witwe, die an jemand anders gedacht hatte, als sie aufschrie. Doch der Pfarrer zog es vor, ihre innern Vorgänge zugunsten seines Neffen zu deuten.

«Die Besorgnis, Gnädigste, die Sie für ihn an den Tag legen, ermuntert mich, befeuert mich, berechtigt mich, einen Punkt zur Sprache zu bringen, mit dem Sie sich sicher in Gedanken auch schon befaßt haben. Der junge Mann, für den Sie ein solches Interesse bezeugt haben, lebt nur für Sie! Doch, gnädige Frau, erschrecken Sie nicht, wenn ich Ihnen sage, sein ganzes Gefühl gehört Ihnen, und mit welchem Stolz werde ich ihm die Nachricht überbringen, daß er Ihnen nicht gleichgültig ist!»

«Wird es zum Duell kommen?» fragte die Witwe voller Bangnis. «Um Himmels willen, Herr Pfarrer, verhindern Sie das. Verständigen Sie die Polizei, unternehmen Sie etwas, irgend etwas, aber lassen Sie es nicht geschehen, daß diese verblendeten jungen Leute sich gegenseitig umbringen!»

«Gnädige Frau, ich fliege!» sagte Dr. Sly und begab sich nach Hause zum Mittagessen, hocherfreut über die offensichtliche Eingenommenheit, die Blaubarts Witwe für seinen Neffen bezeigt hatte. Diese ließ es aber mit ihrer Aufforderung, das Duell zu verhindern, nicht bewenden; sie lief zur Polizei, erstattete Anzeige und erwirkte Haftbefehl sowohl gegen Fred Sly wie auch gegen den Hauptmann; doch stellte sich heraus, daß der erste plötzlich verreist und für die Polizei unauffindbar war.

Indessen sprach es sich herum, die Witwe Blaubart habe sich für Fred Sly, den Rechtsanwalt, entschieden; sie sei in Ohnmacht gesunken, als sie erfuhr, ihr Geliebter sei zum Duell gefordert worden; schließlich habe sie ihm ihr Jawort gegeben und werde ihn heiraten, sobald der Streit zwischen ihm und dem Hauptmann beigelegt sei. Wenn man sich an Dr. Sly wandte, machte er Ausflüchte und wollte nicht mit der Sprache herausrücken; aber er bestritt nichts und sah so verschmitzt drein, daß jedermann seiner Sache sicher war; und die Woche darauf stand in der Zeitung zu lesen:

«Wie aus unterrichteter Quelle verlautet, ist die schöne und reiche Witwe Bl–b–rt im Begriff, sich ein zweites Mal zu verehelichen, mit unserem angesehenen Mitbürger, Fred S–y, Rechtsanwalt. Der Rechtsgelehrte ist nach einer Meinungsverschiedenheit mit einem tapferen Jünger des Kriegsgottes abgereist, da es sonst hätte zu Blutvergießen kommen können, wenn nicht die Polizei mit einem Haftbefehl eingegriffen und den Hauptmann angewiesen hätte, sich friedlich zu verhalten.»

Tatsächlich kam der Rechtsanwalt zurück, sobald der Hauptmann die polizeiliche Anweisung erhalten hatte; er behauptete, er sei nicht verreist, um einem Duell aus dem Wege zu gehen, ganz und gar nicht, vielmehr um der Polizei zu entgehen und dem Hauptmann jede Möglichkeit offenzuhalten. Schließlich sei nicht er zur Polizei gelaufen; er sei durchaus willens gewesen, sich mit dem Hauptmann zu schlagen; wenn andere vorsichtiger gewesen seien, sei das nicht sein Fehler. So warf er sich ins Kreuz und schob den Hut verwegen aufs Ohr, und alle Kanzlisten waren stolz auf ihren Helden.

Was Hauptmann Schwarzbart anlangte, kann man sich seine Wut und Entrüstung vorstellen; war ihm doch eine Frau abspenstig gemacht und seine Ehre von einem mickrigen Juristen in Zweifel gezogen worden! Er wurde sogleich von einem Fieber befallen, und der Arzt mußte ihm Blut abzapfen, aber er schwor, der unmögliche Sly werde noch zehnmal soviel Blut lassen müssen.

Indessen löste die Mitteilung in der Zeitung bei der Witwe eine fast ebenso große Entrüstung aus. «Die Witwe des edlen Blaubart», sagte sie, «und eine solche Jammergestalt heiraten, einen Menschen, der den ganzen Tag über seinen muffigen Akten hockt! Man hole Dr. Sly.»

Der Pfarrer kam; sie wusch ihm gründlich die Kappe, fragte ihn, wie er sich unterstehen könne, solche Falschmeldungen in Umlauf zu setzen, befahl ihm, seinen Neffen sofort nach London zurückzuschicken und außerdem, wenn ihm an ihrer Wohlgesinntheit liege und an der Pfründe, die sie zu vergeben habe, dem üblen Gerücht überall aufs entschiedenste entgegenzutreten.

«Gnädige Frau», sagte der Pfarrer kleinlaut, «ich werde tun, was Sie verlangen. Der Ärmste soll von Ihrer schwerwiegenden Gesinnungsänderung in Kenntnis gesetzt werden.»

«Gesinnungsänderung, Dr. Sly!»

«Besser gesagt, von der Vernichtung seiner Hoffnungen, und Gott gebe, daß der liebe junge Mensch die Kraft hat, diesen unerwarteten Schlag zu ertragen!»

Am folgenden Tag kam Anna mit kummervoller Miene zu ihrer Schwester. «Ach, dein Liebhaber, dieser unglückliche Mensch», sagte sie.

«Geht es dem Hauptmann nicht gut?» rief die Witwe.

«Nein, ich meine den andern. Der arme Sly! Er hat ein Testament gemacht, worin er dir alles hinterläßt, außer fünf Pfund jährlich für seine Wäscherin. Er machte sein Testament, schloß die Haustür ab, nahm herzzerreißend Abschied von seinem Onkel, und heute morgen fand ihn Sambo, der schwarze Diener, am Bettpfosten hängen, als er ihm das Wasser zum Rasieren brachte. ‹Man gebe mir›, sagte er, ‹das Stecknadelkissen mit ins Grab, das sie mir schenkte, und das Medaillon mit ihrer Haarlocke.› Hast du ihm denn wirklich ein Stecknadelkissen geschenkt und ein Medaillon mit einer Locke?»

«Es war bloß versilbert», schluchzte die Witwe, «und jetzt, o Gott, ich habe ihn umgebracht!» Man kann sich ihr Gewimmer vorstellen, doch wurde es von ihrer Schwester jäh unterbrochen.

«Umgebracht? I wo denn! Sambo hat ihn heruntergeholt, als er so schwarz im Gesicht war wie der Neger. Er ist dann zum Frühstück erschienen, und du kannst dir vorstellen, was für ein rührendes Wiedersehen Onkel und Neffe feierten.»

«Solche Liebe!» dachte die Witwe. «Schade, daß er schielt. Wenn sich das ändern ließe, dann könnte ich vielleicht – » Sie beendete den Satz nicht; Frauen lassen diese Art von Satz oft entzückend in der Schwebe.

Nachdem sie aber durch den schottischen Regimentsarzt von Hauptmann Schwarzbart gehört hatte, dessen Fieber und Aderlaß ihr höchst anschaulich geschildert wurden, kühlte sich ihr Mitleid mit dem Rechtsanwalt einigermaßen ab, und als Dr. Sly vorsprach, um sich zu erkundigen, ob der unglückselige junge Mann ihr seine Aufwartung machen dürfe, sagte sie, etwas geistesabwesend, sie wünsche ihm alles

Gute, sie habe die größte Hochachtung für ihn, sie lasse ihn inständig bitten, nie mehr auf eine so entsetzliche Untat zu verfallen, durch die sie selber ewig ins Unglück gestürzt würde; sie glaube aber, es sei für beide Teile besser, sie würden sich erst wieder treffen, wenn der junge Mann sich innerlich beruhigt habe.

«Der Ärmste, der Ärmste!» sagte Dr. Sly. «Möge es ihm gegeben sein, sein hartes Los zu ertragen! Ich habe ihm die Rasiermesser weggenommen, und Sambo läßt ihn nicht aus den Augen.»

Am nächsten Tag wollte die Witwe dem Pfarrer ein paar freundliche Zeilen zukommen lassen und sich nach dem Befinden seines Neffen erkundigen; doch als sie gerade dem Diener diesbezüglich Anweisungen erteilte, fügte es sich, daß der Hauptmann bei ihr eintraf, und so wurde der Diener wieder weggeschickt. Der Hauptmann sah so furchtbar interessant aus mit dem Arm in der Schlinge und dem schönen schwarzen Bartwuchs um das etwas bleiche Gesicht, daß nach Verlauf von zwei Stunden die Witwe das Briefchen an Dr. Sly vergessen hatte, ja sie fragte den Hauptmann sogar, ob er nicht zum Essen bleiben wolle. Leutnant Trippet kam auch, und es wurden sehr angeregte Stunden; der Offizier lachte schallend bei der Vorstellung, wie der Rechtsanwalt durch den Neger vom Bettpfosten heruntergeholt wurde, und machte so geistreiche Bemerkungen darüber, daß die Witwe schließlich halbwegs glaubte, es habe sich dabei nur um eine Finte gehandelt, um sie umzustimmen. Leicht fiel es ihr allerdings nicht, sich diese Auffassung zu eigen zu machen, denn, unter uns gesagt, wenn einer sich um einer Frau willen erhängt, bedeutet das für sie kein geringes Kompliment, und Witwe Blaubart war vielleicht eher etwas enttäuscht, daß es kein richtiggehender Selbstmordversuch gewesen sein sollte.

Indessen geriet sie bald wieder in Aufregung, und sie war getröstet oder entsetzt, je nachdem, als sie eine Mitteilung erhielt, in der bekannten, feinsäuberlichen Handschrift des Rechtsanwalts. Sie lautete folgendermaßen:

Ich habe Sie durch das Eßzimmerfenster gesehen, wie Sie mit Hauptmann Schwarzbart schäkerten. Sie sahen aus wie das blühende Leben. Sie lächelten. Sie tranken den Sekt in einem Zug aus.

Ich kann es nicht länger ertragen. Blühen Sie weiter, lächeln Sie weiter, und seien Sie glücklich. Dem Geist des Abgeschiedenen wird es vielleicht Verdruß bereiten, Sie mit einem andern glücklich zu sehen – im Leben aber müßte ich bei dem Anblick den Verstand verlieren.

Es ist besser, ich mache Schluß.

Wenn Sie diese Zeilen erhalten, sagen Sie meinem Onkel, er solle den Weiher hinten an Bachelor's Acre absuchen lassen. Sein Diener Sambo folgt mir zwar überallhin. Aber Sambo soll mit mir untergehen, falls er mich von meinem Vorhaben abhalten will. Ich kenne ihn als einen redlichen Mann; aber ich kenne auch die Kraft der Verzweiflung.

Sambo wird eine Frau und sieben Kinder hinterlassen. Seien Sie gut zu den armen Mulattenkindern, im Gedenken an *Fred*

Die Witwe stieß einen gellenden Schrei aus und unterbrach die beiden Offiziere, die gerade dabei waren, einen Humpen zu leeren. «Lauft – lauft – rettet ihn», rief sie, «rettet ihn, ihr Unmenschen, bevor es zu spät ist! Ertrunken! – Fred! – Bachelor's Wa–» Hier schwanden ihr die Sinne, und der Satz blieb unvollendet.

Gar nicht erbaut, den Wein stehen lassen zu müssen, griffen die beiden Helden zum Hut und machten sich nach dem Orte auf, den die Witwe in ihrem verzweifelten Gestammel bezeichnet hatte.

Trippet war für einen Dauerlauf nach dem Weiher; aber Hauptmann Schwarzbart meinte: «Immer mit der Ruhe, mein Freund! Nach dem Essen soll man nicht rennen. Und wenn dieser schiefäugige Schuft von einem Rechtsanwalt sich tatsächlich ertränkt, wird mir das den Schlaf nicht rauben.» So strebten denn die beiden recht gemächlich dem Bachelor's Walk zu; ja, als sie unterwegs Major Macabaw zum Fenster hinausschauen und eine Zigarre rauchen sahen, traten sie ins Haus, um sich mit dem Major zu beraten und eine Flasche Schiedam zu genehmigen, die er gerade hatte.

«Wo bleiben sie denn?» rief die Witwe, als sie wieder zu sich gekommen war. «Himmel, hoffentlich ist Fred nichts geschehen! Anna, geh auf den Dachboden hinauf und schau, ob du jemand kommen siehst.» Anna tat, wie ihr geheißen. «Siehst du jemand, Anna?»

«Ich sehe den Laufburschen von Dr. Drench. Er gibt bei Molly Grub eine Mixtur ab.»

«Aber, liebste Schwester, siehst du denn niemand kommen?» rief die Witwe von neuem.

«Ich sehe eine Staubherde, ich meine, eine Schafwolke. Dummes Zeug, es ist die Postkutsche aus London, die herankommt. Mit drei Passagieren auf dem Dach, und der Mann neben dem Kutscher hat Frau Jenkins' Mädchen ein Paket zugeworfen.»

«Ach was, schau doch genauer hin, Anna.»

«Jetzt seh' ich einen Haufen Leute – einen Fensterladen – einen Fensterladen mit jemand darauf – einen Büttel – vierzig Gassenjungen – du meine Güte, was kann das nur sein?» Und Anna kam heruntergestürzt und schaute neben ihrer Schwester zum Stubenfenster hinaus, als die Menge, die sie vom Dachboden aus erspäht hatte, am Haus vorbeikam.

Allen voran schritt der Büttel und suchte die Gassenjungen zu verscheuchen.

Dutzende von diesen kamen hinterdrein und umgaben *eine Bahre,* getragen von vier Mann.

Auf der Bahre, einem Fensterladen, lag Fred. Er war unheimlich bleich, das Haar hing ihm wirr übers Gesicht, die nassen Kleider klebten ihm am Leib, von der Bahre tropfte das Wasser. Aber tot war er nicht. Aus einem Auge sandte er einen Blick nach dem Fenster, wo Blaubarts

Witwe saß, einen Blick, den sie nie wieder vergessen konnte.

Sambo bildete die Nachhut. Er war völlig durchnäßt, und wenn überhaupt etwas hätte sein Kraushaar glätten können, dann hätte dieses Bad es getan. Doch da er kein besserer Herr war, durfte er zu Fuß nach Hause gehen, und im Vorbeigehen schickte er ebenfalls einen gräßlichen Blick aus seinen Kulleraugen nach dem Fenster hinauf und deutete mit der Hand auf die Bahre.

John Thomas, der Lakai, wurde sogleich abgesandt, um bei Dr. Sly etwas über das Befinden seines Neffen zu erfahren. Dieser Auftrag wurde prompt ausgeführt. In einer halben Stunde kam der Diener zurück und berichtete, Fred Sly habe sich mit Sambo in den Weiher bei Bachelor's Acre gestürzt, sei mit Mühe und Not herausgeholt worden, man habe ihn ins Bett gesteckt, er habe einen Glühwein bekommen und befinde sich den Umständen entsprechend wohlauf. «Gott sei Dank!» rief die Witwe und schenkte John Thomas ein Siebenschillingstück, worauf sie sich erleichtert zum Tee setzte. «Was für ein Herz!» bemerkte die Witwe. «Und, ach, wie schade, daß er schielt.»

Hier trafen nun die beiden Offiziere ein. Sie waren nicht am Bachelor's Walk gewesen, sie waren bei Major Macabaw und seinem Schiedam geblieben. Dort hatten sie vereinbart, was sie sagen wollten. «Zum Henker damit, der Kerl hat niemals Mumm genug, sich zu ersäufen», meinte Hauptmann Schwarzbart. «Wir können uns ruhig darauf verlassen.»

«Meine Gnädigste», sagte er deshalb. «Wir haben den Weiher absuchen lassen. Nichts von Fred Sly. Der Fischer, der das Boot verwahrt, hat uns versichert, Sly sei überhaupt nicht dort gewesen.»

«Freches Gefasel!» sagte die Witwe mit funkelndem Blick. «Gehen Sie, Sie herzloser Mensch! So dürfen Sie mit den Gefühlen einer anständigen und schutzlosen Frau nicht umspringen. Gehen Sie weg! Sie sind höchstens gut genug für die Liebe einer – Dolly – Coddlins!» Das «Coddlins» sprach sie mit so vernichtendem Hohn aus, daß der Hauptmann zusammenzuckte; ohne den Tee anzurühren, rauschte sie zum Zimmer hinaus und wünschte keinem der beiden Offiziere guten Abend.

Doch wer die zarten Gebilde des Frauenherzens kennt, wird nicht annehmen, daß Ereignisse wie die geschilderten solche Stürme der Leidenschaft, solche Windstöße wilden Wehs, solche blendenden Blitze höchster Freude und tiefsten Leids über die zarte Blume hinweggehen konnten, ohne ihr etwas anzuhaben. Nein, Kummer tötet ebenso wie die Freude. Wird nicht die sengende Sonne der Rosenknospe ebenso zum Verhängnis wie die bittere Kälte? Wie es im Liede so schön heißt –

Ach, wie ist das Herz so weich,
Ständig bebt und zittert es,
Angezupfter Saite gleich.

So verhielt es sich mit Fatimas Herz. Die vorausgegangenen Erlebnisse setzten ihr mächtig zu, so daß ihr der Hausarzt viel Ruhe und Tropfen verordnete.

So leidenschaftlich geliebt zu werden, zu wissen, daß Fred zweimal aus Liebe zu ihr den Tod gesucht hatte, das zupfte in der Tat an den zarten Saiten ihres Gemüts. Konnte sie eine solche Anhänglichkeit erleben, ohne davon gerührt zu sein? Sie *war* gerührt; die Tugend, die Leidenschaft, das Unglück des armen Fred gingen nicht spurlos an ihr vorüber; und doch, er war so ungemein häßlich, daß sie es einfach nicht über sich brachte, ihm die Hand fürs Leben zu reichen.

Dies sagte sie Dr. Sly. «Ich achte und schätze Ihren Neffen», erklärte sie, «aber mein Entschluß steht fest. Ich will weiterhin diesem herzensguten Menschen treu sein, dessen Denkmal mir ständig vor Augen steht (dabei zeigte sie auf den Friedhof hinaus). Lassen Sie diesem armen, gequälten Herzen seinen Frieden. Es hat bereits mehr erlitten, als die meisten aushalten würden. Im Schatten dieses Grabes will ich der Ruhe pflegen, bis ich dereinst abberufen werde, um darin zu ruhen, an der Seite meines geliebten Blaubart.»

Die Ranunkeln, Rhododendren und Schlüsselblumen, die das Grab zierten, waren in letzter Zeit etwas verwahrlost; sie machte sich deswegen beträchtliche Vorwürfe, als sie es innewurde, und schalt auch den Gärtner tüchtig aus, daß er seine Pflicht vernachlässigt habe. Er versprach, sich inskünftig zu bessern, jätete das Unkraut aus, das die Familiengruft umwucherte, und stieg (mit dem ihm anvertrauten Schlüssel) in diese hinunter, um dort den Staub zusammenzukehren.

Am nächsten Morgen sah die Witwe sehr bleich aus, als sie zum Frühstück herunterkam. Sie hatte eine schlechte Nacht verbracht; furchtbare Träume hatten sie geplagt; um Mitternacht hatte eine Stimme dreimal ihren Namen gerufen. «Ach was, das sind nur deine Nerven», meinte die Schwester wegwerfend.

Da trat John Thomas, der Lakai, herein und meldete, der Friedhofgärtner warte draußen im Vorraum, er mache eine sonderbare Miene; seit Tagesanbruch sei er schon da und wolle Frau Blaubart unbedingt sprechen. «Er soll hereinkommen», sagte die Witwe, voll banger Erwartung. Der Gärtner trat ein, aschfahl, mit wirrem Haar. Sie fragte ihn, was er wolle.

Zuerst fiel er vor ihr auf die Knie.

«Gestern», sagte er dann, «habe ich auf Anweisung der gnädigen Frau die Blumenbeete auf dem Grab gesäubert und das Gewölbe abgestaubt und auch die – die Särge», setzte er mit zittriger Stimme hinzu. «Ich und John Sexton haben das miteinander gemacht und haben alles schön blank gerieben.»

«Um Himmels willen, bitte keine Einzelheiten», rief die Witwe.

«Nun, gnädige Frau, ich hab' dann den Eingang abgeschlossen und bin weggegangen, fand aber, daß ich in der Eile – ich mußte zwei Jungen verjagen, die auf einem andern Grab spielten – meinen Stock liegengelassen hatte. Erst heute morgen brachte ich John Sexton dazu, mit mir hinzugehen, allein getraute ich mich nämlich nicht, und so gingen wir denn, und was glauben Sie, haben wir da vorgefunden? Der Sarg des gnädigen Herrn stand verkehrt rum da, und mein Stock war in zwei Stücken. Da ist er.»

«Ach», rief die Witwe, «weg damit, weg damit!»

«Nun, was beweist das», meinte Anna. «Jemand hat den Sarg verrückt und den Stock zerbrochen, das ist alles.»

«Jemand! Wer ist dieser Jemand?» stieß der Gärtner hervor und blickte verstört um sich. Auf einmal fuhr er mit einem Schreckenslaut zurück, daß die Gläser auf dem Büfett klirrten, und rief: «Das ist er!»

Er wies auf das Porträt Blaubarts, das über dem klirrenden Büfett hing. «Das ist der Mann, den ich gestern nacht um das Grab gehen sah, so wahr ich ein alter Sünder bin. Rund herum hab' ich ihn gehen sehen, und als ich hinzutrat, um ihn anzureden, da ging er doch weiß Gott durch das Gatter, das vor ihm aufging, ich weiß nicht wie, und dann trat er durch die Tür in die Gruft, durch die Tür, die ich doppelt abgeschlossen hatte, gnädige Frau, und verschwand darin, ich kann's beschwören.»

«Hatten Sie ihm etwa den Schlüssel gegeben?» fragte Anna.

«Der ist nicht aus meiner Tasche rausgekommen. Hier», rief er, «ich will damit nichts mehr zu tun haben», und er warf den klobigen Schlüssel hin, was der Witwe Blaubart erneut einen Schrei entlockte.

«Wie spät war es, als Sie ihn sahen?» fragte sie atemlos.

«Zwölf Uhr, natürlich.»

«Es muß genau um diese Zeit gewesen sein», sagte sie, «daß ich die Stimme hörte.»

«Was für eine Stimme?» fragte Anna.

«Eine Stimme, die ‹Fatima! Fatima! Fatima!› rief, dreimal, ganz deutlich.»

«Zu mir hat die Erscheinung nicht gesprochen», bemerkte der Gärtner, «nur genickt und mit dem Kopf und Bart gewackelt.»

«W–w–war es ein bl–auer Bart?» stammelte die Witwe.

«Stahlblau, so wahr mir Gott helfe!»

Dr. Drench wurde natürlich sofort geholt. Doch was helfen Medikamente, wenn die Toten aus den Gräbern steigen? Dr. Sly traf ein und bot geistlichen – ach, allzu geistlichen – Trost. Er behauptete, er glaube an Geister. Seine eigene Großmutter sei seinem Großvater mehrmals erschienen, bevor er sich wieder verheiratete. Es leide keinen Zweifel, übernatürliche Erscheinungen seien möglich, ja häufig.

«Zu denken, er könnte mir allein erscheinen», rief die Witwe, «ich würde sterben vor Schreck.»

Dr. Sly sah äußerst verschmitzt drein. «Das Beste in einem solchen Fall, gnädige Frau, das Beste für eine schutzlose Frau ist, zu heiraten. Daß der Geist des ersten Gatten einer Frau und ihrem zweiten Gatten erschienen wäre, davon habe ich meiner Lebtag noch nie etwas gehört. Dafür gibt es kein geschichtliches Beispiel.»

«Ach, warum soll ich mich eigentlich fürchten, meinen Blaubart wiederzusehen?» sagte die Witwe, und der Pfarrer zog sich hochbefriedigt zurück, dachte die gnädige Frau doch offenbar an einen zweiten Gatten.

Der Hauptmann gäbe einen besseren Beschützer ab als Sly, dachte sie indessen, aber Sly bringt sich bestimmt ums Leben, und ob der Hauptmann es mit zwei Geistern aufnehmen kann? Sly wird sich was antun, ach ja, aber der Hauptmann nicht, und die Witwe dachte betrübt an Dolly Coddlins. Wie kam sie nur aus dieser verzwickten Lage heraus?

Nicht ohne Bangen begab sie sich nachts zur Ruhe, aber Schlaf fand sie keinen. Um Mitternacht ertönte in ihrem Zimmer eine hohle Stimme, die «Fatima! Fatima! Fatima!» rief. Türen schlugen auf und zu, die Hausglocke begann zu bimmeln, die Dienstmädchen liefen kreischend treppauf, treppab. John Thomas, totenbleich, erklärte, er habe Blaubarts Schwert, das im Hausflur hing, blank am Boden liegen sehen, und die Miniatur in Blaubarts Schlafzimmer hing jetzt verkehrt an der Wand.

Nur Anna verharrte in ihrem Unglauben.

«Das sind Mätzchen», sagte sie. «Heute nacht komme ich und schlafe bei dir», und als es Nacht wurde, zogen sich die beiden Schwestern gemeinsam zurück.

Es war eine stürmische Nacht. Der Wind, der draußen heulte, krachte durch die alten Bäume um die alte Kirche und rüttelte an den Fenstern des Schlafzimmers. Durch diese sah man den Mond, wie er die Gräber mit ihren unheimlichen Schatten beschien; die Eibe, die zur Gestalt eines Vogels zurechtgestutzt war, sah besonders schaurig aus, sie schwankte und bog sich, als wolle sie auf der andern Eibe herumhacken. Um Mitternacht begann wieder das übliche Gebimmel im Haus, die Türen knallten auf und zu, mit lautem Geschepper fiel eine Rüstung im Hausflur um, und eine Stimme rief, «Fatima! Fatima! Fatima! Schau, schau, schau; das Grab, das Grab, das Grab!»

Sie schaute. Die Tür zur Gruft war offen, und da im Mondschein stand Blaubart, genau wie er auf dem Gemälde aussah, unheimlich bleich, mit dem großen blauen Bart, der über die Brust herabwallte.

Anna sah die Erscheinung so deutlich wie Fatima. Die Beschreibung ihrer Schreckensschreie können wir uns ersparen. Merkwürdigerweise behauptete John Thomas, der in der Dachkammer über dem Schlafzimmer seiner Herrin schlief, er habe die ganze Nacht aufgepaßt, habe jedoch im Friedhof nichts gesehen und auch keine Stimmen gehört im Haus.

Und nun erhob sich die Frage, was bezweckte der Geist mit seinem Erscheinen? «Gibt es denn etwas, das er von mir möchte?» rief die arme Fatima, völlig ratlos. «‹Ja, ja, ja› zu rufen und in Erscheinung zu treten, damit ist es nicht getan; aber was ist es, das die Grabesruhe meines Gatten stört?» Jedermann pflichtete bei, das sei eine sehr vernünftige Frage.

John Thomas, dessen Heidenangst beim Erscheinen des Geistes ihm das Zutrauen seiner Herrin verschafft hatte, gab ihr den Rat, sie solle einen Wahrsager aufsuchen. Es gebe einen solchen Mann in der Stadt; er habe ihm vorausgesagt, mit wem seine Kusine sich verheiraten solle; ferner habe er einem Bauern das Vieh kuriert, das offensichtlich verhext worden war; er könne Geister beschwören und sie zum Reden bringen, deshalb sei das der richtige Mann, um im gegenwärtigen Fall zu Rate gezogen zu werden.

«Ach, Unsinn, John Thomas, was soll mir dieser Wahrsager. Wo, hast du gesagt, wohnt er?»

«An der Henkersgasse, gnädige Frau, wo früher der Galgen stand. Es ist aber kein Unsinn. Alles, was dieser Mann sagt, erfüllt sich, und er weiß alles.»

«Ich will nicht, daß du die Dienstmädchen mit dergleichen Ammenmärchen erschreckst», bemerkte die Witwe, und was das hieß, war unschwer zu erraten. Es hieß, daß die Witwe vorhatte, den Wahrsager noch am selben Abend aufzusuchen. Anna beteuerte, sie könne unter solchen Umständen ihre liebe Fatima unmöglich im Stich lassen. John Thomas wurde angewiesen, die beiden Damen mit einer trüben Laterne zu begleiten, und so machten sie sich denn auf zu ihrem gefährlichen Besuch bei dem Wahrsager in der schrecklichen Henkersgasse.

Was sich bei dieser nächtlichen Unterredung abspielte, hat man nie genau erfahren. Aber die Nacht darauf blieb die Ruhe im Haus ungestört. Kein Gebimmel, kein Türenknallen, keine Geistererscheinung um Mitternacht. Das ganze Haus schlief. Die Witwe schrieb dies einem Rosmarinzweig zu, den der Wahrsager ihr gegeben hatte, und dem Hufeisen, das sie in die Blumenbeete um die Familiengruft warf, was jeden Geist beruhigen mußte.

Am nächsten Tag traf Anna auf einem Gang zur Modistin zufällig einen Herrn, der in dieser Geschichte auch schon vorgekommen ist, Leutnant Trippet mit Namen; ja, um die Wahrheit zu gestehen, der Zufall wollte es, daß die beiden sich täglich irgendwo begegneten.

«Was gibt's Neues, meine Süße?» fragte der Leutnant. «Hat Blaubarts Geist seine Witwe wieder zu Tode erschreckt und alle Glocken im Haus geläutet?»

Anna verwies ihm die frevle Rede; der Geist habe sich vorläufig nicht mehr gezeigt, dafür habe ein Wahrsager ihrer Schwester so erstaunliche Dinge gesagt, daß niemand daran zweifeln könne; unter anderem habe er Fatima ihren künftigen Gatten sehen lassen.

«Hatte er einen schwarzen Bart und einen roten Rock?»

«Nein, er hatte einen roten Bart und einen schwarzen Rock.»

«Doch nicht Sly, dieser Schurke!» rief der Leutnant; aber Anna seufzte nur und wollte nicht ja oder nein sagen. «Für den armen Hauptmann besteht keine Hoffnung mehr», meinte sie, «der kann sich bloß noch aufhängen.»

«Zuerst wird er aber Sly den Garaus machen», erwiderte Trippet grimmig. Doch Anna sagte, die Sache sei noch nicht entschieden, Fatima habe sich noch nicht damit befreunden können, Sly zu heiraten, es lasse ihr keine Ruhe, sie habe weitere Beweise verlangt. Der Wahrsager habe sich anheischig gemacht, ihren ersten Gatten aus dem Grabe heraufzubeschwören, damit er ihr den zweiten Gatten zeige, der niemand anders sein könne und sein werde als Fred Sly.

«Das ist keine Beschwörung, das ist eine Verschwörung», meinte der Leutnant; doch Anna war von den Erlebnissen des vergangenen Abends zu sehr verängstigt, um auf ihn zu hören. «Aus dem Grabe», sagte sie, «werden wir heute nacht alles erfahren.» Und sie verließ Leutnant Trippet sehr nachdenklich und bedeutsam.

Um Mitternacht sah man drei Gestalten aus Witwe Blaubarts Haus treten und zum Friedhof hinübergehen.

«Einen Geist heraufbeschwören ist schlimm genug», bemerkte der Wahrsager, «ihn zum Reden bringen ist schauervoll. Ich rate Ihnen, gnädige Frau, davon abzustehen; solche Neugier ist schon manchen zum Verhängnis geworden. Ich habe einen arabischen Totenbeschwörer gekannt, der einen Geist zum Reden bringen wollte und auf der Stelle in Stücke gerissen wurde. Dann war da ein anderer, der den Geist zwar sprechen hörte, nachher aber sein Leben lang taubstumm war. Und noch einer – »

«Schon gut», sagte Blaubarts Witwe, nur um so neugieriger, «ich will ihn unbedingt sehen und hören. Habe ich ihn denn nicht bereits gesehen und gehört? Wenn er gleichzeitig hörbar und sichtbar ist, dann gilt's.»

«Gewiß», bemerkte der Wahrsager, «aber als Sie ihn hörten, war er unsichtbar, und als Sie ihn sahen, war er unhörbar. Überlegen Sie sich deshalb, was Sie ihn fragen wollen. mit Geistern ist nicht zu spaßen. Ich kannte einen, der stotterte, und der Geist schlug ihn zu Boden – »

«Ich hab' mir's überlegt», erklärte Fatima unvermittelt.

«Frag ihn, wen du zum Mann nehmen sollst», raunte Anna ihr zu, doch Fatima errötete bloß, und Anna drückte ihr die Hand; schweigend gingen sie zwischen den Gräbern hindurch.

Der Mond schien nicht, es war pechfinster. Manchmal stolperten sie über eine Grabplatte. Eine Eule schrie dumpf vom Kirchturm herab, irgendwo heulte ein Hund, ein Hahn begann zu krähen, wie das manchmal um zwölf Uhr nachts geschieht.

«Rasch», drängte der Wahrsager, «entschließen Sie sich, ob Sie's wirklich wagen wollen.»

«Kehren wir lieber um», meinte Anna.

«Nein», sagte Fatima, «es wäre mein Tod, wenn ich jetzt aufgäbe, ganz bestimmt.»

«Da sind wir, knien Sie hin», befahl der Wahrsager. Die Frauen ließen sich auf die Knie nieder.

«Wollen Sie Ihren ersten Gatten sehen oder Ihren zweiten Gatten?»

«Zuerst will ich Blaubart sehen; dann weiß ich, ob das nur ein Trug ist, oder ob Sie über die Kräfte verfügen, die man Ihnen nachsagt.»

Darauf stimmte der Wahrsager einen beschwörenden Singsang an, so schaurig und so fremdartig, daß er sich unmöglich wiedergeben läßt. Als er mit dem ersten Vers zu Ende war, rief er «Blaubart!» Alles blieb still, nur der Wind stöhnte im Geäst, und vom Turm hörte man die Eule schreien.

Nach Beendigung des zweiten Verses hielt er wieder inne und rief «Blaubart!» Der Hahn begann zu krähen, der Hund begann zu heulen, in der Stadt rief der Nachtwächter die Stunde aus, und aus der Totengruft kam ein dumpfes Ächzen, und eine grauenvolle Stimme sagte: «Wer ruft mich?»

Vor dem Grabe kniend, begann der Wahrsager den dritten Vers; während er sprach, waren auch die bisherigen Geräusche noch zu hören. Als er weiterfuhr, erhob sich eine ganze Anzahl von Geistern aus den Gräbern und rückte in einem Kreis gegen die Knienden vor. Als er geschlossen hatte, flog die Tür des Grabgewölbes mit einem lauten Knall auf, und da, in blauem Licht, stand Blaubart in seiner blauen Uniform, schwang sein blaues Schwert und funkelte mit seinen blauen Augen ringsum.

«Sprechen Sie, sonst sind Sie verloren», raunte der Wahrsager Fatima zu. Doch zum erstenmal in ihrem Leben fand sie keine Worte. Auch ihre Schwester war stumm vor Schreck. Als die schauerliche Gestalt sich ihnen näherte, dachte Anna, jetzt sei es um sie geschehen, und Fatima hatte wieder einmal Gelegenheit, ihre verhängnisvolle Neugier zu bereuen.

Im Nähertreten sagte die Gestalt mit hohler Stimme: «Fatima! Fatima! Fatima! Warum ruft man mich aus dem Grab?» Dann fiel ihm auf einmal das Schwert aus der Hand, Blaubarts Geist sank in die Knie und schrie händeringend «Gnade, Gnade!», so laut einer nur schreien kann.

Sechs weitere Geister standen rings um die kniende Gruppe. «Warum ruft man mich aus dem Grab?» sagte der erste; «Wer wagt es, meine Ruhe zu stören?» sagte der zweite, «Packt ihn und fort mit ihm!» rief der dritte. «Hilfio, Mordio», schrie Blaubarts Geist immer weiter, als die weißgewandeten Geister auf ihn zutraten und ihn ergriffen.

«Ich bin's nur, Tom Trippet», flüsterte einer Anna ins Ohr.

«Und Ihr gehorsamer Diener», sagte eine der Witwe wohlbekannte Stimme, und die beiden halfen den Damen wieder auf die Beine, während die andern Geister sich Blaubarts bemächtigten. Der Wahrsager nahm Reißaus und entkam; es erwies sich, daß es niemand anders war als der Theaterdirektor.

Es dauerte eine Weile, bis Blaubarts Geist sich von der Ohnmacht erholte, die über ihn kam, als er von den weißen Gestalten gepackt wurde, und als sie ihm den Kopf unter die Pumpe hielten, löste sich der Bart ab, und wer kam zum Vorschein? Fred Sly, wer denn sonst. Wie sich noch herausstellte, hatte John Thomas ihm die Uniform geliehen, und John Thomas war es gewesen, der die Türen auf- und zugeknallt hatte, der die Glocken bimmeln ließ und durch den Schornstein hinunter sprach; und von dem Theaterdirektor hatte Fred Sly das blaue Feuer erhalten und den Bühnengong; kein Wunder, daß der Direktor in der Frühe nach London abreiste; und da die Geschichte mit Dolly Coddlins sich als eine schmähliche Verleumdung entpuppte, stand der Verheiratung der Witwe mit Hauptmann Schwarzbart nichts mehr im Wege. Sie wurden von Pfarrer Sly getraut, der immer beteuerte, er habe von den Umtrieben seines Neffen nichts gewußt, und sich wunderte, warum dieser nicht einen dritten Selbstmordversuch unternahm.

Tom und Anna Trippet sind ebenfalls sehr glücklich miteinander, und so ging es aus mit dem Geschlecht der Blaubarts, das uns alle in jungen Jahren einmal sehr beschäftigte.

Man wird einwenden, die Geschichte sei unwahrscheinlich. Ja, steht sie denn nicht in einem Buch? Und ist sie etwa weniger wahrscheinlich als der erste Teil der Erzählung?

CHARLES DICKENS

Familie Tuggs an der See

Josef Tuggs wohnte in einem Gäßchen nahe am Südufer der Themse, etwa drei Minuten von der alten Brücke entfernt. Er war ein kleiner Mann mit dunkelrotem Gesicht, glänzendem Haar, zwinkernden Äuglein und kurzen Beinen, und sein Körperumfang erreichte quer über die Mitte seiner Weste und die rückwärtigen Zierknöpfe seines langen Rocks hinweg ein beträchtliches Ausmaß. Die Gestalt seiner liebenswürdigen Gattin zeugte vielleicht nicht von klassischem Ebenmaß, war jedoch von angenehmer Rundlichkeit; und die Formen ihrer einzigen Tochter Charlotte strebten rasch der üppigen Fülle zu, die einst die Augen des jungen Josef Tuggs bezaubert und sein Herz eingefangen hatten. Simon, ihr einziger Sohn und Fräulein Charlottes einziger Bruder, unterschied sich dagegen in seiner äußeren Erscheinung wie an seelischer Anlage völlig von der übrigen Familie. Seine geistvollen Züge und die Rundung seiner Waden verrieten den tiefen Grübler und romantischen Schwärmer. Solch ein Mann fesselt schon mit den leisesten Äußerungen seines Wesens den nachdenklichen Beobachter. Man sah ihn außerhalb des Hauses meistens in mächtigen Schuhen und schwarzen Baumwollstrümpfen, und sein ganzer Stolz war offenbar ein schwarzpolierter, völlig schmuckloser Spazierstock.

Kein Beruf, mag er noch so nützlich, kein Gewerbe, mag es noch so verdienstvoll sein, ist wohl vor den kleinlichen Anwürfen niedriger Seelen sicher. Josef Tuggs war ein Lebensmittelhändler. Man sollte annehmen, ein Lebensmittelhändler sei wenigstens vor Verleumdungen geschützt; aber nein – die Nachbarn nannten ihn höhnisch einen Heringsbändiger; und die giftige Stimme des Neides behauptete, er messe Tee und Kaffee nach Scheffeln, verkaufe Zucker und Mehl aber grammweise, Käse scheibchenweise und Tabak in homöopathisch winzigen Mengen. Diese Schmähungen prallten jedoch an der Familie Tuggs ab. Herr Tuggs verwaltete die Kolonialwarenabteilung, Frau Tuggs die Käsetheke; Fräulein Tuggs widmete sich ihrer Bildung und Simon Tuggs der väterlichen Buchführung und seinen Selbstbetrachtungen.

An einem schönen Frühlingsnachmittag saß der junge Herr des Hauses auf einem Butterfaß hinter dem kleinen roten Pult, das gemeinsam mit einer Ecke der Theke von einem hübschen Geländer umgeben war, als ein Unbekannter vor dem Hause aus einem Wagen stieg und eilig in den Laden trat. Er trug einen schwarzen

Anzug, einen grünen Schirm und eine blaue Aktentasche.

«Herr Tuggs?» fragte der Fremde.

«Das ist mein Name», antwortete Simon.

«Ich meine Herrn Tuggs senior», sagte der Fremde und warf einen Blick auf die Glastür, die in das Wohnzimmer hinter dem Laden führte und durch deren Vorhang das runde Gesicht des älteren Herrn Tuggs deutlich herüberspähte.

Simon Tuggs schwenkte graziös die Feder, als wolle er mit dieser Geste seinen Wunsch bezeigen, daß sein Vater herauskommen möge. Josef Tuggs zog sein Gesicht blitzschnell von dem Vorhang weg und trat dem Fremden entgegen.

«Ich komme vom Notar», sagte der Mann mit der Aktentasche.

«Vom Notar!» rief Frau Tuggs, während die Tür des kleinen Wohnzimmers aufflog und Fräulein Tuggs im Hintergrund sichtbar wurde.

«Vom Notar!» riefen Fräulein Tuggs und Simon Tuggs wie aus einem Munde.

«Vom Notar!» stammelte Josef Tuggs und wurde so blaß wie ein holländischer Käse.

«Vom Notar!» wiederholte der Mann mit der Aktentasche, «von Herrn Cower, dem Notar. Herr Tuggs, ich beglückwünsche Sie. Meine Damen, ich gratuliere Ihnen zu Ihrem Vermögen! Wir haben gewonnen.» Der Mann mit der Aktentasche entledigte sich umständlich seines Regenschirms und eines Handschuhs, ehe er Josef Tuggs die Hand schüttelte.

Kaum aber waren die Worte «Wir haben gewonnen» dem Munde des Mannes mit der Aktentasche entfahren, als Simon Tuggs sich von seinem Butterfaß erhob, die Augen weit aufriß, nach Atem rang, mit seiner Feder Achten in die Luft malte und schließlich in die Arme seiner besorgten Mutter sank, in denen ihn ohne die geringste äußerlich erkennbare Ursache das Bewußtsein verließ.

«Wasser!» schrie Frau Tuggs.

«Komm zu dir, mein Sohn!» rief Herr Tuggs.

«Simon! Lieber Simon!» kreischte Fräulein Tuggs.

«Es geht mir schon besser», sagte Simon Tuggs. «Was? Gewonnen?» Und um zu beweisen, daß es ihm besser ging, fiel er von neuem in Ohnmacht und wurde mit vereinten Kräften von der übrigen Familie und dem Mann mit der Aktentasche in das kleine Wohnzimmer getragen.

Für einen zufälligen Beobachter oder jemanden, der die näheren Umstände nicht kannte, wäre dieser Ohnmachtsanfall unbegreiflich gewesen. Wer aber wußte, um was es sich bei dem Mann mit der Aktentasche handelte, und wer außerdem wußte, wie labil das Nervensystem Simon Tuggs' war, der begriff alles. Ein langwieriger Erbschaftsprozeß hatte unerwartet zu einer Entscheidung geführt, und Josef Tuggs erhielt nun zwanzigtausend Pfund.

An diesem Abend wurde in dem kleinen Wohnzimmer eine lange Beratung abgehalten, die das weitere Schicksal der Familie entscheiden sollte. Der Laden wurde zu ungewöhnlich früher Stunde geschlossen, und so vernahm man zahlreiche vergebliche Fußtritte gegen die verschlossene Tür, wenn Kunden versuchten, noch ein paar Pfund Zucker oder einen halben Laib Brot oder für einen Groschen Pfeffer zu holen – natürlich «auf Pump bis Samstag», ohne zu ahnen, daß es vorläufig nichts mehr zu pumpen gab.

«Das Geschäft geben wir natürlich auf», sagte Fräulein Tuggs.

«Aber ganz gewiß», sagte Frau Tuggs.

«Simon soll Notar werden», sagte Josef Tuggs.

«Und von jetzt ab werde ich mich Simeon nennen», sagte sein Sohn.

«Und ich Carlotta», sagte Fräulein Tuggs.

«Und mich sollt ihr immer ‹Mami› und Vater ‹Papi› nennen», sagte Frau Tuggs.

«Ja, und Papi muß endlich lernen, sich besser zu benehmen», warf Fräulein Tuggs ein.

«Ich werde mir Mühe geben», antwortete Josef Tuggs bereitwillig. Er war eben damit beschäftigt, eingesalzenen Lachs mit seinem Taschenmesser zu verzehren.

«Wir müssen sofort verreisen», sagte Simeon Tuggs.

Jeder pflichtete ihm bei, dies sei der unerläßliche erste Schritt zu einem vornehmeren Lebensstil. Dann erhob sich die Frage, wohin sie fahren sollten.

«Gravesend?» meinte Josef Tuggs zögernd.

Der Vorschlag wurde mit Entrüstung abgelehnt. Gravesend war «gewöhnlich».

«Margate?» versuchte es Frau Tuggs. Noch schlimmer – niemand außer Kaufleuten ging dahin.

«Brighton?» Simeon Tuggs brachte einen unwiderleglichen Einwand vor. Seit drei Wochen waren auf dem Wege dorthin sämtliche Postkutschen umgestürzt; in jeder Kutsche hatte es im Durchschnitt zwei Tote und sechs Verletzte gegeben; die Zeitungen hatten nachdrücklich versichert, daß «den Postkutschern keinerlei Vorwurf zu machen war».

«Ramsgate?» brachte Simeon nachdenklich hervor. Aber natürlich! Wie dumm, nicht gleich daran gedacht zu haben! Ramsgate war das einzig Richtige.

Zwei Monate nach dieser Unterredung fuhr der Vergnügungsdampfer von London nach Ramsgate fröhlich die Themse abwärts. Am Mast wehte die Flagge, die Kapelle spielte, die Passagiere unterhielten sich; alles an Bord schien lustig und aufgeräumt. Kein Wunder, denn Familie Tuggs war dabei.

«Entzückend, was?» sagte Josef Tuggs. Er trug einen flaschengrünen Mantel mit gleichfarbigem Samtkragen und eine blaue Reisemütze mit Goldband.

«Berauschend», antwortete Simeon Tuggs. Ein Notar hatte ihn inzwischen als Lehrling angenommen. «Berauschend.»

«Köstlicher Morgen!» sagte ein untersetzter

Herr von militärischem Aussehen in blauem, hochgeschlossenem Überrock und weißen Beinkleidern, die von einem Steg unter den Schuhen her stramm gehalten wurden.

Simeon Tuggs sprang für die Familie in die Bresche. «Himmlisch!» erwiderte er.

«Sie sind ein Bewunderer aller Schönheiten der Natur?» fragte der martialische Herr höflich.

«Das bin ich», erwiderte Simeon Tuggs.

«Viel gereist?» erkundigte sich der martialische Herr.

«Nicht viel», erwiderte Simeon Tuggs.

«Sie kennen natürlich Paris und Italien?» forschte der martialische Herr weiter.

«Eigentlich nicht», erwiderte Simeon Tuggs in vielsagendem Tone, als wolle er damit andeuten, er habe die große Reise durch Europa vorzeitig abbrechen müssen.

«Ihr Sohn soll natürlich die große Reise machen, nicht wahr?» fragte der martialische Herr, sich an Josef Tuggs wendend.

Da Josef Tuggs keine blasse Ahnung hatte, um was es sich bei der «großen Reise» handelte, antwortete er: «Selbstverständlich.» In diesem Augenblick schwebte von ihrem Platz am Heck des Schiffes eine junge Dame heran. Sie trug einen gelbbraunen Seidenmantel, gleichfarbige Schuhe und einen kurzen Rock, der die schmalen Fesseln frei ließ, hatte große dunkle Augen und schwarze, lang herabhängende Ringellocken.

«Ach, Walter», sagte die junge Dame zu dem martialischen Herrn.

«Ja, Belinda», antwortete er.

«Warum hast du mich so lange allein gelassen?» klagte die junge Dame. «Diese frechen jungen Männer haben mich in der unverschämtesten Weise angestarrt.»

«Was? Angestarrt?» rief er so laut, daß Simeon Tuggs seinen Blick mit Blitzesschnelle vom Antlitz der jungen Dame abwandte. «Welche jungen Männer – wo?» Der martialische Herr ballte die Fäuste und funkelte die friedlich um ihn stehenden Zigarrenraucher an.

«Bitte, Walter, beruhige dich», flehte die junge Dame.

«Nein», entgegnete der martialische Herr.

«Bitte, beruhigen Sie sich», warf Simeon Tuggs ein. «Diese Leute sind Ihrer Beachtung nicht wert.»

«Das sind sie wahrhaftig nicht», bestätigte die junge Dame.

«Ich werde mich beherrschen», sagte der martialische Herr. «Sie haben recht. Ich danke Ihnen für eine Warnung, die mich vielleicht vor einem Mord bewahrt hat.» Er unterdrückte seine Wut und schüttelte Simeon Tuggs heftig die Hand.

«Meine Schwester», stellte Simeon Tuggs vor, da er bemerkte, daß der martialische Herr Fräulein Carlotta mit bewundernden Blicken maß.

«Meine Frau – Hauptmann Waters», stellte der martialische Herr die schwarzäugige junge Dame und sich selbst vor.

«Meine Mutter, Frau Tuggs», sagte Simeon. Hauptmann Waters und seine Frau murmelten, sie seien sehr erfreut; und alle Familienmitglieder bemühten sich, unbefangen dreinzuschauen.

«Walter», flötete die schwarzäugige junge Dame, als sie alle miteinander eine halbe Stunde plaudernd beisammengesessen hatten.

«Ja, meine Liebe», antwortete der Hauptmann.

«Findest du nicht, daß dieser Herr» – sie nickte leicht mit dem Kopf in Simeons Richtung – «große Ähnlichkeit mit dem Marquis Carriwini hat?»

«Du lieber Himmel, richtig!» antwortete der Hauptmann.

«Es fiel mir gleich auf, als ich ihn sah», sagte die junge Dame und schaute mit träumerischem Augenaufschlag Herrn Simeon Tuggs unverwandt in das puterrot gewordene Gesicht. Simeon Tuggs blickte von einem zum andern, und als er sah, daß jeder ihn anschaute, fand er es schwierig, den Blick überhaupt irgendwohin zu wenden.

«Genau die Haltung des Marquis», sagte der Hauptmann.

«Ganz unwahrscheinlich!» seufzte die junge Dame.

«Sie kennen den Marquis nicht?» fragte der Hauptmann.

Simeon Tuggs verneinte stammelnd.

«Wenn Sie ihn kennten», fuhr der Hauptmann fort, «wüßten Sie, wie stolz Sie auf die Ähnlichkeit sein dürfen – ein sehr eleganter Mann von sehr gewinnendem Äußeren.»

«Das ist er, in der Tat!» rief Belinda Waters begeistert aus. Als ihr Blick dem Simeons begegnete, errötete sie und schlug verwirrt die Augen nieder.

Familie Tuggs fühlte sich durch all dies in hohem Grade geschmeichelt, und als sich im weiteren Verlauf der Unterhaltung herausstellte, daß Fräulein Carlotta Tuggs das genaue Ebenbild einer vornehmen Verwandten von Frau Belinda Waters und Frau Tuggs selbst ein Pendant der verwitweten Herzogin von Dobbleton war, kannte ihr Entzücken, so angesehene und freundliche Menschen kennengelernt zu haben, keine Grenzen. Sogar Hauptmann Waters vergaß seine Würde und ließ sich von Josef Tuggs zu einem Imbiß an Deck – kalter Geflügelpastete mit Sherry – einladen, und die infolge dieser Stimulantien recht lebhafte Unterhaltung zog sich hin, bis das Schiff an der Mole von Ramsgate anlegte.

«Auf Wiedersehen, meine Liebe», sagte Frau Waters zu Fräulein Carlotta Tuggs, ehe das Gedränge des Aussteigens sie trennte, «morgen früh am Strand; und da wir sicher bis dahin Unterkunft gefunden haben, hoffe ich, daß wir die nächsten Wochen gemeinsam hier verleben werden.

«Oh, das hoffe ich auch», erwiderte Fräulein Carlotta mit Nachdruck.

«Fahrkarten, meine Dahm' un' Här'n!» rief der Mann am Landesteg.

«Gepäckträger?» fragten ein Dutzend Männer in Arbeitskitteln.

«Komm, meine Liebe!» mahnte Hauptmann Waters.

«Leben Sie wohl!» sagte Frau Waters. «Leben Sie wohl, Herr Simeon!» Mit einem Händedruck, der den liebenswürdigen jungen Mann in die höchste Verwirrung stürzte, verschwand die Frau des Hauptmanns in der Menge. Er sah, wie ein Paar gelbbrauner Schuhe die Stufen hinaufstiegen, ein weißes Taschentuch flatterte, ein schwarzes Auge glühte. Sie war fort – und ließ Simeon Tuggs allein in einer herzlosen Welt.

Stumm und in Gedanken verloren folgte der übermäßig empfindsame Jüngling seinen verehrten Eltern und einer Reihe von Arbeitskitteln und Schubkarren die Mole entlang, bis das Treiben um ihn her ihn aus seiner Versunkenheit riß. Die Sonne leuchtete, die Wogen, zu ihrer eigenen Musik tanzend, rollten fröhlich heran; die Menschenmenge promenierte auf und ab; junge Damen kicherten; alte Damen plauderten; Kindermädchen zeigten ihre Reize von der vorteilhaftesten Seite; und ihre kleinen Zöglinge rannten auf und ab, hin und her, ein und aus und gerieten den Spaziergängern fröhlich lärmend unter die Füße und zwischen die Beine. Alte Herren richteten ihre langen Fernrohre auf manches Ziel, und junge Herren in offenen Hemdkragen machten sich selbst zum Ziel mancher Blicke; Damen trugen Klappstühle herum, und Klappstühle trugen Kranke; auf dem Pier warteten Gruppen von Menschen auf Gruppen, die mit dem Dampfer angekommen waren; und man hörte nichts als Reden, Lachen, Begrüßungen und lauten Jubel.

«Droschke, der Herr?» riefen vierzehn Männer und sechs Jungen im Chor, sobald Josef Tuggs an der Spitze seiner kleinen Schar den Fuß auf die Straße setzte.

«Da kommt der Herr endlich!» sagte einer und legte mit gespielter Unterwürfigkeit den Finger an den Hut. «Sehr erfreut, Sie zu sehen – seit sechs Wochen auf Sie gewartet. Bitte, steigen Sie ein!»

«'ne gute Droschke und 'n schnelles Pferd, mein Herr», sagte ein zweiter; «zwanzig Kilometer die Stunde – die Häuser fliegen so schnell vorbei, daß sie direkt unsichtbar werden.»

«Großer Wagen für Ihr Gepäck, meine Herrschaften!» rief ein dritter. «Sehr großer Wagen hier – schon mehr ein Waggon!»

«Extrawagen für Sie!» schrie ein weiterer ehrgeiziger Rosselenker, stieg auf den Bock und ließ seinen alten Grauschimmel ein paar Schritte machen, die von fern an einen Galopp erinnerten. «Sehen Sie bloß – geduldig wie ein Lamm und temperamentvoll wie ein Dampfroß!»

Josef Tuggs widerstand tapfer allen Versuchungen, sich dieser Vierfüßler zu bedienen, und winkte den Besitzer eines grüngestrichenen klapprigen Fuhrwerks heran, das mit verblichenem gestreiftem Kattun ausgeschlagen war;

und nachdem die Familie mitsamt dem Gepäck darin verstaut worden war, tänzelte das Tier an der Deichsel eine Viertelstunde auf der Straße umher, bis es endlich einwilligte, sich zur Suche nach einer Unterkunft in Bewegung zu setzen.

«Wieviel Betten haben Sie?» schrie Frau Tuggs aus der Droschke heraus einer Frau zu, die vor die Tür des ersten Hauses trat, an welchem eine Notiz verkündete, daß Zimmer zu vermieten seien.

«Wie viele brauchen Sie denn?» lautete die Gegenfrage.

«Drei.»

«Bitte, treten Sie näher, gnädige Frau!» Frau Tuggs stieg aus. Die Zurückbleibenden waren begeistert. Herrliche Aussicht auf das Meer von den vorderen Zimmern aus – entzückend! Kurze Pause. Dann kam Frau Tuggs zurück: nur ein Zimmer und eine Matratze.

«Warum hat sie das nicht gleich gesagt?» knurrte Josef Tuggs verstimmt.

«Weiß nicht», antwortete Frau Tuggs.

«Bagage!» rief Simeon gereizt. Eine zweite Notiz – wieder Halt! Dieselbe Frage – die gleiche Antwort – ein ähnliches Resultat.

«Was denken die sich eigentlich?» fragte Josef Tuggs in übelster Laune.

«Weiß nicht», antwortete Frau Tuggs sanft.

«Das is' hier immer so», sagte der Kutscher in der Meinung, damit eine befriedigende Erklärung gegeben zu haben; und weiter ging's, neuen Versuchen und neuen Enttäuschungen entgegen.

Nachdem das Fahrzeug – das eher ein Kriechzeug zu nennen war – nacheinander fünf steile Hügel erklommen hatte, hielt es bei anbrechender Dunkelheit vor einem etwas schmuddligen Haus mit einem Erkerfenster, von dem aus man einen Zipfel des Meeres sah, wenn man sich mit dem Oberkörper hinauslehnte und dabei riskierte, auf den Hof zu stürzen. Frau Tuggs stieg aus. Ein Wohnzimmer unten und drei Bettkämmerchen oben. Ein Doppelhaus. Die Familie der Wirtin nebenan. Fünf Kinder im Wohnzimmer, vom Säugling bis zum Sechsjährigen, der sich, wegen irgendeiner Untat bestraft, brüllend auf dem Boden wälzte.

«Und der Preis?» fragte Frau Tuggs. Die Dame des Hauses überlegte, ob sie es wagen sollte, ihre Finanzen durch einen Extraaufschlag aufzubessern; sie hüstelte und tat, als hätte sie nichts gehört.

«Und der Preis?» fragte Frau Tuggs mit erhobener Stimme.

«Fünf Pfund die Woche, gnädige Frau – *mit* Bedienung», erwiderte die Vermieterin. («Bedienung» bedeutet das Recht, zur eigenen Belustigung so oft zu klingeln, wie man will.)

«Ziemlich teuer», meinte Frau Tuggs.

«Aber nein, gnädige Frau!» entgegnete die Dame des Hauses und lächelte mitleidig über die Unwissenheit, die die Bemerkung verriet. «Sehr billig!»

Solch eine Autorität duldete keinen Widerspruch. Frau Tuggs zahlte für eine Woche im voraus und mietete die Räume für einen Monat. Eine Stunde später saß die Familie in ihrem neuen Heim beim Tee.

«Großartige Krabben!» sagte Josef Tuggs.

Simeon warf seinem Vater einen rebellischen Blick zu und verbesserte mit Betonung: «Garnelen».

«Meinetwegen Garnelen», sagte Josef Tuggs. «Krabben oder Garnelen, is' doch wurscht.»

Eine Mischung von Mitleid und Abscheu lag in Simeons Blick, als er erwiderte: «Is' doch wurscht, Vater! Was würde Hauptmann Waters sagen, wenn er einen so ordinären Ausdruck hörte!»

«Oder was würde die gute Frau Hauptmann sagen», setzte Carlotta hinzu, «wenn sie sähe, wie Mama – ich meine, Mami – sie ganz ißt, Kopf und alles!»

«Nicht auszudenken!» stieß Simeon schaudernd hervor. Welch ein Unterschied zwischen ihr und der verwitweten Herzogin von Dobbleton!

«'ne sehr hübsche Frau, die Frau Waters, nicht wahr, Simeon?» meinte Fräulein Carlotta.

Eine Glutwelle der Erregung stieg ihm ins Gesicht, als er erwiderte: «Engelschön!»

«Hallo, Simeon!» rief Josef Tuggs. «Vorsicht, mein Junge! Verheiratet, vergiß das nicht!» Verschmitzt kniff er eins seiner zwinkernden Äuglein zu.

«Oh!» schrie Simeon in einem Anfall von Raserei, der völlig unerwartet kam und alle aufschreckte. «Warum erinnert ihr mich an mein Unglück und treibt mich zur Verzweiflung? Warum spottet ihr über das Elend, das über mich hereingebrochen ist? Nicht genug, daß ihr – ihr –» Der Redner brach ab. Fehlten ihm die Worte oder der Atem? Niemand hätte es sagen können.

In dem Ton dieses Ergusses und in der Geste, mit der der romantische Simeon danach die Glocke läutete und eine Kerze verlangte, lag so viel eindrucksvolle Feierlichkeit, daß niemand zu antworten wagte. Er stelzte pathetisch zur Tür hinaus, und auch die übrigen Familienmitglieder gingen eine halbe Stunde später verwirrt und völlig ratlos zu Bett.

Wenn bei ihrer Landung schon an der Mole ein reges Leben und Treiben geherrscht hatte, so übertraf der Anblick des Strandes am folgenden Morgen alle Erwartungen. Es war ein schöner, klarer, leuchtender Tag. Von der See wehte eine leichte Brise. Dieselben Damen und Herren waren da, dieselben Kinder, dieselben Kindermädchen, dieselben Fernrohre, dieselben Klappstühle. Die Damen stickten oder strickten, flochten Uhrketten oder lasen Romane; die Herren lasen Zeitungen oder Zeitschriften; die Kinder gruben mit Holzspaten Löcher in den Sand und füllten sie mit Wasser; die Kindermädchen liefen, die Kleinsten auf dem Arm, in die Wellen hinein und vor den sich überschlagenden Wellen davon; und ab und zu stieß ein kleines Segelboot voll fröhlich schwatzender

Fahrgäste ab oder kehrte mit stumm gewordenen, recht elend aussehenden zurück.

«Nein so was!» rief Frau Tuggs, als sie, Josef Tuggs, Carlotta und Simeon, alle vier in neuen, gelben Strandschuhen, sich auf vier Rohrstühlen niederließen, die in dem weichen Sand sofort einen halben Meter tief einsanken – «nein so was!»

Simeon holte mit äußerster Kraftanstrengung die Stühle wieder heraus und stellte sie weiter rückwärts auf.

«Guck bloß mal, da wollen doch wahrhaftig ein paar Damen ins Wasser!» rief Frau Tuggs in hellster Verwunderung.

«Du lieber Himmel, Papi!» rief Carlotta aus.

«Tatsächlich, meine Liebe», bestätigte Josef Tuggs. Schon stiegen vier junge Damen, jede mit einem Handtuch versehen, die Stufen zu einem Badekarren hinauf, den ein Pferd torkelnd und watend ins Wasser zog. Der Karren schwang herum, der Fahrer setzte sich, und im selben Augenblick stürzten die vier jungen Damen heraus und warfen sich platschend in die Wellen.

«Haste Töne!» stieß Josef Tuggs nach einer Pause verlegen aus. Simeon hüstelte.

«Da sind ein paar Herren, die auch hinein wollen!» rief Frau Tuggs im Tone des Entsetzens.

Drei Badekarren – drei Pferde – drei Vorstöße ins Wasser – drei Wendungen der Karren – ein dreimaliges Aufplatschen – und die drei Herren tummelten sich in den Wellen wie Delphine.

«Haste Töne!» sagte Josef Tuggs noch einmal.

Diesmal hüstelte Carlotta, und wieder folgte eine Pause. Sie wurde auf angenehmste Weise beendet.

«Ach, guten Morgen, meine Liebe! Wir haben Sie schon die ganze Zeit gesucht», hörte Carlotta hinter sich jemanden rufen. Es war Frau Hauptmann Waters.

«Guten Morgen!» sagte Hauptmann Waters, die Liebenswürdigkeit selbst. Die herzlichsten Begrüßungsworte wurden ausgetauscht.

«Belinda, meine Liebe», sagte Hauptmann Waters, hielt das Monokel vors Auge und schaute auf das Meer.

«Ja, Walter?»

«Dort ist Harry Thompson!»

«Wo?» fragte Belinda und hob ihr Lorgnon vor das Auge.

«Er badet.»

«Wahrhaftig! Meinst du, er sehe uns?»

«Nein, das glaube ich nicht», entgegnete der Hauptmann. «Was ist denn das?»

«Was?» erkundigte sich Belinda.

«Da ist doch auch Mary Golding!»

«Wo?» Das Lorgnon flog wieder in die Höhe.

«Dort!» antwortete der Hauptmann und wies auf eine der vier jungen Damen, die in ihrem Badekostüm aussah, als stecke sie in einem zu knappen Regenmantel.

«Wahrhaftig, du hast recht!» rief Frau Waters. «Höchst merkwürdig, daß sie beide hier sind!»

«Höchst merkwürdig», äußerte der Hauptmann gesellschaftlich kühl.

«So etwas ist hier selbstverständlich», flüsterte Simeon seinem Vater zu.

«Das merke ich», flüsterte Josef Tuggs zurück. «Aber es ist doch komisch, nicht?» Simeon nickte zustimmend.

«Was haben Sie vor?» fragte der Hauptmann. «Wollen wir bei Pegwell essen?»

«Eine sehr gute Idee», warf Frau Tuggs ein. Sie hatte keine Ahnung, was Pegwell bedeutete; aber das Wort «essen» hatte sie verstanden, und es weckte angenehme Vorstellungen in ihr.

«Und wie sollen wir hinkommen?» fragte der Hauptmann. «Es ist zu heiß zum Gehen.»

«'ne Kalesche?» schlug Josef Tuggs vor.

«Droschke!» flüsterte Simeon.

«Eine ist vielleicht genug», meinte Josef Tuggs, ohne die Verbesserung zu beachten. «Oder zwei Kaleschen, wenn Sie wollen.»

«Ich möchte am liebsten auf einem Esel reiten», erklärte Belinda.

«Oh, ich auch!» echote Carlotta.

«Gut, wir können eine Droschke nehmen», schlug der Hauptmann vor, «und du nimmst mit Fräulein Carlotta zwei Esel.»

Eine neue Schwierigkeit. Frau Waters behauptete, es sei einfach unmöglich, daß zwei Damen allein ritten. Der Ausweg lag nahe. Vielleicht könne der junge Herr Tuggs sie als Kavalier begleiten.

Simeon errötete, lächelte verlegen und stammelte, er könne nicht reiten. Niemand ließ diesen Einwand gelten. Sofort rief man eine

Droschke und mietete drei Esel, deren Eigentümer bei seiner Ehre versicherte, sie seien von rassigem Temperament und absolut zuverlässig.

«He, los!» schrie einer der beiden Jungen, die den Eseln folgten, um sie anzutreiben. Sie hatten Belinda Waters und Carlotta Tuggs in die Sättel gehoben, geschoben und gezerrt.

«He – hott!» grölte der andere Junge hinter Simeon, worauf sein Esel davongaloppierte, daß die losen Steigbügel Simeon gegen die Hacken schlugen und diese fast über den Boden schleiften.

«Halt! Ach! Oh -h -h!» schrie Simeon aus Leibeskräften mitten in dem Höllentanz.

«Nicht galoppieren lassen!» zeterte Frau Waters, die hinter ihm folgte.

«Mein Esel will durchaus ins Wirtshaus!» kreischte Fräulein Tuggs, die die Nachhut bildete.

«He – hott!» grölten die beiden Jungen laut, und die Esel rannten unaufhaltsam davon.

Alles aber nimmt schließlich ein Ende, selbst ein Eselsgalopp. Das Tier, auf dem Simeon saß, empfand es als unangenehm, daß er mehrmals am Zügel zog, konnte unmöglich erraten, was er damit beabsichtigte, stellte sich längsseits dicht an eine Mauer und bekundete seine Unzufriedenheit, indem es Simeons Bein gegen die rauhe Fläche quetschte. Frau Waters' Esel wurde offenbar von einer spielerischen Anwandlung erfaßt, stürzte sich plötzlich, den

Kopf voran, in eine Hecke und weigerte sich, wieder herauszukommen. Der Vierfüßler, auf dem Fräulein Tuggs thronte, drückte seine Freude über die fröhliche Laune seines Kameraden dadurch aus, daß er die Vorderfüße gegen den Boden stemmte und die Hinterbeine in höchst lebhafter, aber etwas beunruhigender Weise in die Luft stieß.

Diese jähe Beendigung der Hetzjagd rief natürlich einige Verwirrung hervor. Beide Damen bemühten sich mehrere Minuten lang, gellend zu schreien; und Herr Simeon erduldete außer den heftigen körperlichen Schmerzen noch die Seelenqual, Augenzeuge ihrer Notlage zu sein, ohne sie daraus befreien zu können, da sein Bein zwischen dem Tier und der Mauer wie im Schraubstock saß. Schneller aber, als man erwarten konnte, stellten die Jungen die Ordnung wieder her, unter anderm mit Hilfe des geistreichen Tricks, den widerspenstigsten der Esel beim Schwanz zu packen und diesen zu verdrehen. Darauf trottete die kleine Gesellschaft langsam weiter.

«Nun laßt sie im Schritt gehen», sagte Simeon. «Es ist grausam, sie so anzutreiben.»

«Jawohl, mein Herr», erwiderte der Junge hinter ihm. Dabei grinste er seinen Gefährten an, als wolle er sagen, Herr Simeon denke weniger an die grausame Behandlung der Tiere als an die der Reiter.

«Was für ein herrlicher Tag!» sagte Carlotta.

«Entzückend, bezaubernd, meine Liebe!»

erwiderte Frau Waters. «Welch ein verheißungsvoller Auftakt, Herr Simeon!»

Simeon schaute Belinda voll ins Gesicht und antwortete: «Ja, verheißungsvoll!» Die Dame schlug die Augen nieder und ließ ihr Reittier ein bißchen langsamer gehen. Unwillkürlich tat Simeon das gleiche.

Ein kurzes Schweigen folgte, bis Simeon aufseufzte.

«Herr Simeon», sagte die Dame plötzlich in leisem Ton, «Herr Simeon – ich gehöre einem andern.»

Simeon drückte seine völlige Übereinstimmung mit einer Tatsache aus, die unmöglich zu bezweifeln war.

«Wäre ich nicht –» fing Belinda wieder an und brach dann ab.

«Was – was?» drängte Simeon. «Oh, quälen Sie mich nicht! Was wollten Sie sagen?»

«Wenn ich nicht –» fuhr Frau Waters fort, «wenn ich in meiner Jugend einen edlen Jüngling – einen verwandten Geist – eine gleichgestimmte Seele kennengelernt hätte – wenn das Schicksal mir einen Menschen zugeführt hätte, der mit mir zu fühlen und zu empfinden vermocht –»

«O Himmel, was höre ich?» rief Simeon aus. «Ist es möglich? Kann ich glauben, was – Los!» Diese unsentimentale Aufforderung war an den Esel gerichtet, der, den Kopf zwischen den Vorderbeinen, den Zustand seiner Hufe besorgt zu mustern schien.

«He – hott!» brüllten die Jungen hinter ihnen. «Los!» ertönte Simeons Aufforderung von neuem. «He – hott!» wiederholten die Jungen. Ob sich nun das Tier durch den Ton des Befehls beleidigt oder durch das Geräusch beunruhigt fühlte, das die Stiefel seines ihm folgenden kleinen Herrn verursachten, oder ob es von edlem Eifer entbrannte, seine Kameraden hinter sich zu lassen – kaum hatte es die zweite Aufforderung «He – hott!» vernommen, als es sich mit einer Geschwindigkeit in Bewegung setzte, daß Simeons Hut davonflog und er selbst im nächsten Augenblick vor dem Hotel «Pegwell» anlangte, wo er über den Kopf des Tieres hinweg direkt vor dem Hoteleingang landete, so daß ihm die Mühe des Absteigens erspart blieb.

Groß war Simeons Verlegenheit, als ihn zwei Kellner wieder auf die Beine stellten; noch größer war die Sorge der Mutter um ihren Sohn; und am größten waren die Befürchtungen der Frau Waters seinetwegen. Man stellte jedoch bald fest, daß sich sein Zustand nur wenig von dem des Esels unterschied; er erholte sich von dem Rasen, das Tier erholte sich auf dem Rasen. Darauf verlief das gemeinsame Mahl in gehobenster Stimmung. Herr Tuggs, Frau Tuggs und der Herr Hauptmann hatten es bereits in dem kleinen Garten hinter dem Hotel bestellt: kleine Schalen mit großen Garnelen, Butterklümpchen mit Brötchen, dazu Bier. Der Himmel war wolkenlos heiter; auf dem Rasen standen Blumentöpfe; das Meer erstreckte sich vom Fuß der Klippen so weit das Auge reichte; in der Ferne sah man Boote mit taschentuchgroßen Segeln, die weiß in der Sonne schimmerten. Die Garnelen waren köstlich, das Bier noch köstlicher und der Hauptmann am allerköstlichsten. Frau Waters war nach dem Essen in der fröhlichsten Stimmung; zuerst rannte sie auf dem Rasen zwischen den Blumenkübeln hinter dem Hauptmann, dann hinter Simeon und Fräulein Tuggs her und lachte dabei laut vor Ausgelassenheit. Aber das machte gar nichts, wie der Hauptmann versicherte; hier kannte sie ja niemand. Die Kellner und Hotelgäste mochten sie ruhig für etwas gewöhnliche Leute halten. Worauf Josef Tuggs zustimmte: «Natürlich!» Dann stiegen sie die steile Holztreppe hinunter, die an den Fuß der Klippen führte, und sahen am Strand Krabben, Seetang und Aale, bis es höchste Zeit war, nach Ramsgate zurückzukehren. Simeon stieg die Holztreppe als letzter hinauf, Frau Waters als vorletzte; und so hatte Simeon Gelegenheit festzustellen, daß Fuß und Fesseln der Frau Waters noch viel vollkommener waren, als er bisher gewußt hatte.

Wenn ein Esel merkt, daß es in den Stall zurückgeht, ist die Sache für den Reiter viel einfacher als in der umgekehrten Richtung. Im letzten Fall muß der Reiter über genügend Ahnungsvermögen und Geistesgegenwart verfügen, um die zahlreichen Sprünge der lebhaften Phantasie seines Vierbeiners vorauszusehen; im ersteren braucht er nichts zu tun, als sich im

Sattel zu halten und sich dem Tier blind anzuvertrauen. Simeon befolgte diese Methode auf dem Rückweg, und der Ritt wirkte so wohltuend auf seine Nerven, daß er beim Abschied genau verstand, sie alle sollten sich am Abend im Lesesaal des Kurhauses treffen.

Der Lesesaal war überfüllt. Man sah die gleichen Damen und Herren, die morgens am Strand und tags zuvor an der Mole gewesen waren. Junge Damen in rostbraunen Gewändern und schwarzen Samtarmbändern verkauften Modeartikel und dirigierten im Musiksaal Glücksspiele. Heiratsfähige Töchter und ehestiftende Mütter spielten und promenierten, blätterten in den Noten und flirteten. Schöne Männer mit Backenbart warfen sentimentale Blicke umher, und andere versuchten mit gesträubtem Schnurrbart jeden einzuschüchtern. Frau Tuggs trug Bernsteingelb, Fräulein Tuggs Himmelblau, Frau Waters Rosa. Hauptmann Waters prangte in einem Überrock mit geflochtenen Schnüren, Simeon Tuggs in Tanzschuhen und hellgelber Weste und Vater Tuggs in blauem Rock und Hemdkrause.

«Nummer drei, acht und elf!» rief eine der jungen Damen in rostbraunem Gewand.

«Nummer drei, acht und elf!» echote eine andre junge Dame in der gleichen Uniform.

«Nummer drei besetzt», sagte die erste junge Dame. «Nummer acht und elf!»

«Nummer acht und elf!» echote die zweite junge Dame.

«Nummer acht besetzt, Marianne», rief die erste junge Dame.

«Nummer elf!» schrie die zweite.

«Nun sind alle Nummern vergeben, meine Damen», sagte die erste. Die Damen, die drei, acht und elf gesetzt hatten, drängten sich mit den übrigen Spielerinnen um den Tisch.

«Wollen Sie werfen, gnädige Frau?» fragte die präsidierende Göttin und reichte den Würfelbecher der ältesten Tochter einer umfangreichen Dame, die von ihren vier Töchtern begleitet war.

Unter den Zuschauern trat tiefe Stille ein.

«Wirf, Jane», sagte die umfangreiche Dame. Die Angeredete tat verschämt, indem sie hinter ihrem seidenen Taschentuch errötete, und flüsterte ihrer jüngeren Schwester etwas zu.

«Amelia, meine Liebe, wirf du für deine Schwester», sagte die umfangreiche Dame. Dann wandte sie sich an einen neben ihr stehenden haaröldufenden Backenbart und sagte: «Jane ist so schrecklich schüchtern und verschlossen; aber ich kann ihr deswegen nicht böse sein. Ein einfaches und natürliches Mädchen ist im Grunde so wertvoll, daß ich oft wünschte, Amelia hätte etwas mehr von ihrer Schwester.»

Der Backenbart flüsterte bewundernd seine Zustimmung, und die einfache und natürliche junge Dame blinzelte herüber, um die Wirkung ihrer unverfälschten Natürlichkeit auf ihn zu beobachten.

«Wirf, meine Liebe!» sagte die umfangreiche

Dame. Fräulein Amelia warf – acht für ihre Schwester und zehn für sich.

«Amelia hat eine gute Figur», flüsterte die umfangreiche Dame einem schlanken Jüngling zu.

«Herrlich!»

«Und was für ein Temperament! Ich fühle da wie Sie – ich bewundere diese unbekümmerte Lebenslust. Ach –» seufzte sie, «wenn Jane nur ein bißchen mehr von meiner lieben Amelia hätte!»

Der junge Herr stimmte diesem Wunsch von ganzem Herzen zu; er war genau wie der zuerst Angeredete völlig ihrer Meinung.

«Wer ist das?» erkundigte sich Simeon bei Frau Waters, als eine kleine Dame in blausamtenem Federhut an der Seite eines dicken Herrn in eng anliegenden schwarzen Beinkleidern und schmuddligen Strickhandschuhen den Musiksaal betrat.

«Frau Tippin, vom Londoner Theater», erwiderte Belinda nach einem flüchtigen Blick auf das Konzertprogramm.

Die Künstlerin dankte leutselig für die Bravorufe und das Händeklatschen, womit ihr Erscheinen begrüßt wurde, und sang die beliebte Kavatine «Laß mich berichten», am Klavier von Herrn Tippin begleitet; worauf Herr Tippin ein lustiges Liedchen sang, am Klavier von Frau Tippin begleitet. Der Applaus wurde nur noch durch die Begeisterung übertroffen, die eine Melodie mit Variationen auf der Gitarre auslöste, von Fräulein Tippin gespielt, während Tippin junior dazu pfiff.

So verging der Abend; so verflogen den Familien Tuggs und Waters sechs Wochen lang die Tage und Abende. Morgens der Strand – mittags der Eselritt – nachmittags die Mole – abends der Lesesaal – und überall stets dieselben Menschen.

Nach diesen sechs Wochen kam der letzte Abend. Der Mond stand leuchtend über dem ruhigen Meer, das leise murmelnd an den Fuß der kahlen Steilklippe schlug, als zwei Gestalten zu erkennen waren – oder zu erkennen gewesen wären, wenn jemand hingesehen hätte. Sie saßen auf einer der Holzbänke am äußersten Westrand der Klippe. Der Mond war in den zwei Stunden, die sie hier saßen, immer höher gestiegen, ohne daß die beiden sich gerührt hätten. Die Scharen der Spaziergänger hatten sich längst verlaufen; der Lärm der durchziehenden Musikanten war verhallt; Licht auf Licht hatte sich in den Fenstern der fernen Häuser entzündet; einer nach dem andern waren die Menschen vorübergegangen, ihrem Ziele zu – nur diese beiden blieben regungslos sitzen. Tiefe Schatten hüllten sie ein, aber das Licht des Mondes fiel grell auf einen gelbbraunen Schuh und auf einen polierten Spazierstock. Simeon Tuggs und Frau Hauptmann Waters saßen auf dieser Bank. Sie sprachen nicht; stumm schauten sie hinaus aufs Meer.

«Morgen kommt Walter zurück», sagte Frau Waters endlich mit trauriger Stimme, das Schweigen brechend.

Simeons Seufzer klang wie ein Windstoß, der durch eine Stachelbeerpflanzung fährt, und er antwortete: «Ach, leider!»

«O Simeon!» fuhr Belinda fort, «diese keusche Seligkeit, dies friedevolle Glück der letzten Woche, diese platonische Liebe ist zu viel für mich!»

Simeon wollte entgegnen, für ihn sei sie zu wenig, aber er unterdrückte die Worte und murmelte nur etwas Unverständliches.

«Und zu denken», rief Belinda aus, «daß dieser Funke des Glücks, so unschuldig er auch ist, auf ewig erlöschen soll!»

«O sagen Sie nicht auf ewig, Belinda», rief Simeon erregt aus, während ihm ein paar schwere Tränen die bleiche Wange herabrollten – ja hintereinander her rannten, denn die Wange war lang genug für einen Wettlauf –, «sagen Sie nicht auf ewig!»

«Ich muß es sagen», entgegnete Belinda.

«Warum?» flehte Simeon. «O warum? Solch eine platonische Verbindung wie unsre ist so harmlos, daß nicht einmal Ihr Gatte etwas dagegen einwenden kann.»

«Mein Mann!» fuhr Belinda auf. «Sie kennen ihn nicht. Eifersüchtig und rachedurstig; wild in seinem Rachedurst – wahnsinnig in seiner Eifersucht! Wollen Sie sich vor meinen Augen ermorden lassen?» Simeon brachte mit vor Erregung zitternder Stimme seine Abneigung dagegen zum Ausdruck, daß ihn überhaupt irgend jemand ermorde.

«Dann verlassen Sie mich», sagte Frau Waters. «Verlassen Sie mich noch heute abend – auf ewig. Es ist spät. Kehren wir zurück.»

Traurig bot Simeon der Dame den Arm und geleitete sie zu ihrer Wohnung. Vor der Haustür blieb er stehen – er fühlte, wie sie ihm platonisch die Hand drückte. «Gute Nacht», sagte er zögernd.

«Gute Nacht», schluchzte die Dame. Simeon blieb unschlüssig stehen.

«Wollen Sie nicht eintreten?» fragte der Portier. Simeon zögerte. Oh, warum hatte er sich nicht gleich losgerissen! Er trat ein.

«Gute Nacht!» sagte Simeon noch einmal, als er auf der Schwelle ihres Zimmers stand.

«Gute Nacht!» antwortete Belinda. «Und sollte ich irgendwann einmal – psst!» Die Dame hielt inne und starrte Simeon mit entsetzensweit geöffneten Augen in das aschfahle Antlitz. Es klopfte zweimal an der Haustür.

«Mein Mann!» sagte Belinda, als die Stimme des Hauptmanns unten ertönte.

«Und meine Familie!» setzte Simeon hinzu, als die Stimmen seiner Angehörigen heraufdrangen.

«Der Vorhang! Der Vorhang!» keuchte Frau Hauptmann Waters und wies auf das Fenster, vor dem ein Vorhang dicht zugezogen war.

«Aber ich habe doch nichts getan», wandte Simeon zögernd ein.

«Schnell!» wiederholte die Dame in höchster Aufregung. «Er wird Sie morden!» Dieser letzte Appell war unwiderstehlich. Zu Tode erschrokken verbarg er sich mit affenartiger Fixigkeit hinter dem Vorhang.

Der Hauptmann, Josef Tuggs, Frau Tuggs und Carlotta traten ein.

«Meine Liebe», sagte der Hauptmann, «Leutnant Krach.» Simeon hörte, wie zwei Militärstiefel ins Zimmer stampften und eine rauhe Stimme auf die Ehre der Vorstellung antwortete. Der lange Säbel des Leutnants rasselte über den Boden, als er am Tisch Platz nahm. Simeon war fast besinnungslos vor Angst.

«Den Whisky, meine Liebe!» rief der Hauptmann. Sie wollten also Abschied feiern – und er saß hier in der Falle und wagte kaum zu atmen!

«Krach», fragte der Hauptmann, «Zigarre?»

Simeon Tuggs hatte nie geraucht, ohne sofort den Drang zu verspüren, sich zurückzuziehen, und nie unter Rauchern gesessen, ohne von stärkstem Hustenreiz befallen zu werden. Die Zigarren wurden angezündet. Der Hauptmann war ein leidenschaftlicher Raucher, der Leutnant ebenfalls, und nicht zuletzt Josef Tuggs. Das Zimmer war klein, die Tür geschlossen, der Rauch stark; er stieg in dichten Wolken zur Decke und fand schließlich den Weg hinter den Vorhang. Simeon hielt Mund und Nase zu und versuchte, nicht zu atmen – alles umsonst; er hustete.

«Um Himmels willen!» rief der Hauptmann. «Ich bitte um Entschuldigung, Fräulein Tuggs. Der Rauch belästigt Sie?»

«O nein, keine Spur», antwortete Carlotta. «Er reizt Sie zum Husten.»

«Aber nein.»

«Sie haben doch eben gehustet.»

«Ich, Herr Hauptmann? Wie können Sie so was sagen?»

«Jemand hat gehustet», beharrte der Hauptmann.

«Ich hatte auch den Eindruck», sagte Krach. Aber jeder leugnete.

«Seltsam», sagte der Hauptmann.

«Merkwürdig», bestätigte Krach.

Man rauchte weiter – wieder ein Hustenanfall – halb erstickt, doch heftig.

«Verdammt sonderbar!» rief der Hauptmann, sich umsehend.

«Komisch!» stieß der ahnungslose Josef Tuggs hervor.

Leutnant Krach sah einen nach dem andern mit rätselhaften Blicken an; dann legte er die Zigarre hin, näherte sich auf Zehenspitzen dem Fenster und deutete mit dem rechten Daumen über seine Schulter auf den Vorhang.

«Krach!» stieß der Hauptmann hervor und erhob sich, «was wollen Sie damit sagen?»

Der Leutnant zog statt einer Antwort den Vorhang zur Seite und enthüllte Simeon Tuggs: blaß vor Todesangst und blau vor unterdrücktem Hustenreiz.

«Ah!» fuhr der Hauptmann wütend auf. «Was sehe ich? Krach, Ihren Säbel!»

«Simeon!» schrien die Angehörigen des schlotternden Jünglings.

«Gnade!» flehte Belinda.

«Platonisch!» keuchte Simeon.

«Ihren Säbel!» brüllte der Hauptmann. «Krach – loslassen – der Schurke muß sterben!»

«Mord!» kreischten Mutter und Schwester.

«Halten Sie ihn fest!» ächzte Simeon.

«Wasser!» rief Josef Tuggs – und Simeon und die Damen fielen wie auf Kommando in Ohnmacht.

Gern würden wir das unglückliche Ende der sechswöchigen Freundschaft den Blicken des Lesers entziehen. Leider aber verlangt ein mit unerbittlicher Willkür herrschender Brauch, daß eine Geschichte nicht nur einen Anfang, sondern auch ein Ende hat; uns bleibt daher keine Wahl. Leutnant Krach hatte das Verbrechen entdeckt – der Hauptmann erhob die Anklage. Josef Tuggs legte Berufung ein – der Leutnant führte die Verhandlung. Als Simeon Tuggs von dem Nervenzusammenbruch genas, den ihm seine einer Unwürdigen zugewandte Neigung und die daraus folgenden Aufregungen eingetragen hatten, stellte er fest, daß seine Angehörigen nicht nur ihre angenehme Bekanntschaft, sondern auch fünfzehnhundert Pfund verloren hatten, die nun der Hauptmann besaß. Die Summe sollte als Schweigegeld dienen, aber die Geschichte wurde trotzdem bekannt; und es fehlte nicht an Zungen, die behaupteten, noch niemals hätten drei raffinierte Gauner leichter ein paar Gimpel geschröpft als Hauptmann Waters, Frau Waters und Leutnant Krach die Familie Tuggs zu Ramsgate.

GEORGE ELIOT

Bruder Jakob

> Trompeurs,
> c'est pour vous que j'écris,
> Attendez-vous à la pareille.
>
> *La Fontaine*

I

Unter den zahlreichen verhängnisvollen Entschlüssen, die auf ein eben aufgeblühtes jugendliches Verlangen zu folgen pflegen, ist der blinde Entschluß, sein Leben dem Konditorberuf zu weihen, bisher wohl noch nicht mit dem nötigen Ernst betrachtet worden. Wie soll der Sohn eines britischen Kleinbauern, der hauptsächlich mit Pökelfleisch und Hefenknödeln großgezogen wurde, wissen, daß der menschliche Magen schließlich sogar in einem Paradies von Glasbehältern voller Zuckermandeln und rosaroter Bonbons Überdruß empfindet und daß der Lebensekel einen Grad erreichen kann, wo von Rosinenbrötchen à discretion auch nicht die geringste Verlockung mehr ausgeht? Oder wie soll er im zarten Alter von zehn Jahren, wo ihm ein Konditor geradezu wie ein Fürst vorkommt, den alle Welt beneiden muß – der zum Frühstück Makronen, zum Mittag Meringen, zum Abendbrot Dreikönigskuchen verspeist und die Stunden dazwischen mit Kandiszucker oder Pfefferminz ausfüllt –, wie soll er, sag' ich, den Tag voraussehen, an dem ihm die traurige Erkenntnis aufgeht, daß dieser Beruf weder tonangebend in der Gesellschaft, noch als Ziel eines ehrgeizigen Höhenfluges erstrebenswert ist? Ich kannte einmal einen Mann, der sich in späteren Jahren als philosophisches Genie entpuppte, in jugendlichem Ungestüm aber so unvorsichtig war, seine Laufbahn als Tanzlehrer zu beginnen; und nun könnt ihr euch vorstellen, wie dieser Irrtum bei der Berufswahl von seinen Gegnern ausgenützt wurde, die sich verpflichtet glaubten, das Publikum vor seiner Lehre vom Unfaßlichen zu warnen. Er konnte indessen seine Tanzstunden nicht aufgeben, weil er damit sein Brot verdiente und die Metaphysik ihn nicht einmal mit dem nötigen Salz dazu versorgt hätte. Ganz ebenso erging es Mr. David Faux mit der Zuckerbäckerei. Sein Onkel, der Butler in dem nahe bei Brigford gelegenen Herrenhause, hatte ihn als kleinen Jungen besonders ins Herz geschlossen und verwöhnt, und es ereignete sich während eines Besuchs bei diesem Onkel, daß die Konditorei in der prächtigen Stadt seine noch leicht erregbare Phantasie an einem einzigen Tage in heftige Wallung brachte. Er kehrte mit der angenehmen, wenn auch irrigen Vorstellung nach Hause zurück, ein Konditor müsse zugleich der glücklichste und angesehenste unter allen Menschen sein, da die von ihm geschaffenen Dinge sich nicht nur dem Auge als die schönsten darboten, sondern auch am köstlichsten schmeckten und sicherlich in großer Menge vom Lord-Mayor zu dessen persönlichem Ergötzen bestellt wurden; so daß denn der junge David, als sein Vater erklärte, es wäre nun an der Zeit, daß er ein Handwerk erlernte, sich, ohne einen Augenblick zu zögern, für seine Richtung entschied und mit einer Überstürztheit, an der seine Vorliebe für Süßes schuld war, den Lebensbund mit der Zuckerbäckerkunst einging.

Bald ließ indessen diese Vorliebe nach und wandelte sich dann in völlige Gleichgültigkeit; und mittlerweile weitete sich sein Verstand, sein Ehrgeiz nahm neue Formen an, für welche er in der Sphäre, die seine jugendliche Begeisterung gewählt hatte, kaum Befriedigung erwarten durfte. Doch was sollte er tun? Er war ein Jüngling von wachem Geist und besaß vor allem viel Erfindungsgabe; aber leider würden seine Fähigkeiten in keinem andern Bereich als dem der Kandiszucker, eingemachten Früchte und Kuchen je voll zur Geltung kommen. Was immer man sagen mag über die Identität des Denkvorganges bei allen Richtungen des Denkens oder über den Vorteil, mit unverbrauchten Geisteskräften an einen Gegenstand heranzugehen, so ist doch die Herstellung des richtigen Verhältnisses zwischen Butter und Mehl, zwischen Ofenhitze und Teig, *nicht* die beste Vorbereitung für das Amt des Premierministers; dazu kommen im gegenwärtigen unvollkommenen Zustand unserer Gesellschaft die gesellschaftlichen Schranken. David konnte zwar auf dem Gebiet der Tropfteigkuchen die leckersten Dinge erfinden und im Zuckersektor trefflich Bescheid wissen; allein in anderer Richtung fühlte er sich doch ausgesprochen behindert durch den Mangel an Wissen und praktischer Fertigkeit; und leider ist ja die Welt so mißlich beschaffen, daß das unbestimmte Bewußtsein, ein flotter Kerl zu sein, bei keiner Erwerbstätigkeit den künftigen Erfolg verbürgt.

Diese Schwierigkeit machte Mr. David Faux schon ernstlich zu schaffen, ehe noch seine Lehrzeit abgelaufen war. Seine Seele weitete sich im ungeduldigen Bewußtsein, daß etwas ganz Unerhörtes aus ihm werden sollte – daß es für ihn keineswegs in Frage kam, sich wie andere Leute mit einem bescheidenen Lose abzufinden: die bloße Vorstellung, daß er sich mit etwas Mittelmäßigem zufriedengeben könnte, wies er verächtlich von sich. Er wußte bestimmt, daß nichts Mittelmäßiges an ihm war: selbst eine so einfache Frau wie die Wäscherin Mrs. Tibbits spürte das und hatte wahrscheinlich eine Vorliebe für seine Leibwäsche. Zu jenem Zeitpunkt war er gerade mit dem Auswiegen von Pfeffernüssen beschäftigt; doch eine solche Sinnwidrigkeit konnte nicht dauern. Keine Stellung war Mr. David Faux angemessen, die dem leiblichen Menschen nicht ein Höchstmaß von Bequemlichkeit und dem geistigen Menschen ein Höchstmaß von Befriedigung gewährte. Hätte er zufällig in der heutigen Zeit gelebt und die Vorteile einer Abendschule genossen, so hätte er sich bestimmt auf die Literatur verlegt und Buchbesprechungen verfaßt; doch es war ihm keine humanistische Bildung zuteil geworden. Zwar hatte er ein paar Romane aus der nahen Leihbibliothek gelesen und die Geschichte von «Inkle und Yarico»[1], bei deren Lektüre er den armen Mr. Inkle von Herzen bedauerte, sogar käuflich erworben, so daß seine Gedankenwelt für den Beruf des Schriftstellers vielleicht eben noch erhaben genug gewesen wäre; allein seine Orthographie und sein Stil hielten sich doch zu wenig ans Hergebrachte.

Wenn ein Mann in seinem Vaterland nicht die ihm gebührende Wertschätzung oder Stellung genießt, wenden sich seine Gedanken naturgemäß fremden Erdstrichen zu; und Davids Phantasie bewegte sich stets von neuem dem äußersten Kreis seines geographischen Wissens entlang auf der Suche nach einem Lande, wo ein junger Herr mit teigiger Gesichtsfarbe, lippenlosem Mund und borstigem Haar am ehesten die begeisterte gastliche Aufnahme finden würde, die er mit Recht erwarten durfte.

[1] Romantische Komödie von G. Colman dem Jüngeren (1762 bis 1836), der übrigens auch die Komödie «John Bull» (1803) verfaßte.

Da Amerika in seiner unbestimmten Vorstellung ein Land war, wo die Bevölkerung hauptsächlich aus Negern bestand, erschien es ihm als das erstrebenswerteste Ziel für einen Emigranten, der zunächst einmal das offensichtliche und leicht erkennbare Verdienst besaß, ein Weißer zu sein; und diese Idee bemächtigte sich seiner allmählich so stark, daß der Satan die Gelegenheit ergriff und ihm zuraunte, er könnte unter leichteren Bedingungen auswandern, wenn er sich mit einem Sümmchen aus seines Meisters Ladenkasse versähe. Aber der böse Geist, dessen Intelligenz nach meiner Überzeugung stets zu hoch eingeschätzt worden ist, verschwendete diesmal Zeit und Mühe. David hätte es freilich sehr behagt, etwas vom Geld seines Meisters in der Tasche zu haben, wenn er sicher gewußt hätte, daß sein Meister dabei der einzige Leidtragende war; doch er war ein vorsichtiger Jüngling und gedachte für seine eigene Person kein Risiko einzugehen. So machte er denn seine Lehre fertig und beging keine unredliche Tat, bei der man ihn hätte ertappen können; seinen Auswanderungsplan verschob er auf eine künftige Gelegenheit. Und die Umstände, unter welchen er den Plan zur Ausführung brachte, waren folgendermaßen beschaffen. Während er einige Wochen zu Hause verbrachte und auf Familienkosten lebte, machte er sich seine freie Zeit in der Weise zunutze, daß er sich über eine Tatsache Gewißheit verschaffte, die für ihn sehr wichtig war: daß nämlich seine Mutter eine kleine Summe von Goldguineen besaß, die sie aus dem Verdienst ihrer Mädchenzeit mühselig zusammengespart und in einem Eckchen der Schublade aufbewahrt hatte, wo ihre Babywäsche schon seit zwanzig Jahren ruhte – seitdem nämlich ihr Sohn David sich zum erstenmal auf die Füßchen gestellt und dabei eine gewisse künftige Krummbeinigkeit verheißen hatte, die nicht ganz unerfüllt geblieben war. Mr. Faux senior hatte seinem Sohn ganz offen gesagt, auf *ihn* dürfe er sich nicht verlassen, wenn er ein eigenes Geschäft zu gründen wünschte: bei sieben Söhnen, einer dazu noch ein kerngesunder und gut entwickelter Idiot, der täglich einen Knödel von zwölf Zoll im Durchmesser verzehrte, wär's schon recht schön, wenn er jedem bei seinem Tode hundert Pfund vererben könnte. Was sollte David in solcher Lage tun? Es war freilich höchst lieblos, der Mutter das Geld zu entwenden; doch er sah im Moment kein anderes Mittel, um zu Geld zu gelangen, und man konnte nicht erwarten, daß ein junger Mann von seinen hohen Gaben sich in eine mißliche Lage schickte, aus welcher ein Ausweg offenstand. Außerdem ist es nicht Raub, wenn man sich am Eigentum der Mutter vergreift: sie verklagt einen nicht vor Gericht. Und David behandelte seine Mutter mit großer Artigkeit; er machte ihr Freude, indem er sich vor ihr rühmte und beteuerte, daß er nie jenen Lastern verfallen wäre, die er an gleichaltrigen Jünglingen beobachtete, und daß ihm Ehrlichkeit über alles ginge. Hätte ihm seine Mutter ihre zwanzig Guineen als Belohnung für solch edle Gesinnung verehrt, so hätte er sie ihr gar nicht gestohlen, und dies hätte ihn innerlich weniger belastet. Nichtsdestoweniger hat für einen Menschen von Davids beweglichem Geist die Findigkeit auch ihre vergnüglichen Seiten: es war eine recht interessante Beschäftigung, sich heimlich mit der Schutzwehr von Mutters einfachem Schlüssel bekannt zu machen (der in nichts an Chubbs Patentschlüssel erinnerte) und einen andern zu beschaffen, der seinen Zweck ebenso gut erfüllen würde; ferner eine kleine Komödie in Szene zu setzen, die jeden Verdacht von ihm ablenken würde, so daß er nicht Gefahr lief, die beim Ableben seines Vaters erwarteten hundert Pfund zu verscherzen, eine Summe, die ihm in dem unwahrscheinlichen Fall, daß er «drüben» nicht sein Glück machte, sehr zustatten kommen mochte.

Erstens einmal äußerte er wiederholt die Absicht, sich demnächst nach Liverpool aufzumachen und dort nach Amerika einzuschiffen; ein Entschluß, der seiner guten Mutter einigen Kummer bereitete, denn nach dem schwachsinnigen Jakob war unter allen ihren Söhnen nicht einer, an dem ihr Herz zärtlicher gehangen hätte als an David, ihrem Letztgeborenen. Dann auch erkannte er, daß der Sonntagnachmittag, wo alle sich in der Kirche befanden außer Jakob und dem Kuhhirten, für einen Sohn, der sich die mütterlichen Guineen anzueignen gedachte, eine so einzigartige Gelegenheit darstellte, daß er fast meinte, die Vorsehung müsse ihn eigens zu diesem Zweck erschaffen haben. Besonders der dritte Sonntag in der Fastenzeit; weil Jakob, der ab und zu in der Gegend herumzustreifen pflegte, schon zwei Tage fort war; denn David, ein nicht eben sehr mutiger Jüngling, empfand große Angst, ja sogar Abscheu vor Jakob, der, groß und ungeschlacht von Gestalt, fast immer eine Mistgabel mit sich herumtrug.

Nichts war also an diesem Sonntagnachmittag leichter für David, als sich vom Kirchgang zu dispensieren mit der Entschuldigung, er ginge zum Tee zu den Lunns, deren hübsche Tochter Sally eine von seinen ersten Flammen gewesen war, und, sobald die Kirchgänger sich weit genug entfernt hätten, die Guineen aus ihrer Holzdose herauszunehmen und in ein Leinensäckchen gleiten zu lassen – nichts leichter, als dem Kuhjungen zuzurufen, er ginge jetzt fort, und ihn zu ermahnen, er solle das Haus gut bewachen, da sich an Sonntagen oft Strolche herumtrieben. David glaubte ferner, es würde leicht sein, ein kleines Dickicht zu erreichen und sein Säckchen in einem Loch zu vergraben, das er unter den Wurzeln einer alten hohlen Esche bereits ausgehoben und lose wieder zugedeckt hatte; und er hatte das Loch auch wirklich ohne die geringste Schwierigkeit gefunden und schickte sich eben an, das Säckchen sachte hineinzulegen, als das Geräusch eines schweren Körpers, der mit einer Art Blöken herangebraust und auf ihn zu kam, David dermaßen überraschte, daß er, als feiner Herr mit viel Erfindungsgabe, der naturgemäß nur auf Dinge vorbereitet war, die er erwartete, das Säckchen fallenließ, statt es behutsam hinzulegen, so daß die Verschnürung sich löste und die glänzenden Goldstücke herausrollten. Aufschauend gewahrte er seinen Bruder Jakob dicht neben sich: er hielt die Mistgabel so gezückt, daß die blanken glatten Zinken eine Elle weit von ihm selber und etwa eine halbe Elle von David entfernt waren. (Ein mir befreundeter Gelehrter, dem ich diese Geschichte einmal erzählte, bemerkte, es wäre Davids Schuldgefühl gewesen, das ihm diese Zinken so bedrohlich erscheinen ließ, und bei *mens nil conscia sibi* verlöre eine Mistgabel alle ihre Schrecken. Ich hielt diese Deutung für so wertvoll, daß ich seine Erlaubnis erwirkte, mich ihrer ohne Nennung seines Namens zu bedienen.) Dennoch geriet David nicht völlig aus der Fassung; denn in diesem Falle wäre er zu Boden gesunken oder zurückgefahren; während er seine vorherige Stellung beibehielt und Jakob anlächelte, der den Kopf auf und ab bewegte und in peinlich zweideutiger Art ein «Ollah[1], Zavy!» von sich gab. David spürte sein Herz hörbar pochen, und hätte er Lippen besessen, so wären sie jetzt blaß gewesen; doch statt daß seine Geisteskräfte gelähmt worden wären, wurden sie im Gegenteil angeregt. Wäh-

[1] Im englischen Text lautet die Interjektion «hoicks», üblicherweise ein Zuruf an Jagdhunde.

rend er ein stummes Gebet zum Himmel schickte (er betete immer, wenn er große Angst hatte) –: «Oh, nur dies eine Mal laß es gut ablaufen, dann will ich mich nie mehr in Gefahr begeben!» –, schob er die Hand in die Rocktasche und tastete nach einer Dose mit gelben Bonbons, die er nebst andern leicht mitzuführenden Köstlichkeiten der selben Art von Brigford mitgebracht hatte, um sich stolze Schönheit, insbesondere die Schönheit Miss Sarah Lunns, günstig zu stimmen. Nicht ein einziges von diesen leckeren Stückchen hatte er je dem armen Jakob angeboten, denn David war nicht der junge Mann, der mit seinen Jujuben[1] und Malzbonbons leichtfertig Leute beglückte, von denen er nichts zu erwarten hatte. Aber bei einem Idioten mit schwer durchschaubaren Absichten und einer Mistgabel empfiehlt es sich genau so wie bei Louis Napoleon, seine Gunst zu erringen. David zog denn auch mit einer Promptheit, die der Situation entsprach, die Dose mit den gelben Bonbons hervor, hob den Deckel ab und vollführte mit Mund und Fingern eine Pantomime, die besagen sollte, daß er hocherfreut wäre, seinen lieben Bruder Jakob zu sehen, und die Gelegenheit ergriffe, ihm ein kleines Geschenk anzubieten, das seinem Gaumen ganz besonders zusagen würde. Jakob war nämlich kein Vollidiot, sondern wußte innerhalb eines gewissen beschränkten Bereiches das Gute zu wählen und das Schlechte zu verwerfen: er

[1] Brustbeerentabletten.

nahm probeweise ein Bonbon und lutschte daran, als wollte er es wissenschaftlich ergründen; dann, in ebenso großem Entzücken über das neuartige und gemischte Aroma wie Caliban beim Geschmack von Trinculos Wein[1], liebkoste und streichelte er den auf einmal so freigebigen Bruder und bat mit ausgestreckter Hand um mehr; denn außer bei Wutanfällen war Jakob nicht angriffslustig oder raubgierig ohne Not. Davids Mut kehrte schon halb zurück, und er hörte auf zu beten, während er Jakob ein ganzes Dutzend Bonbons auf die Handfläche schüttete und sich Mühe gab, ihn dabei liebevoll anzuschauen. Er beglückwünschte sich zu dem Plan, am heutigen Nachmittag Miss Sally Lunn zu besuchen: um sich bei ihr beliebt zu machen, hatte er ja gerade diese leckeren Dinge mitgenommen: Glück mußte der Mensch haben; überhaupt war es gar nicht so unwahrscheinlich, daß die Vorsehung ihm freundlicher gesinnt war als andern Lehrlingen, und da er nun einmal bei seinem Vorhaben ertappt werden sollte, so war ein Schwachsinniger bestimmt jedem andern Zeugen vorzuziehen. Zum erstenmal im Leben meinte David den Nutzen Schwachsinniger zu erkennen.

Was Jakob betrifft, so hatte er seine Mistgabel in den Boden gerammt und sich selbst daneben geworfen, gänzlich hingegeben an das noch nie dagewesene Vergnügen, fünf Bonbons auf ein-

[1] Anspielung auf eine Szene in Shakespeares «Sturm».

mal im Munde zu wälzen, wobei er blinzelte und unartikulierte Laute von sich gab, die seine geschmackliche Befriedigung anzeigten. Noch wies nichts in seinem Gebaren darauf hin, daß er die Guineen bemerkt hatte, doch als er sich hinsetzte, hatte er seine breite Rechte auf sie gelegt und ließ sie unwillkürlich dort liegen, ganz und gar beschäftigt mit den Sinneseindrücken des Gaumens. Könnte man ihn nur so mit den Bonbons beschäftigt halten, daß er die Guineen nicht wahrnähme, bevor es David gelungen wäre, sie zuzudecken! Darin allein erblickte David seine Rettung; denn Jakob kannte die Goldstücke seiner Mutter; eines ihrer gemeinsamen Kindheitserlebnisse hatte in der Erlaubnis bestanden, an Fest- und Feiertagen diese prächtigen Münzen zu betrachten und sie in ihrer Dose herumklappern zu lassen, und unter allen kärglichen Erlebnissen Jakobs, die etwas mit Geld zu tun hatten, war dies wohl das eindrücklichste.

«Da, Jakob», sagte David in einschmeichelndem Ton, indem er ihm die Bonbondose hinhielt, «ich geb' sie dir alle. Lauf! aber rasch! – sonst kommt noch jemand und nimmt sie dir weg.»

Weil David sich bisher nicht mit der Psychologie von Idioten befaßt hatte, wußte er nicht, daß man durch imaginäre Schrecken nichts bei ihnen ausrichten kann. Jakob nahm die Dose mit der Linken entgegen, sah aber keine Notwendigkeit zum Davonlaufen. Ist schon je ein vielversprechender junger Mann, der mit den seiner Mutter entwendeten Goldstücken den Grund zu künftigem Wohlstand legen möchte, von einem bösen Tagtraum wie diesem aufgehalten worden? Doch der Augenblick mußte ja kommen, wo Jakob die rechte Hand aus ihrer jetzigen Lage entfernen würde, um damit den Deckel der zinnernen Dose abzuheben, und dann würde David mit äußerster Gewandtheit und Schnelligkeit die Guineen ins Loch hineinwischen und sich sofort auf sie setzen. Ach nein! da nützt keine Voraussicht, wenn man's mit einem Idioten zu tun hat: sein Verhalten ist unberechenbar. Jakobs rechte Hand hatte stets die Neigung zum Zupacken und Werfen: plötzlich packte sie die Goldstücke, als wären's Kieselsteine, und fuhr in die Höhe, als wollte sie sie gleich Saatkörnern über ein fernes Brombeergestrüpp ausstreuen; doch irgend etwas – vermutlich ein ungewohntes Gefühl an den Fingern – ließ sie innehalten, sie senkte sich auf Jakobs Knie und öffnete sich langsam unter dem prüfenden Blick von Jakobs wässerigen Augen. David begann von neuem zu beten, ließ es aber gleich wieder sein – denn es war ihm ein anderer Ausweg eingefallen.

«Mutter! Dsinnies!» rief der arglose Jakob. Dann, zu David aufschauend, sagte er in fragendem Ton: «Dose?»

«Schon recht, Jakob!» tuschelte David besänftigend, indem er in dieser heiklen Situation seine ganze Findigkeit aufbot. «Schau her!» Er nahm dem Bruder die Zinndose aus der Hand und schüttete die Bonbons heraus, von denen er die Hälfte an Jakob zurückgab, während er den Rest heimlich in der eigenen Hand behielt. Dann streckte er ihm die leere Dose hin und sagte: «Da ist die Dose, Jakob! Die Dose für die Guineen!» wobei er die Goldstücke behutsam aus Jakobs Handfläche in das Behältnis hinein gleiten ließ.

Gegen dieses Vorgehen hatte Jakob nichts einzuwenden; im Gegenteil, die Guineen gaben im Fallen einen so hübschen metallischen Klang, daß er diesen noch einmal zu hören wünschte und, die Dose ergreifend, damit nach Herzenslust herumklimperte. David nahm die Gelegenheit wahr, seinen Notvorrat an Bonbons in das Erdloch zu legen, über das er dann hastig etwas Humus streute. «Schau her, Jakob!» rief er schließlich. Jakob hielt mit seinem Klimpern inne und schaute in das Loch hinein, während David die Erde wie in banger Erwartung wegzuscharren begann. Als die Bonbons zum Vorschein kamen, nahm er sie eins nach dem andern heraus und gab sie Jakob.

«Schsch!» machte er in lautem Flüsterton, «niemand ein Wörtchen sagen – alle für Jakob – psch – sch – sch! Guineen ins Loch legen – dann kommen sie so wieder heraus!» Um dies noch deutlicher zu veranschaulichen, nahm er ein Goldstück und sagte, indem er es ins Loch hinein senkte: «So legt man's hinein.» Dann, das letzte Bonbon herausnehmend: «Und so kommt's heraus», und steckte es in Jakobs aufnahmebereiten Mund.

Jakob drehte den Kopf zur Seite, schaute wie ein nachdenkendes Äffchen zuerst den Bruder an und dann das Loch, und legte endlich mit großer Entschlossenheit die Guineendose ins Loch. David beeilte sich, auch noch jede einzeln herumliegende Münze dazuzutun, setzte den Deckel auf und bedeckte alles sorgfältig mit Erde, indem er in seinem einschmeichelndsten Ton sagte: «Morgen nimmst du sie heraus, Jakob; alle für Jakob! Schsch – sch sch!»

Jakob, für den dieser vorher ganz gleichgültige Bruder plötzlich zu einer Art süßigkeitsspendender Gottheit geworden war, streichelte Davids Sonntagsrock mit seinen klebrigen Fingern und drückte ihn dann mit jener Mischung aus Kichern und Gurgeln an sich, mit der er seine milderen Affekte zu begleiten pflegte. Doch wäre es ihm eingefallen, aus seines freigebigen Bruders Wange ein Bröckchen herauszubeißen, so hätte David sich auch dies gefallen lassen müssen.

Und hier muß ich innehalten, um euch die Kurzsichtigkeit menschlichen Trachtens zu zeigen. Dieser listenreiche Jüngling, Mr. David Faux, meinte ein Meisterstück an Schlauheit vollbracht zu haben, als er im rudimentären Verstand seines Bruders eine Verbindung zwischen seiner Person und dem Geschmack gelber Bonbons herstellte. Allein er sollte noch erfahren, daß es schrecklich ist, die Liebe eines

Schwachsinnigen hervorzulocken, wenn man selbst wenig zärtlicher Natur ist, besonders die eines Schwachsinnigen mit einer Mistgabel – dessen Liebesbeweise sich offensichtlich nicht so leicht mit Grobheit abwehren lassen.

Ihr mögt bei einem intelligenten jungen Mann das Vergraben der Goldstücke als ein doch reichlich ungeschicktes Manöver betrachten. Doch wäre alles nach Davids Berechnungen gegangen, dann hättet ihr gesehen, daß sein Plan durchaus seinen hohen Geistesgaben entsprach. Die Goldstücke hätten sicher im Boden geruht bei der Entdeckung des Diebstahls, und David hätte mit der Gelassenheit der bewußten Unschuld noch einige Zeit im Elternhaus verweilt, scheinbar zögernd mit dem endgültigen Abschied von der geliebten Mutter, solange sie noch um ihre Guineen trauerte; bis er schließlich am Vorabend seines Reisetages diese Guineen in größter Heimlichkeit ausgegraben und dann ungehindert auf sich getragen haben würde. Aber David hatte, wie ihr seht, die Rechnung ohne den Wirt oder vielmehr ohne seinen schwachsinnigen Bruder gemacht – ein Faktor so ungewisser und wandelbarer Natur, daß ich mich frage, ob er M. de Balzacs scharfsinnige Helden, deren vorausschauender Blick sich erstaunlich frei in der Zukunft bewegt, nicht vor ein schier unlösbares Problem gestellt hätte.

David war es jetzt klar, daß ihm nur die Wahl zwischen zwei Möglichkeiten offenblieb: entweder mußte er auf die Guineen verzichten, indem er sie heimlich ins Schubfach der Mutter zurücklegte (was sich nicht ganz ohne Schwierigkeit bewerkstelligen ließ); oder er mußte begründeten Verdacht auf sich lenken, indem er sich mit den Guineen in der Tasche beim ersten Morgengrauen ohne Abschied davonstahl. Denn wenn er den Seinen ankündigte, er wäre zur Reise bereit, dann würde sich seine Mutter bestimmt nicht davon abhalten lassen, aus ihrer Guineendose die drei Goldstücke zu holen, die sie ihm als den ihm zustehenden Anteil schon immer versprochen hatte; bei seinem ursprünglichen Plan hatte er geradezu mit dieser Situation gerechnet, bei welcher der Diebstahl ans Licht kommen und die zugleich klar seine Unschuld erweisen würde; nun aber drohte diesem wohlausgedachten Plan – das versteht sich – völliges Mißlingen. Selbst wenn David seinem Bruder Jakob mit immer neu gelieferten Bonbons den Mund hätte stopfen können, so verrät doch ein Idiot allein schon mit seinem Heimlichtun, daß irgend etwas nicht stimmt. Nicht einmal zu dem Tee bei den Lunns wagte David zu gehen, denn dann hätte er Jakob aus den Augen verloren, und dieser hätte, vielleicht in seiner Ungeduld, Bonbons aus dem Boden sprießen sehen, die Dose während seiner Abwesenheit wieder hervorgescharrt und sie nach Hause getragen – und ihn damit gleichzeitig um seinen guten Ruf und um die Guineen selbst gebracht. Nein! er durfte für den Rest des Tages an nichts anderes denken, als Jakob schönzutun und ihn von dummen Streichen abzuhalten. Es war ein aufreibender und ängstlich gespannter Abend für David; dennoch wagte er nicht einzuschlafen, ohne zuerst ein Stück Schnur an Daumen und großer Zehe anzubinden, das ihn von Zeit zu Zeit zuverlässig wecken würde; denn er wollte sich noch vor Tagesanbruch aufmachen und zur Frühstückszeit schon über alle Berge sein. Der Vater, überlegte er, würde ihn höchstwahrscheinlich enterben; doch was tat's? Ein trefflicher junger Mann wie er durfte in Westindien bestimmt freundliche Aufnahme erwarten: in fremden Ländern gibt es immer irgendeinen Weg oder Durchschlupf – sogar für Katzen. Es war sehr wohl denkbar, daß eine Prinzessin Yarico ihn zum Ehegatten begehrte und ihm schon im voraus Edelsteine von ansehnlicher Größe verehrte; woraufhin er sie nicht unbedingt heiraten mußte, nur wenn er Lust hatte. David hatte sich vorgenommen, nie wieder zu stehlen, nicht einmal von Leuten, die ihm von Herzen gut waren: in einer Welt, wo man von einem Bruder auf frischer Tat ertappt werden konnte, war diese Art, zu Vermögen zu kommen, doch mit zu großen Unannehmlichkeiten verbunden. Ängste, wie er sie heute durchlebt hatte, vertrugen sich schlecht mit Davids Konstitution, und den ganzen Abend hatte er solche Übelkeit verspürt, daß er fürchten mußte, seine Leber wäre angegriffen. Außerdem hätte es ihn schmerzlich berührt, von der Welt nicht als

Ehrenmann betrachtet zu werden: er wollte schon immer eine Figur machen und der besten Plätze und der besten Leckerbissen für würdig befunden werden.

Indem er dergestalt in Gedanken die für ihn aufgesparte glänzende Zukunft vorwegnahm, hielt sich David mit Hilfe seiner Weck-Schnur alarmbereit, um den allerersten Dämmerschein zum Aufstehen und Abreisen zu benutzen. Seine Brüder waren selbstverständlich Frühaufsteher; doch er würde ihnen um mindestens anderthalb Stunden zuvorkommen, und das Fenster des Kämmerchens, das er als nur gelegentlich anwesender Gast ganz für sich hatte, lag direkt über dem Aufsteigeblock für die Reiter, so daß er sich mühelos durchs Fenster hinunterlassen konnte. Jakob, der schreckliche Jakob, hatte zwar die lästige Eigenheit, vor allen andern aufzustehen, um seinen Hunger zu stillen, indem er den Milchnapf ausschlürfte, den man ihm pflichtgemäß hinstellte; doch in letzter Zeit hatte er mit Vorliebe auf der Heubühne geschlafen, und käme er ins Haus, so auf jener Seite, die der Seite von Davids Abgang gegenüber lag. An Jakob brauchte er jetzt nicht zu denken; allein seine Freigebigkeit trieb ihn, Jakob mit einem Fluch zu bedenken – das einzige, womit er je einen Menschen unentgeltlich bedacht hatte. Sein kleines Kleiderbündel war schnell gepackt, und bald trat er beschwingt auf die Stufen des Aufsteigeblocks, bald schritt er in flottem Tempo über die Felder zu dem

Dickicht hin. Er würde zum Ausgraben der Dose nicht länger als zwei Minuten benötigen; den Baum, unter dem sie stak, vermochte er an dem hellen Streifen zu erkennen, wo die Rinde sich abgelöst hatte, obschon das Dämmerlicht nur als ziemlich matter Schein in das Dickicht drang. Aber – potz verbrannte Kuchen – was war denn das für eine klobige Gestalt dicht am Fuß der Esche mit einer eingerammten Stange daneben? David blieb stehen, nicht um sich über die Natur dieser Erscheinung klarzuwerden – es war ihm nicht vergönnt, auch nur einen Augenblick zu zweifeln, daß die Stange Jakobs Mistgabel war –, vielmehr zur Erlangung der innerlichen Stärke, um seinen Bruder mit dem nötigen honigsüßen Tonfall anzureden. Jakob war mit dem Aufscharren der Erde beschäftigt und hatte Davids Herankommen nicht gehört.

«Heda, Jakob», flüsterte David vernehmlich, gerade als die zinnerne Dose aus dem Erdloch gehoben wurde.

Jakob schaute auf, und als er den Spender der süßen Dinge erblickte, bewegte er den Kopf und verzog den Mund zu einem grinsenden Lachen, was ihm in dem trüben Dämmerlicht das Aussehen eines triumphierenden Dämons gab. Wäre David von heftigem Temperament gewesen, so hätte er die Mistgabel aus dem Boden gerissen und diesen Dämon damit umgebracht. Doch David war durchaus nicht heftig veranlagt; er war ein Jüngling, der ausgesprochen dazu neigte, die Folgen einer Tat im voraus zu berechnen, eine Gewohnheit, die man schon für die Grundlage der Tugend angesehen hat. Aber bei David wirkte sie irgendwie nicht ganz in diesem Sinne: er berechnete nämlich nur, ob eine Tat ihm selbst, nicht aber, ob sie auch andern Menschen schaden würde. Im ersteren Fall scheute er vor der Befriedigung eines unmittelbaren Verlangens zurück, doch im letzteren riskierte er das Ergebnis mit viel Mut.

«Gib sie *mir,* Jakob», bat er, indem er sich zu seinem Bruder niederbeugte und ihn tätschelte. «Laß einmal sehen.»

Jakob, der den Deckel nicht von der Dose losbrachte, reichte sie dem Bruder ganz vertrauensvoll. David löste den Deckel ab und schüttelte den Kopf, während Jakob hineinlangte und ein Goldstück herausnahm, um mit der Zunge zu versuchen, ob die Metamorphose in Bonbons vollständig und befriedigend wäre.

«Nein, Jakob; zu früh, noch zu früh», wehrte David ab, als die Kostprobe vollzogen war. «Gib sie mir; wir gehen sie irgendwo anders vergraben; dort drüben machen wir ein Loch», fügte er hinzu, indem er unbestimmt in die Ferne deutete.

David schraubte den Deckel zu, während Jakob mit ernsthafter Miene aufstand und seine Mistgabel ergriff. Dann, Davids Bündel erblickend, packte er's wie ein allzu dienstwilliger Neufundländer, spießte es an der Gabel auf und trug es im Triumph über der Schulter, während er David und der Dose aus dem Dickicht ins Freie hinaus folgte.

Was in aller Welt sollte David anfangen? Zwar wäre es naheliegend gewesen, Jakob strafend anzublicken, ihn ins Schienbein zu stoßen und ihn anzuherrschen, er solle sich davonmachen; doch eher noch hätte er sich getraut, dem Stier auf der Weide einen Stoß zu versetzen. Jakob war sanft, so lange man ihn liebevoll behandelte; doch verriet man auch nur eine Spur von Ärger, dann wurde er ungebärdig und neigte zu Wutanfällen, die ihn schon ohne Mistgabel höchst gefährlich machten. Nur mit Liebe oder List ließ sich bei ihm etwas erreichen. David versuchte es mit List.

«Geh, Jakob», gebot er, als sie aus dem Dickicht heraus waren, und wies dabei in Richtung des Elternhauses; «geh und bring mir einen Spaten – einen Spaten. Aber das Bündel gib *mir*», fügte er hinzu, indem er versuchte, es von der Gabel herunterzuholen, wo es hoch über Jakobs mächtiger Schulter baumelte.

Allein Jakob bekundete ebenso viel Neigung zum Ausführen dieses Befehls wie eine Wespe zum Fortfliegen von einem Siruphafen. Neben David fühlte er sich in unmittelbarer Nähe der Bonbons: er kicherte in sich hinein und kraulte seinem Bruder den Rücken, wobei er das Bündel noch höher schwang, wo es nun ganz unerreichbar war. Innerlich stöhnend, änderte jetzt David seine Taktik und schritt aus, so rasch er konnte. Er durfte nicht länger verweilen. Jakob würde allmählich die Lust am Mitgehen verlieren, oder man könnte ihm auf alle Fälle irgendwie entkommen. Hätten sie einmal die ziemlich weitab liegende Chaussee erreicht, dann würde eine Postkutsche sie einholen, David würde schnell einsteigen, nachdem er zuvor seines Bündels auf schlaue Art wieder habhaft geworden, und dann mochte Jakob heulen und seine Mistgabel hinter ihm her schwingen, so viel er wollte. Zunächst aber blieb ihm nichts anderes übrig, als diesem Ungeheuer von Bruder ausgesucht freundlich zu begegnen und ihm ein üppiges Frühstück vorsetzen zu lassen, als sie bei einem Wirtshaus an der Straße anlangten. Drei Stunden waren sie schon unterwegs, und David war müde. Wann die nächste Postkutsche fällig wäre, erkundigte er sich. Erst in zwei Stunden. Aber ein Botenfuhrwerk, das nach der nächsten Stadt führe, würde jeden Augenblick erwartet. Könnte er sich doch hinausstehlen, selbst wenn er sein Bündel zurücklassen müßte, und ohne Jakob einsteigen! Aber schon zeigte sich ein neues Hindernis. Jakob hatte vor einer Weile ein Restchen Kandiszucker in einer von seines Bruders Rockschoßtaschen entdeckt und sich seitdem für alle Fälle an diesem Ausläufer des Kleidungsstücks festgeklammert, vielleicht in der Erwartung, es würde nach kürzerer oder längerer Zeit noch mehr Kandiszucker zum Vorschein kommen. Nun wird aber jeder, der schon einen Rock mit Schößen getragen hat, die inneren Widerstände verstehen, die einen Mann davon abhalten, sich loszureißen, wenn jemand ihn am einen Schoß festhält. David rechnete zwar mit einem warmen Empfang in fremden Landen; doch der Empfang mochte weniger warm ausfallen, wenn er sich mit nur einem Rockschoß präsentierte.

Er fühlte kalten Schweiß bei sich ausbrechen. Zu Fuß zu gehen hatte er die Kraft nicht mehr: er mußte in das Fuhrwerk einsteigen und Jakob mit einsteigen lassen. Alsbald schöpfte er neuen Mut: es war ihm eingefallen, daß Jakob nach einem so reichlichen Mahl unterwegs bestimmt einschlafen würde; ihr seht sogleich, daß er dann sein Bündel packen und abspringen wollte – in die Freiheit. Seine Erwartungen erfüllten sich auch zum Teil. Jakob schlief auf dem Fuhrwerk tatsächlich ein, aber in einer eigentümlichen Stellung: er hielt dabei nämlich seinen geliebten Bruder fest umschlungen, und jedesmal, wenn David eine Bewegung versuchte, schlossen sich die umschlingenden Arme mit der Kraft einer liebevollen Boa constrictor noch fester um ihn.

«Der Schwachkopf hängt dir sehr an», bemerkte der Fuhrmann, der David wohl für einen besonders netten Bruder hielt und ihm seine Anerkennung ausdrücken wollte.

David stöhnte. Wer auf Diebswegen wandelte, hatte nichts zu lachen. Ach, warum mußte er einen schwachsinnigen Bruder haben? Oder warum war die Welt überhaupt so beschaffen, daß man sich die mütterlichen Goldstücke nicht bequem aneignen konnte? David verfiel in bitteres Philosophieren.

Mittags ein währschaftes Essen für Jakob; wenig Essen aus mangelndem Appetit für David. Statt zu essen, füllte er Jakob mit Bier an; denn in dieser Großzügigkeit erspähte er einen Hoffnungsschimmer. Jakob fiel endlich in schweren Schlaf, diesmal ohne David zu umarmen, der zahlte, sein Bündel nahm und davonging. Nach einer weiteren halben Stunde befand er sich in der Postkutsche unterwegs nach Liverpool, auf den Lippen das Lächeln des siegreichen Bösen. Er war Jakob los – er fuhr nach Westindien, wo eine leichtgläubige Prinzessin seiner wartete. Stehlen würde er nie wieder, doch das würde er auch nicht nötig haben; er würde sich der Hochschätzung so wert erweisen, daß die Leute ihm von selbst Geschenke brachten. Das väterliche Erbe mußte er sich zwar aus dem Sinn schlagen; doch es war kaum anzunehmen, daß er das kleine Sümmchen einmal brauchte; und wenn doch – nun, dann war es tröstlich zu denken, daß er durch die endgültige Trennung von den Seinen auch endgültig getrennt war von Jakob, fürchterlicher als Gorgon oder Demogorgon in Davids ängstlichen grünen Augen. Jakob würde er nie im Leben wiedersehen, dem Himmel sei Dank!

II

Beinahe sechs Jahre waren seit Mr. David Faux' Abreise nach Westindien vergangen, als es hieß, der leerstehende Laden am Marktplatz zu Grimworth wäre an den fremden Herrn mit der fahlen Gesichtsfarbe und der gelbbraunen Krawatte vermietet worden, dessen erstes In-Erscheinung-Treten in der Schenke «Zum Wollballen», wo er, um auf die Post zu warten, eingekehrt war, einiges Aufsehen erregt hatte.

Grimworth war für einen Mann mit scharfem Blick ein sehr geeigneter Ort zur Eröffnung eines Ladens. Vorläufig bestand noch gar keine Konkurrenz unter den verschiedenen Geschäften; die Anhänger der Hochkirche hatten ihren eigenen Krämer und Tuchhändler; die Dissidenten desgleichen; und die zwei oder drei Metzger fanden ohne strenge Berücksichtigung des religiösen Bekenntnisses schlanken Absatz für ihre Braten – nur daß die Frau Pastor ein für alle Mal die Kalbsmilken und Hammelnieren für ihre Familie bestellt hatte, während der Baptistenpfarrer Mr. Rodd den Wunsch äußerte, man möchte ihm, soweit sich dies mit der gerechten Belieferung anderer Kunden vertrüge, die Schafsfüße reservieren. Und daß Grimworths Einwohnerzahl anwachsen würde, war ebenfalls vorauszusehen, denn die Kuratoren von Mr. Zephaniah Crypts Freischule, noch unter dem frischen Eindruck einer Inspektion durch Bevollmächtigte, waren eben daran, auf Jahre hinaus für die nötigen Kapitalien zum Neubau der Yellow-Coat-Schule[1] vorzusorgen, die von nun an in stark vergrößertem Umfang weitergeführt werden sollte, hatte der Stifter doch keine einschränkenden Bestimmungen hinsichtlich des Lehrplans hinterlassen, nur hinsichtlich des von den Schülern zu tragenden gelben Rocks.

Die Grimworther Ladenbesitzer waren durchaus nicht einer Meinung über die Vorteile, die diese Aussicht auf eine größere Bevölkerungszahl und ein vergrößertes Handelsvolumen ihnen versprach, denn es waren wohlhabende Leute, die einen ruhigen Geschäftsgang schätzten, bei dem sie ihrer Kunden sicher waren und ihre Einnahmen aufs Tüpfelchen genau ausrechnen konnten. Bis anhin hatte es bei den Familien im Grimworther Kirchspiel als Ehrensache gegolten, Zucker und Flanellstoffe in den Läden zu kaufen, wo schon ihre Eltern sie gekauft hatten; doch wenn Neuzugezogene jenes Handelssystem einführen sollten, bei dem jeder den andern mit allen Mitteln zu überbieten trachtet, etwa indem sie die Augen der Weiblichkeit mit fächerartig in Falten gelegten Gewändern anlockten, über denen sich künstliche Blumen türmten, die dem Ganzen einen unwirklichen Reiz verliehen (denn auf welcher menschlichen Gestalt sitzt ein Gewand wie ein Fächer, oder welcher Frauenkopf gleicht einem Büschel von Sommerastern?); oder wenn neue Krämer

[1] Gelbrock-Schule.

ihre Schaufenster mit ganzen Bergen von Rosinen und Zucker anfüllen wollten, denen Farbkontraste und Preistäfelchen etwas Verführerisches gaben – welche Sicherheit bestand dann für Grimworth, daß ein nach Neuem lüsterner Einkaufsgeist, hatte er einmal von der Kundschaft Besitz ergriffen, die wichtigsten Familien nicht endlich nach dem größeren Marktflecken Cattleton treiben würde, wo man bei Geschäftsmethoden, die auf kleinen Gewinnen und raschem Umsatz beruhten, stets die neuesten Moden fand und Waren aller Art vorteilhaft erstehen konnte?

Bei dieser unter den Grimworther Händlern vorherrschenden Ansicht von den Zeitläuften erhöhte die Ungewißheit betreffend die Art des Geschäftes, welches der fahlgesichtige Fremde in dem leerstehenden Laden zu betreiben gedachte, naturgemäß noch die Befürchtungen der weniger Zuversichtlichen. Gedachte er Stoffe zu verkaufen, so war es nur wahrscheinlich, daß solch blasser Mensch mit auffälligen, minderwertigen Artikeln handeln würde – bedrucktem Kattun und Musselin, deren Farbe im Waschzuber zurückblieb, im Akkord gewobenen Leinenstücken voller Knoten, und Flanell, der bald durchsichtig sein würde wie Gazestoff. Verkaufte er Kolonialwaren, dann stand zu hoffen, daß keine Hausmutter den Teesorten eines dahergelaufenen Krämers Vertrauen schenken würde. Dergleichen war schon in manchen Gemeinden vorgekommen, daß

Händler mit Empfehlungskarten in der Tasche herumzogen und Kunden warben: wenn einer Gott weiß woher kam, durfte man sich auf allerlei gefaßt machen. Es war ja wirklich jammerschade, daß Mr. Moffat, der Auktionator und Makler, verstorben war, ohne einen geschäftlichen Nachfolger zu hinterlassen, und Mrs. Cleves Verwalter hätte nicht so unbedacht sein sollen, einen Laden an einen Fremden zu verpachten. Nicht einmal die Entdeckung, daß an der betreffenden Örtlichkeit Backöfen eingebaut und der ganze Laden überhaupt als Konditorei und Pastetenbäckerei eingerichtet wurde, die es bisher in Grimworth nicht gab, genügte, um die allgemeine Stimmung zugunsten des Neuangekommenen umschlagen zu lassen, obzwar die Wirtin vom «Wollballen» ihn heftig in Schutz nahm und erklärte, er machte ihr einen sehr intelligenten Eindruck und stammte, soviel sie hätte in Erfahrung bringen können, aus bester Familie, höchstwahrscheinlich sogar aus noch besserer als viele hier Ansässige.

Jedenfalls entstand geradezu ein Ausbruch von Licht und Farben, beinahe als hätte sich plötzlich ein Regenbogen auf den Marktplatz herabgesenkt, als eines schönen Morgens die Läden des neuen Geschäfts zurückgeschlagen wurden und die beiden Schaufenster ihre Pracht darboten. Auf der einen Seite war das Bunt der gerollten und fettdurchwachsenen Fleischstücke, hervorgehoben durch leuchtendgrüne Blätter, das helle Braun glasierter Pasteten, die warmen, dunklen Farbtöne von Saucen und in ihrem Glasschrein eingeschlossenen Kompotten – ein Bild, das einem holländischen Maler Tränen hätte entlocken können; auf der andern Seite herrschten zartere Farben vor: Rosa, Weiß, Gelb und Beige als Gebirge von Bonbons, Konfekt, süßem Kleingebäck und Zuckerguß, die in den Augen eines schlechtgelaunten Betrachters sehr wohl zu einer Zauberlandschaft in Turners[1] neuestem Stil hätten verschmelzen mögen. Welch ein Anblick entfaltete sich da vor den Augen der Grimworther Kinder! Beinahe vergaßen sie an jenem Tage, zum Mittagessen zu gehen, weil sie in der Phantasie in Zuckermandeln schwelgten, und ich glaube, es wäre nicht einmal dem Kasperle mit seiner rasch auf dem Marktplatz aufgeschlagenen Puppenbühne gelungen, sie von den Schaufenstern loszureißen, vor denen sie nach Größe und Körperkraft gruppiert standen, die Größten und Stärksten dicht vor dem Fenster, und die Kleinen in den hintersten Reihen, von wo aus sie mit weit aufgesperrten Augen und Mündchen zu den Glasbehältern auf den oberen Regalen emporstarrten wie Vogeljunge zur Fütterungszeit.

Die Alteingesessenen machten allerlei abfällige Bemerkungen über den Unverstand des neuen Ladenbesitzers, der sich mit leicht verderblichen Waren in solche Unkosten stürzte; Weihnachten stand zwar vor der Tür, doch

[1] William Turner (1775–1851), großer englischer Landschaftsmaler, berühmt vor allem durch seine Aquarelle.

welche Grimworther Hausfrau würde es nicht für unter ihrer Würde halten, ihren Tisch mit Dingen zu bestellen, die nicht ihrer eigenen Küche entstammten? Nein, nein. Mr. Edward Freely, wie er sich nannte, gab sich einer Täuschung hin, wenn er auf solche Weise Grimworther Geld in seine Tasche zu locken meinte.

Edward Freely lautete der Name, der in vergoldeten Lettern auf mazarinblauem Grund über dem Eingang zu dem neuen Laden erglänzte – ein Name von edlem Klang, wie geschaffen für den offenherzigen, unbekümmerten Helden einer alten Komödie, dem es großen Spaß gemacht hätte, unter die Kinderschar vor den Fenstern Zuckermandeln regnen zu lassen wie neues Manna vom Himmel herab. Aber Mr. Edward Freely war ein Mensch, der seine Triebe in gehöriger Gewalt hatte: er fand, daß die Lust nach Zuckerwerk und Kuchen genau so weit befriedigt werden durfte, als die Fähigkeit reichte, dafür zu bezahlen. Wenn das kleinste Kind in Grimworth, eine bescheidene Kupfermünze im Fäustchen, zu ihm kam, wog er ihm, nachdem er den Klang der Münze geprüft, regelmäßig den exakten Gegenwert in Lakritze aus. Er war nicht der Mann, auch nur das kleinste Kind zu übervorteilen – dies sagte er oft, indem er gleichzeitig bemerkte, Ehrlichkeit ginge ihm über alles, auch hätte er ein sehr weiches Herz, obschon er seine Gefühle nicht so offen zeigte wie andere.

War es nun der Lohn für solch edle Gesinnung oder wirkte irgendein geheimnisvolles inneres Gesetz: jedenfalls stand Mr. Freelys Geschäft von Anfang an unter einem guten Stern. Denn Mrs. Chaloner, die Frau Pastor, gehörte zu den ersten Kundinnen, hielt sie es doch für nichts als recht, ein neues Glied der Kirchgemeinde zu fördern, das mit bescheidenem Anstand beim Gottesdienst erschienen war; und sie fand in Mr. Freely einen äußerst höflichen, zuvorkommenden jungen Mann, der für einen Konditor auch erstaunlich intelligent war; und von guten Grundsätzen ließ er sich ebenfalls leiten, denn als er sie bei der Auswahl verschiedener Zuckersorten beriet, hatte er so nebenbei das unehrliche Gebaren anderer Händler aufgedeckt. Überdies war er in Westindien gewesen und hatte zufällig eben das Landgut gesehen, das einst ihrem seligen Großvater gehörte; und er sagte, die Unzufriedenheit unter den Negern wäre allein auf die Missionare zurückzuführen – entschieden ein junger Mann, der die Augen offen hatte. Mrs. Chaloner bestellte kleines Gebäck zum Wein und Oliven und gab Mr. Freely zu verstehen, daß ihr sein Laden eine große Annehmlichkeit bedeutete. In gleicher Weise verhielten sich die Frau Doktor und Mrs. Gate von der großen Tuchkrempelei: da letztere häufig Besuch von vornehmen Verwandten empfing, war anzunehmen, daß ihr Bedarf an Ratafias[1] und Makronen beträchtlich sein würde.

[1] Eine Art Biskuit.

Die weniger aristokratischen Grimworther Hausmütter schienen anfänglich dem zuversichtlichen Glauben ihrer Ehemänner rechtgeben zu wollen, daß sie nicht den kleinsten Bruchteil des Familieneinkommens für Tropfkuchen auslegen würden, statt selbst solche zu machen, auch keinen üppigen Lebensstil vortäuschen würden, indem sie Tranchen von Rollbraten kauften, wenn ein Nachbar unerwartet zum Abendessen kam. Allein es ist meine Aufgabe, die schrittweise Korruption der seit alters so einfachen Grimworther Sitten zu schildern – eine sehr betrübliche Aufgabe, wenn nicht die zu erwartende schöne Peripetie oder der Sturz, der dieser Korruption schließlich ein Ende setzte, schon jetzt aufmunternd wirkte.

Es war die junge Mrs. Steene, die Tierarztgattin, welche zuerst der Versuchung erlag. Ich fürchte, sie war für die ihr zukommende gesellschaftliche Stellung zu fein gebildet, denn sie kannte zahlreiche Stellen aus «Lalla Rookh»[1], dem «Korsaren»[2] und der «Belagerung von Korinth»[3] auswendig, was ihr die häusliche Betätigung verleidet hatte und weshalb eine tiefe Enttäuschung an ihr zehrte, seit sie gemerkt hatte, daß Mr. Steene als Ehemann jegliches Interesse für den «Bulbul»[4] verloren hatte, es sichtlich vorzog, sich mit einem ungebildeten

[1] Eine Reihe orientalischer Erzählungen von Thomas Moore, 1817 veröffentlicht.

[2] und [3] Verserzählungen von Lord Byron (1814 und 1816).

[4] Drosselartiger Vogel, die «Nachtigall» des Orients.

Nachbarn über die Natur des Spats[1] zu unterhalten, und schimpfte, wenn der Pudding zu wäßrig ausfiel – daß er überhaupt nichts weiter war als ein gestiefelter Veterinär, der sich hungrig zu den Mahlzeiten einstellte; der in nichts dem jungen Mann aus adeligem Hause glich, der aus reiner Verachtung für seinen Stand zum Seeräuber wurde, auch nicht dem Renegaten mit Turban und Halbmond, es sei denn in seiner Neigung zu Wutausbrüchen. Und Verachtung in Stulpenstiefeln ist etwas so ganz anderes!

Dieser grobschlächtige Mann hatte auf den Weihnachtsabend eine Gesellschaft zum Essen eingeladen, bei welchem auch Mince-pies[2] aufgetischt werden mußten. Mrs. Steene hatte denn auch die Füllung vorbereitet und am Vormittag viel Butter, Weizenmehl und Mühe an die Herstellung eines ganzen Schubs von Pastetchen gewendet; allein sie erwiesen sich beim Herausnehmen aus dem Backofen als so pappig, daß sie nur mit Zittern an den Augenblick denken konnte, wenn ihr Gatte sie auf dem Eßtisch entdecken würde. Er würde ihr eine Szene machen, das wußte sie genau, und noch dazu vor allen Leuten; und dann würde sie die Tränen nicht zurückhalten können: schrecklich zu denken, daß es so weit mit ihr gekommen war nach dem Bulbul und allem andern! Plötzlich durchzuckte sie der Einfall, sie könnte ja nur

[1] Pferdekrankheit.

[2] Pastetchen mit einer Füllung aus gehackten Korinthen, Rosinen, Äpfeln, Zucker, Hammelfett, Rum usw.

dies *eine* Mal um eine Schüssel Mince-pies zu Freely schicken lassen: daß er welche hatte, war ihr bekannt. Doch was sollte aus den achtzehn pappigen Pastetchen werden? Ach, daran durfte sie jetzt nicht denken; es war eine kostspielige Sache – überhaupt war es sehr kostspielig, selber Mince-pies zu machen, wo man nie wußte, ob sie gut gerieten: viel besser wär's, sie fertig zu kaufen. So bezahlte man zwar etwas mehr, aber dafür gab's keine Einbuße durch Mißratenes.

Zu derlei Spitzfindigkeiten nahm diese irregeleitete junge Frau ... genug. Mrs. Steene schickte um die Mince-pies und, was festzustellen mich schmerzt, vertuschte die Ausgabe irgendwie in ihrer Haushaltsrechnung, damit ihr Gatte nichts davon merkte. Dies war der zweite Schritt der schiefen Bahn, und schuld daran war einzig, daß eine junge Ehefrau sich ihren Lebensumständen nicht anpaßte, vielmehr Renegaten und Bulbuls nachtrauerte, anderseits den Ansprüchen eines Tierarztes zu genügen hatte, der sehr gerne Mince-pies aß. Der dritte Schritt war der, daß sie, um moralischen Rückhalt zu finden, den heimlichen Kauf ihrer Busenfreundin Mrs. Mole gestand, die dergleichen schon geahnt hatte und sich hernach, als sie selbst eine Sülzefigur kaufte, statt ihre eigenen Küchenkünste anzuwenden, mit der Überlegung Mut machte, «andere Leute» täten ja dasselbe. Die Ansteckung breitete sich aus; bald gab es in Grimworth eine Gruppe oder Clique, die dafür war, «bei Freely zu kaufen»; und viele Ehemänner, die man über diese Tatsache zunächst im dunkeln ließ, verschlangen mit zwei Bissen ahnungslos ein Törtchen, für welches sie doppelt soviel bezahlten wie für ein hausgemachtes, und leisteten der Unaufrichtigkeit ihrer Ehehälften ebenso ahnungslos Vorschub, wenn sie dem Gebäck Lob spendeten. Andere, die einen schärferen Blick hatten, drückten ein Auge zu, wenn es allzu häufig vorkam, daß an Waschtagen oder bei unerwartetem Besuch ein vortrefflicher Sauerbraten aufgetragen wurde, der ihrem Gaumen besser behagte als die kalten Reste, mit denen sie sich ehedem begnügen mußten. Jede Hausfrau, die schon einmal «bei Freely gekauft» hatte, freute sich heimlich, wenn sie bei ihrer Nachbarin die selbe schlimme Neigung entdeckte, und bald blieben nur noch ein paar altmodische Haushaltvorsteherinnen übrig, die sich wacker gegen die zunehmende Demoralisierung behaupteten und zu ihren Nachbarinnen sagten, wenn diese zum Abendbrot kamen: «Ich kann Ihnen weder Freelys Delikateß-Rindfleisch noch Freelys Käsekuchen anbieten; bei uns ist eben alles hausgemacht; ich fürchte, Sie werden an unserm derben Gebäck kaum Geschmack finden.» Der Arzt, dessen Köchin zu wünschen übrigließ, der Hilfspfarrer, der sich keine Köchin hielt, und der Grubenverwalter, der ein großer Bonvivant war, verließen sich sogar mit der Zeit fast ganz auf Freely, wenn sie ihre Gäste besonders festlich bewirten wollten. Kurz, die Herstellung von anspruchsvollen Erzeugnissen der feinen Küche entglitt immer mehr den Händen von Hausangestellten und Hausmüttern und ging an ein besonderes Tätigkeitsfeld des Handels über.

Es ist mir nicht unbekannt, daß man diesen Vorgang den unaufhaltsamen Vormarsch der Zivilisation, Arbeitsteilung und so weiter nennt und daß man sagen kann, den Mädchen und Müttern sei jetzt das Kochen abgenommen, damit sie auf andere Weise dem Wohl der Gemeinschaft dienen. Nur kam es in Grimworth, das allerdings ein unbedeutendes Nest war, so heraus, daß die Mädchen und Mütter mit ihren Händen keineswegs etwas Besseres anzufangen wußten, als zu kochen; nicht einmal die, denen die Kuchen stets pappig und die Pasteten zäh wie Leder geraten waren. Und so geschah's, daß sich der Vormarsch der Zivilisation in Grimworth in nichts anderem zeigte als in der Verarmung der Männer, im geschwätzigen Herumstehen der Frauen und im wachsenden Wohlstand Mr. Edward Freelys.

Die Yellow-Coat-Schule stellte für den kalkulierenden Konditor eine doppelte Einnahmequelle dar; denn er eröffnete einerseits eine Kantine für die beim Schulhausneubau beschäftigten Facharbeiter, anderseits kam er den Schülern im alten Schulgebäude damit entgegen, daß er der Schleckwarenabteilung seine besondere Sorgfalt angedeihen ließ. Wenn ich an die zuckersüßen Schwäne und andere kunstreiche weiße Gebilde denke, welche von den kleinen Zähnen jener heranwachsenden Generation zermalmt wurden, fällt mir mit Erleichterung ein, daß eine gewisse Menge kalkhaltiger Nahrung für junge Wesen, deren Knochen sich zum Teil erst bilden müssen, höchst gesund sein soll; denn bei diesen leckeren Dingen ist mir schon oft ein anorganischer Beigeschmack[1] aufgefallen, der sie bei der jungen Dame aus dem Bekanntenkreise des «Spectators»[2], welche zum Nachtisch die Stiele von tönernen Tabakpfeifen zu verspeisen pflegte, sehr beliebt gemacht hätte.

Was den Konditor selbst betrifft, so fand er trotz einer gewissen anfänglichen Ablehnung seinen Weg in die Häuser von Grimworth so allmählich wie seine Erzeugnisse. Immerhin bedurfte die Tatsache, daß man ihn empfing, doch irgendwie einer Rechtfertigung, genau so wie der Kauf seiner Backwaren. Erstens einmal war er ein Ortsfremder und daher verdächtig; zweitens war der Beruf des Konditors in Grimworth etwas so völlig Neues, daß über seine Stellung in der gesellschaftlichen Rangordnung noch keine Klarheit bestand. Bei Tuch- und Spezereihändlern konnte in dieser Beziehung kein Zweifel herrschen, wenn sie aus guten alten Grim-

[1] Eine Anspielung darauf, daß der Zuckerbäcker seinen Produkten allerlei unreelles Füllmaterial beimengte.

[2] Eine von den Schriftstellern Thomas Addison und Richard Steele gegründete und unter anderem mit eigenen Beiträgen versehene Tageszeitschrift, die am Anfang des 18. Jahrhunderts eine wichtige volksbildende Rolle spielte.

worther Familien stammten wie Mr. Luff und Mr. Prettyman: sie verkehrten mit den Palfreys, die ihr eigenes Land bebauten, mit dem Doktor so manches Spielchen Whist machten und den Holzhändler, der sich in letzter Zeit auch dem Kohlenhandel zugewandt und neue Möbel angeschafft hatte, ein bißchen von oben herab behandelten; aber ob man einen Konditor in diese gehobeneren Kreise aufnehmen oder ihm zu verstehen geben sollte, er möchte sich seinen Verkehr unter Metzgern und Bäckern suchen, war eine neue Frage, auf welche die Tradition kein Licht warf. Daß er unbeweibt war, sprach zu seinen Gunsten und hätte vielleicht genügt, um schließlich den Ausschlag zu geben, wären selbst Mr. Edward Freelys sonstige persönliche Vorzüge gänzlich unbedeutender Natur gewesen. Doch dies traf keineswegs zu, vielmehr zeigte es sich sehr bald, daß er ein nicht alltäglicher junger Mann war, der sich in Westindien aufgehalten und zu Lande und Wasser viele Wunderdinge erlebt hatte, so daß er die Ohren von Grimworther Desdemonas zu verzaubern wußte mit Geschichten von seltsamen Fischen, insbesondere Haifischen, die er noch im rechten Moment erstach, indem er sich mutig über Bord stürzte, als das Untier sich neben ihm gerade herumschwang, um den Kochsmaat zu verschlingen; von schrecklichen Fiebern, unter denen er gelitten in einem Lande, wo der Wind aus allen Himmelsrichtungen zugleich bläst; von Röstbrotscheiben, die man direkt vom

Brotfruchtbaum herunterschnitt; von zehenabbeißenden Landkrabben; von großen Ehren, die ihm erwiesen worden als einem Mann von Verstand und rascher Auffassung, wie man sie in einem tropischen Klima besonders brauchte; und von einer reichen kreolischen Erbin, die bitterlich weinte, als er von ihr Abschied nahm. Erzählerische Gaben wie diese vermögen – wir wissen es – eine unvorteilhafte Beschaffenheit des Teints vergessen zu machen; und der junge Towers, dessen Wangen vom schönsten Rosarot waren, das die dunkle Umrahmung eines Backenbärtchens noch besonders zur Geltung brachte, wurde durch die Figur des käsigen Mr. Freely ganz in den Schatten gestellt. Ein solch außergewöhnlicher Konditor verlieh seinem Gewerbe höheren Rang und mochte wohl noch freie Herzen in gelinde Erregung versetzen.

Väter und Mütter waren in ihrer Anerkennung der Verdienste des Neuzugezogenen naturgemäß bedächtiger und vorsichtiger.

«Er ist ein amüsanter Bursch», bemerkte Mr. Prettyman, der hochgeachtete Kolonialwarenhändler (Mrs. Prettyman war eine geborene Miss Fothergill, und ihre Schwester hatte einen Londoner Seidenhändler geheiratet). «Er ist ein amüsanter Bursch, und ich habe nichts dagegen, wenn er im Austernklub mitmacht; aber er streicht sich selbst ein bißchen zu gerne heraus. Er ist ungemein welterfahren, das gebe ich zu; aber was steckt wohl dahinter, daß er damals nach Westindien ging? Darauf soll mir einer antworten. Sowas ist doch unnatürlich für einen Konditor. Mir behagen Leute nicht, die in Übersee waren, wenn sie einem nicht glaubhaft erzählen können, warum sie dorthin ausgewandert sind. Wenn einer so weit weg geht, hat er in der engeren Heimat bestimmt nicht viel gegolten – so sehe ich die Sache an. Immerhin, bei Freely gibt's ausgezeichneten Rum, aber trotzdem möcht' ich mit ihm nicht zu intim werden.»

Dieser unbestimmte Argwohn war es, der während der ersten Monate seines Aufenthalts im reiferen Grimworther Urteil die Sicht auf Mr. Freelys Vorzüge umwölkte. Doch als der Konditor aufhörte, etwas Neues zu sein, verloren auch die dunklen Gerüchte über ihn den Reiz des Neuen, und so wurde man's müde, darauf anzuspielen, besonders weil Mr. Freelys wachsender Wohlstand und Einfluß sie augenscheinlich entkräfteten. Er wurde allmählich eine wichtige Persönlichkeit in der Kirchgemeinde; er erwies sich nützlich als Armenpfleger, denn anderer Leute Schmerzen ertrug er sehr standhaft, welche Standhaftigkeit, wie er sagte, von seiner großen Menschenfreundlichkeit herrührte: er tat stets, was den Leuten schließlich zu ihrem Besten diente. Mr. Chaloner hatte ihn sogar zu seinem Helfer bei der kirchlichen Verwaltung ausersehen, denn er war ein sehr wendiger Mann und ging viel häufiger in bezug auf kirchliche Angelegenheiten mit Mr. Chaloner einig als die älteren Gemeindeglieder. Mr. Freely erschien pünktlich bei jedem Gottesdienst; doch im Austernklub bediente er sich zuweilen einer etwas freien Ausdrucksweise, indem er recht deutlich durchblicken ließ, daß er in Westindien beinahe das üppige Leben eines Paschas geführt hätte, wobei er ab und zu den Kopf hin und her wiegte und ein wenig bitter lächelte, wie es Menschen zu tun pflegen, wenn sie andern zu verstehen geben, daß sie etwas zu weise geworden sind, als daß man sie noch aufklären müßte über eine Welt, die ihnen schon lange abgeschmackt und schal vorkommt.

Während einiger Zeit verteilte er seine Aufmerksamkeiten gleichmäßig an das schöne Geschlecht und verband dabei die Galanterie eines Herzensbrechers mit scharfer Kritik am Äußeren und Benehmen abwesender Damen, was in jeder weiblichen Brust nur zu leicht das Verlangen entfachte, sich den Beifall eines so verwöhnten Kenners zu erringen. Nichts, es sei denn das Allerbeste an Frauenreiz und Frauentugend, war hinreichend, um Mr. Freelys inneres Feuer zu entzünden, der in den engsten Freundeskreis der üppigsten und blendendsten Schönheit von ganz Westindien Eingang gefunden hatte. Es mag unglaublich erscheinen, daß ein Konditor über Ideen und Gesprächsstoffe verfügte, wie man sie ganz ähnlich in einer gehobeneren Sphäre antreffen konnte; allein man muß bedenken, daß er nicht nur gereist war, sondern auch O-Beine und ein blaßgelbes, verkniffenes Gesicht hatte, so daß ihm die Natur selbst den Stempel eines anspruchsvollen Kenners des schönen Geschlechts aufgedrückt hatte.

Schließlich aber schien alles darauf hinzudeuten, daß Amor einen spitzigeren Pfeil als sonst gefunden hatte und Mr. Freelys Herz durchbohrt war, was der Grimworther Jugend reichlich Gesprächsstoff lieferte. Aber war es bei ihm wirklich Liebe und nicht eher Ehrgeiz? Miss Fullilove, die Holzhändlerstochter, war überzeugt, daß sie, wäre *sie* an Miss Penny Palfreys Stelle, auf der Hut sein würde; es war kein gutes Zeichen, wenn Männer bei der Wahl einer Gattin den Blick so sehr in die Höhe richteten. Denn es war keine Geringere als Miss Penelope Palfrey, zweite Tochter des Mr. Palfrey, der seinen eigenen Grund und Boden bebaute, die Mr. Freelys besonderes Interesse erweckt und seinen wählerischen Sinn besiegt hatte; und das war auch kein Wunder, denn an das Ideal, wie es sich als herrlichste Wachsfigur darstellt, kam die Wirklichkeit vielleicht noch nie so nahe heran wie in der Person der hübschen Penelope. Ihr gelbliches Flachshaar lockte sich zwar nicht von Natur, doch seine hellen Lockenringel bildeten solch glatte, reizende Röhrchen, daß man versucht war, mit dem kleinen Finger hindurchzufahren und ihre federnde Weichheit zu spüren. Sie trug das Haar kurz, denn in jenen Tagen, als in der Gesellschaft noch gesündere Zustände herrschten, trugen die jungen Damen noch lange nach ihrem zwanzigsten Jahre kurzgeschnittenes Haar, und Penelope war erst etwas über achtzehn. Wie das Ideal aus Wachs hatte sie runde blaue Augen, runde Nasenlöcher in ihrem Näschen und Zähne, wie man sie bei dem Ideal finden würde, falls es sie einmal entblößte. Überhaupt war sie ein kleines rundes Ding, so adrett wie ein gefülltes rosaweißes Maßliebchen, und ebenso arglos; denn ich hoffe, es zeuge bei einem hübschen Fräulein von neunzehn Jahren nicht von Arglist, wenn sie denkt, daß es ihr eigentlich recht behagen würde, einen Schatz zu haben und «schon vergeben» zu sein, wo doch ihre ältere Schwester schon anderthalb Jahre in diesem Zustand war. Der junge Towers kam ja freilich viel ins Haus; doch Penny hielt es für ausgemacht, daß seine Besuche nur ihrem Bruder galten, denn mit ihr wußte er nie etwas zu reden, bot ihr nie seinen Arm an und war so linkisch und wortkarg wie nur möglich.

Es ist nicht unwahrscheinlich, daß Mr. Freely schon früh von Pennys Reizen, wie er sie während des Kirchgangs zu bemerken Gelegenheit hatte, hingerissen war; allein er mußte sich in der Gesellschaft zuerst ein bißchen durchsetzen, bevor er mit ihnen in nähere Berührung kommen konnte; und selbst nachdem er in manchen Grimworther Familien schon ein gern gesehener Gast war, dauerte es doch noch lange, ehe er mit Penny anders verkehren konnte als bei einem zufälligen Zusammentreffen mit ihr im Hause

Mr. Luffs. Man wurde nicht so leicht nach Long Meadows, der Wohnstatt der Palfreys, eingeladen; denn obschon Mr. Palfrey in den letzten paar Jahren gewisse Geldverluste erlitten hatte, da er nach der schrecklichen Viehseuche, die ihn zur Aufnahme eines Darlehens gezwungen, noch nicht wieder auf ganz sicheren Füßen stand, fühlte sich die Familie gesellschaftlich durchaus überlegen, sogar den alteingesessenen Geschäftsleuten gegenüber, mit denen sie verkehrte. Die vornehmsten Leute, selbst Könige und Königinnen, müssen schließlich mit irgendwem verkehren, und Ebenbürtige sind bei den Großen spärlich. Besonders spärlich waren sie in Grimworth, das, wie ich bereits bemerkt habe, eine ganz bescheidene Ortschaft war und in geographischen Lexika mit geringschätziger Kürze erwähnt wurde. Sogar die Großen daselbst blieben weit hinter Leuten ihres eigenen Standes in andern Teilen unseres Königreichs zurück. Von Mr. Palfreys Hoftüren war die Farbe ganz abgeblättert, und die Vorgartenwege ertranken schon lange in einer Unkrautwildnis. Dessen ungeachtet hatte man seinen Vater «Squire Palfrey» genannt, und die vorhergehende Grimworther Generation hatte ihm als einem Manne Ehrerbietung gezollt, der es sich leisten konnte, im eigenen Hause über den Durst zu trinken.

Die hübsche Penny war nicht blind gegenüber der Tatsache, daß Mr. Freely sie bewunderte, und glaubte bestimmt, daß er es war, der ihr ein wunderschönes Valentinsgedicht[1] geschickt hatte; aber ihre Schwester hielt augenscheinlich so wenig von ihm (alle jungen Damen halten wenig von den Herren, mit denen sie nicht verlobt sind), daß Penny niemals von ihm zu sprechen wagte und erbebte und rot wurde, wenn er ihnen irgendwo begegnete, eingedenk des Valentinsgedichts, das in sehr hübschen Worten abgefaßt war und das auswendig zu können sie beschämt hätte gestehen müssen. Ein Mann, der in Westindien gewesen und mit dem Meer so vertraut war, hatte für sie etwas von einer legendären Figur, fast etwa wie Robinson Crusoe oder Kapitän Cook; und Penny hatte sich schon immer eine bedeutende Persönlichkeit zum Manne gewünscht, dessen Name dann einmal in «Mangnalls Fragen» aufgeführt würde – mit diesem Buch, worin die Unsterblichen verzeichnet standen, hatte sie in ihrem einen Pensionatsjahr Bekanntschaft geschlossen. Merkwürdig berührte es nur, daß ein bedeutender Mann von Beruf Konditor und Pastetenbäcker war, und diese Unstimmigkeit hatte Pennys Träume richtig verwirrt. Ihre Brüder, dies wußte sie, lachten jeden Mann aus, der nicht gut zu Pferde saß, und nannten ihn einen Schneider; doch ihre Brüder waren sehr ungehobelte Gesellen, und jene Gabe des Erzählens ging ihnen völlig ab, die Mr. Freelys Gesellschaft so anregend machte. Er war auch ein sehr

[1] Am Valentinstag (14. Februar) nach alter Sitte anonym abgeschickte kleine Liebesbotschaften.

guter Mensch, dachte sie, denn einmal hatte sie ihn bei den Luffs sagen gehört, er wollte stets seine Pflicht erfüllen, an welchen Platz auch immer ihn das Leben stellen mochte; dazu kannte er sich in der Poesie aus, denn einmal hatte er eine Liedstrophe aufgesagt. Sie fragte sich, ob wohl das Valentinsgedicht von ihm selber stammte! – Es endigte mit den Zeilen

Zu leben ohne Dich ist Schmerz,
Doch mit Dir sterben wäre Glück.

Armer Mr. Freely! Ihr Vater würde sehr wahrscheinlich dagegen sein – ganz sicher würde er das, denn er nannte Mr. Freely stets «dieser Zuckererbsen-Mann». Oh, grausam war's, wenn sich vor treuer Liebe solche Widerstände türmten, und alles nur, weil Mr. Freely ein Zuckerbäcker war: doch sei's drum, Penny würde ihm trotzdem treu sein, und da sein Konditorstand ihr die Gelegenheit gab, ihre Treue zu beweisen, war sie froh darüber. Edward Freely: das klang hübsch, viel besser als John Towers. Der junge Towers hatte ihr neulich unter starkem Erröten eine Rose aus seinem Ansteckstäußchen überreichen wollen; allein sie hatte sie zurückgewiesen und innerlich frohlockend gedacht, welchen Trost ihre Seelenstärke für Mr. Freely bedeuten würde, wüßte er nur darum.

Arme kleine Penny! Die Tage zogen sich so endlos hin zwischen den Gänseblümchen einer Weidetrift, und die Gedanken sind so rege – wie hätte da das innere Drama nicht vor dem äußeren einsetzen sollen? Ich habe junge Damen gekannt mit feinerer Bildung, in deren äußeren Tagesablauf lehrreiche Vorträge Abwechslung brachten, ganz zu schweigen von Literatur und hochentwickelter Handarbeitskunst, die sich einen Kokon aus innerlich geschauten Freuden und Leiden spannen, genau wie Penny. Ihre ältere Schwester Lätitia, die eine imposantere Art von Schönheit und weltlichere Ambitionen hatte, war mit einem Wollagenten verlobt, der die ganze weite Strecke von Cattleton daherkam, um sie zu besuchen; und wie jedermann weiß, nimmt ein Wollagent einen sehr hohen Rang ein und fährt zuweilen in einem zweisitzigen Gig. Lettys Begriffe wurden täglich unbescheidener, und Penny getraute sich nie, ihre Herzensnöte der hocherhabenen Schwester anzuvertrauen – getraute sich nie, ihr vorzuschlagen, daß sie beide bei Mr. Freely hineinschauen könnten, um Lakritzensaft zu kaufen, obschon sie mit einem Hinweis auf leichtes Halsweh die Situation schon vorbereitet hatte. So mußte sie denn auf der gegenüberliegenden Seite des Marktplatzes an dem Laden vorübergehen und mit einem unterdrückten Seufzer daran denken, daß hinter den rosa und weißen Glasbehältern dort drüben jemand ihrer zärtlich gedachte, ohne zu wissen, wie klein der Raum war, der sie von ihm trennte.

Und es stimmte auch wirklich, daß Mr. Freely, wenn die Geschäfte dies zuließen, sehr viel an

Penny dachte. Er hielt ihre Schönheit für vergleichbar mit dem leckersten Zuckerwerk; er betrachtete sie als Frauenzimmer von unterwürfigem Wesen – das ihn wahrscheinlich so gut bedienen würde wie eine Negerin und, wenn ihn seine Leber reizbar machte, heimlich vor ihm zittern würde; und als Familie mit heiratsfähigen Töchtern erschienen ihm die Palfreys als weitaus die angesehenste in der ganzen Gemeinde. Im großen ganzen hielt er Penny für würdig, Mrs. Edward Freely zu werden, und dies um so mehr, als es vermutlich einiger Geschicklichkeit bedurfte, um sie zu erringen. Mr. Palfrey war durchaus imstande, auf einen allzu stürmischen Bewerber um die Hand seiner Tochter mit der Reitpeitsche loszugehen; dazu kam noch, daß er drei Mordskerle von Söhnen hatte: es war also klar, daß ein Freier bei einer solchen Familie den kürzeren ziehen mußte, wenn ihm nicht Reisen und natürliche Geistesschärfe als Gegenkraft großen Einfallsreichtum verliehen hatten. Und der erste Einfall, der ihm in dieser Richtung kam, bestand darin, daß Mr. Palfrey geringeren Widerstand leisten würde, wenn er erführe, daß die Freelys im Rang weit höher standen als seine eigene Familie. Es war dumme Bescheidenheit von ihm gewesen, bis anhin die Tatsache verschwiegen zu haben, daß ein Zweig der Freelys ein Schloß in Yorkshire besaß, und das Bildnis seines Großonkels, des Admirals, einzuschließen, statt es dort aufzuhängen, wo ein Ahnenbild hingehörte – über das Kaminsims im Salon. Admiral Freely, K.C.B.[1], einmal an diesem Ehrenplatz aufgehängt, stellte sich dar als Mann mit nur einem Arm und auch nur einem Auge – in welchen Punkten er dem heroischen Nelson ähnelte –, während eine gewisse unbedeutende Blässe der Gesichtszüge die Verwandtschaftsbande zwischen ihm und seinem Großneffen bestätigte.

In der Folge wurde Mr. Freely von dem unwiderstehlichen Ehrgeiz ergriffen, in den Besitz von Mrs. Palfreys Rezept für Schweinesülze zu gelangen, da das ihrige von allen für besser gehalten würde als das seinige – wie er ihr in einem höchst schmeichelhaften Briefchen mitteilte, das sein Laufbursche überbrachte. Nun arbeitete aber Mrs. Palfrey, wie andere Genies, eher nach dem Gefühl als nach bestimmten Regeln und besaß daher keine Rezepte – verachtete überhaupt alle Leute, die solche benützten, indem sie etwa bemerkte, daß jemand, der etwas in Essig einmachte und dabei nach dem Kochbuch vorging, nach genauem Maß und Gewicht und derartigem Unsinn einmachen müßte; was sie selber betraf, so wären ihr Maß und Gewicht ihre Zungenspitze und ihre Fingerspitze, und wollte man's genauer nehmen, nun, dann rechnete man eben bei trockenen Materialien wie Mehl und Gewürzen mit einer Handvoll oder einer Prise, und bei nassen nahm man einen mittelgroßen Krug – genau das

[1] Knight Commander of the Bath, ein Träger des Bath-Ordens.

Richtige, ob's nun viel oder wenig war, weil man hoffentlich wußte, wieviel eine Teetasse voll war, falls man seine Sinne beieinander hatte, und man sich darauf verlassen konnte, daß fünf mittlere Krüge voll eine Gallone ergaben. Ein Wissen dieser Art ist wie die Farbengebung bei Tizian, schwierig andern mitzuteilen; und da Mrs. Palfrey, einst eine auffallend schöne Frau, jetzt ziemlich dick und kurzatmig geworden war und kaum je aus dem Hause ging, so konnte ihre mündliche Unterweisung nirgendwo anders stattfinden als in Long Meadows. Nicht einmal eine biedere Hausmutter ist unempfänglich für Schmeichelei, und die Aussicht auf einen Gast, der nichts sehnlicher erstrebte, als ihren Reden zu lauschen, war für Mrs. Palfrey einigermaßen verlockend. Da als Antwort auf Mr. Freelys ehrerbietiges Ansuchen kein Rezept abgesandt werden konnte, gab sie der dienstfertigeren von ihren Töchtern, nämlich Penny, den Auftrag, ihm ein Briefchen zu schreiben des Inhalts, ihre Mutter würde sich freuen, ihn hier zu empfangen und sich mit ihm über Schweinesülze zu unterhalten, wann immer ein Besuch in Long Meadows ihm angenehm wäre. Penny gehorchte mit zitternder Hand und dachte dabei, wie wunderbar die Dinge sich fügten auf dieser Welt.

Auf diese Weise glückte es Mr. Freely, sich im Hause der Palfreys einzuführen, und ungeachtet der ausgesprochenen Neigung beim männlichen Teil der Familie, sich ein wenig über sein kränkliches Aussehen und seine Krummbeinigkeit lustig zu machen, festigte er bald seine Stellung als gerngesehener und häufiger Gast. Der junge Towers betrachtete ihn mit wachsendem Widerwillen, wenn sie einander sonntags im Hause begegneten, und wünschte sich insgeheim, er könnte sein Frettchen auf ihn loslassen wie auf einen Schädling, dem dieses wertvolle Tierchen dann ohne Zaudern den Garaus machen würde. Allein – so blind sind manchmal die Eltern – weder Mr. noch Mrs. Palfrey kamen auf den Gedanken, daß Penny Gefallen finden würde an einem Handelsmann von fragwürdiger Herkunft, dessen Jugendblüte schon recht abgewelkt war. Der junge Towers, meinten sie, hätte es auf sie abgesehen, und *das* mochte wohl eines Tages zu etwas führen; doch Penny war ja noch ein Kind. Und währenddessen malte sich Penny immer von neuem die Umstände aus, unter welchen Mr. Freely ihr einen Antrag machen würde: vielleicht unten im Garten, dort wo die Pflaumenbäume in Reihen standen, wenn sie und er vor dem Tee noch lustwandelten; vielleicht in Form eines Briefes – doch wie würde in diesem Fall die Anrede lauten? «Liebste Penelope?» oder «Verehrtes Fräulein Penelope?», oder es wäre ein Brief ohne Anrede und Umschweife, was das Natürlichste schien, wenn man sich nicht recht zu helfen wußte? Doch wie immer er diesen Antrag machte, sie würde ihn nicht ohne ihres Vaters Einwilligung annehmen: sie würde Mr. Freely stets die Treue halten, dem Vater aber nicht ungehorsam sein. Denn Penny war ein braves Mädchen, obschon manche von ihren Freundinnen nachher die Meinung ausdrückten, es stelle ihr kein gutes Zeugnis aus, daß sie sich nicht instinktiv von Mr. Freely abgestoßen gefühlt hätte.

Doch er war vorsichtig und wollte festen Boden unter den Füßen haben. Seine Auffassung von der Ehe hatte nicht ausschließlich mit Gefühl zu tun, sondern war – wie es ja nur der Vernunft entsprach – ebenso mit Erwägungen hinsichtlich dessen vermischt, was einem Mann in seiner Stellung zum Vorteil gereichen würde, so als hätte er einen sehr ansehnlichen Geldbetrag zur Erweiterung seiner Bildung auslegen wollen. Er war nicht der Mann, sich am falschen Ort zu verlieben, und so ging sein Bemühen ebensosehr dahin, die Gunst der Eltern zu erwerben, wie sich der Neigung Pennys zu versichern. An Mrs. Palfrey waren Schmeicheleien nicht wirkungslos abgeprallt, und ihr Gatte, auch er aus hinfälligem menschlichem Stoff gemacht, würde sich – dies durfte man hoffen – nicht felsenfest erweisen gegenüber Rum – dem herrlichen Jamaika-Rum, von dem Mr. Freely stets eine neue Sendung aus Jamaika erwartete. Es war nicht leicht, Mr. Palfrey in das hinter dem Laden gelegene Wohnzimmer zu locken, wo von einer Hintergasse gedämpftes Licht auf die Züge des heldenhaften Admirals fiel; doch indem er ihn eines Abends zu schon vorgerückter Stunde abfing, als er sich eben auf dem Nachhauseweg von Grimworth befand, gelang es dem Schwiegersohn in spe, ihn zu überreden, er möchte als kleine Abendkollation etwas kalten Rollbraten zu sich nehmen, den er, nach Mrs. Palfreys Schweinesülze, wirklich hervorragend finden würde.

Von dieser Stunde an glaubte Mr. Freely gewonnenes Spiel zu haben: da er nun so vertraut beisammensaß mit einem ehrwürdigen Manne, der sein Vater hätte sein können, und sich recht einsam vorkam auf dieser Welt, war es nur natürlich, daß er sich aussprach über dieses und jenes, von dem in gemischter Gesellschaft zu sprechen er sich scheute – insbesondere über seine Erwartungen von seiten seines Onkels in Jamaika, der kinderlos war und seinen Neffen Edward liebte wie niemand sonst auf der Welt, wiewohl ihn dessen Abreise von Jamaika dermaßen kränkte, daß er gedroht hatte, ihn zu enterben. Indessen hatte der Onkel seither wieder geschrieben und sich völlig versöhnt erklärt, und wenn er auch ein eigenwilliger alter Herr war und es ihm heftig widerstrebte, zu seinen Lebzeiten Geld aus der Hand zu geben, so konnte Mr. Edward Freely Mr. Palfrey doch den Brief vorweisen, aus dem deutlich genug hervorging, wer den liebevollen Onkel einst beerben würde. Mr. Palfrey sah diesen Brief mit eigenen Augen und konnte die Gesinnung des Neffen nur bewundern, welcher erklärte, daß glanzvolle Aussichten wie diese seine Lebensweise nicht zu beeinflussen vermochten; er würde trotzdem seinem bescheidenen Gewerbe nachgehen und es damit zu einigem Wohlstand bringen. Fiele ihm das Landgut in Jamaika einmal zu – recht und gut. Für einen Angehörigen der Familie Freely war es ja nichts besonders Erstaunliches, daß man ihm ein Landgut hinterließ, wenn man in Betracht zog, welche Ländereien diese Familie einst besessen hatte, ja sogar immer noch besaß in der nordhumbrischen Linie. Würde wohl Mr. Palfrey noch ein Gläschen Rum genehmigen? – und sich auch die letztjährige Bilanz ansehen? – Mr. Freely war ein Mensch, der Wert darauf legte, Besitzer persönlicher Tugenden zu sein, und sich auf seine Herkunft nichts einbildete, wenn auch manche dies taten.

Wir wissen, wie leicht sich der große Leviathan führen läßt, wenn er einmal einen Haken in der Nase oder einen Zaum im Maul hat. Mr. Palfrey war ein stattlicher Mann, doch, wie den Leviathan, hinderte ihn die eigene Massigkeit am Umkehren, sobald er eine bestimmte Richtung eingeschlagen hatte. Er war auch kein Mann beweglichen Geistes, der leicht seine Meinung ändert. Genug. Ehe noch zwei Monate herum waren, hatte er seine Einwilligung gegeben zur Eheschließung zwischen Mr. Freely und seiner Tochter Penny, und da er auf eine Formel gestoßen war, mit welcher er diesen Entschluß rechtfertigen konnte, wehrte er damit alle Zweifel und Einwände ab, seine eigenen mitinbegriffen. Die Formel lautete:

«Ich bin nicht derjenige, der sich kopflos in eine Sache einläßt, bevor er weiß, wohin sie führt.»

Die kleine Penny war sehr stolz und aufgeregt, doch kaum so glücklich, wie sie es bei einer Verlobung zu sein erwartet hatte. Sie fragte sich, ob wohl der junge Towers von der Nachricht sehr betroffen war, denn er hatte sich in letzter Zeit nicht mehr im Hause blicken lassen, und Schwester und Brüder neigten eher zum Spötteln als zu freudiger Teilnahme. Grimworth widerhallte von der Neuigkeit. Alle Männer priesen Mr. Freelys unerhörtes Glück, während die Frauen mit der für ihr Geschlecht charakteristischen liebenden Besorgnis wünschten, diese Heirat möchte kein schlechtes Ende nehmen.

Während die Dinge sich in diesem glorreichen Stadium befanden, bemerkte Mr. Freely eines Morgens, daß ein Steinmetz, der in der Kantine gefrühstückt hatte, dort eine Zeitung liegenließ. Es war die «X-shire Gazette», und da X-shire eine Mr. Freely nicht unbekannte Grafschaft war, verspürte er einige Neugier, die Blätter rasch zu überfliegen, besonders den Anzeigenteil. Indem er las, überwallte Röte sein Gesicht. Hervorgerufen wurde sie durch folgende Bekanntmachung: –

«David Faux, Sohn des verstorbenen Jonathan Faux von Gilsbrook, wird hiermit aufgefordert, sich in den Geschäftsräumen des Bevollmächtigten, Mr. Strutt in Rodham, zu melden, wo er von etwas ihm Zustehenden in Kenntnis gesetzt werden wird.»

«Vater ist tot!» entfuhr es Mr. Freely unwillkürlich. «Hat er mir wohl ein Legat vermacht?»

III

Vielleicht hattet ihr etwas ganz anderes erwartet, als daß Mr. David Faux schon wenige Jahre nach seiner Ankunft in Westindien von dort zurückkehren und seinen früheren Beruf wieder aufnehmen würde wie jeder einfache Mann, der nie gereist war. Allein solche Fälle kommen im Leben vor. Da sich die Menschen bekanntlich unter andere Himmelsstriche begeben und andere Sternbilder sehen, ohne doch ihre Seele zu ändern, so folgt daraus zuweilen, daß sie unter den neuen Verhältnissen auch ihren Beruf nicht ändern.

Sicherlich entsprach dieses Ergebnis keineswegs Davids eigenen Erwartungen. Er hatte für sich, wie ihr wißt, eine glänzende Laufbahn unter den «Schwarzen» vorausgesehen; doch sei es, daß diese schon mit zu vielen Weißen in Berührung gekommen waren, sei es aus andern Gründen, sie erkannten in ihm nicht sofort eine höhere Form von Menschenwesen; außerdem gab es bei ihnen keine Prinzessinnen. Kein Mensch in Jamaika hatte das dringende Verlangen, aus bloßer Freude an Davids Gesellschaft für seinen Unterhalt zu sorgen; und die versteckten Vorzüge eines Mannes, die ihm selber so wohlbekannt sind, wurden dort ebensowenig bemerkt, wie man es bei der abgelebten Gesellschaft der Alten Welt leider gewohnt ist. So daß David mit seinen dunklen Andeutungen im Austernklub von einem Pascha-Leben der Sinnenfreude und des Müßiggangs, das er in dem üppigen Westindien geführt haben wollte, sich selbst eigentlich unrecht tat; ich glaube, er verdiente redlich sein Brot mit Arbeit, und zwar mit Backen und Kochen, da dies schließlich das einzige Gebiet war, auf dem er fachliches Können anzubieten hatte. Er hatte sich zwar diesen und jenen raffinierten Plan ausgedacht, mit Hilfe dessen er Leute mit viel Vermögen, aber wenig Verstand übers Ohr zu hauen gedachte; doch er kam eben nie mit genau den richtigen Leuten unter genau den richtigen Umständen zusammen. Davids Methoden, um ohne Arbeit reich zu werden, hatten augenscheinlich keine direkte Beziehung zu seiner Umwelt, während seine Rezepte als Zuckerbäcker sie hatten. Es ist zwar möglich, viele falsche Halbpenny-Stücke und falsche Kronen in Umlauf zu setzen, doch meines Wissens hat noch nie jemand ein Halbpenny-Stück oder eine halbe Krone als ein Pfund Sterling ausgegeben. Ein Gauner kann auf dieser Welt flotte Geschäfte machen: es ist nicht zu leugnen, daß ihm eine einträgliche Laufbahn offensteht, falls er die Folgen riskiert; doch David war zu ängstlich zum Gauner, wagte es überhaupt nicht, sich irgendwie in den Maschen des Gesetzes zu verfangen. Er wagte niemanden zu berauben als seine Mutter. Und darum mußte er zurückkommen auf den echten Wert, der in ihm steckte – mußte er sich damit begnügen, als ein guter Halbpenny, oder genauer gesagt, als ein guter Konditor zu gelten. Denn trotz einiger Belesenheit und Beobachtungsgabe, die er darüberhinaus besaß, gab es keine Tätigkeit, mit der sich so viel verdienen ließ; ja er entdeckte in sich sogar die Möglichkeit, sein Geschick in dieser Richtung auszudehnen und sich mit jeder Art von Backen und Kochen zu befassen; während es ihm langsam klar wurde, daß er auf anderen Gebieten menschlichen Arbeitsfleißes nicht zu glänzen vermochte. Gegen das Schicksal kam er nicht auf: er hatte gemeint, er könnte es in andere Richtung zwingen, und war zu diesem Zweck übers weite Meer entflohen; aber es holte ihn ein, band ihm eine Schürze um und ließ ihn, den es mit starker Hand von allen Plänen wegriß, die er ausgedacht, in einer Küche in Kingstown Kuchen und Pastetchen ausdenken. Mit der Zeit fügte er sich, da es ihn mit ganz ordentlichen Einkünften belohnte; doch Fieber und stechende Hitze und andere Übel, welche Köche in tropischen Klimaten zu befallen pflegen, erweckten in ihm Sehnsucht nach seinem Heimatland; also schiffte er sich von neuem ein und nahm mit sich die Ersparnisse von sechs Jahren sowie die Einsicht – diesmal eine klare Einsicht –, zu welcher Laufbahn ihn das Schicksal bestimmt hatte. Wenn ihr mich eingehend befragt, ob denn das Geld, mit dem er sich in Grimworth etablierte, wirklich nur aus Erspartem bestanden hätte, so muß ich gestehen, daß er da und dort ein Sümmchen dafür erhielt, daß er anderer Leute Missetaten barmherzig verschwieg. Da mit dem Namen seiner Familie kein Staat zu machen war und eine neue Namengebung ihm als passender Beginn für ein neues Leben erschien, hielt Mr. David Faux es im ganzen genommen für zweckmäßig, sich hinfort Mr. Edward Freely zu nennen. Doch siehe da! Entgegen aller vorherzuberechnenden Wahrscheinlichkeit sah es jetzt so aus, als wäre mit dem Namen David Faux ein Nutzen verknüpft. Sollte er ihn fahrenlassen als der Beachtung eines erfolgreichen Handelsmannes nicht wert? Er brächte ihn vermutlich wieder mit seiner Familie in Berührung, und in dieser Hinsicht verspürte er kein sehnliches Verlangen; überdies glaubte er kaum, daß dieses «ihm Zustehende» von beträchtlichem Wert sein könnte. Andererseits hat auch ein kleiner geldlicher Zuwachs sein Angenehmes, und die momentane Aussicht darauf war so überraschend, daß David seine Neugier erwachen fühlte. Die Waagschale neigte sich schließlich dahin, daß er dem Anwalt schrieb, und, kurz gesagt, die Korrespondenz endigte in der Abmachung zu einem Zusammentreffen zwischen David und seinem ältesten Bruder im Bureau Mr. Strutts, nachdem das unbestimmte «Etwas» sich als Legat seines Vaters im Betrag von zweiundachtzig Pfund und drei Schillingen entpuppt hatte.

David hatte sich zwar darauf gefaßt gemacht, bei der Erbschaft leer auszugehen, und das wäre er auch, hätte er nicht, wie gewisse andere schlechte Söhne, von prächtigen Eltern abgestammt, deren Gewissen sie da zurückhielt, wo weitaus gebildetere Leute sich oft berechtigt meinen, so zu handeln, wie die Entrüstung es ihnen eingibt. Die gute Mrs. Faux mußte stets daran denken, daß sie diesen ungeratenen Sohn zur Welt gebracht hatte in jenem völlig hilflosen Zustand, der ihm auch nicht die geringste Möglichkeit zur Wahl übrigließ; und irgendwie fühlte sie, daß sein Abgleiten auf die schiefe Ebene seinen Eltern als Schuld angerechnet werden würde, wenn sie die elterlichen Pflichten nicht bis aufs Tüpfelchen erfüllten. Was sie sich unter elterlichen Pflichten vorstellte, war nichts Erhabenes und fein Ausgedachtes, aber es gehörte dazu, daß man ihm den ihm zustehenden Anteil am Familienbesitz auszahlte; denn wenn ein Mann über ein bißchen ehrliches, eigenes Geld verfügte, war er dann versucht zu stehlen? Dem pflichtvergessenen Sohn sein Erbteil vorzuenthalten bedeutete fast, ihn seinen üblen Neigungen zu überlassen. Nein; zuerst mochte die Summe von zwanzig Guineen, die er gestohlen hatte, von seinem Anteil abgezogen und hernach drei Guineen wieder dazugetan werden, da ja seine Mutter drei Guineen von den zwanzig schon immer als sein Eigentum betrachtet hatte; und war er auch davongelaufen und vielleicht nach Übersee gegangen, so sollte ihm das Geld dennoch hinterlassen und für den Fall seiner Rückkehr aufbewahrt werden. Mr. Faux schloß sich der Meinung seiner Ehefrau an und machte ein dementsprechendes Kodizill zu seinem Testament, noch zur rechten Zeit, um mit reinem Gewissen zu sterben. Aber während einiger Zeit glaubte die Familie, David würde wohl nie wieder auftauchen; und der älteste Sohn, dem die Fürsorge für Jakob oblag, fand es oft ein wenig hart, daß David am Ende tot war, aber daß mangels eines sicheren Beweises dafür sein Erbteil nicht seinem gesetzlichen Nachfolger zufallen konnte. Allein in dieser Situation schien sich die Gewißheit vom Gegenteil – daß nämlich David noch lebte und sich in England aufhielt – durch die Aussage eines Nachbarn herauszustellen, der in Cattleton gewesen war und mit einiger Überzeugung behauptete, er hätte David in einem Gig neben einem dicken Mann sitzen sehen, der es lenkte. Er könnte «schwören, es wäre David gewesen», obschon er «nicht erklären könnte, warum, denn er hätte nichts Auffälliges an sich gehabt; aber an einem Spitz wäre auch nichts Auffälliges, und trotzdem wüßte jeder, wie ein Spitz aussieht.» Dieser Umstand war es, der dann zu dem Aufruf in der Zeitung führte.

Das Legat wurde natürlich ausbezahlt, nachdem Mr. David über seine jetzige Stellung die nötigsten Angaben gemacht hatte. Er erlaubte sich, seiner Mutter herzliche Grüße übermitteln und sie wissen zu lassen, er hoffte ihr im Lauf der Zeit einen pflichtschuldigen Besuch abzustatten; im gegenwärtigen Moment freilich könne er seines Geschäftes und seiner bevorstehenden Vermählung wegen nur schwer von zu Hause fort. Sein Bruder antwortete hierauf mit großer Offenheit.

«Unsere Mutter mag's mit deinem Besuch halten, wie sie will, aber meinetwegen brauchst du dich nie wieder bei uns blicken zu lassen. Wenn einer einen neuen Namen angenommen hat, dann soll er lieber bei seinen neuen Bekannten Anschluß suchen.»

David steckte die Beleidigung samt den zweiundachtzig Pfund drei Schilling ein und fuhr nach Hause, innerlich ein wenig frohlockend über die glatte Abwicklung einer Transaktion, die ihn um diesen Betrag reicher gemacht hatte. Er dachte gar nicht daran, seinem Bruder ein Ärgernis zu bereiten, indem er weiterhin auf dessen brüderlicher Anerkennung bestand, und fiel mit Behagen zurück in die Rolle des Mr. Edward Freely, des verwaisten jungen Mannes, Sproß eines exzentrischen Onkels in Westindien. (Ich habe bereits angetönt, daß ihm die Romanliteratur nicht ganz fremd war, und bei seiner praktischen Begabung hatte er sich, wie ihr seht, sogar noch diese Form des Wissens zunutze gemacht.)

Kaum mehr als eine Woche war seit dieser

fruchtbringenden Reise verstrichen, als man, da der Tag seiner Hochzeit mit Penny nun feststand, übereinkam, daß Mrs. Palfrey sich dazu bequemen sollte, ihren häuslichen Kreis doch einmal zu verlassen, und daß sie und ihr Gatte nebst den beiden Töchtern sich in Klein Pennys zukünftige Wohnstatt begeben sollten, um diese einer Prüfung zu unterziehen und zu beschließen, welche Vorkehrungen zum Einzug der jungen Frau noch zu treffen wären. Mr. Freely wollte ihr solch hübsches und behagliches Heim bieten, daß sie nicht einmal die Gattin eines Wollagenten zu beneiden brauchte. Selbstverständlich sollte der über dem Laden gelegene Raum einmal das beste Sitzzimmer sein; aber auch das Wohnzimmer hinter dem Laden sollte zu einem traulichen Boudoir für die liebreizende Penny ausgestaltet werden, die ja wohl naturgemäß ihrem Manne nah zu sein wünschte, obgleich Mr. Freely feierlich erklärte, nie würde er erlauben, daß *seine* Frau im Laden bediente. Die Entscheidung hinsichtlich der Möbel für dieses Boudoir verschob man bis zuletzt, da die Gesellschaft hier den Tee einnehmen sollte; und so gegen fünf Uhr saßen dann alle versammelt, vor sich die besten Semmeln und butterbestrichenen Hefewecken, Klein Penny errötend und lächelnd, mit wohlfrisiertem Ponyhaar und einem blauen Sonntagskleid, das ihre kleinen weißen Schultern freigab, immer wieder um ihre Meinung befragt, die sie aber nie bekanntgab. Insgeheim wünschte sie sich eine bestimmte

Art von Kaminverzierung, doch sie hätte es nie über sich gebracht, diesen Wunsch auszusprechen. An der Seite ihres gelblichen und etwas welken Bräutigams sitzend, der, obschon er noch keine dreißig Jahre alt war, schon Krähenfüße um die Augen herum hatte, erschauerte sie ganz, wenn sie daran dachte, ein welch großartiges Los ihr beschieden war in der Heirat mit einem so vielgereisten Manne – und dazu vor ihrer Schwester Letty! Die schöne Lätitia machte ein recht hochmütiges und verächtliches Gesicht, hielt ihren zukünftigen Schwager für einen widerlichen Kerl und grollte den Eltern, daß sie Penny erlaubten, ihn zu heiraten. Liebe kleine Penny! Sie kam einem wahrhaftig vor wie eine frische glänzende Herzkirsche, die vom Stengel zu pflücken dieser Mund ohne Lippen sich anschickte. Kam denn kein Retter, um die Kirsche wegzureißen von dem lippenlosen Mund?

«Eine ausgesprochene Familienähnlichkeit zwischen dem Admiral und Ihnen, Mr. Freely», bemerkte Mrs. Palfrey, die das Ahnenbild zum erstenmal betrachtete. «Es ist ganz erstaunlich! Und dazu nur ein Großonkel. Schlagen Sie auch den übrigen Gliedern Ihrer Familie nach, so weit Sie sie kennen?»

«Das kann ich leider nicht sagen», bekannte Mr. Freely mit einem Seufzer. «In meiner Familie hat man sich meist für zu vornehm gehalten, um mir irgendwelche Beachtung zu schenken.»

In diesem Augenblick ließ sich ein ungewöhnlicher Lärm im Laden vernehmen: es war, als stampfte dort ein plumpes Tier herum und stieße dabei bösartige Laute aus, dann wieder, als zerklirrte ein Glasgefäß, während man die Stimme des Lehrlings in höchster Bestürzung «Meister» rufen hörte.

Mr. Freely erhob sich mit banger Verwunderung und eilte hinüber in den Laden, gefolgt von den vier Palfreys, die an der Wohnzimmertür eine Gruppe bildeten, starr vor Erstaunen, als sie sahen, wie ein vierschrötiger Mensch in einem Bauernkittel mit einer Mistgabel in der Hand auf Mr. Freely losstürzte und ihn an sich preßte, wobei er schrie: «Zavy, Zavy, B'uder Zavy!»

Es war Jakob, und während ein paar Sekunden verließ David seine Geistesgegenwart. Es war ihm, als würde er festgenommen, weil er die Goldstücke seiner Mutter geraubt hatte. Das Blut wich ihm aus den Adern, und er zitterte in seines Bruders Umklammerung.

«Nanu, was soll das bedeuten?» fragte Mr. Palfrey, von der Türe her nähertretend. «Wer ist denn das?»

Jakob lieferte selbst die Antwort darauf, indem er dauernd wiederholte: «Is Zakob, B'uder Zakob. Kommen Zavy 'suchen–», bis der Hunger ihn trieb, seine Umklammerung zu lockern und sich einer großen Fleischpastete zu bemächtigen, die er sogleich zum Munde führte.

Unterdessen kehrte Davids Erfindungsgabe

allmählich zurück; doch es war ein ganz schweres Stück Arbeit für seine Klugheit, Zorn und Haß gegen den armen Jakob im Zaum zu halten.

«Ich weiß nicht, wer er ist; er muß wohl betrunken sein», sagte er in gedämpftem Ton zu Mr. Palfrey. «Aber mit dieser Mistgabel ist er gefährlich. Die läßt er niemals los.» Dann, noch rechtzeitig an dem Punkt innehaltend, wo er eine zu große Vertrautheit mit Jakobs Gewohnheiten verraten hätte, bestimmte er: «Sie behalten ihn so lange im Auge, bis ich den Konstabler geholt habe.» Und er stürzte fort aus dem Laden.

«Na, woher kommt Ihr denn, guter Mann?» fragte Mr. Palfrey, gegenüber Jakob einen gewinnenden Ton anschlagend. Jakob war dabei, seine Pastete mit gewaltigen Bissen zu verzehren, und ließ die Blicke dabei über die andern guten Dinge im Laden schweifen, während er, die Mistgabel in den linken Arm geklemmt, die Linke auf eine Portion Rosinenkuchen legte. Er befand sich in der seltenen Lage desjenigen, der einen lange vermißten Freund wiederfindet und merkt, daß dieser jetzt in noch viel reicherem Maße besitzt, was ihn einst zu ihm hinzog.

«Is Zakob – B'uder Zakob – von daheim. Hab' Zavy lieb – B'uder Zavy», antwortete er, sobald Mr. Palfrey seine Aufmerksamkeit auf sich gelenkt hatte. «Zavy komm' zu'ück von Ame'ika – hat Mutters Zinnies. Wo is Zavy?» fügte er hinzu, indem er sich überall umschaute und dann mit fragender Miene zu den Anwesenden kehrte, durch Davids Verschwinden sichtlich betroffen.

«Höchst sonderbar», bemerkte Mr. Palfrey zu Frau und Töchtern. «Es scheint mir, er sagt, Mr. Freely sei sein aus Amerika zurückgekehrter Bruder.»

«Welch netter Verwandter für uns», sagte Lätitia sarkastisch. «Ich finde, er sieht Mr. Freely sehr ähnlich. Er hat genau die selbe Nase und Augen von gleicher Farbe.»

Die arme Penny war den Tränen nahe.

Doch nun kam Mr. Freely ohne den Konstabler in den Laden zurück. Während er eine kleine Strecke ging, hatte er genügend Zeit und Ruhe gehabt, um sich die Folgen seines Vorhabens richtig zu vergegenwärtigen, und er sah ein, daß es sehr ungeschickt herauskommen könnte, wenn er Jakob als unliebsamen Eindringling ins Arbeitshaus oder Polizeigefängnis stecken ließe und die Seinen sich dann die Mühe nähmen, nach seinem Verbleib zu forschen. Er mußte wohl oder übel gelindere Maßnahmen anwenden.

«Wenn ich's recht überlege», sagte er, Mr. Palfrey heranwinkend und hinter Jakobs Rücken zu ihm flüsternd, «ist er ja eigentlich ein armer Schwachsinniger. Vielleicht werden seine Angehörigen ihn suchen kommen. Bis dahin gebe ich ihm gerne zu essen und auch ein Nachtlager. Er hat sich's in den Kopf gesetzt, daß er mich kennt – solche fixen Ideen haben sie oft, die

Idioten. Vielleicht geht er auch nach ein paar Stunden ganz friedlich wieder fort. Ich habe selbst ein weiches Herz – es wäre mir nicht recht, wenn man den armen Menschen schlecht behandelte!»

«Na, der ißt Ihnen aber im Handumdrehen den halben Laden leer», bemerkte Mr. Palfrey, der Mr. Freely etwas zu hochtrabend fand in seinem Edelmut.

«Eh, Zavy, wieder da?» rief Jakob, seinen lieben Bruder in eine neuerliche Umarmung einschließend, die Mr. Freelys Gesichtszüge schmerzhaft gegen den Stiel der Mistgabel quetschte.

«Wohl, wohl», bestätigte Mr. Freely lächelnd, der in sich alles fand, wessen es zu einem Mord bedurft hätte, nur nicht den Mut. Er wünschte, die Rosinenkuchen enthielten zufällig Arsenik.

«Mutter Zinnies?» fragte Jakob, auf ein Glasgefäß mit gelben Bonbons deutend, das im Schaufenster stand. «Gib mir!»

David wagte nicht anders zu tun, als das Gefäß herunterzuholen und Jakob eine Handvoll zu geben. Dieser nahm die Bonbons auf einer ausgebreiteten Ecke seines Kittels in Empfang, die er dann für weitere Spenden hinhielt.

«Die werden ihn jedenfalls ein Weilchen beschäftigen», dachte David und leerte das Gefäß vollends aus. Vor Entzücken verzog Jakob sein Gesicht nach allen Richtungen.

«Sie sind ja höchst liebenswürdig zu diesem

Unbekannten, Mr. Freely», sagte Lätitia, und als David sich zu der Gruppe an der Wohnzimmertür gesellte, meinte sie boshaft: «Ich finde, Sie könnten ihn kaum netter behandeln, wenn er wirklich Ihr Bruder wäre.»

«Ich habe es stets für ein Gebot der Pflicht angesehen, gegen Schwachsinnige gütig zu sein», sprach Mr. Freely, indem er sich um den moralischen Aspekt der Angelegenheit bemühte. «Wir hätten selbst schwachsinnig sein können – jeder von uns hätte als Schwachsinniger zur Welt kommen können statt mit seinem normalen Verstand.»

«Wo dann die Nahrung für uns alle hätte herkommen sollen, weiß ich freilich nicht», bemerkte Mrs. Palfrey, die die Sache vom Standpunkt der Hausfrau aus beurteilte.

«Aber setzen wir uns doch wieder hin und trinken wir unsern Tee zu Ende», ermunterte Mr. Freely die Gäste. «Überlassen wir den armen Menschen sich selbst.»

Sie schritten ins Wohnzimmer zurück; doch Jakob, der die freundliche Geste, ihn sich selbst zu überlassen, augenscheinlich nicht schätzte, folgte dicht hinter seinem Bruder nach und setzte sich, nachdem er die Mistgabel auf dem Boden abgelegt, mit an den Tisch.

«Also», sagte Miss Lätitia, indem sie wieder aufstand, «ich weiß nicht, ob *Sie* zu bleiben gedenken, Mutter; aber ich gehe nach Hause.»

«Oh, ich auch», rief Penny, denn sie graulte sich entsetzlich vor Jakob, der angefangen hatte, ihr zuzunicken und Grimassen gegen sie zu schneiden.

«Nun ja, ich fände es wirklich besser, wir gingen, Mr. Palfrey», sagte die Mutter, sich etwas zögernd erhebend.

Mr. Freely, dessen Gesichtsfarbe während der letzten halben Stunde entschieden um einen Ton gelber geworden war, widersetzte sich diesem Vorschlag nicht. Er hoffte, man würde noch einmal «unter günstigeren Voraussetzungen» zusammenkommen.

«Ich bin fest überzeugt, dieser Mann ist sein Bruder», erklärte Lätitia, als sie sich alle auf dem Heimweg befanden.

«Letty, das ist sehr boshaft von dir», erwiderte Penny mit aufsteigenden Tränen.

«Unsinn!» wehrte Mr. Palfrey ab. «Freely hat keinen Bruder – das hat er soundso oft gesagt; er ist eine Waise; hat niemand als ein paar Onkel – zum mindesten einen. Was bedeutet's schon, was ein Idiot sagt? Wozu hätte denn Freely lügen sollen?»

Lätitia warf den Kopf auf und schwieg.

Mr. Freely, alleingelassen mit seinem anhänglichen Bruder Jakob, dachte hin und her, ob es wohl möglich wäre, ihn früh am andern Morgen aus der Stadt hinauszulocken und nach Gilsbrook zu spedieren, ohne daß er noch verräterische Aussagen machte. Aber die Sache war schwierig. Er sah ganz klar, daß, wenn er Jakob persönlich fortbrachte, seine eigene Abwesenheit zugleich mit dem Verschwinden des Unbekannten entweder die Meinung der Leute bestärken würde, daß dieser tatsächlich ein Verwandter von ihm war, oder ihn zu der gefährlichen Taktik nötigen würde, das Verschwinden des Mannes und seine eigene gleichzeitige Abwesenheit mit einer erfundenen Geschichte zu erklären. David stöhnte. Es treten Fälle ein, wo die Unaufrichtigkeit höchst beschwerlich wird. Auf lange Sicht wäre es wohl klüger gewesen, das glatte Geflunker von seinen Onkeln, Groß- und andern Onkeln, bleiben zu lassen; denn die Palfreys waren einfache Leute und teilten den beim Volk verbreiteten Widerwillen gegen das Lügen. Selbst wenn es ihm gelänge, Jakob dieses Mal fortzuschaffen, wer bürgte ihm dafür, daß er nicht wiederkam, da er nun einmal den Weg gefunden hatte? O Guineen! O Bonbons! Wie beneidenswert waren doch die Leute, die ihre Mutter nie beraubt und nie geflunkert hatten! David verbrachte eine schlaflose Nacht, während Jakob in nächster Nähe schnarchte. War dies alles, was dabei herauskam, wenn man nach Westindien auswanderte, wenn man sich um Erfahrung und merkwürdige Erlebnisse bereicherte?

Er stand bei Tagesanbruch auf, wie schon einmal, als er sich vor Jakob gefürchtet hatte, und wandte alle sanften Mittel an, um diesen unglückseligen Bruder aus seinem tiefen Schlaf zu reißen; Lärm wagte er nicht zu machen, weil sein Lehrling im Hause war und alles weitererzählen würde. Aber Jakob war nicht wachzukriegen. Er stieß mit der Faust nach der unbekannten Ursache der Störung, kehrte sich um und schnarchte weiter. Man mußte warten, bis er von selber aufwachte. David, kalten Schweiß auf der Stirn, gestand sich ein, daß er Jakob heute nicht fortbringen konnte.

Mr. Palfrey kam noch vor Mittag nach Grimworth herüber, getrieben von der verständlichen Neugier, zu sehen, wie sein künftiger Schwiegersohn mit dem Unbekannten zurechtkam, dem er sich so gewogen zeigte. Er fand um den Laden herum eine Menschenmenge. Ganz Grimworth hatte unterdessen erfahren, daß sich an Freely ein Schwachsinniger gehängt hätte, der ihn «Bruder Zavy» nannte; und für die jüngere Generation bildete der Fremdling anscheinend eine unversiegliche Quelle der Faszination, während die Haushaltsvorstände einer nach dem andern in den Laden hineinschauten, um sich zu erkundigen, was es mit ihm auf sich hätte.

«Warum schicken Sie ihn nicht ins Armenhaus?» fragte Mr. Prettyman. «Lange wird's nicht gehen, und Sie haben das schönste Handgemenge zwischen ihm und den Kindern, und obendrein ißt er Sie kahl. Das Armenhaus ist der richtige Ort für ihn; sollen seine Angehörigen ihn zurückverlangen, falls er welche hat.»

«So mögen *Sie* die Sache ansehen, Mr. Prettyman», gab David, dessen Geisteskräfte durch das Marternde der Situation ziemlich geschwächt waren, zur Antwort.

«Was! Er ist also wirklich Ihr Bruder?» sagte Mr. Prettyman, indem er seinem Nachbarn Freely einen scharfen Blick zuwarf.

«Alle Menschen sind unsere Brüder, und Schwachsinnige ganz besonders», versuchte Mr. Freely auszuweichen.

«Na kommen Sie, wenn er Ihr Bruder ist, so sagen Sie doch einfach die Wahrheit, Mann», ermunterte ihn Mr. Prettyman, dessen Argwohn sich verstärkte. «Schämen Sie sich nicht für Ihr eigen Fleisch und Blut.»

Mr. Palfrey stand dabei und hielt den Blick ebenfalls auf Freely gerichtet. Es ist schwierig für einen Menschen, an den Nutzen einer Wahrheit zu glauben, die ihn, wenn er sie ausspricht, als Lügner entlarvt. In diesem kritischen Moment schreckte David davor zurück, in den Augen seines künftigen Schwiegervaters plötzlich so tief zu sinken.

«Mr. Prettyman», sagte er, «ich betrachte die Bemerkungen, die Sie soeben machten, als eine Beleidigung. Ich habe keinen Anlaß, anders als mit Stolz auf mein eigen Fleisch und Blut zu blicken. Stünde dieser arme Mensch mir brüderlich näher als alle andern, dann würde ich es sagen.»

Eine hohe Gestalt verdunkelte den Ladeneingang, und David, die Augen nach jener Richtung aufhebend, gewahrte seinen ältesten Bruder Jonathan auf der Schwelle.

«Bei Zavy bleiben!» schrie Jakob, als auch er seines ältesten Bruders ansichtig wurde, und er rannte hinter den Ladentisch und klammerte sich heftig an David an.

«So, ist er also wirklich hier?» sagte Jonathan Faux, näher tretend. «Unsere Mutter wollte keine Widerrede, weil er schon so lange fort war, und hat darauf gedrungen, daß ich ihn suche. Und da ist's mir eingefallen, daß er dir sehr wahrscheinlich nachgegangen ist, weil wir neulich über dich gesprochen haben, und wo du jetzt wohnst.»

David sah, daß er in die Enge getrieben war; er lächelte ein schaurig verzerrtes Lächeln.

«Was! Ist der Mann hier ein Verwandter von Ihnen?» wandte sich Mr. Palfrey an Jonathan.

«Ja freilich, das ist mein schwachköpfiger Bruder», erwiderte der ehrliche Jonathan. «Ganz schön Mühe und Kosten macht er uns, mit dem Essen und auch sonst; aber man muß tragen, was einem auferlegt ist.»

«Und Sie heißen Freely, nicht wahr», fragte Mr. Prettyman.

«Nein, nein, ich heiße Faux, von Freely weiß ich nichts», sagte Jonathan barsch. «Hör einmal», wandte er sich an David, «ich muß unserer Mutter Nachricht von Jakob bringen. Soll ich ihn mitnehmen, oder willst du's übernehmen, ihn zurückzuschicken?»

«Nimm ihn, wenn's dir gelingt, ihn von mir loszukriegen», sagte David kraftlos.

«Ist dieser Herr, seines Zeichens Konditor, also Ihr Bruder, mein Herr?» erkundigte sich Mr. Prettyman, im Gefühl, daß es sich hier um eine Gelegenheit handelte, wo förmlicher Stil angebracht war.

«*Ich* mag mich nimmer zu ihm bekennen», erwiderte Jonathan, nicht länger fähig, einen jetzt aufwallenden Unmut zu bemeistern, der sich bisher noch nie entladen durfte. «Er ist damals heimlich von zu Hause fort, hat wohl gewußt, warum, wird auch nicht gewollt haben, daß man sich wieder zu ihm bekennt.»

Mr. Palfrey verließ den Laden; sein Stolz war durch die Einsicht, daß er zum Narren gehalten worden war, zu sehr verletzt, als daß es ihn nach weiteren Einzelheiten gelüstet hätte. Sein dringendstes Geschäft bestand jetzt darin, nach Hause zu eilen und seiner Tochter mitzuteilen, Freely wäre ein armseliger Schwindler, wahrscheinlich sogar ein Schurke, und ihre Verlobung wäre aufgelöst.

Mr. Prettyman blieb, nicht ohne sich innerlich zu beglückwünschen, daß *er* sich nie von Freely hatte verlocken lassen und daß Mr. Chaloner nun einsehen würde, welch übler Kerl es war, den er älteren Kirchgemeindegliedern vor die Nase gesetzt hatte. Er fand, daß es ihm (Mr. Prettyman) oblag, im Interesse der Kirchgemeinde alles in Erfahrung zu bringen, was über diesen «Eindringling» überhaupt zu erfahren war. Nächstens würden sich noch Sträflinge von Botany Bay in Grimworth niederlassen, wenn es so weiterging.

Es zeigte sich bald, daß Jakob nicht zu bewegen war, von seinem lieben Bruder David fortzugehen, es sei denn mit Gewalt. Er erkannte mit einer Klarheit, die sich in nichts von der Klarheit wachsten Verstandes unterschied, daß Jonathan ihn zurückbringen würde zu Magermilch, Apfelkrapfen, Puffbohnen und Schweinefleisch. Gewalt bei Jakob anzuwenden war aber nicht ratsam, denn er trug schwere Nagelschuhe, und wäre man seiner Mistgabel habhaft geworden, so hätte er sich ohne Zögern aufs Ausschlagen verlegt. Nur wenn man ihm mit Hilfe einer List Hände und Füße gebunden hätte, wären alle Beteiligten sicher gewesen.

«Laß ihn halt hier», sagte David in hoffnungsloser Resignation; vor allen Dingen schreckte ihn der Gedanke an weiteren Tumult in seinem Laden, was ihn vor den Leuten um so sichtbarer bloßstellen würde. «Geh du jetzt wieder zurück, und morgen bring' ich's vielleicht zustande, daß er mich nach Gilsbrook begleitet. Er wird mir ja wohl schnell genug nachfolgen», fügte er mit unterdrücktem Seufzen hinzu.

«Na schön», sagte Jonathan mürrisch. «Ich sehe nicht ein, warum nicht du einmal Mühe und Auslagen mit ihm haben solltest, so wie wir andern. Aber daß du ihn rasch und sicher nach Hause bringst, sonst findet Mutter keine Ruhe.»

Dies abgemacht, bat Mr. Prettyman Mr. Jonathan Faux, einen kleinen Imbiß mit ihm einzunehmen, eine Einladung, die nicht unwillkommen war; und da der ehrliche Jonathan nichts zu verbergen hatte, läßt sich annehmen, daß er sehr offen war in seinen Mitteilungen gegenüber dem höflichen Kolonialwarenhändler, der dann, das Wohl der Kirchgemeinde vor Augen, sich beeilte, alles über Freely in Erfahrung Gebrachte zu ihrem gemeinsamen geistigen Eigentum werden zu lassen. Ihr könnt euch vorstellen, daß der am selben Tage im «Wollballen» stattfindende Klubabend ungewöhnlich angeregt war. Jedes Mitglied bemühte sich zu beweisen, daß er den Mann, der sich Freely nannte, nie gemocht hätte. Faux war ja sein richtiger Name, oder nicht? Fox[1] hätte noch besser gepaßt. Die Mehrheit gab dem Wunsch Ausdruck, ihn mit Schimpf und Schande aus der Stadt gejagt zu sehen.

Mr. Freely wagte sich an diesem Tage nicht über die Schwelle seines Hauses, denn er wußte, daß Jakob ihm nicht von der Seite weichen und ein Zug jugendlicher Verfolger sich höchstwahrscheinlich an ihre Fersen heften würde. Er ließ beim «Wollballen» für eine frühe Stunde am andern Morgen das Gig des Wirts bestellen; doch dieser hielt den Auftrag nicht streng geheim. Mr. Freely wurde benachrichtigt, vor sieben Uhr wäre das Gig nicht zu haben; und die Grimworther waren Frühaufsteher. Vielleicht waren sie an diesem besonderen Morgen dazu noch aufmerksamer als sonst; denn als Jakob, in der Hand eine Zuckertüte, dazu gebracht wurde, mit seinem Bruder David in das Fahrzeug einzusteigen, guckten die An-

[1] Deutsch «Fuchs».

wohner des Marktplatzes aus Fenstern und Türen hervor, und da, wo die Straße abschwenkte, stand sogar ein Aufgebot von Lehrlingen und Schuljungen, die ihnen, als sie vorüberfuhren, auf eine, wie Jakob meinte, sehr lustige und freundliche Art zuschrien, so daß er zurücknickte und den Mund zu breitem Lachen verzog. «Hussa, David Faux! Wie geht's Ihrem Onkel?» lautete ihr Morgengruß, der, wie andere anzügliche Dinge, nicht ganz improvisiert war.

Nicht einmal diese öffentliche Verhöhnung war für David so niederschmetternd wie der schreckliche Gedanke, daß er, wenn es ihm jetzt auch gelang, Jakob nach Hause zu spedieren, fortan nie mehr sicher sein konnte, daß dieser eines Tages zurückkehrte wie die Wespe zum Honigtopf. Solange David seinen Wohnsitz in Grimworth hatte, würde Jakobs Rückkehr über ihm dräuen. Aber konnte er denn weiterhin in Grimworth wohnen – ein Gegenstand des Spotts, fallengelassen von den Palfreys, nachdem er sich in dem Bewußtsein gesonnt, daß er ein beneideter und prosperierender Konditor war? David wollte gerne beneidet werden; daß man ihn liebte, war ihm weniger wichtig.

Seine diesbezüglichen Ahnungen wurden rasch zur Gewißheit. Die Grimworther Gesinnung wandte sich hartnäckig gegen ihn und seine Lebensmittel, und da die neue Schule nun fertig war, wurde die Kantine geschlossen.

Hätte kein anderer Grund bestanden, so hätte doch Sympathie mit den Palfreys, der hochgeachteten Familie, die schon seit unvordenklichen Zeiten hier ansässig war, alle wohlhabenden Leute veranlaßt, Freelys Produkte abzulehnen. Außerdem hatte er sich ja mit den Guineen seiner Mutter heimlich davongemacht: wer wußte denn, was er sonst noch alles, in Jamaika und anderswo, verübt hatte, bevor er nach Grimworth kam, wo er sich dann unter Vorspiegelung falscher Tatsachen in gewisse Familien einschlängelte? Die Weiblichkeit konnte nur mit Schauder daran denken. Insgeheim begann man ihn der gräßlichsten Dinge zu bezichtigen: seine grünen Augen, seine O-Beine schienen einem Verbrecher zuzugehören. Der Herr Pastor ging geflissentlich einem Mann aus dem Wege, der ihn an der Nase herumgeführt hatte; und alle Buben, deren Taschengeld nicht reichte, um im Laden etwas zu kaufen, johlten «David Faux», wenn sie dort vorübergingen. Jedenfalls würde niemand sich bereitfinden, für das Ansehen, das Mr. Freelys Geschäft bei der Kundschaft genoß, etwas zu bezahlen, und so würde er es aufgeben müssen ohne ein zur Deckung der Umzugskosten so erwünschtes Peculium.

Nach ein paar Monaten war der Laden auf dem Marktplatz von neuem zur Vermietung ausgeschrieben, und Mr. David Faux, alias Mr. Edward Freely, war verschwunden – niemand in Grimworth wußte, wohin. So wurde der Demoralisierung der Grimworther Frauen ein Ende gesetzt. Die junge Mrs. Steene machte einen neuen Anlauf zur Herstellung luftiger Mince-pies, und nachdem ihr schließlich ein Schub so ausgezeichnet gelungen war, daß Mr. Steene, als er sie verzehrte, den Blick wohlwollend auf ihr ruhen ließ und dann sagte, dies wären die besten, die er in seinem ganzen Leben gegessen hätte, dachte sie von da an weniger an Bulbuls und Renegaten. Die Geheimnisse der höheren Kochkunst wurden im Busen reiferer Hausfrauen zu neuem Leben erweckt, und die Töchter setzten wieder alles daran, um darin eingeweiht zu werden.

Ihr werdet überdies, so hoffe ich, mit Freuden vernehmen, daß gewisse Stoffe, welche die hübsche Penny im Hinblick auf ihre Vermählung mit Mr. Freely käuflich erworben, sich dann so artig für ihre Hochzeit mit dem jungen Towers verwenden ließen, als wären sie eigens für letztere Gelegenheit gekauft worden. Denn Pennys Teint hatte sich nicht verändert, und Blau vertrug sich damit von jeher am besten.

Hier endigt die Geschichte vom Konditor David Faux und seinem Bruder Jakob. Und wir sehen in ihr, wie ich glaube, ein treffliches Beispiel für die unerwarteten Formen, hinter denen die große Nemesis sich verbirgt.

WILLIAM WILKIE COLLINS

Ein sehr sonderbares Bett

Kurz nach dem Abschluß meiner Studienzeit weilte ich mit einem englischen Freund in Paris. Wir waren beide jung und wir trieben es – ich muß gestehen – etwas bunt in dieser lebenslustigen Stadt. Eines Abends ergingen wir uns in der Nähe des Palais Royal, unentschlossen, was für ein Amüsement wir aufsuchen sollten. Mein Freund schlug das «Frascati» vor, aber danach hatte ich keine Lust. Das «Frascati» kannte ich auswendig, ich hatte manches Fünffrancstück dort gewonnen oder verloren, zum Zeitvertreib, bis es mich schließlich langweilte, und ich hatte die gräßliche Ehrbarkeit einer so unnatürlichen Einrichtung wie einer ehrbaren Spielhölle gründlich über. «Um Himmels willen», sagte ich zu meinem Freund, «laß uns irgendwohin gehen, wo es eine richtige, verrufene Spielhölle gibt, ohne alle Aufmachung. Anstatt in das elegante ‚Frascati' laß uns irgendwohin gehen, wo man auch mit zerlumptem Rock oder ohne Rock eingelassen wird.» «Gut», nickte mein Freund, «wir brauchen nicht weit zu gehen, um zu finden, was du suchst. Hier ist gleich ein Lokal, das als so verrufen gilt, wie du es dir nur wünschen kannst.» Gleich darauf waren wir an der Tür und betraten das Haus.

Als wir unsere Hüte und Stöcke dem Mann an der Türe abgegeben hatten und die Treppe hinaufgegangen waren, ließ man uns in den Hauptspielsaal eintreten. Es waren nicht viele Leute da, aber die wenigen, die bei unserem Eintritt aufblickten, waren waschechte Typen ihres Milieus.

Wir waren gekommen, um Gesindel zu sehen; aber diese Kerle hier gehörten zu einer übleren Sorte. Es gibt beim Lumpenpack eine Seite von einer gewissen Komik, die man mehr oder weniger gelten lassen muß, hier aber war alles voller Tragik, stumm und unheimlich. Die Stille des Raumes war grauenhaft. Der magere, langhaarige junge Mann, dessen eingesunkene Augen gierig die ausgespielten Karten verfolgten, sprach kein Wort; der schlaffe Spieler mit dem feisten pustelbesäten Gesicht, der so sorgfältig Notizen schrieb, um festzustellen, wie oft Schwarz und wie oft Rot gewann, sprach kein Wort; der schmutzige, verrunzelte geieräugige Alte im geflickten Überrock, der seinen letzten Sou verloren hatte und immer noch mit glühendem Eifer zuschaute, obwohl er nicht mehr mitspielen konnte, sprach ebenfalls kein Wort. Selbst die Stimme des Croupiers klang seltsam gedämpft und unklar in der Atmosphäre dieses Raumes. Ich war hierhergekommen, um zu lachen; aber der Anblick, der sich mir bot, war zum Weinen. Ich fand es für nötig, durch aufregende Reize einer Depression zu entgehen, die mich immer stärker zu erfassen drohte. Unglücklicherweise wählte ich die naheliegendste Ablenkung, indem ich zum Tisch ging und zu spielen begann. Noch unglücklicher war es, wie man später sehen wird, daß ich gewann, unglaublich gewann, so daß sich alle Spieler um mich drängten, meine Geldstapel mit hungrigen, abergläubischen Augen anstarrten und sich zuflüsterten, dieser Engländer werde die Bank sprengen.

Man spielte Rouge et Noir. Ich hatte es in jeder europäischen Großstadt gespielt, ohne jemals den Wunsch zu haben, ein Gewinnsystem zu studieren, diesen Stein der Weisen aller Spieler! Ein Spieler im eigentlichen Sinn war ich nie gewesen. Von dieser verzehrenden Leidenschaft war ich frei. Ich spielte nur zum Zeitvertreib. Ich hatte es nie nötig, dazu meine Zuflucht zu nehmen, da ich nicht wußte, was Geldmangel ist. Ich trieb es nie so weit, daß ich mehr verlor, als ich mir leisten konnte, und ich hörte auf, bevor ich mehr gewonnen hatte, als ich gelassen einstecken konnte. Kurz, ich hatte bisher Spielhäuser besucht, wie ich zu Bällen oder in die Oper gegangen war, nur zum Vergnügen, und weil ich in meinen Mußestunden nichts Besseres anzufangen wußte.

Aber hier war es völlig anders; hier spürte ich zum erstenmal im Leben die wahre Spielerleidenschaft. Mein Erfolg verwirrte mich zuerst und berauschte mich dann im wahrsten Sinne des Wortes. So unglaublich es klingen mag, so ist es doch wahr, daß ich nur verlor, wenn ich versuchte, meine Chancen abzuschätzen und nach Kalkulationen spielte. Überließ ich alles dem Zufall und setzte ich ohne zu überlegen oder nachzudenken, konnte ich sicher sein, zu gewinnen, obwohl die Wahrscheinlichkeit auf seiten der Bank war. Zuerst wagten einige der anwesenden Männer ihr Geld auf meine Farbe zu setzen, aber geschwind machte ich so hohe Einsätze, die sie nicht zu riskieren wagten. Einer nach dem anderen gaben sie das Spiel auf und sahen mir nur noch atemlos zu.

Nach einiger Zeit spielte ich höher und höher und gewann noch immer. Die Aufregung im Saal wurde fieberhaft. Nur dumpfgemurmelte Flüche oder Ausrufe in allen möglichen Sprachen unterbrachen die Stille jedesmal, wenn das Gold zu mir herübergeschoben wurde. Selbst dem unerschütterlichen Croupier entfiel seine Harke, völlig verstört durch meinen Erfolg. Nur *ein* Mann bewahrte seine Selbstbeherrschung, und dieser war mein Freund. Er stellte sich neben mich und flüsterte mir – auf englisch – zu, ich solle diesen Ort verlassen und zufrieden sein mit dem, was ich bisher gewonnen habe. Ich muß zu seiner Ehre sagen, daß er seine Warnungen und dringenden Bitten mehrfach wiederholte und mich erst in Ruhe ließ und das Lokal verließ, als ich, restlos vom Spiel berauscht, seinen Rat auf eine Weise zurückwies, die es ihm unmöglich machte, mich in dieser Nacht noch einmal anzusprechen.

Kurz nachdem er gegangen war, rief eine heisere Stimme hinter mir: «Mein Herr, erlauben Sie mir, Ihnen zwei Napoléons zu übergeben, die Sie eben fallengelassen haben. Unerhörtes Glück, mein Herr! Ich gebe Ihnen mein Ehrenwort als alter Soldat, daß ich trotz meiner langjährigen Erfahrung auf diesem Gebiet nie jemanden gesehen habe, der so ein Glück hatte wie Sie – niemals. Nur weiter, mein Herr – *sacré mille bombes!* Machen Sie nur forsch so weiter, sprengen Sie die Bank!»

Ich drehte mich um und sah einen hochgewachsenen Mann, der einen mit Litzen und Schnüren besetzten Überwurf trug und mir übertrieben freundlich zunickte und zulächelte.

Wäre ich bei klarem Verstande gewesen, so hätte mir dieser alte Soldat einen ziemlich verdächtigen Eindruck gemacht. Er hatte blutunterlaufene Glotzaugen, einen schmierigen Schnurrbart und eine eingeschlagene Nase und überdies die schmutzigsten Hände, die ich je – sogar in Frankreich – gesehen hatte. Diese Sonderheiten erweckten jedoch keinen Abscheu in mir. In meiner heillosen Berauschtheit und meinem grenzenlosen Triumphgefühl war ich bereit, mich mit jedem zu verbrüdern, der mir zuredete, weiterzuspielen. Ich bediente mich aus der Schnupftabakdose des alten Soldaten, schlug ihm auf die Schulter und versicherte, er sei der brävste Kerl auf der Welt, der glorreichste Veteran der Grande Armée, der mir je begegnet sei. «Weiter!» schrie mein neuer Freund und schnippte ekstatisch mit den Fingern. «Weiter! weiter! Sprengen Sie die Bank! *Mille tonnerres!* Mein kühner englischer Freund, sprengen Sie die Bank!»

Und ich machte wirklich weiter, und zwar so, daß nach einer Viertelstunde der Croupier ausrufen mußte: «Meine Herren! Die Bank stellt für heute ihren Betrieb ein.» Alle Geldscheine, alles Gold dieser «Bank» lag aufgehäuft unter meinen Händen und wartete darauf, in meine Taschen zu fließen.

«Knoten Sie das Geld in Ihr Tuch, mein werter Herr», sagte der alte Soldat, als ich meine Hände ungestüm in den Goldhaufen steckte. «Knoten Sie es zusammen, wie wir bei der Grande Armée oft einen Rest Proviant zusammengebunden haben. Ihr Gewinn ist zu schwer für normale Hosentaschen. So ist's recht, scheffeln Sie alles ein, Scheine und alles! *Credié!* Was für ein Glück! Halt! Da ist noch ein Napoléon hingefallen. *Ah, sacré petit polisson de Napoléon!* Habe ich dich doch noch erwischt? So, mein Herr, jetzt zwei feste doppelte Knoten, wenn Sie gefälligst erlauben, und das Geld ist sicher. Greifen Sie, Sie Glückspilz! Greifen Sie! Hart und rund wie eine Kanonenkugel! *Ah, bah!* Hätte man nur bei Austerlitz mit solcher Munition auf uns gefeuert! *Nom d'une pipe!* Hätten sie nur! Und was habe ich als alter Grenadier und Heldenkämpfer der französischen Armee nun noch zu tun? Ich frage Sie! Meinen verehrten englischen Kameraden zu bitten, eine Flasche Champagner mit mir zu leeren und der Göttin Fortuna mit schäumendem Becher zuzutrinken, ehe wir uns trennen!»

Braver alter Kämpe! Großherziger Grenadier! Champagner mußte her! Ein Hoch auf den alten Soldaten! Hurra! Hurra! Ein Hoch auf die Göttin Fortuna! Hurra! Hurra!

«Bravo, mein englischer Freund! Mein liebenswürdiger, gütiger englischer Freund, in dessen Adern das lebenslustige Blut Frankreichs kreist. Noch ein Glas? *Ah bah!* die Flasche ist leer. Macht nichts. *Vive le vin!* Ich, der alte Soldat, bestelle noch eine Flasche!»

«Nein, nein, mein alter Veteran, auf keinen Fall! Diesmal bestelle ich eine Flasche. Trinken wir auf die französische Armee! Auf den großen Napoleon! Auf alle Anwesenden! Den Croupier! Auf Frau und Töchter des Croupiers, wenn er welche hat! Auf die Damen überhaupt! Auf die ganze Welt!»

Als die zweite Flasche geleert war, fühlte ich mich, als hätte ich flüssiges Feuer getrunken, mein Kopf schien zu brennen. Nie hatte übermäßiger Weingenuß so auf mich gewirkt. Geschah es, weil meine Nerven völlig überreizt waren? War mein Magen besonders schlecht disponiert? Oder war der Champagner übermäßig stark?

«Heldenkämpfer der französischen Armee!»

rief ich halb verrückt vor Übermut. «Ich brenne! Und Sie? Sie haben mich in Brand gesteckt! Hören Sie, mein Held von Austerlitz! Wir wollen eine dritte Flasche Champagner trinken, um das Feuer zu löschen.»

Der alte Soldat schüttelte den Kopf, rollte seine Glotzaugen, bis ich dachte, sie würden aus den Höhlen fallen, legte seinen schmutzigen Zeigefinger an die Nase und stieß feierlich hervor: «Kaffee!», worauf er augenblicklich in einen Seitenraum verschwand.

Dieses Wort des wunderlichen Veteranen schien eine Zauberwirkung auf alle Anwesenden zu haben. Plötzlich erhoben sich alle, um zu gehen. Vermutlich hatten sie sich Hoffnungen gemacht, durch meinen Rausch profitieren zu können; als sie aber sahen, wie mein neuer Freund wohlwollend zu verhindern suchte, daß ich mich bis zur Bewußtlosigkeit betrank, gaben sie die Hoffnung auf, sich an meinem Gewinn bereichern zu können. Was immer auch ihre Beweggründe gewesen sein mochten, jedenfalls verschwanden sie plötzlich alle miteinander. Als der alte Soldat zurückkehrte und sich mir gegenüber an den Tisch setzte, waren wir noch die einzigen Gäste. Ich sah den Croupier in einem anschließenden Vorraum allein zu Abend essen. Es herrschte größere Stille als je zuvor.

Das Benehmen des alten Veteranen änderte sich plötzlich. Feierlich blickte er mich an, und als er mit mir redete, geschah es ohne Fingerschnalzen und Flüche.

«Hören Sie, mein Lieber», sagte er geheimnisvoll-vertraulich, «hören Sie auf den Rat eines alten Kriegers. Ich war bei der Dame dieses Hauses – einer reizenden Frau, die ausgezeichnet kochen kann – und habe ihr erklärt, daß sie uns unbedingt einen besonders starken und guten Kaffee machen muß. Sie müssen diesen Kaffee trinken, um Ihren liebenswürdigen kleinen Schwips loszuwerden, bevor Sie nach Hause gehen – Sie *müssen*, mein Freund! Wenn Sie so eine Unmenge Geld heil nach Haus bringen wollen, ist es Ihre heilige Pflicht, Ihre fünf Sinne beisammen zu haben. Einige der Herren, die heute abend hier waren, wissen, daß Sie enormes Glück im Spiel gehabt haben, und wenn diese Herren auch brave und ordentliche Burschen sein mögen, so haben sie doch ihre kleinen Schwächen. Brauche ich mehr zu sagen? Ah nein, Sie verstehen mich! Also, Sie müssen folgendes tun. Sie müssen einen Wagen bestellen, wenn Sie sich besser fühlen, müssen alle Fenster öffnen, wenn Sie eingestiegen sind, und dem Kutscher sagen, daß er Sie nur durch breite, gut beleuchtete Straßen nach Hause fahren soll. Tun Sie das, und Ihnen und Ihrem Geld wird nichts passieren. Tun Sie das, und Sie werden morgen einem alten Soldaten dankbar sein für seinen Rat.»

Gerade als der Veteran seine Rede in kläglichem Tonfall beendet hatte, kam der Kaffee, der schon in zwei Tassen eingegossen war. Mein aufmerksamer Freund überreichte mir meine

Tasse mit einer Verbeugung. Ich war ausgetrocknet vor Durst und goß den Kaffee in einem Zug herunter. Fast augenblicklich wurde mir schwindlig, und ich fühlte mich berauschter als zuvor. Das Zimmer drehte sich wild um mich, der alte Soldat bewegte sich auf und ab vor meinen Augen wie der Kolben einer Dampfmaschine. Ich war halb taub von einem Geklingel in meinen Ohren; ein Gefühl völliger Verwirrtheit, Hilflosigkeit, Verblödung überkam mich. Ich erhob mich von meinem Stuhl, hielt mich am Tisch fest, um nicht mein Gleichgewicht zu verlieren und stammelte, daß mir furchtbar übel sei, so übel, daß ich nicht wüßte, wie ich nach Hause kommen solle.

«Mein lieber Freund», antwortete der alte Soldat, und selbst seine Stimme schien sich zu heben und zu senken, «es wäre Wahnsinn, in Ihrem Zustand nach Hause zu gehen. Sie würden bestimmt um Ihr Geld kommen. Sie könnten ohne weiteres ermordet und ausgeplündert werden. Ich übernachte hier, bleiben auch Sie hier über Nacht, es gibt vorzügliche Betten in diesem Haus, nehmen Sie eins. Schlafen Sie Ihren Rausch aus und machen Sie sich morgen früh mit Ihrem Geld auf den Heimweg, morgen bei Tageslicht.»

In meinem Kopf gab es nur noch zwei Gedanken, erstens, daß ich mein Tuch mit dem Geld nicht loslassen durfte, zweitens, daß ich mich schleunigst irgendwo hinlegen und schlafen müsse. Deshalb stimmte ich dem Vorschlag, hier zu übernachten, ohne weiteres zu und nahm den Arm, den der alte Soldat mir anbot, in der freien Hand mein Geldbündel haltend. Hinter dem voranschreitenden Croupier folgten wir durch mehrere Gänge und eine Treppe hinauf zu dem für mich bestimmten Zimmer. Der alte Krieger schüttelte mir herzlich die Hand, schlug vor, daß wir morgen zusammen frühstücken sollten und verließ mich dann, gefolgt von dem Croupier.

Ich eilte sofort zur Waschschüssel, trank etwas von dem Wasser in dem Krug, schüttete den Rest in die Schüssel und tauchte mein Gesicht hinein. Dann setzte ich mich auf einen Stuhl und versuchte, mich zu fassen. Schon bald fühlte ich mich besser. Meine Lungen empfanden die kühle Luft dieses Zimmers angenehm, verglichen mit dem übelriechenden Dunst in dem Spielsaal, ebenso erholten sich meine Augen von dem grellen Gaslicht des «Salons» bei dem ruhigen, matten Schein der einzigen Kerze, wozu noch die erfrischende Wirkung des kalten Wassers kam. Das Schwindelgefühl ließ nach, und ich kam mir langsam wieder wie ein halbwegs normaler Mensch vor. Mein erster Gedanke war, wie gefährlich es sei, die ganze Nacht in der Spielhölle zu verbringen, mein zweiter, wie viel gefährlicher es wäre, zu versuchen, das Haus jetzt noch zu verlassen und allein bei Nacht mit einer so beträchtlichen Geldsumme durch die nächtlichen Straßen von Paris nach Haus zu gehen. Ich hatte auf meinen Reisen auch schon in schlechten Häusern geschlafen; deshalb entschloß ich mich, die Tür zu verrammeln und zu verbarrikadieren und im übrigen das Risiko auf mich zu nehmen.

Ich sicherte mich weiter, indem ich unter das Bett und in den Schrank blickte und den Fenstergriff prüfte. Zufrieden, daß ich alle Vorsichtsmaßnahmen getroffen hatte, zog ich nun meine Oberkleider aus, stellte meine trübschimmernde Kerze in die Feuerstelle des Kamins neben ein Häuflein Holzasche und legte mich ins Bett, mein gefülltes Tuch unter das Kopfkissen schiebend.

Bald bemerkte ich, daß ich nicht nur nicht schlafen, ja nicht einmal die Augen schließen konnte. Ich war hellwach und wie im Fieber. Jeder meiner Nerven war gespannt, alle meine Sinne schienen unnatürlich geschärft. Ich wälzte mich hin und her und versuchte jede nur mögliche Lage, immer wieder die kühlen Stellen des Bettes auswählend, alles umsonst. Ich warf die Arme auf die Decke, ich steckte sie wieder darunter, ich streckte meine Beine heftig bis zum Fußende des Bettes, dann zog ich sie wieder krampfhaft bis an mein Kinn empor. Ich schüttelte mein zerwühltes Kissen, drehte die kühle Seite nach oben, drückte es flach und legte mich ruhig auf den Rücken, dann preßte ich es wütend zusammen, lehnte es gegen das Kopfende des Bettes und versuchte zu sitzen. Alles war umsonst, ich stöhnte vor Verdruß, als mir klar war, daß mir eine schlaflose Nacht bevorstand.

Was sollte ich machen? Ich konnte nicht lesen, ich hatte kein Buch. Aber ich sah ein, daß ich unbedingt für Ablenkung sorgen mußte, wollte ich nicht eine Nacht voller eingebildeter Schrecken und Befürchtungen, voll nervöser Ängste und Grübeleien über drohende Gefahren verbringen.

Ich stützte mich auf meine Ellbogen und blickte im Zimmer umher, das durch den Mond erhellt wurde, der gerade durch das Fenster schien. Ich schaute mich um, ob es Bilder oder sonstigen Zierat gab. Während meine Augen von Wand zu Wand wanderten, fiel mir de Maistres reizendes Bändchen «*Voyage autour de ma chambre*» ein. Ich beschloß, es dem französischen Dichter gleichzutun und zu versuchen, Beschäftigung und Zerstreuung für meine schlaflosen Stunden darin zu finden, daß ich in Gedanken jeden Einrichtungsgegenstand, den ich sehen konnte, registrierte und mir alle Assoziationen einfallen ließ, wozu selbst ein Stuhl, ein Tisch oder eine Waschkommode Anlaß gaben.

In meiner augenblicklichen nervösen und unruhigen Gemütsverfassung fand ich es viel leichter, das Inventar der Gegenstände aufzunehmen, als daran Betrachtungen anzuknüpfen, und gab es daher bald auf, de Maistres phantasievollen Spuren zu folgen oder überhaupt zu denken. Ich blickte mich im Zimmer um nach den verschiedenen Einrichtungsgegenständen, weiter nichts.

Da war zuerst das Bett, in dem ich lag, ein

Himmelbett, ausgerechnet in Paris! Ein richtiges plumpes, englisches Bett mit vier Pfosten, mit dem üblichen, mit Chintz bezogenen Betthimmel, dem üblichen gekräuselten Volant, den üblichen stickigen, ungesunden Vorhängen, die ich mechanisch zurückgezogen hatte, ohne das Bett besonders zu beachten, als ich das Zimmer betreten hatte. Dann gab es den Waschtisch mit der Marmorplatte, von der das Wasser, das ich in der Eile verschüttet hatte, immer noch heruntertropfte auf die Backsteinfliesen. Dann zwei niedrige Stühle, auf die ich meinen Rock, meine Weste und meine Hose geworfen hatte; ein großer Lehnstuhl mit schmutzigweißem Baumwollstoff bezogen, über dessen Rücken ich meinen Kragen und meine Krawatte gelegt hatte; eine Kommode, an der zwei Messinggriffe fehlten, mit einer geschmacklosen Schreibzeuggarnitur darauf; ein Frisiertisch mit einem sehr kleinen Spiegel und einem sehr großen Nadelkissen. Dann das Fenster, ein außergewöhnlich großes Fenster. Dann ein dunkles altes Bild, das ich im trüben Kerzenlicht gerade noch erkennen konnte. Es war das Bild eines Mannes mit einem hohen spanischen Hut, den ein großer Federbusch zierte. Ein düsterer, finsterer Bursche war es, der aufwärts blickte, seine Augen mit der Hand beschattend, der sehr aufmerksam nach oben blickte – vielleicht nach dem Galgen, der für ihn bestimmt war. Jedenfalls sah er unbedingt so aus, als verdiene er ihn.

Dieses Bild brachte mich darauf, ebenfalls

nach oben zu blicken, zum Betthimmel. Es war ein trübseliger und durchaus kein interessanter Anblick, so daß ich mich wieder dem Bild zuwandte. Ich zählte die Federn auf dem Hut des Mannes – sie waren gut zu erkennen, drei weiße und zwei grüne. Ich bemerkte auch die kegelförmige Spitze seines Hutes. Ich fragte mich, wonach der Kerl blickte. Es konnten nicht die Sterne sein, denn so ein Schurke war weder Astrologe noch Astronom. Es mußte doch zum Galgen sein, und er würde bald gehängt werden. Würde der Henker seinen kegelförmigen Hut mit dem Federbusch erben? Ich zählte die Federn wieder, drei weiße, zwei grüne.

Während ich mich diesem Denksport widmete, fingen meine Gedanken an abzuschweifen. Das Mondlicht, das in mein Zimmer flutete, erinnerte mich an eine Mondnacht in England, die Nacht nach einer Picknickgesellschaft in einem Tal in Wales. Jedes Ereignis der Heimfahrt, durch eine reizvolle Landschaft, die im Mondlicht reizvoller als je erschien, kam mir wieder in den Sinn, obwohl ich jahrelang nicht mehr an das Picknick gedacht hatte; wenn ich versucht hätte, mir diese längst vergangenen Szenen absichtlich wieder ins Gedächtnis zu rufen, wäre mir kaum etwas eingefallen. Von allen wunderbaren Eigenschaften, die darauf hindeuten, daß wir unsterblich sind, steht unser Erinnerungsvermögen an erster Stelle. Hier war ich in einem fremden, äußerst verdächtigen Haus unter unsicheren, ja sehr bedenklichen

Umständen, die das kühle Funktionieren meines Gedächtnisses unwahrscheinlich erscheinen ließen, und erinnerte mich doch, ganz ohne mein Zutun, an Menschen, Situationen, Gespräche und andere Kleinigkeiten, die ich für immer vergessen glaubte, die ich nicht willkürlich hätte hervorrufen können, auch nicht unter den günstigsten Umständen. Und wodurch war diese merkwürdige geheimnisvolle Wirkung entstanden? Durch nichts als das Mondlicht, das durch mein Fenster schien.

Ich dachte immer noch an das Picknick und unsre vergnügte Heimfahrt, an die sentimentale junge Dame, die unbedingt Childe Harold zitieren wollte, weil Mondschein war. Ich war ganz in diese vergangenen Erlebnisse versunken, als plötzlich der Faden meiner Erinnerungen abbrach, meine Aufmerksamkeit sich wieder sehr lebhaft auf die Gegenwart richtete und ich, warum weiß ich nicht, auf das Bild starrte.

Was sah ich?

Mein Gott! Der Mann hatte seinen Hut bis an seine Augen gezogen – nein – der Hut war gar nicht mehr da! Wo war die kegelförmige Spitze? Wo die Federn, drei weiße, zwei grüne? Nicht da? Und was für ein schwärzliches Etwas anstatt Hut und Federn verbarg jetzt seine Stirn, seine Augen, seine die Augen beschattende Hand?

Bewegte sich das Bett?

Ich drehte mich auf den Rücken und blickte nach oben. War ich verrückt? Betrunken? Träumte ich oder war mir wieder schwindlig?

Oder kam der Betthimmel tatsächlich herunter? Langsam, gleichmäßig, lautlos, grausig, in seiner ganzen Länge und Breite, direkt auf mich zu, der darunter lag?

Mein Blut schien zu stocken. Eine tödliche, lähmende Kälte erfaßte mich, als ich meinen Kopf umwandte und den Mann auf dem Bild fest fixierte; um herauszubekommen, ob der Betthimmel sich tatsächlich bewegte.

Der nächste Blick genügte. Die Konturen des schwärzlichen, schmierigen Volants am Betthimmel über mir verliefen fast parallel mit seiner Taille. Ich starrte immer noch atemlos hin. Und stetig und langsam, sehr langsam, sah ich die Gestalt auf dem Bild und den unteren Rahmen verschwinden, verdeckt von dem sich senkenden Betthimmel.

Ich bin von Natur keineswegs zaghaft. Ich habe mehr als einmal in Lebensgefahr geschwebt und habe keinen Augenblick meine Selbstbeherrschung verloren. Aber als ich merkte, daß sich der Betthimmel tatsächlich bewegte, daß er ständig und unaufhaltsam auf mich herniedersank, da blickte ich schaudernd, hilflos und schreckerstarrt nach oben, auf diese Mordmaschine, die sich mir immer mehr näherte, um mich zu ersticken.

Ich blickte hinauf, bewegungslos, sprachlos, atemlos. Die Kerze war ganz heruntergebrannt; aber das Mondlicht beleuchtete das Zimmer noch immer. Weiter und weiter, lautlos und pausenlos kam der Betthimmel herab; das Entsetzen schien mich stärker und stärker an die Matratze zu fesseln, auf der ich lag – tiefer und tiefer kam er, bis ich den muffigen Geruch des staubigen Betthimmels in die Nase bekam.

In diesem letzten Augenblick rüttelte mich der Selbsterhaltungstrieb aus meiner Erstarrung, und ich rührte mich endlich. Es blieb gerade noch Platz, um mich seitlich aus dem Bett gleiten zu lassen. Als ich geräuschlos auf den Boden sank, streifte eine Kante des mörderischen Betthimmels meine Schulter.

Ohne aufzuatmen oder mir den kalten Schweiß von der Stirn zu wischen, erhob ich mich auf die Knie, um den Betthimmel zu betrachten. Ich war gebannt durch den Anblick, und hätte ich Schritte hinter mir gehört, so wäre ich nicht fähig gewesen, mich umzudrehen; wenn sich mir eine wunderbare Fluchtmöglichkeit gezeigt hätte, so wäre ich nicht imstande gewesen, sie auszunutzen. Mein ganzes Sein hatte sich in meinen Augen konzentriert.

Der Betthimmel mit dem Volant ringsum kam herunter, immer näher und näher, so nahe, daß ich nicht mehr meine Finger zwischen Bett und Betthimmel hätte stecken können. Ich befühlte den Betthimmel und entdeckte, daß das, was von unten wie der übliche leichte Himmel eines vierpföstigen Bettes aussah, in Wirklichkeit eine schwere, breite Matratze war, die durch die Gardinen und den Volant verdeckt wurde. Ich sah die vier Bettpfosten gräßlich kahl emporragen. In der Mitte des Betthimmels befand sich eine mächtige Holzschraube, mit deren Hilfe das Ganze offenbar durch ein Loch in der Decke heruntergedreht worden war, genau wie gewöhnliche Pressen auf die zu pressende Substanz heruntergelassen werden. Der gräßliche Apparat arbeitete völlig lautlos. Kein Quietschen war zu hören, als es herunterkam; und nun war nicht das geringste Geräusch in dem Raum über mir zu hören. In der grausigen Totenstille sah ich vor mir – in unserem modernen Jahrhundert und in Frankreichs zivilisierter Hauptstadt – eine Maschine für heimlichen Mord, wie sie in den schlimmsten Tagen der Inquisition, in einsamen Wirtshäusern des Spessarts oder in den geheimen Femegerichten Westfalens existiert haben könnte. Während ich so hinstarrte, konnte ich mich nicht rühren, ja ich vermochte kaum zu atmen. Als meine Denkfähigkeit wieder erwacht war, erkannte ich plötzlich das gegen mich geschmiedete Komplott in seiner ganzen Scheußlichkeit.

Mein Kaffee mußte ein Betäubungsmittel enthalten haben, das offenbar zu stark gewesen war. Ich war dem Tod durch Ersticken und Erdrücktwerden dadurch entgangen, daß ich eine Überdosis irgendeines Narkotikums erhalten hatte. Und wie hatte ich mich geärgert über den Fieberanfall, der mein Leben rettete, indem er mich hellwach hielt! Wie sorglos vertraute ich mich den beiden Schurken an, die mich in dieses Zimmer begleitet hatten und entschlossen waren, mich meines Gewinnes wegen auf die sicherste und schrecklichste Weise im Schlaf zu ermorden. Wie viele Männer, die wie ich gewonnen hatten, mochten hier geschlafen haben, wie ich in diesem Bett hätte schlafen sollen, und niemand hat mehr etwas von ihnen gehört oder gesehen. Ich schauderte bei dieser Vorstellung.

Aber bald wurden alle meine Sinne gefesselt durch den mörderischen Betthimmel, der sich wieder in Bewegung setzte; nachdem er wahrscheinlich etwa zehn Minuten auf dem Lager geblieben war, bewegte er sich wieder aufwärts. Die Schurken, die ihn von oben bedienten, schienen der Meinung, daß ihr Zweck nun erreicht sei. Langsam und geräuschlos, wie er heruntergekommen, stieg der schreckliche Betthimmel wieder an seinen Platz. Als er am Ende der vier Pfosten angelangt war, hatte er zugleich die Decke erreicht. Weder ein Loch noch eine Schraube war zu sehen. Das Bett schien wieder ein gewöhnliches Bett zu sein und der Betthimmel ein gewöhnlicher Betthimmel, selbst für das mißtrauischste Auge.

Jetzt war ich endlich imstande, mich zu rühren, aufzustehen, mich anzukleiden und zu überlegen, wie ich entkommen könnte. Wenn ich durch das geringste Geräusch verraten hätte, daß der Versuch, mich zu ersticken, mißlungen war, so wäre ich sicher niedergemacht worden. Hatte ich schon ein Geräusch verursacht? Gespannt horchte ich und blickte zur Tür.

Nein! Es waren keine Fußtritte im Gang zu

hören, keine schweren oder leichten Tritte in dem Raum über mir; absolute Stille überall. Ich hatte die Tür nicht nur verriegelt und verrammelt, sondern auch eine alte Holzkiste davorgeschoben, die unter dem Bett gestanden hatte. Es war unmöglich, diese Kiste – mein Blut erstarrte, als ich dachte, was sie vielleicht enthalten mochte – fortzuschieben, ohne Lärm zu machen, außerdem war es Wahnsinn, durch das für die Nacht versperrte Haus entkommen zu wollen. Es gab nur eine Möglichkeit: das Fenster. Ich schlich auf den Zehen dorthin.

Mein Zimmer befand sich im ersten Stock über einem Entresol. Vom Fenster aus sah man auf eine Hintergasse. Als ich mich anschickte, das Fenster zu öffnen, wußte ich, daß von diesem Versuch mein Leben abhing. In einem Mörderhaus gibt es aufmerksame Wächter. Wenn der Fensterrahmen knarrte oder die Scharniere quietschten, war ich verloren. Ich verwandte mindestens fünf Minuten – die mir wie fünf Stunden vorkamen – auf das Öffnen des Fensters. Es gelang mir, es lautlos aufzumachen mit dem Geschick eines Einbrechers; dann blickte ich auf die Straße hinab. Hinunterzuspringen schien mir der sichere Tod. Ich sah mir die Hauswände an. An der linken Seite war eine dicke Regenrinne, sie lief dicht am Fenster vorbei. Als ich das Rohr erblickte, wußte ich, daß ich gerettet war. Zum erstenmal, seit ich den Betthimmel auf mich hatte herunterkommen sehen, konnte ich wieder frei atmen.

Manchem wäre der Fluchtweg, den ich entdeckt hatte, schwierig oder gefährlich vorgekommen; ich aber sah im Hinabgleiten an dem Rohr keine Gefahr. Durch eifriges Turnen hatte ich meine während der Schulzeit erworbene Geschicklichkeit im Klettern bewahrt. Schon war ich mit einem Bein auf dem Fensterbrett, als mir mein mit Geld gefülltes Tuch einfiel. Ich hätte es mir zwar leisten können, es zurückzulassen, aber voller Rachsucht wollte ich die Schurken im Spielhaus um ihr Opfer und ihre Beute bringen. Ich ging also zum Bett zurück und band mir das schwere Tuch mit meiner Krawatte auf den Rücken.

Gerade als ich es solide und bequem befestigt hatte, glaubte ich jemanden vor der Türe atmen zu hören. Ein eiskalter Schauer durchfuhr mich, als ich horchte. Nein, Totenstille im Flur; ich hatte nur das Wehen der Nachtluft vernommen. Im nächsten Augenblick saß ich auf dem Fenstersims, und alsbald umklammerte ich das Rohr fest mit Händen und Knien. Mühelos und lautlos glitt ich auf die Straße, wie ich es mir vorgestellt hatte, und begann sogleich aus Leibeskräften zu einer Polizeiwache zu laufen, die sich, wie ich mich erinnerte, in der Nähe befand. Ein Kommissar und einige Polizisten waren auf dem Posten, um, wie ich glaube, eine Methode auszutüfteln, wie der Täter einer mysteriösen Mordaffäre, von der ganz Paris damals sprach, ausfindig zu machen sei. Als ich meine Geschichte in atemloser Eile und sehr schlechtem Französisch begann, merkte ich, daß der Kommissar mich für einen betrunkenen Engländer hielt, der jemanden ausgeplündert hatte. Aber er änderte bald seine Meinung, und ehe ich noch meinen Bericht beendet hatte, schob er alle Papiere, die er vor sich liegen hatte, in eine Schublade, setzte den Hut auf, gab mir ebenfalls einen, denn ich war barhaupt, befahl einer Gruppe Polizisten, uns zu folgen, ließ sie die nötigen Werkzeuge zum Aufbrechen von Türen und Aufreißen von Backsteinfliesen mitnehmen, schob freundlich seinen Arm unter den meinen und verließ mit mir den Posten. Ich möchte behaupten, der Kommissar habe sich, als er zum erstenmal als Kind ins Theater gehen durfte, nicht halb so gefreut wie jetzt auf das Unternehmen in der Spielbank.

Wir schritten durch die Straßen, und der Kommissar verhörte und beglückwünschte mich in einem Atem, als wir so an der Spitze unserer eindrucksvollen Streife marschierten. An Vorder- und Rückseite des Spielhauses wurden sogleich Posten aufgestellt, gewaltige Schläge donnerten gegen die Tür, an einem Fenster erschien ein Licht – ich mußte mich hinter den Polizisten versteckt halten –, dann wurde wieder an die Tür geschlagen und gerufen: «Öffnen im Namen des Gesetzes!» Nach dieser Aufforderung wurden von unsichtbarer Hand Bolzen und Riegel von der Tür geschoben, und kurz darauf stand der Kommissar im Gang einem totenblassen, halbangezogenen Kellner gegenüber.

Folgendes kurzes Gespräch fand statt:

«Wir wollen den Engländer sprechen, der hier im Hause schläft.»

«Er ist vor Stunden weggegangen.»

«Das stimmt nicht. Sein Freund ist weggegangen; aber er ist hiergeblieben. Zeigen Sie uns sein Zimmer.»

«Ich schwöre Ihnen, Herr Kommissar, er ist nicht hier. Er...»

«Und *ich* schwöre Ihnen, daß er hier ist. Er hat hier geschlafen, aber er fand das Bett unbequem und ist zu uns gekommen, um sich zu beklagen. Er ist hier bei meinen Leuten, und hier bin ich, und ich werde sein Bett nach Flöhen absuchen. – Renaudin!» rief er einem seiner Untergebenen zu und wies auf den Kellner, «pack den Mann und binde ihm die Hände auf den Rücken! Also los, meine Herren, wir wollen hinaufgehen!»

Jeder Mann und jede Frau in dem Hause wurden festgenommen, der Veteran als erster. Dann zeigte ich das Bett, in dem ich gelegen hatte, und darauf gingen wir in das darüberliegende Zimmer.

Dort war nirgends etwas Außergewöhnliches zu sehen. Der Kommissar blickte ringsum, befahl allen, still zu sein, stampfte zweimal auf den Boden, verlangte eine Kerze, betrachtete aufmerksam die Stelle, auf die er gestampft hatte und befahl, dort die Backsteinfliesen vorsichtig herauszuheben. Dies war im Nu geschehen. Es wurden Lichter gebracht, und wir sahen einen tiefen, mit Holzsparren abgedeckten Hohlraum zwischen diesem Fußboden und der Decke des darunterliegenden Zimmers. Durch diesen Hohlraum lief senkrecht eine Art eisernes Gehäuse, und in diesem befand sich, dick eingefettet, die Schraube, die mit dem Betthimmel in Verbindung stand. Lange, frisch geölte Schrauben, mit Filz bedeckte Hebel und anderes mehr, was zu einer schweren Presse gehört, alles sehr geschickt gebaut und auf kleinstem Raum untergebracht. Alle Teile wurden nun herausgeholt und auf dem Fußboden ausgebreitet. Nach einigen Schwierigkeiten gelang es dem Kommissar, die Maschinerie wieder zusammenzusetzen, und während er seine Leute zur Bedienung zurückließ, ging er mit mir in das darunterliegende Schlafzimmer. Der stickige Betthimmel wurde heruntergelassen, aber nicht so geräuschlos, wie ich es vorher erlebt hatte. Als ich dies dem Kommissar gegenüber erwähnte, gab er mir eine Antwort, die, so einfach sie war, eine schreckliche Bedeutung hatte. «Meine Leute», sagte er, «lassen den Betthimmel zum erstenmal herunter, während die Leute, deren Geld Sie gewonnen haben, mehr Übung haben.»

Wir ließen zwei Polizeibeamte zur Bewachung des Hauses zurück, dessen sämtliche Bewohner ins Gefängnis abgeführt wurden. Nachdem der Kommissar meine Aussagen zu Protokoll genommen hatte, begleitete er mich zu meinem Hotel, um meinen Paß zu holen. «Glauben Sie wirklich», fragte ich ihn, «daß man Menschen in dem Bett erstickt hat, wie man versucht hat, mich zu ersticken?»

«Ich habe Dutzende Leichen in der Morgue gesehen», antwortete der Kommissar, «in deren Taschen man Briefe gefunden hat, worin stand, sie hätten sich zum Selbstmord in der Seine entschlossen, weil sie alles am Spieltisch verloren hätten. Wer weiß, wie viele von ihnen in der gleichen Spielhölle gewesen sind wie Sie? Gewonnen haben wie Sie? Dasselbe Zimmer bekommen haben wie Sie? Im gleichen Bett geschlafen haben? Den Tod fanden und heimlich in den Fluß geworfen wurden mit einem von Mörderhand geschriebenen Brief in der Tasche? Niemand kann sagen, wie viele oder wie wenige das Schicksal erlitten haben, dem Sie entgangen sind. Die Bewohner des Spielhauses haben das Geheimnis ihrer Betthimmelmaschinerie gut bewahrt – selbst vor der Polizei. Die Toten hielten den Rest des Geheimnisses für sich. Gute Nacht, oder vielmehr guten Morgen, Monsieur. Kommen Sie um neun wieder in mein Büro und bis dahin – *au revoir!*»

Der Schluß meiner Geschichte ist schnell erzählt. Ich wurde einvernommen und wieder einvernommen, das Spielhaus wurde von oben bis unten durchsucht, die Gefangenen wurden getrennt verhört, und zwei der minder Belasteten machten ein Geständnis. *Ich* entdeckte, daß der «alte Soldat» der Besitzer der Spielhölle war, das Gericht fand heraus, daß er vor Jahren mit Schimpf und Schande aus dem Heer ausgestoßen worden war und seitdem alle möglichen Schurkereien begangen hatte und daß er gestohlenes Gut besaß, welches von den Eigentümern wiedererkannt wurde, ferner, daß auch der Croupier, ein weiterer Spießgeselle, und die Frau, die meinen Kaffee gebraut hatte, das Geheimnis des Bettes kannten. Den untergeordneten Angestellten des Hauses konnte nicht bewiesen werden, daß sie von der Mordmaschine gewußt hatten. So wurde zu ihren Gunsten entschieden, man verurteilte sie nur als Diebe und Vagabunden. Der alte Soldat aber und seine beiden Haupthelfershelfer kamen auf die Galeeren, die Frau, die das Betäubungsmittel in meinen Kaffee gemischt hatte, bekam ich weiß nicht wie viele Jahre Gefängnis, die regelmäßigen Besucher der Spielhölle galten als verdächtig und wurden unter Polizeiaufsicht gestellt. Ich selber war eine ganze Woche – was in Paris sehr lange ist – der Hauptheld der Gesellschaft. Mein Abenteuer wurde von drei bekannten Autoren dramatisiert, erlebte aber keine Bühnenaufführung, weil die Zensur die naturgetreue Darstellung des Bettes in der Spielhölle verbot.

Ein gutes Ergebnis hatte mein Abenteuer, das jede Zensur billigen würde: ich war für immer geheilt davon, Rouge et Noir zu spielen.

ROBERT LOUIS STEVENSON

Das Tor des Sire de Malétroit

Denis de Beaulieu war noch nicht zweiundzwanzig Jahre alt, aber er selbst hielt sich für einen erwachsenen Mann und für einen Kavalier dazu. In dieser rauhen kriegerischen Zeit wurden die Knaben früh reif. Hatte einer einmal an einer Feldschlacht teilgenommen und an einem Dutzend Überfällen, und einen Mann ehrenhaft getötet, und wußte er ein wenig über Strategie und Männerwelt, nun, dann konnte man ihm eine großtuerische Haltung noch verzeihen. Denis hatte sein Pferd sorgfältig in den Stall gestellt und bedächtig sein Abendbrot eingenommen. Dann war er in aufgeräumter Stimmung aufgebrochen, um in der Abenddämmerung einen Freund zu besuchen. Sehr klug war dieses Handeln des jungen Mannes nicht. Er hätte weit besser getan, vor dem Herdfeuer zu bleiben oder zu Bett zu gehen, denn in der Stadt wimmelte es von burgundischen und englischen Truppen, die unter gemeinsamem Befehl standen; und obschon Denis einen Geleitbrief hatte, würde dieser ihm im

Falle eines Zusammenstoßes mit rauflustigen Soldaten wenig nützen.

Es war im September des Jahres 1429. Das Wetter war kalt, und ein böiger Wind, von Regenschauern durchsetzt, fuhr über die Stadt, und trockenes Laub wirbelte über die Gassen. Da und dort sah Denis schon Licht hinter Fenstern, und hin und wieder trug ihm der Wind den Lärm von Soldaten zu, die in ihren Quartieren das Abendbrot verzehrten. Schnell brach die Nacht herein. Die englische Fahne, die auf der Turmspitze flatterte, wandelte sich zu einem schwarzen Schatten, der sich wie eine erschreckte Schwalbe vor dem bleifarbigen Chaos des Himmels hin und her bewegte. Als es Nacht wurde, wuchs und heulte der Sturm unter den Torbogen, und er tobte in den Baumwipfeln im Tale unterhalb der Stadt.

Denis de Beaulieu ging schnell und pochte bald an die Tür seines Freundes. Er wollte nur kurz dort weilen und bald wieder heimgehen; aber der Empfang war so herzlich, und es gab so vieles, was ihn dort festhielt, daß er sich erst lange nach Mitternacht auf der Türschwelle von seinem Freunde verabschiedete. Inzwischen hatte der Wind wieder nachgelassen. Die Nacht war schwarz wie das Grab. Kein Stern, kein Mondschein drang durch das Dach der Wolken. Denis kannte sich im Gassengewirr von Château Landon schlecht aus. Sogar bei Tag hätte er nur mühsam seinen Weg gefunden, und bei dieser absoluten Dunkelheit hatte er ihn bald ganz verloren. Er wußte nur eines genau: Er mußte bergauf halten, denn das Haus seines Freundes befand sich am untern Ende von Château Landon, während sein Gasthof oben, in der Nähe des Kirchturms lag. Mit diesem Anhaltspunkt stolperte und tastete er sich vorwärts. Kam er auf offene Plätze, mit einem Stück Himmel über sich, atmete er auf; bald aber tastete er sich in der erstickenden Enge an den Mauern mühsam wieder weiter. Es hat immer etwas Unheimliches und Geheimnisvolles, in einer fast fremden Stadt in dichtestes Dunkel gehüllt zu sein. Die Stille mit all ihren Möglichkeiten ist furchterregend. Stößt man mit der ausgestreckten Hand versehentlich an ein kaltes Fenstergitter, durchschauert man wie bei der Berührung einer feuchten Kröte. Die Unebenheiten des Straßenpflasters lassen das Herz bis zum Halse schlagen. Eine noch dunklere Wegstrecke droht wie eine Fallgrube oder ein Hinterhalt. Wo die Luft klarer wurde, schienen die Häuser noch sonderbarer und verwirrender. Für Denis, der seinen Gasthof ohne richtungweisendes Zeichen wieder finden mußte, war dieser Weg nicht nur gefährlich, sondern auch beschwerlich. Vorsichtig und kühn zugleich schritt er voran und hielt an jeder Ecke, um sich umzusehen.

Schon eine Zeitlang war er durch ein so enges Gäßlein gegangen, daß er die Mauern zu beiden Seiten mit seinen Händen berühren konnte, als es plötzlich breiter wurde und abwärts zu führen begann. Es wurde ihm klar, daß dies nicht der Weg zur Herberge sein konnte; doch hier war es etwas heller, und das lockte ihn, weiterzugehen und Umschau zu halten. Die Gasse endete auf einer Terrasse, von einer Balustrade abgeschlossen, die zwischen hohen Häusern wie aus einer Schießscharte die Aussicht auf das mehrere hundert Fuß tiefer gelegene Tal freigab, welches dunkel und unbestimmt sich dahinzog. Denis blickte hinab und konnte einige schwankende Baumwipfel und einen einzigen leuchtenden Flecken erkennen, dort wo der Fluß über ein Wehr stürzte. Das Wetter war besser geworden und der Himmel klar, man konnte sogar die Umrisse schwerer Wolken und der Bergkämme unterscheiden. Soweit er es bei dem unsichern Lichte sagen konnte, mußte das Haus zu seiner Linken ein Herrenhaus sein. Es war reich gegliedert, und Fialen und Türme ragten darüber hinaus. Vom Hauptbau hob sich deutlich die Außenmauer der Apsis einer Kapelle ab. Durch feingegliedertes Maßwerk leuchtete das Licht unzähliger Kerzen, und schwarz hoben sich Strebepfeiler und Spitzdach vom Himmel ab. Die Tür befand sich unter einem tiefen Portikus, der, mit großen Statuen geschmückt, von zwei großen Wasserspeiern überdacht war. Dies war gewiß der Sitz einer der großen Familien der Umgebung, und das Haus erinnerte Denis an den Sitz seiner eigenen Familie in Bourges. Nachdenklich stand er eine Zeitlang davor und machte sich Gedanken über die Kunst der Architektur und die Bedeutung der beiden Geschlechter. Es schien keinen anderen Zugang zur Terrasse zu geben als die Gasse, durch die er gekommen war. Er mußte also wieder den selben Weg zurückgehen. Immerhin wußte er nun einigermaßen, wo er sich befand und hoffte, auf die Hauptstraße zu stoßen und bald nach Hause zu kommen. Bloß hatte er nicht mit jener Kette von Ereignissen gerechnet, welche diese Nacht zur denkwürdigsten seines Lebens machen sollte. Keine hundert Schritte war er gegangen, als Fackelschein sich näherte und laute Stimmen in dem engen Gäßchen widerhallten. Es war eine Abteilung von Bewaffneten, die ihm auf ihrer nächtlichen Runde entgegenkam. Denis war es klar, daß sie reichlich getrunken hatten und ahnte, daß sie sich um freies Geleite oder um die Regeln ritterlichen Kampfes wenig scheren würden. Wahrscheinlich würden sie ihn wie einen Hund erschlagen und seine Leiche liegenlassen, wo er fiel. Die Lage war aber nicht hoffnungslos. Er überlegte, daß ihre eigenen Fackeln sie blendeten und ihn noch ihren Blicken entzogen und daß ihr Gegröl den Klang seiner Schritte übertönte. Flink und vorsichtig, wie er war, konnte er leicht noch ihrer Aufmerksamkeit entgehen. Behutsam machte er kehrt. Da, zu seinem Unglück, trat er auf einen runden Kiesel. Mit einem Fluch stolperte er gegen eine Mauer, und sein Schwert stieß an einen Stein. Da erhoben sich Stimmen, auf englisch und französisch erschollen Rufe und Befehle. Denis antwortete nicht und eilte, so schnell er konnte, die Gasse hinunter. Auf der Terrasse angelangt, hielt er an und sah sich um. Er hatte einen Vorsprung, aber die anderen waren hinter ihm her, er hörte ihre Stimmen, ihre Schritte und Waffengeklirr, und schon erschienen schwankende Fackeln im engen Häuserschacht.

Denis sah sich eilig nach einem Versteck um. Da – die Einfahrt in den Palast! Dort konnte er der Entdeckung entgehen, oder – sollte das nicht gelingen – dort hatte er eine gute Ausgangsposition für Verhandlung oder Kampf. So zog er sein Schwert und lehnte sich gegen den Torflügel. Zu seinem Erstaunen gab der unter seinem Druck nach. Obwohl er sich im Nu gewendet hatte – schwang die Türe auf gutgeölten Angeln geräuschlos auf und stand gegen den schwarzen Innenraum des Hauses weit offen. Ein Mensch in Lebensgefahr, dem sich eine plötzliche und unerwartete Rettung bietet, fragt nicht lange nach dem Wieso und Warum. Die ungewöhnlichsten Geschehnisse und Wendungen scheinen ihm genügend erklärt, wenn sie ihm nur einen augenblicklichen Vorteil bieten. Denis zögerte deshalb keinen Augenblick, sondern trat dreist ein und schob den Türflügel teilweise zu, um hinter ihm Schutz und Deckung zu finden. Er hütete sich freilich, ihn ganz zu schließen. Da geschah etwas ihm völlig Unerklärliches: War es eine Feder, war es ein Gewicht, was den schweren Flügel aus Eichenholz dem Griff seiner Finger entzog? Laut polternd schlug er zu, ein Balken – so schien es – fiel, und es wurde still.

Draußen waren die Wächter auf der Terrasse angekommen. Sie schrien, fluchten und leuchteten mit ihren Fackeln und stachen mit ihren Lanzen in alle Ecken. Er nahm sogar wahr, wie eine Waffe dem äußeren Rand der Türe entlanggeführt wurde, hinter der er stand. Aber die Herren waren offenbar zu betrunken, um sich lange aufhalten zu lassen und zogen bald weiter, einen gewundenen Pfad hinab, den Denis vorher nicht bemerkt hatte, und waren bald außer Gesichts- und Hörweite.

Denis atmete auf. Er wollte auf alle Fälle noch eine kurze Weile warten. Dann tastete er nach dem Riegel des Tores, um wieder ins Freie zu kommen. Aber dessen Innenfläche war vollkommen glatt, es gab keine Klinke, keine Vertiefung und keinen Vorsprung irgendwelcher Art. Er versuchte die Türe mit den Fingernägeln zu fassen und anzuziehen. Sie rührte sich nicht. Er versuchte zu rütteln. Sie blieb unbeweglich wie ein Fels. Denis de Beaulieu zog die Stirne in Falten und pfiff leise vor sich hin. Was war nur los mit der Tür? fragte er sich. Warum war sie überhaupt offen? Wieso hatte sie sich so rasch und gründlich geschlossen, kaum daß er eingetreten war? Irgend etwas Geheimnisvolles und Hintergründiges war da im Spiel, das dem jungen Herrn nicht gefallen wollte. Er witterte Gefahr. Anderseits, so überlegte er, was für eine Gefahr sollte es in dieser stillen Seitenstraße und noch dazu in einem vornehmen und reichen Hause für ihn geben? Dennoch, die Lage war höchst verdächtig und, sei es durch Absicht, sei es durch Zufall, er befand sich in einer Falle. Für sein Leben gern wäre er wieder draußen gewesen; aber er sah keinen Ausweg. Die Dunkelheit begann ihn zu bedrücken. Er lauschte. Draußen war es nun ganz still geworden, aber drinnen, wo er stand, hörte er etwas wie leises Seufzen, kaum vernehmbare Laute, so als wäre er nicht allein, als stünden Menschen ganz nahe, die sich möglichst still verhielten, ja, sich Mühe gaben, sogar ihre Atemzüge zu beherrschen. Diese Vorstellung traf ihn wie ein Schlag; rasch warf er sich herum, als müßte er sein Leben verteidigen. Da gewahrte er zum erstenmal im Innern des Hauses Licht, einen lotrechten Streifen, der sich nach oben verjüngte. Es mußte von einem Durchgang kommen, der von zwei Hängeteppichen verschlossen war. Etwas zu sehen, was auch immer es sei, war für Denis eine Erlösung. Er fühlte sich wie ein in einen Sumpf geratener Mann, der wieder festen Boden spürt. Er starrte nach dem Lichtstreifen und versuchte sich ein Bild seiner geheimnisvollen Umgebung zu machen. Deutlich sah er jetzt Stufen von seinem Standort zu jenem erleuchteten Durchgang emporführen. Ja er glaubte einen zweiten Lichtstreifen wahrzunehmen, dünn wie eine

Nadel und ungemein schwach, und er sagte sich, das müsse ein Reflex auf einem Holzgeländer sein. Da er den Verdacht hegte, nicht allein zu sein, schlug sein Herz in gewaltigen Schlägen. Ein unbezähmbarer Wunsch, nur irgend etwas zu tun, hatte von ihm Besitz ergriffen. Was war also natürlicher, als die Stiege emporzusteigen, den Vorhang zu heben und dem wahren Sachverhalt ins Auge zu schauen. Wenigstens würde er wissen, wie es um ihn stand, wenigstens würde er von dieser schrecklichen Finsternis erlöst sein. Langsam, mit ausgestreckten Händen tastete er sich vor, bedächtigen Schrittes, bis er mit der Fußspitze an die unterste Stufe stieß. Dann eilte er die Treppe hinauf, hielt einen Augenblick an, sich zu sammeln, schlug den Wandteppich zur Seite und trat ein.

Er befand sich in einem großen Raum, die Wände waren polierter Stein. Er sah drei Türen, eine an jeder von drei Seiten des Saales, alle gleich mit Teppichen verhängt. Die vierte Seite war von zwei großen Fenstern unterteilt und einem breiten, steinernen Kamin, worüber das Wappenschild der Malétroits prangte. Denis erkannte das Wappen und war erleichtert, in einem guten Hause zu sein. Der Raum war hell erleuchtet, aber fast leer, bis auf einen schweren Tisch, wenige Stühle, die erloschene Feuerstelle und die über den Boden gestreuten Binsen, die aber, wie man deutlich sah, schon mehrere Tage nicht mehr gewechselt worden waren.

In einem hohen Lehnstuhl neben dem Kamin, Denis genau gegenüber, saß ein kleiner, vornehmer Herr in pelzverbrämtem Mantel. Er hatte die Beine gekreuzt und die Hände gefaltet; und auf einem Wandgestell neben ihm stand ein Krug würzigen Weines. Er hatte etwas sehr Männliches an sich, nichts eigentlich Menschliches, sondern er erinnerte eher an ein Tier, etwa einen Stier, einen Zuchteber oder einen Ziegenbock. Sein Ausdruck war zweideutig und schmeichlerisch, dabei gierig, brutal und gefährlich. Die Oberlippe war voll, unnatürlich voll, wie von einem Schlag oder einem kranken Zahn geschwollen. Seine kleinen stechenden Augen unter spitz zulaufenden Brauen und das Lächeln, das seine Lippen umspielte, waren bitterböse. Dabei gemahnte sein wunderschönes weißes Haar, wie es rings um sein Haupt herabfiel, an ein Heiligenbild. Schnurrbart und Bart erstrahlten in der Würde des Alters. Auf seinen Händen allerdings hatten die Jahre, wahrscheinlich dank peinlichster Pflege, keinerlei Spuren hinterlassen, denn die Hände der Malétroit waren berühmt. Es ist schwer, etwas so Sinnliches und gleichzeitig so Zartes zu beschreiben. Die spitz zulaufenden Finger waren wie aus einem Frauenbildnis Leonardos. Die Daumenwurzeln waren vielsagend geschwellt und gegliedert, die Nägel vollendet geformt und von einer geradezu leichenähnlichen Weiße. Was die Erscheinung dieses Mannes so furchteinflößend machte, war, daß er diese Hände fromm im Schoß gefaltet hielt wie eine jungfräuliche Märtyrerin, daß er bei diesem intensiven und erschreckenden Gesichtsausdruck geduldig auf seinem Stuhle saß und den Eintretenden mit bewegungslosem Blicke betrachtete, wie ein Gott oder das Abbild eines Gottes. Diese Ruhe hatte etwas Ironisches und Trügerisches, sie paßte so gar nicht zu seinem Ausdruck.

Dies war Alain, Sire de Malétroit.

Einen Augenblick lang sahen sich die beiden Männer schweigend an.

«Ich bitte Euch, näherzutreten», begann schließlich der Sire de Malétroit. «Ich habe Euch schon den ganzen Abend erwartet.»

Zwar hatte er sich nicht erhoben, aber er begleitete seine Worte mit einem freundlichen Lächeln und einem höflichen, wenn auch nur schwachen Neigen des Kopfes. War es dieses Lächeln oder ein beinahe musikalisches Geräusch, eine Art Zirpen, das den Worten vorherging, aber Denis empfand ein starkes Gefühl des Ekels, das ihn durchschauerte. Dieser Ekel und die Verwirrung, in der er sich befand, machten es ihm schwer, sich eine Antwort zurechtzulegen. «Ich fürchte», meinte er schließlich, «hier herrscht ein doppeltes Mißverständnis. Ich bin offensichtlich nicht der Mann, für den Ihr mich haltet. Es scheint, Ihr erwartet Besuch. Mir aber lag nichts ferner, nichts ist meinen Wünschen mehr entgegengesetzt als diese Störung, die ich Euch verursache.»

«Nun, nun», meinte der alte Herr nachgiebig,

«Ihr seid nun einmal da, und das ist die Hauptsache. Setzt Euch, mein Freund, und fühlt Euch ganz zu Hause. Unsere kleine Angelegenheit kann warten.»

Denis begriff, daß das Mißverständnis noch nicht behoben war und beeilte sich dies zu tun.

«Euer Tor...», begann er.

«Das Tor», unterbrach ihn der andere und zog die spitzen Brauen hoch. «Das Tor, ja, das ist ein kleines Meisterwerk.» Er zuckte die Schultern. «Eine äußerst nützliche Erfindung. Wie Ihr selbst zugebt, war Euch nicht daran gelegen, meine Bekanntschaft zu machen. Uns alten Männern gefällt solche Zurückhaltung – zuweilen. Wo sie aber unsere Ehre verletzt, da denken wir hin und her, bis wir eine Lösung finden. Nun, Ihr mögt ungeladen gekommen sein, jetzt aber, glaubt es mir, seid Ihr hier höchst willkommen.»

«Ihr verharrt in einem Irrtum, Herr», begann Denis. «Es gibt keinerlei Beziehung zwischen Euch und mir. Mein Name ist Denis, Damoiseau de Beaulieu. Wenn ich mich in Eurem Hause befinde, so ist das nur...»

«Junger Freund», unterbrach der andere, «Ihr müßt mir gestatten, darüber zu denken, wie *ich* will. Meine Auffassung mag im Augenblick von der Euren verschieden sein, doch», hier lächelte er boshaft, «die Zeit wird schon erweisen, wer von uns beiden recht hat.»

Jetzt war Denis überzeugt, einen Narren vor sich zu haben. Er zuckte die Achseln und nahm, neugierig auf den Ausgang, Platz. Beide schwiegen. Da war es ihm, als hörte er von irgendwoher rasch heruntergeleierte Gebetsworte, und es dünkte ihn, sie kämen von hinter dem Türteppich her, der ihm gegenüber hing. Manchmal war ihm, als betete nur ein Mensch; dann meinte er, es wären zwei. Die Leidenschaft und Hast in der Stimme, so leise sie war, sprach entweder für große Eile oder für große Seelenqual. Er vermutete, daß hinter diesem Vorhang die Kapelle liegen müsse, die er schon von der Straße aus bemerkt hatte.

Inzwischen musterte der alte Herr Denis aufmerksam von Kopf bis Fuß, lächelte vor sich hin und gab zuweilen einen der kleinen piepsenden Laute von sich, die an eine zufriedene Maus oder ein zufriedenes Vögelchen erinnerten. Für Denis wurde dieser Zustand von Minute zu Minute unerträglicher. Um das Schweigen zu beenden, bemerkte er höflich, der Wind habe sich gelegt.

Der alte Herr begann nun wortlos vor sich hin zu lachen, und dies so lange und heftig, daß er einen roten Kopf bekam. Schließlich erhob sich Denis und setzte sich mit einem Schwung die Mütze auf.

«Herr», sagte er, «wenn Ihr bei Sinnen seid, habt Ihr mich gröblich beleidigt. Solltet Ihr aber nicht bei Sinnen sein, dann muß ich gestehen, daß ich Besseres weiß, als mich mit Narren zu unterhalten. Mein Gewissen ist rein. Ihr habt mich vom ersten Augenblick an ausgelacht. Ihr habt es abgelehnt, meine Erklärungen nur anzuhören. Nun aber gibt es keine Macht der Welt, die mich veranlassen könnte, noch länger hier zu bleiben. Und wenn ich nicht auf gesittete Art hier fortkomme, werde ich Eure Türe eben mit dem Schwert zerschlagen.»

Sire de Malétroit erhob die rechte Hand und drohte Denis mit ausgestrecktem Zeige- und kleinem Finger.

«Lieber Neffe», sagte er, «setzt Euch.»

«Neffe!» gab Denis zurück, «diese Lüge möge Euch im Halse steckenbleiben.» Und er schnalzte mit den Fingern dem Alten ins Gesicht.

«Setz dich, Schurke!» entfuhr es nun dem Greis, und seine Stimme klang wie Hundebellen. «Glaubst du wirklich, der Trick mit der Türe sei meine einzige Vorkehrung? Wenn du es vorziehst, an Händen und Füßen gefesselt zu werden, bis dir die Knochen krachen, dann versuche nur, hier herauszukommen. Wenn es dir aber lieber ist, frei zu sein wie der Hirsch im Forst, dann bleibe sitzen und unterhalte dich artig mit einem alten Herrn – und Gottes Segen sei mit dir.»

«Wollt Ihr damit sagen, ich sei Euer Gefangener?» fragte Denis.

«Ich stelle nur Tatsachen fest», erwiderte der andere, wieder ganz ruhig geworden, «es ist an Euch, Schlüsse zu ziehen.»

Denis setzte sich wieder. Er vermochte sich äußerlich zu beherrschen. Aber innerlich kochte er vor Wut und erstarrte vor Angst und Besorgnis. Er war nun nicht mehr so überzeugt, es mit einem Narren zu tun zu haben. Aber wenn der alte Herr bei Sinnen war, ja, zum Teufel, was hatte er noch zu erwarten? In was für ein tolles und gefährliches Abenteuer war er da geraten? Wie sollte er sich nur verhalten?

Während er sich so seinen mißvergnügten Gedanken hingab, wurde der Teppich zur Kapelle zurückgeschlagen; ein hochgewachsener Priester in vollem Ornat erschien, warf einen langen, frechen Blick auf Denis und flüsterte dann Malétroit etwas zu.

«Sie hat sich also ein wenig beruhigt?» fragte dieser.

«Sie hat sich in ihr Schicksal ergeben, Herr», erwiderte der Priester.

«Möge denn Gott ihr helfen – denn es ist so schwer, ihren Willen zu tun», meinte der Alte hämisch. «Ein gediegenes Bürschchen, aus gutem Stall, und sie selbst hat ihn erkoren? Was kann sich die Dirne mehr wünschen?»

«Die Lage ist immerhin für eine junge Dame recht ungewöhnlich», gab der andere zurück, «und treibt ihr die Schamröte ins Gesicht.»

«Daran hätte sie denken müssen, bevor der Tanz begann. Ich habe es nicht gewollt. Gott sei mein Zeuge. Doch da sie einmal eingestiegen ist, bei der Heiligen Jungfrau, muß sie es nun zu Ende führen.» Damit wandte er sich an Denis: «Monsieur de Beaulieu, darf ich Euch meiner Nichte vorstellen? Sie hat auf Eure Ankunft, so kann man wohl sagen, mit noch größerer Ungeduld gewartet als ich selbst.»

Denis hatte sich in sein Schicksal gefunden und wollte, bei Wahrung der ritterlichen Formen, nur möglichst schnell wissen, woran er eigentlich war. Er erhob sich also und verneigte sich, wie es sich gehörte. Der Sire de Malétroit folgte seinem Beispiel und hinkte, vom Kaplan gestützt, dem Kapelleneingang zu. Der Priester schob den Teppich zur Seite, und alle drei traten ein. Der Raum war anspruchsvoll ausgestattet. Über sechs starken Pfeilern erhob sich ein steilaufragendes Kreuzrippengewölbe. Hinter dem Altar endete die Kapelle in einer halbrunden Apsis, reich mit Reliefs verziert und von Fenstern in Gestalt von Sternen, Kleeblättern und Rädern durchbrochen. Diese Fenster waren nur teilweise verglast, so daß die Nachtluft frei hereindringen konnte. Mindestens fünfzig schlanke Kerzen brannten auf dem Altar und flackerten in der Zugluft. Bald leuchteten sie strahlend auf, bald schienen sie am Erlöschen. Auf den Stufen, die zum Altar emporführten, kniete ein junges Mädchen in prunkvollem Brautgewand. Eiskalt überlief es Denis, als er diese Kleidung sah. Verzweifelt kämpfte er gegen die bösen Ahnungen, die sich ihm bei diesem Anblick aufdrängten. Was er befürchtete, das konnte und durfte nicht geschehen.

«Blanche», begann der Sire de Malétroit mit seiner süßesten Stimme, «hier bring' ich dir einen Freund, meine Kleine. Wende dich uns zu und reiche ihm dein schönes Händchen. Fromm sein ist schon recht, aber Höflichkeit hat auch ihren Platz, meine Nichte!»

Das Mädchen erhob sich und kehrte sich den Eintretenden zu. Mit steifen Schritten ging sie ihnen entgegen. In Scham und Erschöpfung hielt sie den Kopf gesenkt und die Augen dem Boden zugekehrt. So traf ihr Blick beim Näherkommen zuerst auf die Füße des Jünglings. Nun waren seine schönen Beine immer schon Denis' besonderer Stolz gewesen, und sogar auf Reisen pflegte er gewähltes Schuhwerk zu tragen. Da, als sie seine gelben Stiefel gewahrte, verhielt Blanche den Schritt, als hätten diese eine versteckte, furchtbare Bedeutung, dann blickte sie auf und starrte ihm ins Gesicht.

Ihre Blicke trafen sich. Da wandelte sich ihr Schamgefühl in Entsetzen und Schrecken. Das Blut wich aus ihren Lippen. Sie schrie auf, bedeckte ihr Gesicht mit den Händen und stürzte zu Boden.

«Dies ist er ja gar nicht», rief sie, «Oheim, er ist es nicht!»

Der Sire de Malétroit zirpte ganz freundlich. «Natürlich ist er es nicht», meinte er, «das hab' ich gleich erwartet. Nur schade, daß Ihr seinen Namen vergessen habt.»

«Es ist die pure Wahrheit», rief sie aus, «ich sehe diesen Menschen zum erstenmal, noch nie habe ich ihn angeblickt – und ich will ihn auch nie mehr sehen.»

«Herr», wandte sie sich an Denis, «wenn Ihr

ein Edelmann seid, so müßt Ihr mir helfen. Sagt die Wahrheit: Habe ich Euch jemals gesehen, habt Ihr mich je gesehen vor dieser verfluchten Stunde?»

«Was mich anlangt», erwiderte der junge Mann, «hatte ich noch niemals das Vergnügen gehabt. Herr, es ist das erste Mal, daß ich Eure liebenswürdige Nichte erblicke.»

Der alte Herr zuckte die Schultern.

«Ich bedaure, solches zu hören», sagte er. «Indessen ist es nie zu spät, einen Anfang zu machen. Ich selbst habe meine hochselige Gattin auch nicht viel länger gekannt, als ich sie ehelichte. Welches beweist», und hier verzog er sein Gesicht, «daß solche etwas unvorhergesehene Eheschließungen manchmal auf die Dauer ein ganz ausgezeichnetes gegenseitiges Verstehen ergeben. Da natürlich der Bräutigam in dieser Angelegenheit auch mitzureden hat, gebe ich ihm zwei Stunden, um die versäumte Zeit nachzuholen. Dann wollen wir zum Sakrament schreiten.»

Das Mädchen war im Nu auf ihren Füßen: «Mein Oheim», begann sie, «es kann nicht Euer Ernst sein. Ich rufe Gott zu meinem Zeugen auf, daß ich mir eher einen Dolch ins Herz stoße, bevor ich mich diesem Jüngling aufzwingen lasse. Gott selbst verbietet solche Ehen. Ihr entehrt Euer weißes Haar! Ach, Oheim, erbarmt Euch meiner. Es gibt auf der Welt keine Frau, die nicht den Tod einer solchen Bindung vorziehen würde. Wie ist es nur möglich», sie wurde schwach, «wie kann es nur sein, daß Ihr meinen Worten keinen Glauben schenkt? Wie ist es nur möglich, daß Ihr immer noch glaubt, dieser da» und sie wies auf Denis, «sei der Mann.»

«Ehrlich gesagt», erwiderte der alte Mann und verhielt auf der Schwelle, «ich glaube es. Aber, Blanche de Malétroit, ich möchte, daß Ihr ein für allemal meinen Standpunkt in dieser Angelegenheit verstehen lernt. Als Ihr es Euch in den Kopf gesetzt habt, den Namen zu entehren, den ich mit Stolz getragen habe fast dreimal zwanzig Jahre, in Frieden und Krieg, da habt Ihr das Recht verscherzt, nicht nur meine Beschlüsse in Frage zu stellen, sondern mir überhaupt ins Gesicht zu blicken. Wäre Euer Vater noch am Leben, er hätte Euch angespuckt und Euch die Türe gewiesen. Euer Vater hatte eine eherne Hand. Ihr könnt Gott danken, daß Ihr es nur mit der meinen zu tun habt, die eine samtene Hand ist, Mademoiselle. Es ist meine Pflicht, Euch ohne Verzug zu trauen. Nur mein gutes Herz hat mich geleitet, Euch den zum Bräutigam zu geben, den Ihr selbst Euch gewählt hattet. Und immer noch glaube ich, es ist mir geglückt. Wenn aber, Blanche de Malétroit, ich mich geirrt haben sollte – auch das schert mich nicht. Darum empfehle ich Euch, unserem jungen Freunde gefügig zu sein. Denn, bei allen Heiligen, glaubt meinem Worte, Euer nächster Freier dürfte etwas weniger nach Eurem Geschmack sein.»

Damit verließ er den Raum. Der Kaplan war ihm gefolgt. Hinter ihnen schlugen die Teppiche zusammen.

Das Mädchen wandte sich nun blitzenden Auges an Denis:

«Und was, mein Herr, hat das alles zu bedeuten?»

«Gott allein mag das wissen», antwortete Denis düster. «Ich bin Gefangener in diesem Haus, das von lauter Narren bewohnt zu sein scheint. Mehr weiß ich nicht, und verstehen tue ich es schon gar nicht.»

«Aber wie kamt Ihr überhaupt hierher?» fragte sie.

Da erzählte er ihr in kurzen Worten seine Abenteuer dieser Nacht. Dann fuhr er fort: «Doch nun könntet Ihr vielleicht meinem Beispiele folgen und mir die Antwort geben auf all die Rätsel dieses Hauses und mir sagen, wie das in Gottes Namen ausgehen soll.»

Eine Weile schwieg sie. Ihre Lippen bebten. Ein fiebriger Glanz erfüllte ihre tränenlosen Augen. Dann drückte sie die Stirn in beide Hände.

«Ach, wie mir der Kopf schmerzt», sagte sie, «um von meinem Herzen zu schweigen. Aber Ihr habt Euch wohl ein Recht erworben, meine Geschichte zu kennen, wenn sie auch nicht gerade sehr erbaulich ist. Ich heiße Blanche de Malétroit. So lange meine Erinnerung zurückreicht, bin ich elternlos. Und ach, von frühester Jugend an war mein Leben vom Unglück verfolgt. Seit drei Monaten nun stand täglich ein junger Hauptmann in der Kirche nahe meiner Bank. Ich merkte, daß ich ihm gefiel. Ich weiß, ich trage eine Schuld; aber wie glücklich war ich doch, zu wissen, daß irgendwer mich liebt. Als er mir dann einen Brief zusteckte, nahm ich ihn nach Hause und las ihn mit größter Freude. Von da an schrieb er oft. Wie sehnte er sich danach, der Arme, mit mir zu sprechen! Immer wieder beschwor er mich, eines Abends doch das Tor offen zu lassen, so daß wir auf der Stiege wenigstens einige Worte wechseln könnten. Denn er wußte, wie wenig mein Oheim mir vertraute.» Sie schluchzte auf, und es dauerte eine Weile, bis sie weiterreden konnte. «Mein Onkel ist ein harter Mann, aber äußerst schlau», fuhr sie fort. «Er hat manche große Waffentat vollbracht und spielte bei Hofe eine Rolle, als Vertrauter der Königin Isabeau, in jenen alten Tagen. Wann er Verdacht zu schöpfen begann, weiß ich nicht. Aber es ist fast unmöglich, ihm irgend etwas zu verheimlichen. Heute morgen nun, als wir von der Kirche kamen, faßte er mich bei der Hand, zwang sie auf, nahm mir das Briefchen fort und las es in aller Ruhe, während er an meiner Seite dem Hause zuschritt. Dann gab er es mir sehr höflich zurück. Der Brief enthielt wieder die Bitte, das Tor doch offen zu lassen. Dies nun wurde unser aller Verderben. Mein Onkel hielt mich bis zum Abend in meinem Zimmer fest. Dann befahl er, mich zu kleiden, so wie Ihr mich seht. Welch bitterer Hohn für ein junges Mädchen! Wahrscheinlich kam ihm der Gedanke an die Falle, als er mich nicht dazu bringen konnte, den Namen des jungen Hauptmanns zu nennen, diese Falle, in die Euch Gott in seinem Zorne geraten ließ. In höchster Erregung wartete ich auf meinen Verehrer. Denn wie sollte ich wissen, ob er mich unter den neuen und unerquicklichen Umständen noch zur Frau wollte! Mag sein, so dachte ich, daß er von Anfang an nur mit mir gespielt hatte. Oder, überlegte ich, hatte ich mich in seinen Augen zu billig gemacht? Wie dem auch sei, mit einer so beschämenden Strafe hatte ich nicht gerechnet. Ich hätte mir nie vorzustellen gewagt, daß Gott es zulassen könnte, ein junges Mädchen vor einem Manne derart zu demütigen. Dies ist meine Geschichte. Ich weiß wohl, daß Ihr mich nun verachten müßt.»

Denis verneigte sich vor Blanche.

«Madam», begann er, «Ihr habt mir Euer Vertrauen geschenkt. Nun ist es an mir, mich dessen würdig zu erweisen. Wo meint Ihr wohl, daß ich jetzt Messire de Malétroit zu finden vermag?»

«Ich vermute dort draußen, in der Halle, in seine Schriften vertieft», antwortete sie.

«Dann darf ich Euch führen, Madam», und er bot ihr nach Kavaliersitte den Arm. Sie nahm sein Anerbieten an, und gemeinsam verließen sie die Kapelle. Blanche beschämt, den Blick zum Boden gewandt, Denis aufrecht, in knabenhaftem Stolz, bewußt einer Mission, die ehrenhaft zu Ende geführt werden mußte.

Malétroit erhob sich sofort und ging ihnen in gespielter Ehrfurcht entgegen.

«Herr», begann Denis, so stolz und bombastisch er konnte, «Ihr habt es mir zugestanden, daß ich in dieser Frage der Eheschließung auch mitzureden habe. Dann laßt mich es Euch gleich wissen, daß ich nun und nimmermehr mittun werde bei diesem Handel, der den Willen einer jungen Dame vergewaltigt. Wäre sie mir frei begegnet, ich wäre stolz gewesen, die gebotene Hand zu nehmen, denn ich weiß, daß Eure Nichte ebenso edel wie schön ist. Doch, Herr, so wie die Sache eben steht, habe ich die Ehre abzulehnen.»

Blanche sah mit dankbarem Blick zu Denis auf. Der alte Herr aber verzog den Mund zu einem breiten Grinsen, das so lange andauerte, daß es Denis anwiderte.

«Ich fürchte, Monsieur de Beaulieu», begann er schließlich, «Ihr seid Euch nicht ganz klar, was hier zur Wahl steht. Folgt mir darum, ich bitte Euch, an das Fenster.» Weit offen stand das Fenster, das den Blick freigab in die dunkle Nacht. «Wie Ihr sehen könnt», fuhr Malétroit fort, «ist da, im oberen Gemäuer, ein eiserner Ring eingelassen, durch den ein fester Strick gezogen ist. Achtet nun auf meine Worte: Sollte Eure Abneigung gegen meine Nichte wirklich so unüberwindlich sein, wie Ihr sagt, so werdet Ihr noch vor Tagesanbruch aus diesem Fenster hinaus aufgehängt. Ihr könnt mir glauben, daß ich nur mit dem größten Widerwillen so weit ginge. Denn es ist mir ja keineswegs um Euren Tod zu tun, sondern um ein ehrbares Leben für meine Nichte. Solltet Ihr aber widerspenstig sein, so bleibt mir keine andere Wahl. Nichts gegen Eure Familie, Monsieur de Beaulieu; doch würdet Ihr sogar Charlemagne Euren Ahnherrn nennen, ungestraft würdet Ihr die Hand einer Malétroit niemals abweisen, und wäre sie so gemein wie die Straßen von Paris und so häßlich wie die Wasserspeier meines Hauses. In dieser Angelegenheit leiten mich weder Rachegefühle gegen meine Nichte noch gegen Euch, nicht einmal Rücksicht gegen mich selbst. Die Ehre meines Hauses steht auf dem Spiele. Ich vermute, Ihr seid der Schuldige. Und seid Ihr es nicht, so seid Ihr jetzt doch Mitwisser der Affäre. Ihr könnt es mir darum kaum verargen, wenn ich von Euch fordere, diesen Makel zu tilgen. Wenn Ihr das nicht tut – Euer Blut komme über Euer eigenes Haupt. Für mich ist es keineswegs wünschenswert, oder eine Befriedigung, Eure sterblichen Reste vor meinem Fenster zappeln zu sehen. Aber, wie man sagt, ein halber Laib Brot ist besser als gar keiner, und wenn ich die Schmach meines Hauses nicht zu tilgen vermag, so werde ich wenigstens einem Skandal vorgebeugt haben.»

Er schwieg.

«Ich glaubte», begann Denis, «daß solche Angelegenheiten unter Herren auch in anderer

Weise geregelt werden könnten. Ihr tragt ein Schwert, und es ist bekannt, daß Ihr es mit Erfolg zu führen wißt.»

Sire de Malétroit gab dem Kaplan einen Wink. Mit großen, lautlosen Schritten durchquerte er den Raum und schlug den Teppich vor der dritten der Türen zurück, ließ ihn aber gleich wieder fallen. Denis hatte genug gesehen: einen dunklen Gang, darin sich Bewaffnete drängten.

«Wäre ich jünger», sagte Malétroit, «mit Begeisterung würde ich Euch die Ehre geben. Doch ich bin alt. Dies treue Gefolge ersetzt mir eigene Muskeln und Sehnen. Dies ist das Bitterste im Alter, woran man sich am schwersten gewöhnt. Aber was soll ich tun? Ich muß die Kraft nehmen, wo ich sie finde. Ihr und Eure Dame scheinen, für die kurze Zeit, die Euch von den zwei Stunden noch bleibt, zum Aufenthalt die Halle der Kapelle vorzuziehen. Da es mir nun nicht darum zu tun ist, Eure Wünsche zu durchkreuzen, so ziehe ich mich gerne zurück. Und nur nichts übereilen!» rief er Denis zu, als er in dessen Zügen einen gefährlichen Ausdruck bemerkte. «Sollte Euch der Gedanke, gehenkt zu werden, zu abstoßend sein, so habt Ihr immer noch nach dem Ende dieser zwei Stunden Zeit, aus dem Fenster zu stürzen – auf die Lanzenspitzen meiner Soldaten. Zwei Stunden Leben sind immerhin zwei Stunden Leben. Sogar in einer so kurzen Zeitspanne kann manches geschehen. Außerdem, wenn ich mich nur einigermaßen auf Frauenblicke verstehe, so hat meine

Nichte Euch noch einiges zu sagen. Ihr werdet also die letzten Stunden Eures Lebens nicht trüben wollen durch mangelnde Aufmerksamkeit gegen eine Dame.»

Denis blickte zu Blanche hinüber, die eine beschwörende Gebärde machte. Es ist gut möglich, daß der alte Herr bei solchen Anzeichen äußerst befriedigt war. Denn er lächelte beiden zu und meinte ganz freundlich: «Wenn Ihr mir Euer Wort gebt, Monsieur de Beaulieu, meine Rückkehr nach dem Ablaufe der zwei Stunden abzuwarten, bevor Ihr einen Verzweiflungsschritt begeht, so werde ich den Korridor räumen lassen, so daß Ihr mit Mademoiselle vertraulich reden könnt.»

Denis warf dem Mädchen einen Blick zu und verstand ihre Antwort.

«Ihr habt mein Ehrenwort», sagte er.

Monsieur de Malétroit verneigte sich und begann im Raume herumzuhinken und stieß dabei die eigenartig zirpenden Laute aus, die Denis schon zu Anfang so mißfallen hatten. Er nahm einige Papiere vom Tisch; dann ging er zum Eingang in den Korridor und rief Befehle. Schließlich hinkte er zu der Türe hinaus, durch die Denis eingetreten war. An der Schwelle wandte er sich nochmals um, lächelte den jungen Leuten ganz freundlich zu, verneigte sich sogar und verließ die Halle, vom Kaplan begleitet, der ihm mit einer Laterne leuchtete.

Kaum waren sie allein, kam Blanche, die Hände ausgestreckt, auf Denis zu. Ihr Gesicht war gerötet vor Aufregung, und Tränen standen in ihren Augen. «Ihr dürft nicht sterben», rief sie aus, «darum werdet Ihr mich eben doch heiraten müssen.»

«Ihr scheint zu glauben, Madam», gab Denis zurück, «daß ich den Tod fürchte.»

«Nicht das, nicht das!» sagte sie. «Ich weiß, daß Ihr kein Feigling seid. Es geht um mich. Nie könnte ich es ertragen, daß Ihr um meinetwillen in den Tod geht.»

«Ich fürchte», erwiderte Denis, «daß Ihr die Schwierigkeiten der Lage unterschätzt. Was Ihr mir zu verweigern zu großmütig seid, das anzunehmen bin ich zu stolz. In einem Augenblick der Opferbereitschaft mir gegenüber vergeßt Ihr vielleicht, was Ihr einem anderen schuldet.»

Er hatte den Anstand, bei diesen Worten den Blick auf den Boden zu richten und in dieser Haltung zu verharren. Einen Augenblick blieben sie so schweigend stehen, dann stürzte Blanche fort und warf sich schluchzend in den Stuhl des Oheims. Denis war aufs äußerste verlegen. Er blickte ratlos suchend umher, dann warf er sich in einen anderen Stuhl, nur um etwas zu tun. Da saß er nun, spielte mit dem Säbelkorb und wünschte sich tausendmal tot, vergessen auf dem scheußlichsten Abfallhaufen ganz Frankreichs. Sein Blick wanderte durch die Halle, aber nichts hielt ihn fest. Zu groß waren die Abstände zwischen den spärlichen Möbeln, zu schwach und trostlos fiel das Licht auf die Gegenstände, so dunkel war es draußen und so kalt zog es vom Fenster herein, daß es ihm war, als wäre er in einer trostlosen Gruft. Nur das regelmäßige Schluchzen der Blanche de Malétroit durchbrach die Stille wie das Ticken einer Standuhr. Immer wieder las er die Devise auf dem Wappenschild, bis er nicht mehr zu schauen vermochte. Er blickte in dunkle Winkel, bis es ihm war, als wimmelten sie von eklem Getier. Dabei quälte ihn ständig das Wissen, daß seine Zeit ablief und am Ende der Tod stand.

Immer öfter aber ruhte sein Blick auf dem Mädchen. Sie hielt den Kopf vorgeneigt, bedeckte ihr Gesicht mit beiden Händen, und von Zeit zu Zeit packte sie ein Anfall krampfhaften Schluckens, eine Folge ihres Schmerzes und ihrer Erregung. Trotz ihrem jämmerlichen Zustand war sie angenehm: sie hatte rundliche und dennoch zarte Formen, eine warme, braune Haut und das schönste Haar, so schien es Denis, das er je im Leben an irgendeiner Frau gesehen. Die Hände glichen denen ihres Onkels, aber sie paßten bedeutend besser auf ihre jugendlichen Gelenke: sanft, zierlich und wie zum Liebkosen geschaffen. Er dachte an ihre blauen Augen, die schon in Zorn, Erbarmen und Unschuld in die seinen geblickt hatten. Je länger er sie in ihrer Vollkommenheit betrachtete, desto garstiger schien ihm der Tod. Wie sollte ein Mann den Mut aufbringen, eine Welt zu verlassen, in der es solche Schönheit gab? Gerne hätte er vierzig Minuten seiner letzten Stunde geopfert, hätte er seine grausamen Worte von früher ungesagt machen können.

Plötzlich schlug heiserer, rauher Hahnenschrei aus dem dunklen Tal an ihr Ohr. Der schmetternde Ton zerriß die Nacht und rüttelte die jungen Leute aus ihren Gedanken.

«Ach», sah sie auf, «was könnte ich nur tun, um Euch zu helfen?»

«Madam», sagte Denis, ohne auf ihre Frage einzugehen, «sollte ich Euch vorhin mit meinen Worten verletzt haben – glaubt mir, es geschah zu Eurem Besten und nicht für mich.»

Ein tränenumflorter Blick dankte ihm.

«Ich verstehe, wie Ihr leidet», fuhr er fort. «Das Leben hat Euch böse mitgespielt. Euer Onkel ist eine Schande für die Menschheit. Glaubt mir, Madam, es kann keinen jungen Herrn in ganz Frankreich geben, der mich nicht darum beneiden würde, daß ich sterben darf, um Euch einen kleinen Dienst zu erweisen.»

«Daß Ihr tapfer seid und großmütig, das weiß ich schon», antwortete sie, «was ich aber noch nicht weiß, ist, ob und wie *ich Euch* dienen kann, jetzt oder – später.» Sie erschauerte.

«Gewiß könnt Ihr das», gab er zurück und lächelte. «Erlaubt mir, an Eurer Seite zu sitzen, als wäre ich ein alter Freund und nicht ein törichter Eindringling; versucht unsere befremdlichen Beziehungen zu vergessen, helft mir, meine letzten Augenblicke angenehm zu verbringen, und Ihr habt mir den größten Dienst erwiesen.»

«Ihr seid sehr ritterlich», sagte Blanche tieftraurig, «sehr ritterlich, und das verursacht mir einen eigenartigen Schmerz. Kommt her, wenn es Euch gefällt, und habt Ihr mir etwas zu sagen, seid eines sehr aufmerksamen Zuhörers gewiß. Ach, Monsieur de Beaulieu», brach es plötzlich leidenschaftlich aus ihr hervor, «Monsieur de Beaulieu, wie kann ich es nur wagen, Euch ins Auge zu schauen!» und wieder quollen die Tränen.

«Madam», erwiderte Denis und umschloß ihre beiden Hände, «bedenkt, wie wenig Zeit mir noch zu leben bleibt und wie verzweifelt mich der Anblick Eures Unglücks macht. Erspart mir in diesen letzten Augenblicken ein Schauspiel, das ich nicht einmal mit dem Opfer meines Lebens ändern kann!»

«Wie bin ich doch rücksichtslos», erwiderte Blanche. «Ich will versuchen, tapfer zu sein, Monsieur de Beaulieu, um Euretwillen. Doch nun, überlegt, ob ich Euch nicht irgendeinen Freundschaftsdienst erweisen kann, vielleicht habt Ihr eine Abschiedsbotschaft an Freunde. Betraut mich mit den schwersten Aufgaben; nie werden sie die unermeßliche Dankbarkeit aufwägen, die ich Euch schulde. Gebt mir Gelegenheit, etwas mehr für Euch zu tun, als nur zu weinen.»

«Meine Mutter hat sich wieder vermählt und hat eine neue Familie, für die sie sorgen muß. Mein Bruder Guichard wird meine Lehen erben. Wenn ich nicht irre, wird ihn das reichlich für den Verlust entschädigen... Was ist Leben anderes als ein Wölkchen, das rasch entschwindet... so lehrten uns doch die Mönche», meinte er nachdenklich. «Solange es gut geht und unser Leben voller Hoffnung auf Erfolg ist, kommen wir uns sehr wichtig vor. Unser Roß, so meinen wir, wiehert nur uns zu; die Mädchen liegen in den Fenstern und sehen nur uns nach, wenn wir zu Trompetenschall an der Spitze unserer Soldaten durch die Straßen reiten; wir sind es, die immer wieder Beweise des Vertrauens und der Wertschätzung erhalten, oft durch Eilboten zugestellt oder von Angesicht zu Angesicht; ja, Männer von Rang und Namen umarmen und ehren uns... Kein Wunder, daß uns ein solches Leben zu Kopfe steigt. Doch einmal tot, ist man so rasch vergessen, und wäre man so tapfer wie Herkules und so weise wie Salomon. Kaum zehn Jahre sind es her, daß mein Vater im Kampfe fiel, er und zahlreiche andere Ritter in hartem Ringen – und heute? Ich glaube nicht, daß man sich auch nur eines einzigen unter ihnen entsinnt, selbst der Schlachtort ist vergessen. Nein, nein, Madam, je mehr wir uns dem Tode nähern, erkennen wir, wie fragwürdig dieses Leben ist und auch der Tod, der Schritt in die Gruft, die sich hinter uns schließt, um sich erst zum Jüngsten Gericht zu öffnen... Heute schon habe ich nur wenige Freunde, aber bin ich erst einmal tot, so wird mir wohl keiner mehr bleiben.»

«Monsieur de Beaulieu», rief da das Mädchen,

«einen Freund habt Ihr vergessen, Blanche de Malétroit.»

«Ihr seid sehr liebenswürdig, Madam», gab er zurück, «darum gefällt es Euch, eine kleine Dienstleistung über Gebühr zu würdigen.»

«Dies ist es nicht», erklärte Blanche, «Ihr irrt, wenn Ihr glaubt, ich dächte hier nur an mich. Ich sage dies, weil Ihr der edelste der Männer seid, den ich jemals kennengelernt habe, weil ich in Euch eine Gesinnung ahne, die Euch auch dann berühmt machen würde, wenn Ihr aus einfachem Stande hervorgegangen wäret.»

«Was hilft mir das alles! Hier sitze ich in der Mäusefalle und werde sang- und klanglos sterben – bis auf mein eigenes Gequietsche.»

Ein Ausdruck des Schmerzes senkte sich auf die Züge des Mädchens, doch sie schwieg. Dann aber leuchteten ihre Augen auf:

«Ich kann es nicht ertragen, daß mein Ritter so gering von sich denkt. Wer sein Leben einem anderen opfert, wird im Paradies von den Engeln und Heerscharen Gottes empfangen werden. Ihr habt wirklich keinen Grund, Euren Kopf hangen zu lassen. Denn... Aber sagt, haltet Ihr mich für schön?»

«Gewiß, Madam, das tue ich.»

«Das macht mir große Freude.» Sie strahlte. «Glaubt Ihr, es gebe in Frankreich viele Männer, die von einem schönen Mädchen – aus ihrem eigenen Munde – um die Ehe gebeten wurden und ihr ins Gesicht hinein einen Korb gaben? Ich weiß, ein solcher Sieg gefällt euch Männern nicht. Doch glaubt mir, wir Frauen wissen besser, worin der Wert der Liebe liegt. Nichts sollte einen Mann stolzer machen, und wir Frauen würden diese Haltung über alles zu würdigen wissen.»

«Ihr seid sehr gütig», erwiderte er, «nur, daß mich nichts vergessen lassen kann, daß Euer Motiv nicht Liebe, sondern Mitleid war.»

«Dessen bin ich nicht so sicher», sie senkte den Kopf. «Hört mich zu Ende, Monsieur de Beaulieu. Ich weiß, wie sehr Ihr mich verachtet, und ich weiß, daß Ihr guten Grund dazu habt. Ich bin ein zu jämmerliches Wesen, als daß Ihr viele Gedanken an mich verlieren könntet... obgleich Ihr noch heute für mich sterben müßt. Als ich Euch aber bat, mich zur Frau zu nehmen, geschah dies, Gott sei mein Zeuge, weil ich Euch aus tiefster Seele achtete und bewunderte und liebte, von dem Augenblick an, da Ihr meinem Oheim gegenüber für mich Partei ergriffen habt. Ihr hättet Euch selbst sehen sollen, Eure edle Haltung, dann würdet Ihr mich bedauern und nicht verachten. Nun aber», und sie winkte ihm zu, zu schweigen – «Ihr seht, ich habe jede Zurückhaltung aufgegeben und habe offen gesprochen; aber Ihr müßt wissen, daß es mir bekannt ist, wie Ihr von mir denkt. Ich bin aus zu edlem Stande, um zu versuchen, das könnt Ihr glauben, Euch durch Zudringlichkeit zu gewinnen. Denn auch ich bin stolz. Ich erkläre darum jetzt vor der Heiligen Mutter Gottes als Zeugen, daß ich Euch niemals heiraten würde – so wenig wie den letzten Stallknecht meines Onkels –, solltet Ihr es Euch überlegen und Euer Wort zurücknehmen wollen.»

Denis lächelte bitter. «Liebe, die dem Stolze weicht, kann nicht allzu groß sein.»

Das Mädchen schwieg, in Gedanken versunken.

«Laßt uns zum Fenster gehen», meinte er schließlich und seufzte. «Es dämmert bereits.»

Das Himmelsgewölbe ließ schon das Tageslicht ahnen, farblos und klar. Im Tale unten brauten Nebel. Nebelstreifen hingen in Fetzen im Geäst des Waldes und lagerten über den Windungen des Flußes. Unendliche Stille lastete über der Landschaft, unterbrochen nur von dem Krähen der Hähne in fernen Gehöften. War wohl der Bursche dabei, der sie in der Nacht so erschüttert hatte? Das Licht im Osten wurde immer stärker, begann zu leuchten, und dann stieg die Sonne, ein glühender Feuerball, über den Bergen empor.

«Hat der Tag wirklich schon begonnen?» fragte Blanche, und sprunghaft fuhr sie fort: «Wie war die Nacht doch lang gewesen! Jetzt aber kommt bald mein Oheim zurück – was sagen wir ihm nur?»

«Was Ihr ihm sagen wollt», erwiderte Denis und preßte ihre Hand.

Sie schwieg.

«Blanche», brach es plötzlich aus ihm hervor, rasch, unsicher und leidenschaftlich, «du weißt es am besten, daß ich den Tod nicht fürchte. Du weißt es, daß ich in diesem Augenblick eher bereit bin, aus dem Fenster zu springen, als dich gegen deinen Willen auch nur mit einem Finger zu berühren. Doch sollte ich dir nicht ganz gleichgültig sein – ach, laß mich mein Leben nicht einem Mißverständnis opfern! Denn ich liebe dich mehr als die Welt. Obgleich ich jederzeit für dich zu sterben bereit bin – für dich weiterzuleben, dieses Leben deinem Dienste zu weihen, alle Freuden des Paradieses würde ich nicht dagegen tauschen.»

Er hielt inne. Da begannen irgendwo im Hause die Glocken zu läuten. Waffengeklirr in den Gängen verriet, daß die Mannen ihre Posten bezogen und daß die Zeit um war.

«Und das sagst du, nachdem du alles von mir weißt?» flüsterte Blanche und wandte Denis ihr Antlitz zu, daß ihre Augen und ihre Lippen ihm ganz nahe kamen.

«Ich weiß von nichts», erwiderte er.

«Der Hauptmann hieß Florimand de Champsdivers», flüsterte sie ihm ins Ohr.

«Ich habe nichts gehört», gab er zurück, dabei umfaßte er ihren schlanken Leib und bedeckte ihr tränenfeuchtes Gesicht mit Küssen.

Hinter ihnen erscholl ein vertrautes Gezirpe, dann ein wundersames Lachen, und Monsieur de Malétroit beglückwünschte seinen Neffen.

GEORGE GISSING

Die Lüge des Herrn Tymperley

Es war nach dem Abendessen im Salon. Frau Charman, die stattliche, freundliche Gastgeberin, sank seufzend in einen Sessel neben ihrer Freundin Frau Loring und fragte:

«Wie gefällt dir Herr Tymperley?»

«Sehr nett. Vielleicht ein bißchen sonderbar.»

«O ja, sonderbar ist er. Geradezu originell. Ich wollte dir von ihm erzählen, bevor wir hinuntergingen, aber es war zu wenig Zeit. Er ist ein alter Freund von uns. Mein lieber Mann und er waren zusammen in der Schule – in Harrow. Ein lieber, anhänglicher Mensch. Zu gut für diese Welt, fürchte ich. Er nimmt alles so ernst. Ich vergesse nie seine Trauer beim Tod meines armen Mannes. Ich erzähle Frau Loring gerade von Herrn Tymperley, Ada.»

Sie sprach zu ihrer verheirateten Tochter, die das gutmütige Äußere ihrer Mutter, verbunden mit etwas mehr Intelligenz und nachdenklicher Heiterkeit, geerbt hatte.

«Es tut mir leid, daß er nicht gesünder aussieht», gab Frau Weare zur Antwort.

«Er war immer etwas blaß, weißt du, und seine Lebensweise... Aber ich muß dir weiter erzählen», fuhr sie, zu Frau Loring gewandt, fort. «Er ist ein Junggeselle in guten Verhältnissen, und – es ist kaum zu glauben – aber er wohnt ganz allein in einer trostlosen Gegend von London. Wo ist es, Ada?»

«In einer ärmlichen Straße in Islington.»

«Ja, da lebt er – in einer abscheulichen Wohnung, wie ich fürchte. Es muß schrecklich ungesund sein, und alles nur, um das Leben der armen Leute kennenzulernen und ihnen helfen zu können. Ist das nicht heroisch? Anscheinend hat er das zu seiner Lebensaufgabe gemacht. Ich glaube, außer uns besucht er niemanden mehr. Du hättest das doch sicher nicht vermutet nach eurer Unterhaltung bei Tisch?»

«Wahrhaftig nicht», antwortete Frau Loring. «Er war nicht sehr gesprächig, und ich stellte fest, daß er sich hauptsächlich für Laubsägearbeiten und Außenpolitik interessiert.»

Frau Weare lachte. «Ja, so ist er. Als ich ein Kind war, machte er mir alle möglichen hübschen Dinge mit seiner Laubsäge, und als ich älter wurde, erklärte er mir, was das Gleichgewicht der Mächte bedeutete. Möglicherweise schreibt er Leitartikel, Mama, und wir werden es nie herausbekommen.»

«Meine Liebe, alles ist möglich bei Herrn Tymperley. Und was für eine Umstellung gegen sein Leben auf dem Land. Er hatte ein wunderschönes Haus ganz in unserer Nähe in Berkshire.

Ich muß immer wieder denken, daß er es vielleicht aufgegeben hat, weil mein Mann gestorben ist. Er hing so an ihm. Nach dem Tode meines Mannes, als wir von Berkshire wegzogen, verloren wir ihn jahrelang völlig aus den Augen. Dann traf ich ihn zufällig wieder in London. Ada meint, er habe vielleicht eine Enttäuschung erlebt.»

«Meine liebe Mama», warf die Tochter ein, «*du* hast das gemeint, nicht ich.»

«Wirklich? Mag sein. Man sieht ihm jedenfalls an, daß er etwas mitgemacht hat. Vielleicht hat ihn aber auch das Mitleid, das er mit den Armen empfindet, so verändert. Ein wunderbarer Mann!»

Als männliche Stimmen an der Tür des Salons zu vernehmen waren, blickte Frau Loring interessiert nach dem merkwürdigen Herrn aus. Er kam als letzter. Er war über mittelgroß, hatte gebeugte Schultern, war schmal und unscheinbar, schritt unschlüssig daher und bewegte sich scheu; seine blaßgrauen Augen blickten unter nervös gesenkten Brauen sanft und schüchtern umher; ein Lächeln, das für seine Anwesenheit um Entschuldigung zu bitten schien, zitterte auf seinen Lippen. Sein ergrauendes Haar wurde dünn, aber er trug einen starken Schnurrbart, der besser zu energischeren Zügen gepaßt hätte. Als er in den Salon schritt oder vielmehr sich seitlich hineinschob, öffnete und schloß er seine Hände fortwährend, was ziemlich lächerlich wirkte. Man konnte ihn nicht gerade schäbig angezogen nennen, doch war seine Kleidung bedeutend weniger untadelig als die der anderen Herren. Wenn man genauer hinsah, bemerkte man, daß sein schwarzer Anzug keineswegs der letzten Mode entsprach. Seine Wäsche war fehlerlos, doch trug er nur einen schwarzen Hemdknopf und Manschettenknöpfe von der gleichen einfachen Ausführung.

Er steuerte in eine Ecke und würde dort einsam und anscheinend zufrieden den Rest des Abends verbracht haben, hätte nicht Frau Weare auf einem Stuhl neben ihm Platz genommen.

«Ich hoffe, Sie werden nicht im August in der Stadt bleiben, Herr Tymperley?»

«Nein, o nein, o nein, ich glaube nicht!»

«Aber Sie scheinen unentschlossen. Verzeihen Sie mir, wenn ich sage, daß Sie bestimmt Erholung brauchen. Wirklich, Sie sehen nicht allzu gut aus. Kann ich Sie nicht überreden, zu uns nach Luzern zu kommen? Mein Mann würde sich sehr freuen, und er könnte sich mit Ihnen über die politischen Verhältnisse in der Welt unterhalten. Kommen Sie für vierzehn Tage, bitte!»

«Meine liebe Frau Weare, Sie sind zu gütig. Ich bin Ihnen sehr dankbar. Ihr freundschaftliches Interesse rührt mich tief. Die Sache ist nur die, daß ich mich so halb und halb mit anderen Freunden verabredet habe. Ich habe sozusagen – ja, wirklich, ich glaube, ich kann es nicht mehr rückgängig machen.»

Er sprach mit sanfter, dünner Stimme und der exakten Aussprache eines behutsamen Geistlichen, und sein Lächeln wirkte beinahe weinerlich, wie er sich verlegen einen Satz nach dem anderen abquälte. Dabei rang er seine langen, mageren Hände, bis die Knöchel weiß wurden.

«Nun, die Hauptsache ist, daß Sie überhaupt wegfahren. Ich fürchte nämlich, daß Sie Ihre Gewissenhaftigkeit zu weit treiben. Sie tun niemandem einen Gefallen, wenn Sie sich krank machen.»

«Allerdings nicht. Ha, ha! Das ist mir klar. Gesundheit ist die Hauptsache. Nichts hindert einen mehr, sich nützlich zu machen, als körperliches Versagen. Natürlich, selbstverständlich!»

«Ihr Mitgefühl für andere muß an Ihrer Gesundheit zehren, abgesehen von der ungesunden Atmosphäre.»

«Aber Islington ist nicht ungesund, meine liebe Frau Weare. Glauben Sie mir, die Luft ist oft geradezu kräftigend. Wir sind ziemlich hoch, müssen Sie bedenken. Wenn man nur den schädlichen Rauch der Kamine von Privathäusern und Industrieanlagen etwas einschränken könnte! Oh, ich versichere Ihnen, Islington hat alle natürlichen Voraussetzungen für eine zuträgliche Wohngegend.»

Zum Abschluß wurde ein wenig musiziert, worüber Herr Tymperley sich zu freuen schien. Er lehnte den Kopf zurück und blickte selbstvergessen aufwärts; auch nachdem die Musik zu Ende war, behielt er diese Haltung noch eine

Zeitlang bei, bis er sich mit einem Seufzer aufraffte und erhob.

Als er das Haus verließ, trug er einen für die Jahreszeit viel zu warmen Mantel und steckte seine Lackschuhe in die Tasche. Sein hoher Hut war aus hartem Filz. Er ergriff einen zerknitterten Regenschirm und schritt lebhaft aus, als wolle er zur nächsten Bahnstation. Aber weder eine Eisenbahn noch ein Autobus war sein Ziel. Durch die ambrosisch duftende Nacht wanderte er mit dem gleichmäßigen Schritt eines Menschen, der an Fußmärsche gewöhnt ist, von Notting Hill Gate nach Marble Arch, von Marble Arch zur New Oxford Straße, dann von der Theobaldstraße nach Pentonville und immer weiter aufwärts, bis er die Höhe seiner zuträglichen Wohngegend erreicht hatte. Lange nach Mitternacht kam er in eine schmale Seitenstraße, die im Mondlicht sauber, wenn auch nicht einladend wirkte. Er schloß die Tür eines kleinen Hauses auf, in dem es nach Leim roch, zündete einen Kerzenstummel an, den er aus seiner Tasche zog, und stieg zwei Treppen hinauf zu einem nach rückwärts gelegenen winzigen Schlafzimmer. Bald darauf schlief er fest.

Er erwachte um acht Uhr – eine in der Nähe schlagende Uhr sagte ihm die Zeit – und zog sich mit nervöser Eile an. Als er seine Tür öffnete, fand er draußen ein Tablett mit einem äußerst bescheidenen Frühstück: einem Viertelliter Milch, Brot und Butter. Um neun Uhr ging er hinunter, klopfte höflich an die Tür des Vorderzimmers und wurde von einer klanglosen Stimme zum Eintreten aufgefordert. In dem Raum befanden sich ein älterer Mann und ein Mädchen, die damit beschäftigt waren, Bücher einzubinden.

«Guten Morgen, mein Herr», sagte Herr Tymperley mit einer Verbeugung, «guten Morgen, Fräulein Suggs. Die Sonne scheint! Wie das gut tut!»

Er rieb sich die Hände, als ob es ein frostkalter Morgen wäre. Der Buchbinder nickte ihm kurz zu und wies ihm eine Arbeit an, der sich Herr Tymperley mit Fleiß widmete. Er arbeitete geduldig und mit einer gewissen natürlichen Begabung während des ganzen Tages.

So stand es mit Herrn Tymperley, der einst in Berkshire in gesicherten Vermögensverhältnissen – dank guter Kapitalanlage – gelebt hatte. Er hatte in Harrow die Schule besucht, dann in Cambridge studiert und anschließend so lange überlegt, welchen Beruf er ergreifen sollte, bis es ihm zu spät schien, überhaupt noch einen Beruf auszuüben. Und da er es nicht nötig hatte, Geld zu verdienen, lebte er in friedlichem Müßiggang in der Nähe seines reichen und einflußreichen Freundes, Herrn Charman. Still vergingen die Jahre. Ein paarmal dachte er an Heirat, doch ein gewisses Mißtrauen ließ ihn nicht die ersten Schritte tun. Schließlich hielt er sich für einen eingefleischten Junggesellen und war mit diesem Zustand zufrieden. Wäre er nur auch anderen Versuchungen gegenüber ebenso mißtrauisch gewesen! In einer unheilvollen Stunde hörte er auf Herrn Charman, dessen Gespräche sich nur um Spekulationen, Börsenkurse und Dividende drehten. Nicht für sich fühlte Herr Tymperley die Versuchung. Er hatte Geld genug und wollte nicht mehr. Aber er dachte an seine Schwester, die mit einem wenig erfolgreichen Kleinstadtadvokaten verheiratet war, und an ihre sechs Kinder, denen er gern, wie der reiche Onkel im Märchen, geholfen hätte, ihren Lebensweg zu erleichtern. Er vertraute Herrn Charman blind, mit dem Resultat, daß er sich eines Tages zitternd dem Ruin nahe sah; einige letzte bestätigende Nachrichten machten aus Herrn Tymperley einen armen Mann.

Niemand erfuhr dies außer Herr Charman, und dieser lag wenige Tage später auf dem Totenbett. Auch Herr Charman hatte Verluste erlitten, aber für ihn blieben sie in erträglichem Rahmen, während Herr Tymperley restlos ruiniert war. Doch erwähnte Herr Tymperley dies der Witwe gegenüber mit keinem Wort, noch erfuhr es sonst jemand außer seinem Rechtsanwalt, der seine Geschäfte abwickeln mußte, und seine Schwester, deren Kinder wohl oder übel ohne die Hilfe ihres Onkels zurechtkommen mußten. Während der Abwesenheit seiner Nachbarn nach Herrn Charmans Tod verschwand Herr Tymperley stillschweigend.

Der verarmte Herr Tymperley war damals ungefähr 40 Jahre. Es blieb ihm ein Kapital, das er nicht angreifen durfte. Von den Zinsen hätte ein Arbeiter kaum leben können. Der einzig mögliche Wohnort – und zugleich das einzig mögliche Versteck – war London. Also zog Herr Tymperley nach London. Er lernte es nicht sofort, wie man mit unzureichenden Mitteln am Leben bleibt. Im Anfang war er durch Hunger und Demütigungen einmal so weit heruntergekommen, daß er seinen Stolz beugte und einen Bekannten um Rat und Hilfe bat. Aber nur ein Mann in Herrn Tymperleys Lage erfährt, wie wenig ein gutgemeinter Rat oder gesellschaftlicher Einfluß nützen können. Hätte er um Geld gebeten, so hätte er ohne Zweifel einen Scheck mit einigen teilnehmenden Worten erhalten. Aber dazu konnte sich Herr Tymperley nicht entschließen.

Er versuchte mit seinem früheren Zeitvertreib, Laubsägearbeiten, etwas Geld zu verdienen und hatte insofern Erfolg, als er in sechs Monaten ungefähr ein halbes Pfund verdiente. Aber die Aussicht, jährlich etwa ein Pfund zu seinen kümmerlichen Zinsen hinzu zu verdienen, war nicht gerade ermutigend.

Während dieser ganzen Zeit lebte er natürlich ganz zurückgezogen. Armut läßt die, die nicht in Armut geboren sind, schnell vereinsamen. Einem feinfühligen Menschen, der nicht mehr als Gleichgestellter unter den Personen seiner Gesellschaftsschicht leben kann, bleibt nichts anderes übrig, als in Einsamkeit zu leben. Verwundert erfährt er alsbald, wie bereitwillig die

Menschheit seine Existenz vergißt. London ist eine Wüste voll von freiwilligen oder gezwungenen Einsiedlern. Während er durch die Straßen und Parks wanderte oder sich die Zeit in Museen und Galerien vertrieb, wo es keinen Eintritt kostete, sah er oft Einsiedler wie er. Er verstand die verstohlenen Blicke, die sie ihm zuwarfen, las in ihren blassen Gesichtern, bemerkte ihre abgetragene, aber adrette Kleidung. Kein persönliches Wort fiel je zwischen diesen lauernden Gestalten; gern hätten sie ihr Herz ausgeschüttet, aber ihr Stolz hielt sie zurück; jeder schritt seinen stillen und freudlosen Weg weiter, bis sie das Glück hatten, ins Kranken- oder Armenhaus zu kommen, wo sich endlich ihre Zunge löste und sich aus ihrer verwundeten Seele eine Anklage gegen die Welt ergoß.

Ein Mann in seiner Situation erlangt seltsame Kenntnisse. Er lernt erstaunliche Sparmaßnahmen und ist stolz darauf, daß er entdeckt hat, mit wie wenig Geld man auskommen kann. In seinen guten Tagen wäre es für Herrn Tymperley ein unumstößliches Gesetz gewesen, daß man einfach soundso viel zum Leben braucht; jetzt wußte er, daß man mit einigen Groschen am Tag leben konnte. Er erfuhr, was Lebensmittel kosten, und wußte bald über ihren Nährwert Bescheid. Er sah sich zu vegetarischer Lebensweise gezwungen und fand, daß diese Ernährung ihm gut bekomme, worauf er bei sich manch verächtliche Bemerkung über die Gewohnheiten der fleischfressenden Masse machte. Er mußte dem Alkohol abschwören und sehnte sich flugs danach, seine Meinung über das Abstinenzlertum öffentlich zu verkünden. Dies waren die Freuden, die ihn seltsamerweise für manch andere Einbuße an Selbstachtung entschädigten.

Als er eines Tages in der Bank von England seine bescheidenen vierteljährlichen Zinsen abheben wollte, traf er eine alte Bekannte. Es war Herrn Charmans Witwe.

«Nein, Herr Tymperley, wo haben Sie nur die ganze Zeit gesteckt? Warum haben Sie nie etwas von sich hören lassen? Stimmt es, daß Sie im Ausland waren?»

Er war so verwirrt, daß er nur stammelnd ihre letzten Worte wiederholen konnte: «Ja, im Ausland.»

«Aber warum haben Sie nie geschrieben?» setzte Frau Charman ihm weiter zu, ohne ihm Zeit zur Antwort zu lassen. «Das war aber nicht nett! Warum sind Sie ohne ein Wort verschwunden? Meine Tochter meinte, wir müßten Sie wohl unwissentlich beleidigt haben. Sagen Sie bitte – war da etwas –»

«Meine liebe Frau Charman, es ist ganz meine Schuld. Ich – es ist so schwierig zu erklären – das Ganze ist etwas kompliziert. Bitte, betrachten Sie mein unverzeihliches Benehmen als – als eine Marotte.»

«Oh, aber Sie müssen uns besuchen. Wissen Sie, daß Ada verheiratet ist? Schon seit einem Jahr. Wie wird sie sich freuen, Sie wiederzusehen. Sie hat so oft von Ihnen gesprochen. Wann können Sie zum Essen kommen? Morgen?»

«Mit Vergnügen. Mit größtem Vergnügen.»

«Schön.» Sie gab ihm ihre Adresse und verabschiedete sich.

Ein Beweis dafür, daß Herr Tymperley nie ganz die Hoffnung aufgegeben hatte, wieder Anschluß an seine ehemaligen Kreise zu bekommen, war darin zu sehen, daß er sorgfältig einen Gesellschaftsanzug mit dazugehörigen Lackschuhen aufgehoben hatte. Manches Mal war er in schwerer Versuchung gewesen, diese offenbar überflüssigen Dinge zu verkaufen; manches Mal gegen Ende des Vierteljahres, bevor er seine neuen Zinsen abheben konnte, war der Anzug ins Pfandhaus gewandert, aber sich von diesem Symbol eines besseren Lebens ganz zu trennen, wäre Selbstaufgabe gewesen und hätte nicht zu Herrn Tymperleys Zähigkeit gepaßt. Seine Schmuckstücke, sogar Uhr und Kette waren längst dahin, solcher Zierat ist entbehrlich für einen Herrn. Er beglückwünschte sich jetzt zu seiner Voraussicht, denn sein Zusammentreffen mit Frau Charman freute und beunruhigte ihn nicht wenig, und die Aussicht, wieder eine Gesellschaft zu besuchen, ließ sein Herz höher schlagen. Er eilte heimwärts, nahm seine Abendkleidung besorgt in Augenschein und fand nichts Besonderes daran auszusetzen. Hemd, Kragen und Halstuch würde er neu anschaffen müssen, zum Glück war er dazu in der Lage. Aber wie sollte er auf Frau Charmans

Fragen antworten? Konnte er seinen Wohnort, seine schreckliche Armut gestehen? Aber damit würde er an das Mitleid seiner alten Freunde appellieren, und davor schrak er schaudernd zurück. Kein Mensch von Kultur wird, wenn es sich vermeiden läßt, Dinge berichten, die Unbehagen wecken. Sollte er nun alles gestehen oder seine Zuflucht zu einer Lüge nehmen? Die Wahrheit würde Vorwürfe gegen Herrn Charman enthalten, und auch das war Herrn Tymperley ein unerträglicher Gedanke.

Am nächsten Morgen grübelte er immer noch über dieses Problem. Er kam bei Frau Charman an, ohne eine Lösung gefunden zu haben. Im Wohnzimmer erwarteten ihn drei Personen: die Gastgeberin, ihre Tochter und ihr Schwiegersohn, Herr und Frau Weare. Der herzliche Empfang rührte ihn fast zu Tränen. Er war so bewegt, daß er den Kopf verlor. Zu seinem Erstaunen hörte er sich bald darauf als Antwort auf die Frage nach seiner jetzigen Wohnung eine sonderbare Geschichte erzählen.

«Zurzeit», sagte er mit verlegenem Lächeln, «bewohne ich ein Wohn-Schlaf-Zimmer in einer kleinen Straße in Islington.»

Schweigen. Ungläubige Augen starrten ihn an. Wer weiß, was für Geständnisse Herr Tymperley gemacht hätte, wären diese Augen nicht gewesen. So aber...

«Sie wissen, Frau Charman, daß ich Ihnen eine Marotte beichten wollte. Hoffentlich erschrecke ich Sie nicht. Um es kurz zu sagen, ich habe mich sozialer Tätigkeit gewidmet. Ich lebe unter den Armen als einer von ihnen, um auf diese einzigmögliche Weise die nötigen Erfahrungen zu erlangen.»

«Oh, wie edel!» rief die Gastgeberin.

Den armen Herrn Tymperley plagte sein Gewissen furchtbar. Er konnte nicht weitersprechen. Aus Zartgefühl wechselten seine Freunde das Gesprächsthema. Weder damals noch später zweifelten sie je an der Wahrheit seiner Worte. Frau Charman hatte ihn in der Bank von England Geschäfte tätigen sehen, zweifellos kein Ort für arme Leute. Und er hatte immer für einen Mann mit originellen Ansichten und Handlungen gegolten. So wurde Herr Tymperley zu einem seltsamen Schwindel getrieben, einem Betrug, der schwerlich herauskommen konnte, und der außer seinen Urheber niemanden belastete.

Seitdem war ungefähr ein Jahr verstrichen. Herr Tymperley war etwa ein halbes dutzendmal bei seinen Freunden eingeladen worden, hatte sich bei jedem Besuch sehr wohlgefühlt, außer wenn gelegentliche Andeutungen über seine Lebensweise ihn aufstörten. Man glaubte allgemein zu verstehen, daß er über seine Wohltaten grundsätzlich Stillschweigen bewahren wollte, achtete diese Einstellung, so daß er sich in keine weiteren Lügen einzulassen brauchte. Allerdings bedauerte er bald seinen Schwindel, denn Frau Charman war eine wohlhabende Frau, die ihm gewiß hätte behilflich sein können, einen anständigen Lebensunterhalt zu finden. Unter den jetzigen Umständen hatte er sich vorgenommen, Buchbinder zu werden, ein Handwerk, das ihm nicht übel gefiel. Seit einiger Zeit wohnte er bei einem Buchbinder. Eines Tages hatte er sich ein Herz gefaßt und mit seinem Hauswirt ein Abkommen getroffen, wonach er für seine Lehrzeit mit einer gewissen Menge Arbeit bezahlen sollte, sobald er ausgelernt hatte, was bald der Fall sein würde. Im ganzen fühlte er sich jetzt wohler als in der Zeit seines Müßigganges. Er freute sich auf die Zeit, da er ein wenig mehr Geld in der Tasche haben würde und sich nicht mehr vor den letzten vierzehn Tagen am Quartalsende zu fürchten brauchte, da er sich kein Abendessen mehr leisten konnte.

Frau Weares Aufforderung, nach Luzern zu kommen, brachte ihn in Aufruhr. Luzern! Es mußte in einem früheren Leben gewesen sein, daß er Ferienreisen als etwas Selbstverständliches betrachtet hatte. Er dachte an die vielen schönen Orte, die er kannte, an so manche Traumlandschaft, die beim Anblick der Londoner Straßen fern und unwirklich schien. Die drei Jahre im Elend kamen ihm länger vor als sein ganzes Leben in behaglicher Zufriedenheit. Luzern! Wäre er ein Mann von heftigerem Temperament gewesen, so hätte die Vorstellung ihn rasend gemacht; so aber seufzte er nur und lächelte still und schmerzlich.

Da er gestern so gut gegessen hatte, hielt er es

für seine Pflicht, heute weniger als gewöhnlich auszugeben. Gegen acht Uhr abends, nachdem er versonnen durch die frische Luft geschritten war, die er so gelobt hatte, betrat er das Geschäft, in dem er seine bescheidenen Einkäufe zu machen pflegte. Eine beleibte Frau hinter der Theke grüßte ihn, wobei sie einen anderen Kunden angrinste. Herr Tymperley machte wie immer eine höfliche Verbeugung.

«Darf ich um ein frisches Ei und ein wenig Kopfsalat bitten?» sagte er.

«Nur eins heute?» fragte die Frau.

«Ja, bitte, nur eins», gab er zur Antwort, als spreche er in einem Salon. «Verzeihen Sie, wenn ich die Hoffnung ausspreche, daß dieses Ei im wahrsten Sinne des Wortes frisch sein möge. Das letzte muß aus Versehen in diesen Kasten geraten sein – wie es in der Eile des Geschäftes vorkommen kann.»

«Sie sind alle von der gleichen Sorte», sagte die dicke Geschäftsfrau, «bei uns gibt's keinen Irrtum.»

«Oh, Verzeihung! Vielleicht habe ich –»

Ei und Salat wurden sorgsam in einer kleinen Einkaufstasche verstaut, dann kehrte Herr Tymperley nach Hause zurück. Eine Stunde später, als er sein Mahl beendet hatte und nachdenklich in einem steiflehnigen Stuhl saß, klopfte es an seine Tür, und ein Brief wurde abgegeben. Er erhielt so selten Post, daß seine Hand zitterte, als er den Umschlag betrachtete. Das erste, was er beim Öffnen erblickte, war ein

Scheck. Das regte ihn noch mehr auf. Er faltete den Briefbogen auseinander, der von Frau Weare kam. Sie schrieb:

«*Mein lieber Herr Tymperley, – nach unserer Unterhaltung gestern muß ich immer wieder an Sie und Ihr wunderbares Opferleben denken. Ich vergleiche das Los dieser armen Menschen mit meinem eigenen, das so unverdient reich und gesegnet ist. Als Resultat dieser Betrachtungen möchte ich Ihnen einen kleinen Beitrag für Ihr wohltätiges Werk übermitteln – eine Art Dankopfer kurz vor Beginn glücklicher Ferientage. Verteilen Sie das Geld bitte an zwei oder drei besonders Bedürftige, oder, wenn Sie meinen, geben Sie alles einem. Ich hoffe immer noch, Sie in Luzern zu sehen. Mit den herzlichsten Grüßen...*»

Der Scheck lautete auf fünf Pfund. Herr Tymperley betrachtete ihn lange am Fenster. Für seine Verhältnisse waren fünf Pfund eine sehr große Summe. Was könnte man alles damit anfangen! Seine Schuhe, die bereits mehrmals geflickt waren, würden ihm nicht mehr lange Dienste tun. Seine Hosen waren kaum noch repräsentabel. Sein Hut, den er sorgfältig pflegte, war derselbe, mit dem er vor drei Jahren nach London gekommen war. Er mußte sich von Kopf bis Fuß neu einkleiden, und in Islington wäre das mit 5 Pfund zu machen. Wann würde er je wieder eine solche Summe zur Verfügung haben?

Er seufzte tief auf und starrte vor sich hin.

Der Scheck war gekreuzt. Zum erstenmal in seinem Leben bemerkte Herr Tymperley, daß ein gekreuzter Scheck seinem Empfänger allerhand Schwierigkeiten machen konnte. Wo sollte er ihn wechseln? Seinen Wirt kannte er als mißtrauischen Geizkragen, und Herr Tymperley schrak vor der demütigenden Aussicht zurück, abgewiesen zu werden mit einem Blick, wie ihn nur Herr Suggs fertigbrachte. Außerdem war es fraglich, ob sein Hauswirt den Scheck überhaupt verwenden konnte. Wen konnte er sonst um Rat fragen? Genau genommen, niemanden in ganz London.

Zuerst mußte er Frau Weares Brief beantworten. Er zündete seine Lampe an und nahm Platz an seinem kleinen Klapptisch, aber vergeblich tauchte er seine Feder immer wieder in die Tinte. Endlich schrieb er:

«*Liebe Frau Weare –*»

Dann kam eine so lange Pause, daß er beinahe eingeschlafen wäre. Er gab sich einen Ruck und fuhr fort:

«*Dankbar bestätige ich den Empfang Ihrer freundlichen und großzügigen Spende. Das Geld...*» wieder wußte er nicht weiter, «*soll in dem von Ihnen gewünschten Sinne verwendet werden, und ich werde Ihnen einen genauen Bericht geben, zu welchem Zweck es benutzt worden ist.*»

Noch nie war ihm ein Brief so schwer gefallen. Er fand, daß er sich ungeschickt ausdrückte. Sein Hirn war wie vernagelt. Mit einer Kraftanstrengung brachte er den Brief zu Ende, kaufte in einem Tabakgeschäft eine Briefmarke und steckte alles in den nächsten Postkasten.

In dieser Nacht fand Herr Tymperley wenig Schlaf. Er dachte darüber nach, wo er die armen Leute finden sollte, die würdig waren, die Wohltat zu erhalten. Natürlich hatte er keine Verbindung zu den Kreisen, an die Frau Weare dachte. Genau betrachtet waren alle Leute in seiner Nähe arm, aber, so fragte er sich, bedeutete Armut dasselbe für sie wie für ihn? Gab es einen Menschen in dieser trüben Straße, der, mit ihm verglichen, mit Recht arm genannt werden konnte? Ein gebildeter Mann, der gezwungen ist, unter einfachem Volk zu leben, kommt zu merkwürdigen Ansichten. Eine dieser Ansichten, die Herr Tymperley sich schon längst gebildet hatte, war die, daß die «Leiden» der armen Leute von Außenstehenden sehr übertrieben werden, da meist ein ganz falscher Vergleichsmaßstab angelegt wird. Er erblickte um sich Menschen, die sich derben Vergnügungen hingaben, die zufrieden ihrer Arbeit nachgingen oder die in gleichgültigem Stumpfsinn dahinlebten. Er war überzeugt, daß der einzige Mensch in dieser Straße, der sich seiner Armut bewußt war und unter ihr litt, er selbst war.

Aus schweren Träumen ließ ihn plötzlich ein Gedanke hochfahren, eine Erkenntnis glühte in seinem Hirn. Wem verdankte er den Verlust seines Wohllebens und seiner Selbstachtung, und wer war an seinem ganzen Elend schuld? Frau Weares Vater. Waren von diesem Standpunkt aus die fünf Pfund nicht eine kleine Wiedergutmachung? Durfte er sie nicht ohne weiteres für seine eigenen Bedürfnisse verwenden?

Wieder schlummerte er ein, um mit einer neuen Erkenntnis aufzuwachen. Wenn Frau Weare, die eine gescheite Frau war, die Wahrheit über ihn vermutete oder entdeckt hatte? Wenn sie insgeheim wünschte, daß er dieses Geld für sich nehmen sollte?

Im Morgengrauen schien ihm diese Vermutung nicht mehr so wahrscheinlich zu sein. Andererseits war seine Erinnerung an Herrn Charmans moralische Verpflichtung ihm gegenüber neu erwacht. Er sprang aus dem Bett, um sich den Scheck zu holen, den er über eine Stunde in der Hand hielt. Dann erhob er sich und zog sich mechanisch an.

Nach Feierabend wanderte er durch eine Geschäftsstraße. Ein Schuhgeschäft ließ ihn nicht weitergehen; lange stand er vor dem Schaufenster und drehte und drehte dabei ein Goldstück in seiner Tasche. Der größte Teil dieser Münze mußte ihn bis zum Quartalsende über Wasser halten. Dann schritt er über die Schwelle des Geschäfts.

Kaum je wurde ein Paar Schuhe mit solcher Unbesonnenheit eingekauft. Er handelte wie im Traum, er sprach, ohne zu hören, was er sagte, er starrte Dinge an, ohne sie zu sehen. So kam es dazu, daß er erst auf dem Heimweg, mit seinen bequemen alten Schuhen unter dem Arm, bemerkte, daß die neuen ihn fürchterlich drückten. Außerdem quietschten sie, du lieber Himmel, und wie! Aber zweifellos waren das Mängel, die alle neuen Schuhe besaßen. Er hatte das nur vergessen, weil es so lange her war, daß er sich Schuhe gekauft hatte. Doch war er nun todmüde, völlig erschöpft. Nachdem er ein wenig gegessen hatte, kroch er ins Bett.

Die ganze Nacht schlug er sich mit seinen neuen Schuhen herum. Mit schmerzenden Füßen hinkte er durch die Straßen einer Geisterstadt, wo an jeder Ecke jemand im Hinterhalt zu liegen schien, und dieser lauernde Feind schien jedesmal niemand anderer zu sein als Frau Weare, die ihn verächtlich anblickte, wie er umherwankte. Das Quietschen der Schuhe war eine Stimme, die ihm immer wieder ein schreckliches Wort zuschrie. Er bebte, zitterte und stöhnte, aber er mußte immer weitergehen, denn in seiner Hand hielt er einen gekreuzten Scheck, den er einwechseln mußte und den niemand annehmen wollte. Was für eine Nacht!

Als er wach wurde, war sein Kopf schwer wie Blei, aber seine Gedanken waren hell und klar. Was war ihm nur eingefallen, sein Geld so sinnlos für ein Paar neue und abscheuliche Schuhe auszugeben, die er sich gar nicht leisten konnte? Die alten hätten mindestens noch bis zum Winter gehalten. Was hatte er sich gedacht, als er dieses Geschäft betrat? Wollte er etwa...? Du lieber Himmel!

Herr Tymperley war kein großer Psychologe.

Aber mit erschreckendem Scharfsinn erkannte er plötzlich die moralische Krisis, in der er sich befand. Und wieder lernte er eine neue Wahrheit über das Leben der Armen.

Unmittelbar nach seinem Frühstück ging er hinunter und klopfte an Herrn Suggs' Tür.

«Was gibt's?» sagte der Buchbinder, der sein viertes Ei mit Speck verzehrte, mit vollem Mund.

«Mein Herr, ich bitte um einen ein- bis zweistündigen Urlaub heute morgen, da ich etwas Dringendes zu erledigen habe.»

Herr Suggs antwortete mit der ihm eigenen Art: «Sie können tun, was S'e woll'n. Ich zahl' Ihnen ja nix.»

Herr Tymperley zog sich mit einer Verbeugung zurück.

Zwei Tage später schrieb er folgenden Brief an Frau Weare:

«*Das Geld, das Sie mir freundlicherweise schickten, ist jetzt verteilt worden. Um sicher zu sein, daß es in der richtigen Weise Verwendung finden würde, habe ich den Scheck mit genauen Anweisungen einem in der Nähe wohnenden Geistlichen ausgehändigt, der liebenswürdigerweise auf dem beiliegenden Blatt die Wohltaten notiert hat, die er mit Hilfe Ihres Schecks ausführen wird und mit denen Sie gewiß einverstanden sein werden.*

Sie werden fragen, warum ich mich an einen Geistlichen gewandt habe. Warum habe ich nicht meine eigene Erfahrung zu Hilfe genommen und mir das Vergnügen gegönnt, armen Menschen zu helfen, an denen ich ein persönliches Interesse hatte – da ich es doch zu meinem Lebensinhalt gemacht hatte, Werke der Barmherzigkeit zu tun?

Die Antwort ist kurz und einfach. Ich habe Sie belogen.

Ich lebe nicht freiwillig an diesem Ort. Ich habe mein Leben nicht der Wohltätigkeit gewidmet. Ich bin – nein, ich war – ein armer Mann, der sein Vermögen eines Tages bei einer unsinnigen Spekulation verloren hatte und der, da er sich schämte, seine Freunde zu Rate zu ziehen, sich in ein Leben des Trübsinns und der Einsamkeit flüchtete. Sie sehen, wie ich selbst mein Unglück verschlimmerte. Lassen Sie mich verschweigen, was ich beinahe noch getan hätte.

Ich habe ein bestimmtes Handwerk erlernt, welches mir zweifellos dazu verhelfen wird, meinen kärglichen Einkünften etwas hinzu zu verdienen, so daß ich bald in besseren Verhältnissen leben werde als bisher. Ich ersuche Sie, mir zu verzeihen, wenn Sie können, und zu vergessen Ihren unwürdigen

S. V. Tymperley»

OSCAR WILDE

Der Modellmillionär

Wenn man nicht reich ist, hat es keinen Sinn, ein netter Junge zu sein. Romantik ist das Vorrecht der Reichen, nicht der Beruf der Arbeitslosen. Der Arme muß praktisch und prosaisch sein. Es ist besser, ein sicheres Einkommen zu haben, als die Leute zu bezaubern. Das sind die großen Wahrheiten des modernen Lebens, die Hugo Erskine niemals erkannte. Armer Hugo! In intellektueller Beziehung, das muß ich zugeben, war er freilich nicht von großer Bedeutung. Er hat nie in seinem Leben ein glänzendes oder auch nur ein bissiges Wort gesagt – aber er sah wunderhübsch aus mit seinem krausen, braunen Haar, seinem feingeschnittenen Profil und seinen braunen Augen. Er war ebenso beliebt bei Männern wie bei Frauen, und er hatte jede Tugend, nur nicht die, Geld machen zu können. Sein Vater hatte ihm seinen Kavalleriesäbel und eine «Geschichte des spanischen Erbfolgekriegs» in fünfzehn Bänden hinterlassen. Hugo hing den ersteren über seinen Spiegel und stellte die letzteren auf ein Regal zwischen Ruffs

«Führer durch London» und Bailys «Magazine» und lebte von zweihundert Pfund im Jahr, die eine alte Tante ihm aussetzte. Er hatte alles versucht. Er war sechs Monate auf die Börse gegangen; aber was soll ein Schmetterling zwischen gierigen Raubtieren anfangen? Etwas längere Zeit war er Teehändler gewesen; aber Pekko und Souchong langweilten ihn bald. Dann hatte er versucht, herben Sherry zu verkaufen. Das ging nicht – der Sherry war etwas zu herb. Endlich war er nichts weiter als ein entzückender, harmloser junger Mann mit einem vollendeten Profil, aber ohne Beruf.

Um das Übel voll zu machen, war er überdies verliebt. Das Mädchen, das er liebte, war Laura Merton, die Tochter eines pensionierten Obersten, der seine gute Laune und seine gute Verdauung in Indien verloren hatte und keines von beiden je wiederfand. Laura betete Hugo an, und er war bereit, ihre Schuhbänder zu küssen. Es gab kein hübscheres Paar in London, aber sie besaßen zusammen keinen Heller. Der Oberst hatte Hugo sehr gern, wollte aber nichts von einer Verlobung wissen.

«Kommen Sie zu mir, mein Junge, wenn Sie einmal zehntausend Pfund besitzen – dann werden wir weiter sehen», pflegte er zu sagen; und an solchen Tagen blickte Hugo sehr sauer drein, und Laura mußte ihn trösten.

Eines Morgens, als er gerade auf dem Wege nach dem Holland-Park war, wo die Mertons wohnten, kam ihm der Gedanke, einen guten

Freund, Alan Trevor, zu besuchen. Trevor war ein Maler. Es gelingt heutzutage wirklich wenig Leuten, dies nicht zu sein. Aber er war auch ein Künstler, und Künstler sind doch schon etwas seltener. Äußerlich war er ein seltsam grober Bursche mit einem sommersprossigen Gesicht und einem roten wilden Bart. Wenn er aber seinen Pinsel in die Hand nahm, war er ein wirklicher Meister, und seine Bilder waren sehr gesucht. Er war anfangs von Hugo lediglich seiner äußeren Vorzüge wegen entzückt gewesen. «Die einzigen Leute, mit denen ein Maler verkehren sollte», pflegte er zu sagen, «sind Leute, die dumm und schön sind, Leute, die anzusehen ein künstlerischer Genuß ist und bei denen der Geist ausruht, wenn man mit ihnen spricht. Männer, die Dandys sind, und Frauenzimmer, die süß sind, regieren die Welt oder sollten es wenigstens.» Als er aber Hugo besser kennenlernte, gewann er ihn ebenso lieb wegen seines frischen, heiteren Wesens und seiner sorglosen, noblen Natur; und so hatte er ihm erlaubt, ihn jederzeit in seinem Atelier zu besuchen.

Als Hugo eintrat, war Trevor gerade dabei, die letzte Hand an ein wundervolles, lebensgroßes Bildnis eines Bettlers zu legen. Der Bettler selbst stand auf einer erhöhten Plattform in einer Ecke des Ateliers. Es war ein vertrocknetes, zerknittertes altes Männchen mit einem Gesicht wie Pergament und mit einem sehr kläglichen Ausdruck in den Zügen. Über seine Schulter war ein elender brauner Mantel geworfen, ganz zerfetzt und zerlumpt. Seine plumpen Schuhe waren geflickt, und mit einer Hand stützte er sich auf einen derben Stock, mit der anderen hielt er seinen zerschlissenen Hut nach Almosen hin.

«Welch ein verblüffendes Modell!» flüsterte Hugo, als er seinem Freund die Hand schüttelte.

«Ein verblüffendes Modell?!» schrie Trevor mit der ganzen Kraft seiner Stimme. «Das will ich wohl meinen! Solchen Bettlern begegnet man nicht alle Tage. Eine *trouvaille, mon cher,* ein lebender Velasquez! Beim Himmel – was für eine Radierung hätte Rembrandt nach ihm gemacht.»

«Armer, alter Kerl!» sagte Hugo. «Wie elend er aussieht! Aber für euch Maler muß ja sein Gesicht ein wahres Vermögen bedeuten.»

«Gewiß», antwortete Trevor. «Sie können ja schließlich nicht verlangen, daß ein Bettler glücklich aussieht.»

«Wieviel bekommt ein Modell für eine Sitzung?» fragte Hugo, nachdem er sich bequem auf den Diwan niedergelassen hatte.

«Einen Schilling für die Stunde.»

«Und wieviel bekommen Sie für ein Bild, Alan?»

«Na – für das da bekomme ich zweitausend.»

«Pfund?»

«Guineen. Maler, Poeten und Ärzte rechnen immer nur nach Guineen.»

«Das Modell sollte eigentlich eine Tantieme bekommen!» rief Hugo lachend. «Es hat eine ebenso schwere Arbeit wie Sie.»

«Unsinn, Unsinn!... Sehen Sie nur, was mir das Farbenauftragen allein schon für Mühe macht, und glauben Sie, es ist nichts, so den ganzen Tag vor der Staffelei zu stehen? Sie haben leicht reden, Hugo, aber ich versichere Ihnen, daß es Augenblicke gibt, wo die Kunst fast die Würde der Handarbeit erreicht. Aber jetzt stören Sie mich nicht – ich habe noch sehr viel zu tun! Nehmen Sie eine Zigarette, und verhalten Sie sich ruhig.»

Nach einiger Zeit kam der Diener herein und sagte Trevor, daß der Rahmenmacher ihn zu sprechen wünsche.

«Laufen Sie nicht davon, Hugo», sagte er, als er hinausging. «Ich bin im Augenblick zurück.»

Der alte Bettler benützte die Abwesenheit Trevors, um sich ein wenig auf der hölzernen Bank, die hinter ihm stand, auszuruhen. Er sah so verloren und elend aus, daß Hugo Mitleid mit ihm haben mußte. Er suchte in seinen Taschen, um zu sehen, was er an Kleingeld bei sich habe. Er fand aber nur einen Sovereign und einige Kupfermünzen. «Armer, alter Kerl», sagte er zu sich selbst. «Er braucht das Geld nötiger als ich. Für mich bedeutet das allerdings vierzehn Tage lang keinen Wagen.» Er ging durch das Atelier und schob den Sovereign in die Hand des Bettlers.

Der alte Mann sah verwundert auf, und ein schwaches Lächeln zuckte um seine vertrockneten Lippen. «Danke, Herr», sagte er, «danke.»

Dann kam Trevor zurück, Hugo nahm Abschied und errötete dabei ein wenig über seine Tat. Er verbrachte den Tag mit Laura, sie schalt ihn liebenswürdig wegen seiner Extravaganz, und dann mußte er zu Fuß heimgehen. Gegen elf Uhr abends ging er noch in den Paletteklub, und dort fand er Trevor, der einsam im Rauchzimmer saß und Rheinwein mit Selterswasser trank.

«Nun, Alan, haben Sie Ihr Bild fertigbekommen?» sagte er und zündete sich eine Zigarette an.

«Fix und fertig und eingerahmt, mein Junge», antwortete Trevor. «Sie haben übrigens eine Eroberung gemacht. Das alte Modell, das Sie gesehen haben, ist ganz und gar in Sie verschossen. Ich mußte ihm alles über Sie erzählen, wer Sie sind, wo Sie wohnen, wie hoch Ihr Einkommen ist, was für Aussichten Sie haben.»

«Mein lieber Alan», rief Hugo. «Wenn ich jetzt nach Hause komme, wird er mich sicher schon erwarten. Sie machen hoffentlich nur Scherz? Der arme Jammergreis! Ich wünschte, ich könnte etwas für ihn tun. Es muß schrecklich sein, wenn man gar so elend ist. Ich habe Stöße von alten Kleidern zu Hause – glauben Sie, daß er was davon gebrauchen könnte? Seine Fetzen fielen ihm ja schon in Stücken vom Leibe.»

«Aber er sieht prachtvoll darin aus», sagte Trevor. «Nicht um alles in der Welt würde ich ihn im Frack malen. Was Sie Fetzen nennen, nenne ich romantisch. Was Ihnen jammervoll erscheint, ist für mich pittoresk. Übrigens werde ich ihm von Ihrem Anerbieten Mitteilung machen.»

«Alan», sagte Hugo ernsthaft. «Ihr Maler seid doch ein herzloses Pack.»

«Eines Künstlers Herz ist sein Kopf», antwortete Trevor. «Und überdies besteht unser Beruf darin, die Welt zu verwirklichen, wie wir sie sehen, nicht sie zu verbessern, weil wir sie kennen. *A chacun son métier!* Und nun sagen Sie mir, wie es Laura geht. Das alte Modell hat sich ungemein für sie interessiert.»

«Wollen Sie damit etwa sagen, daß Sie ihm von ihr erzählt haben?» fragte Hugo.

«Gewiß hab' ich das getan! Er weiß alles über den eigensinnigen Oberst, die liebliche Laura und die fehlenden zehntausend Pfund.»

«Sie haben also einem alten Bettler alle meine Privatverhältnisse erzählt?!» rief Hugo und wurde sehr rot und ärgerlich.

«Mein lieber Junge», sagte Trevor und lächelte. «Dieser alte Bettler, wie Sie ihn nennen, ist einer der reichsten Männer in Europa. Er könnte morgen ganz London zusammenkaufen, ohne sein Konto zu überziehen. Er hat ein Haus in jeder Hauptstadt, speist von goldenen Schüsseln und kann, wenn es ihm gerade einfällt, Rußland verhindern, Krieg zu führen.»

«Wie meinen Sie das?» fragte Hugo erstaunt.

«Wie ich es sage», antwortete Trevor. «Der alte Mann, dem Sie heute in meinem Atelier begegnet sind, ist Baron Hausberg. Er ist ein guter Freund von mir, kauft alle meine Bilder und hat mir vor einem Monat den Auftrag gegeben, ihn als Bettler zu malen. *Que voulez-vous? La fantaisie d'un millionaire!* Und ich muß sagen, er sah wundervoll aus in seinen Lumpen, oder besser gesagt in meinen Lumpen; ich habe die ganze Garnitur einmal alt in Spanien gekauft.»

«Baron Hausberg?!» rief Hugo. «Allmächtiger – und ich hab' ihm einen Sovereign gegeben!» Und er sank, ein Bild des Jammers, in den Lehnstuhl.

«Sie haben ihm einen Sovereign gegeben?!» brüllte Trevor und konnte sich vor Lachen nicht halten. «Mein lieber Junge, Sie werden Ihr Geld nie wiedersehen. *Son affaire c'est l'argent des autres.*»

«Sie hätten mir das aber auch vorher sagen können!» schmollte Hugo. «Dann hätt' ich mich nicht so zum Narren gemacht.»

«Na, hören Sie mal, Hugo!» sagte Trevor. «Erstens konnte ich nicht annehmen, daß Sie so sorglos mit Almosen um sich werfen! Ich verstehe, daß man einem hübschen Modell einen Kuß gibt, aber einem häßlichen Modell einen Sovereign – nein, das geht über meinen Horizont. Überdies war ich tatsächlich an diesem Tage für niemanden zu sprechen. Als Sie kamen, wußte ich nicht, ob Hausberg eine offizielle Vorstellung passen würde. Sie wissen ja – er war nicht gerade *in full dress.*»

«Für was für einen Trottel muß er mich halten!» sagte Hugo.

«Aber durchaus nicht! Er war, nachdem Sie

uns verlassen hatten, in der denkbar besten Laune. Er lachte immer in sich hinein und rieb fortwährend seine alten verrunzelten Hände. Ich verstand nicht, warum er sich so für Sie interessierte. Aber nun kapiere ich es. Er wird den Sovereign für Sie anlegen, Hugo, Ihnen alle sechs Monate Ihre Zinsen zahlen und bei jedem Diner den kapitalen Spaß erzählen.»

«Ich bin ein unglücklicher Teufel», brummte Hugo. «Das beste ist, ich gehe zu Bett. Bitte, Alan, erzählen Sie niemandem die Geschichte – ich könnte mich sonst nicht mehr auf der Straße sehen lassen!»

«Unsinn, die Sache wirft auf Ihren philanthropischen Geist das beste Licht, Hugo. Und jetzt laufen Sie nicht davon! Nehmen Sie noch eine Zigarette, und dann schwatzen wir über Laura, soviel Sie wollen!»

Aber Hugo wollte nun einmal nicht bleiben, sondern ging nach Hause, und es war ihm sehr unbehaglich zumute. Alan Trevor aber blieb zurück und lachte sich halbtot.

Als Hugo am nächsten Morgen beim Frühstück saß, brachte ihm das Mädchen eine Karte, auf der unter dem Namen Monsieur Gustave Naudin geschrieben war: *De la part de M. le Baron Hausberg*. «Er kommt offenbar, um meine Entschuldigung entgegenzunehmen», sagte Hugo zu sich selbst. Und er ließ den Fremden hereinbitten.

Ein alter Herr mit goldener Brille und grauem Haar trat ein und sagte mit leicht französischem

Akzent: «Habe ich die Ehre, mit Monsieur Erskine zu sprechen?»

Hugo verbeugte sich.

«Ich komme von Baron Hausberg», fuhr er fort, «und der Baron –»

«Ich bitte Sie, mein Herr, ihm meine aufrichtigsten Entschuldigungen zu übermitteln», stammelte Hugo.

«Der Baron», sagte der alte Herr mit einem Lächeln, «hat mich beauftragt, Ihnen diesen Brief zu bringen»; und er reichte ihm ein versiegeltes Kuvert.

Auf dem Briefumschlag stand geschrieben: «Ein Hochzeitsgeschenk für Hugo Erskine und Laura Merton von einem alten Bettler.» Und darin lag ein Scheck auf zehntausend Pfund.

Als sie heirateten, war Alan Trevor Brautführer, und der Baron hielt beim Hochzeitsmahl eine Rede.

«Es gibt wenig Millionärmodelle», bemerkte Alan, «aber wahrhaftig – Modellmillionäre sind noch seltener.»

BIOGRAPHISCHE NOTIZEN

THOMAS DELONEY (1543?–1600). Von seinem Leben ist wenig bekannt. Er war von Beruf Seidenweber und hat die Feder wohl vor allem um des – bisweilen notwendigen – zusätzlichen Verdienstes willen ergriffen. Er schrieb für das Volk, insbesondere für die Handwerker, von denen er auch eifrigst gelesen wurde. Früh kam er nach London und ist dort, nach mancher Wanderung durch Südengland, schließlich gestorben. In seinen Werken zeigt er sich als gläubiger Puritaner, heftiger Feind der Katholiken und heißer Patriot. Seine Dichterlaufbahn begann er mit dem Verfassen von Volksballaden und ähnlicher Kleindichtung, seine Hauptwerke aber sind der Weberroman «Jack of Newbury», der Schuhmacherroman «The Gentle Craft» (zwei Teile) und der Tuchmacherroman «Thomas of Reading». Alle drei entstanden im letzten Jahrzehnt des 16. Jahrhunderts. Freilich sind dies keine Romane im modernen Sinn, sondern vielmehr locker zusammengefügte, mit Gedichten untermischte Historien. Alles, auch das Legendenhafte, wird in derbem Realismus erzählt. Unser «Sir Simon Eyer» ist eine der sechs Geschichten, die den Zyklus des «Gentle Craft» bilden. Deutlich verrät der Verfasser seine puritanische Gottesfurcht und Erfolgsgläubigkeit, die Erzählung enthält aber immerhin so viel Humor, daß sie dem Dramatiker

Dekker zur Vorlage für ein burleskes Lustspiel dienen konnte.

Daniel Defoe (1660?–1731). Der vielseitige und als Schriftsteller überaus fruchtbare Daniel Defoe entstammte einer kleinbürgerlichen Puritanerfamilie. Er wurde zunächst, obwohl zum Geistlichen bestimmt, ein – nicht immer ganz loyaler – Geschäftsmann. Indes ging es nach Anfangserfolgen bergab mit dem Kaufmann Defoe, und er wandte sich, um seine zahlreiche Familie ernähren zu können, der politischen Tagesschriftstellerei zu. Diese Tätigkeit war nicht ungefährlich: erwarb er sich durch das in Versen abgefaßte Pamphlet «The True-Born Englishman» (1701), eine Verteidigung Wilhelms von Oranien, die Freundschaft des Königs, so brachte ihn die scharfe Satire «The Shortest Way with the Dissenters» (1702) an den Pranger und für einige Zeit ins Gefängnis. Der Wechsel der Parteien und des Glücks ließ ihn ein abenteuerliches Leben führen. Fast sechzig Jahre alt, verfaßte er seinen ersten Roman, den zum Kinderbuch gewordenen «Robinson Crusoe» (1719). Rasch folgten andere, wußte er doch stets dem Publikumsgeschmack nachzukommen. Seine Helden sind wenig respektabel: «Capitain Singleton» (1720) ist ein Seeräuber, «Colonel Jacque» (1722) ein Abenteurer, «Moll Flanders» (1722) eine Dirne und Diebin. Defoes Verdienst liegt darin, Wirklichkeit gestaltet zu haben; er legte es geradezu darauf an, durch das Einstreuen unwesentlicher Details den Eindruck der Wahrhaftigkeit zu erwecken. Trotz seinem Wirklichkeitssinn aber hatte er den Glauben an die Existenz von Teufeln und Geistern noch nicht verloren; in «The True Relation of the Apparition of One Mrs. Veal» (1706) und anderen Schriften ging er diesen Erscheinungen mit fast wissenschaftlicher Exaktheit, doch ohne Skepsis nach. Defoe starb in einem kleinen Gasthof, vereinsamt und von Schulden bedrängt.

Mary Ann Lamb (1764–1847). Leben und Werk Mary Ann Lambs sind aufs innigste verknüpft mit dem Leben und Werk ihres jüngeren Bruders Charles. In ihrer Jugend pflegte sie den kränklichen Bruder, mit dem sie von Anbeginn übermäßige Sensibilität und die Neigung zu depressiven Stimmungen verband. Als sie, die früh Erscheinungen des in der Familie erblichen Wahnsinns zeigte, in einem ihrer Anfälle unwillentlich mit einem Messer ihre eigene Mutter tötete, bewahrte sie nur die liebende Fürsorge des Bruders vor dem Schicksal, ihr Leben hinter den Mauern einer Irrenanstalt verbringen zu müssen. Fast ihr gesamtes literarisches Werk ist in Zusammenarbeit mit ihm entstanden. Von den noch heute allerorts gelesenen Paraphrasen Shakespearischer Stücke für Kinder, den «Tales from Shakespeare» (1807) hat Mary Ann die Komödien, Charles die Tragödien bearbeitet. Nach dem Muster dieser Sammlung ist der Zyklus «Mrs. Leicester's School» (1808) gestaltet: zehn einfache Erzählungen, der fiktiven Rahmenerzählung nach Erlebnisse junger Mädchen, von ihnen selbst berichtet. Zu dieser Folge, die mit der simplen, aber psychologisch einfühlenden Geschichte «The Sailor Uncle» beginnt, hat Charles nur drei Stücke beigesteuert. Mary Ann Lamb hat danach nur noch wenig geschrieben; in späteren Jahren, besonders nach dem Tode des Bruders (1834) verfiel sie mehr und mehr in geistige Umnachtung.

Walter Scott (1771–1832). Die Heimat Scotts, das schottisch-englische Grenzland, spielt in seinem Schaffen eine bedeutsame Rolle. Als Sammler und Herausgeber von Balladen dieses Grenzlandes kam er zur

Literatur. Im Jahre 1805 verfaßte er auf Anregung einer Freundin ein folkloristisch-dramatisches Gedicht, «The Lay of the Last Minstrel», das unmittelbaren Anklang fand und dem mehrere ähnliche Schöpfungen folgten. Als der Erfolg dieser sogenannten Epyllien nachließ – nicht zuletzt, weil sich inzwischen der genialere Byron der besagten Gattung angenommen hatte –, wechselte Scott auf ein anderes Gebiet über: Er vollendete einen vor Jahren begonnenen und beiseite gelegten Roman, «Waverley» (1814), eine spannende, auf seelische Probleme wenig Wert legende Geschichte aus der Zeit der jakobitischen Aufstände. In kurzen Abständen schrieb Scott über dreißig Romane dieses Charakters. Meist spielen sie in seiner eigenen Heimat, wie etwa «Waverley» und «The Heart of Midlothian» (1818); ins Mittelalter zurück ging er in dem mit historischem Kolorit erfüllten «Ivanhoe» (1819), in das elisabethanische Zeitalter mit «Kenilworth» (1821) und anderen; auf das Festland verlegt ist «Quentin Durward» (1823), in den Orient der Kreuzritter «The Talisman» und «The Betrothed» (beide 1825). Die teure Lebenshaltung auf seinem Sitz «Abbotsford», geschäftliche Unbedachtsamkeit und allgemeine Ursachen führten 1826 den Bankrott von Scotts Druck- und Verlagsfirma herbei, deren Teilhaber er war. Von nun bis zu seinem Ende schrieb er, um seine Schulden abzutragen; daß aber die Qualität seiner Schöpfungen nicht nachließ, zeigt die kompakte Erzählung «The Two Drovers» (aus: «Chronicles of the Canongate», 1827). Scott starb auf «Abbotsford», wenige Tage nach der Rückkehr von einer Mittelmeerreise.

Jane Austen (1775–1817). Lange nach Jane Austens Tod erst ist man zu einer rechten Würdigung ihres in vieler Hinsicht modern anmutenden Werkes gekommen. Sie hat insgesamt sechs große Romane geschrieben; die bedeutendsten davon sind: «Sense and Sensibility» (1811), «Pride and Prejudice» (1813) und «Emma» (1816). Aufs klarste spiegeln sie ihre Persönlichkeit, Umgebung und Weltsicht wieder. Ihr Leben war arm an großen Ereignissen, sie hat nicht geheiratet und ist eigentlich nie aus dem frohen Bannkreis ihrer durch zahlreiche Geschwister belebten Familie herausgekommen. Ihre Romane befassen sich mit dem Leben der gebildeten Landbevölkerung, die Zahl der Personen ist klein, die Handlung zeichnet sich durch große Einfachheit aus. Der phantastischen Überspitztheit des zeitgenössischen Romans setzte Jane Austen bewußt eine nüchterne Klarheit entgegen. Der Inhalt ihrer Geschichten besteht meist nur darin, daß ein anfangs von einem schönen Unwürdigen geblendetes Mädchen mit der Zeit die Vorzüge eines minder attraktiven Mannes anzuerkennen lernt. In «Lady Susan» (geschrieben etwa 1794, erstmals gedruckt 1874) ist dies nicht anders, nur daß hier der Verführer eine Verführerin ist. Die Fabel ist von schlichter Konsequenz, die Briefform, von Jane Austen auch in der ersten Fassung von «Sense and Sensibility» angewandt, unterstützt die meisterhafte Entwicklung der Charaktere, durch die wohlwollende Ironie schafft sie auch hier den ihrem ganzen Werk eigenen komödienhaften Ton.

Thomas de Quincey (1785–1859). Die dichterische Hinterlassenschaft de Quinceys besteht in der Hauptsache in Zeitschriftenaufsätzen und Essays über die disparatesten Gegenstände. Da er seine Familie durch seine Feder zu ernähren hatte, mußte er in kurzer Zeit möglichst viel produzieren; das «opus magnum», das zu schreiben er stets wünschte, ist nie zustande gekommen; das einzige größere, geschlossene Werk ist ein unbedeutender Schauerroman, «Klosterheim» (1832). Bekannt wurde de Quincey durch die «Confessions of an English Opium Eater» (1821), in denen er von den Gründen, die ihn schon früh zum Opiumgenuß bewegten, und von den Freuden und Leiden desselben berichtete. Das Werk ist in gewisser Weise eine Autobiographie, die jedoch nur bis zu seinem Eintritt in die Universität führt. Wie «Catalina» aus dem Kloster ausriß, so riß er aus der Schule aus, und wie seine Heldin durch Südamerika irrte, so wanderte er monatelang kreuz und quer durch Wales; nicht verwunderlich also, daß er seine Heldin liebt, «blutbefleckt wie sie ist». Catalina hat wirklich gelebt, doch hat de Quincey ihre Aufzeichnungen selbst nicht gesehen, sondern seine Kenntnis einer französischen Bearbeitung entnommen. Die Bedeutung der Erzählung aber – und das gilt für de Quinceys gesamtes Werk – liegt nicht in dem behandelten Gegenstand, sondern in dem eigentümlichen Stil, der sich für kaustischen Witz wie für klingendes Pathos als ein gleichermaßen geeignetes Ausdrucksmittel erweist.

Thomas Hood (1799–1845). An der Ausübung des Kaufmannsberufes, zu dem ihn sein Vater, der Teilhaber eines Verlaggeschäftes, bestimmte, hinderte Hood seine dauernde Kränklichkeit. Er wurde vielmehr mit zweiundzwanzig Jahren Mitherausgeber des «London Magazine», später des «Comic Annual», des «New Monthly Magazine» und anderer Zeitschriften. Ein Großteil seiner Produktionen ist in diesen Journalen erschienen und erst nach seinem Tode gesammelt und geordnet herausgegeben worden. Hoods kurzes Leben ist gekennzeichnet von dem Kampf gegen wirtschaftliche Not und zermürbende Krankheit. Nur wenige seiner Schöpfungen haben wirklichen Erfolg gehabt, diese wenigen aber sind zum festen Besitz des Volkes geworden. Dazu gehören vor allen Dingen «The Song of the Shirt», das Lied einer armen Näherin, die düstere Ballade «The Dream of Eugen Aram» und das rührende Klagelied auf eine Selbstmörderin, «The Bridge of Sighs». Sein Talent zum komischen Genre zeigt Hood besonders in der Sammlung «Whims and Oddities in Prose and Verse» (1826f.) und einzelnen Gedichten wie «Miss Kilmansegg and Her Precious Leg», einer grotesken Satire auf die menschliche Goldgier; diese kleinen Dichtungen leben von absurden Einfällen, überraschenden Vergleichen und witzigen Wortspielen. Von den Zeitgenossen fast gänzlich unbeachtet blieben Hoods Erzählungen, die «National Tales» (1827), und sein einziger Roman, «Tylney Hall» (1824).

JOHN MACKAY WILSON (1804–1835). Als Druckerlehrling machte der Sohn eines Mühlenbauers aus dem englisch-schottischen Grenzland erste Bekanntschaft mit Büchern. Um schriftstellerischen Ruhm zu erwerben, ging er nach London, aber ein äußerst elendes Leben war die einzige Folge dieses Schritts. Weder mit seinen folkloristischen Melodramen, noch seinen Versdichtungen, noch seinen literarischen Vorträgen vermochte er Erfolg zu erzielen. Sein Los besserte sich erst nach seiner Rückkehr in die Heimat, für deren Rechte er sich als Redakteur des «Berwick Advertiser» einsetzte. Ab 1834 ließ er wöchentlich die «Historical, Traditional and Imaginative Tales of the Border» – darunter «Grizel Cochrane» – erscheinen. Die Auflage der Wochennummern stieg schlagartig, die pathetische Einfachheit der Heimaterzählung sprach weit über die Grenzen seiner Heimat das Publikum an. Nach Wilsons frühem, durch die vielen Entbehrungen und Belastungen herbeigeführten Tode wurde die Serie, bis dahin dreiundsiebzig Stücke umfassend, erst von seinem Bruder, dann von verschiedenen anderen Autoren, noch bis zum Jahr 1874 fortgeführt.

Elizabeth Cleghorn Gaskell, geb. Stevenson (1810–1865). Die früh ihrer Mutter beraubte Dichterin wurde von einer wohlwollenden Tante in einer ländlichen Kleinstadt aufgezogen, wo sie eine ereignislose Jugend verbrachte. Mit einundzwanzig Jahren heiratete sie den unitarischen Geistlichen William Gaskell und lebte fortan mit ihrer Familie nahe der Industriestadt Manchester. Um sich von dem Kummer abzulenken, den ihr der frühe Tod ihres einzigen Sohnes verursacht hatte, schrieb sie den Roman «Mary Barton» (1848), ihr erstes größeres Werk. Der Roman erregte beträchtliches Aufsehen, schilderte er doch zum erstenmal in allem Realismus das Elend der Industriearbeiter, das Mrs. Gaskell aus eigener Anschauung kennengelernt hatte. Die Erzählung «The Sexton's Hero» ist etwa zur gleichen Zeit mit «Mary Barton» entstanden. Es ging Mrs. Gaskell darum, Anregung zu gegenseitigem Verstehen und tätiger Nächstenliebe zu geben. Das zeigt sich nicht nur in den Werken sozialen Charakters, sondern auch in den humoristischen Romanen «Cranford» (1853) und «Wives and Daughters» (posthum 1866 erschienen), in denen sie in skizzenhafter Weise das Leben von Kleinbürgern darstellt, und vor allem in den zahlreichen Erzählungen. Mrs. Gaskell war mit Charlotte Brontë befreundet und hat eine sehr lesenswerte Biographie dieser Dichterin verfaßt.

William Makepeace Thackeray (1811–1863). Der in Indien als Sohn eines englischen Staatsbeamten geborene Dichter wurde mit sieben Jahren zur Erziehung nach England geschickt. Nach seiner Schul- und Universitätszeit begab er sich nach Paris und Rom, um sich als Maler auszubilden. Schon in der Schule hatte er ein ungewöhnliches zeichnerisches Talent, besonders zur Karikatur, gezeigt. Da er jedoch erkannte, daß ihm zu diesem Beruf der nötige Fleiß und die Ausdauer fehlten, wechselte er zur schriftstellerischen Tätigkeit über – allerdings versah er später die meisten seiner Werke selbst mit Zeichnungen. Seine ersten Arbeiten waren parodistischer Art, Gesellschaftssatiren, die in der skurrilen Gesellschaftsschau «The Book of Snobs» (1848) ihre Krönung fanden. Berühmt machte ihn der große Roman «Vanity Fair» (1847f.), der, dem Untertitel nach ohne Held, in der Tat die Schicksale zweier völlig verschieden gearteter Frauen, der raffinierten Abenteurerin Becky Sharp und der sanft-anschmiegsamen Amelia Sedley, erzählt. In absichtlichem Gegensatze zu Dickens, seinem Kompetenten, räumte Thackeray der Gefühlsseligkeit keinen Raum ein, sondern strebte eine realistische, mit Ironie durchsetzte Darstellungsweise an, was einerseits einen künstlerischen Fortschritt, andererseits aber eine gewisse Enge der Sicht mit sich brachte. So sind die umfänglichen Romane «Pendennis» (1850), der autobiographische Elemente enthält, und «The Newcomes» (1853) zwar breite, aber wenig tiefgehende Gesellschaftsgemälde. Mit «Henry Esmond» (1852) gelang Thackeray ein durch seine Lebenskraft und Charakterisierungskunst Scotts Werke übertreffender historischer Roman. Dessen Fortsetzung «The Virginians» (1857 ff.) aber und seine letzten Werke überhaupt sind kaum bedeutend.

Charles Dickens (1812–1870). Entgegen allen widrigen Prophezeiungen haben die Werke Dickens' bis heute nicht an Beliebtheit verloren. Die Art, in der er die Nöte und Freuden des Kleinbürgertums, aber auch der Arbeiterschaft, dichterisch verklärte, verschaffte ihm bereits zu Lebzeiten eine geradezu immense Leserschaft. Er selbst stammte aus dem niederen Mittelstand, und seine Jugend war nicht glimpflich verlaufen: Vorübergehend mußte seine Familie Quartier im Schuldgefängnis beziehen und er selbst in einer Schuhwichsefabrik arbeiten. Später besuchte er dann doch eine anständige Schule, wurde Schreiber eines Notars, dann Parlamentsberichterstatter und lebte schließlich, nachdem ihn die «Pickwick Papers» (1836f.) schlagartig berühmt gemacht hatten, ganz von seiner Schriftstellerei. Vor den «Pickwick Papers» noch liegen die «Sketches by Boz», denen die Erzählung von Familie Tuggs entnommen ist. Diese Bilder aus dem Londoner Leben verraten deutlich, worin Dickens' Kunst lag: in der Darstellung bemerkenswerter Situationen und eigentümlicher, meist komischer Charaktere. Figuren wie der selbstzufriedene Heuchler Pecksniff und die rohe, geschwätzige Krankenpflegerin Mrs. Gamp (in: «Martin Chuzzlewit», 1849ff.), der liebenswürdige Falleur Micawber in dem teilweise autobiographischen «David Copperfield» (1843 f.), der undurchsichtige Notar Tulkinghorn (in: «Bleak House», 1852f.) und andere sind gleichsam sprichwörtlich geworden. Im übrigen aber wird der künstlerische Wert seiner Romane durch zeitgebundene Polemik – etwa gegen die Armenhäuser in «Oliver Twist» (1837f.) oder die Schuldgefängnisse in «Little Dorrit» (1855f.) durch sentimentales Pathos – besonders in «The Old Curiosity Shop» (1840f.) –, durch komplizierte Handlungsführung und phantastische Unwahrscheinlichkeiten oft beeinträchtigt. Fast ganz frei von diesen Mängeln sind seine reizenden Weihnachts- und Silvestergeschichten.

George Eliot, eigentlich Mary Ann Evans (1819–1880). Die kleinen Verhältnissen entstammende George Eliot erhielt eine ausgezeichnete Schulbildung. Ihr früh erwachter Wissensdurst richtete sich vor allem auf religiöse und literarische Probleme. Schon in ihrer

Jugend wandte sie sich vom Kirchenchristentum zugunsten einer humanen Ethik ab, die freilich viel mit christlicher Sittlichkeit gemein hatte. Es ist bezeichnend, daß ihre ersten schriftstellerischen Arbeiten Übersetzungen Spinozas und der deutschen theologischen Rationalisten Strauß und Feuerbach waren. Nach kurzer Beschäftigung bei der hochstehenden Zeitschrift «Westminster Review» gab sie sich ganz der Schriftstellerei hin. Ihr erstes selbständiges Werk, die «Scenes from Clerical Life» (1858) – drei längere Erzählungen –, ließ keinen Zweifel an dem Genie der Dichterin. Ihre Kunst, das detailhafte, doch liebevolle Analysieren verschiedenster Charaktere, trat noch deutlicher in ihren nächsten Romanen «Adam Bede» (1859), «Mill on the Floss» (1860) und «Silas Marner» (1861) zutage. Bisweilen überwiegt bei ihr das Detail so, daß es die Lektüre sehr erschwert, so in dem historischen Roman «Romola» (1863) und in beschränkterem Maße auch in unserer Erzählung «Brother Jacob». In den folgenden Romanen ließ George Eliot oft, zum künstlerischen Schaden, eine Idee allzusehr in den Vordergrund treten, zum Beispiel in dem sozialen Roman «Felix Holt, the Radical» (1866) oder dem Zionistenroman «Daniel Deronda» (1876). Doch ist ihr in dem späten Roman «Middlemarch» (1871 f.), in dem sie in epischer Fülle und Breite das Leben einer ländlichen Kleinstadt und die Schicksale ihrer Bewohner ausbreitet, ein Meisterwerk gelungen.

William Wilkie Collins (1824–1889). Die Biographie seines Vaters, eines nicht unbekannten Malers, war das erste Werk des jungen W.W. Collins. Von dem Erfolg dieses Buches ermutigt, versuchte er sich weiter als Schriftsteller, zumal ihn keine Neigung mit seiner Beschäftigung als Importkaufmann verband. Reiche Anregung gab ihm die 1851 beginnende Freundschaft mit Dickens, die allerdings auch für diesen sehr fruchtbar wurde. «The Terrible Strange Bed» (1852) ist der erste Beitrag, den Collins zu Dickens' eben gegründeter Zeitschrift «Household Words» beisteuerte (später in die Sammlung «After Dark» aufgenommen). Mit dieser Erzählung begab sich Collins zum erstenmal auf sein eigentliches Gebiet, das des Abenteuers, der Geheimnisse, der Kriminalität. Einen enormen Erfolg erzielte Collins mit dem Roman «The Woman in White» (1860), der Geschichte einer geheimnisvollen Personenvertauschung. Das Buch ist voller Überraschungen, trotz seiner Weitschweifigkeit von unaussetzender Spannung, und zeigt, daß Collins keineswegs ein unselbständiger Dickens-Epigone war. «The Moonstone» (1868), der dramatische Bericht vom Verschwinden und Wiederauffinden eines kostbaren Juwels, besitzt bereits alle Ingredienzen eines modernen Kriminalromans. Collins' Vorliebe für das Melodramatische nahm in seinen späteren, unbedeutenden Romanen allzusehr überhand; allerdings mögen an der nachlassenden Qualität seiner Bücher auch die immer schlimmer werdende Gicht und der daraus resultierende Opiumgenuß ihren Anteil gehabt haben.

Robert Louis Stevenson (1850–1894). Der von Kindheit an kränkelnde Stevenson mußte, noch ehe er seine Ausbildung abgeschlossen hatte – er sollte Ingenieur werden –, mehrmals seiner Gesundheit halber das südliche Europa aufsuchen. In liebenswerten, von kleinen Abenteuern genährten und von Naturliebe durchwärmten Reisebüchern, wie «Travels with a Donkey in the Cevennes» (1879), legte er seine Erlebnisse auf diesen Reisen nieder. Er entschloß sich, ferner als Schriftsteller zu wirken, und veröffentlichte in den nächsten Jahren eine große Anzahl Romane, Essays und Kurzgeschichten; unter den letzteren die später in die «New Arabian Nights» (1882) aufgenommene Erzählung «The Sir Malétroits Door». Abenteuerhaft ist der Inhalt seiner Romane; «Treasure Island» (1883) berichtet von einer Meuterei, «Kidnapped» (1886) und dessen Fortsetzung «Catriona» (1893) von Geschehnissen im Schottland des 18. Jahrhunderts; doch bemüht sich Stevenson um einen feinen, bewußt einfachen Stil und strebt, besonders in «The Master of Ballantrae» (1889), der Geschichte zweier verschiedener Brüder und der Groteske vom gespaltenen Ich, «The Strange Case of Dr. Jekyll and Mr. Hyde» (1886), psychologische Vertiefung an. Von 1890 ab lebte er auf Samoa, wo das skurrile Märchen «The Bottle Imp» und die – unvollendeten – Romane «St. Ives» und «The Weir of Hermiston» entstanden; der letztere wird manchenorts als Stevensons bestes Werk angesehen.

George Robert Gissing (1857–1903). Die Romane Gissings spielen wie die von Dickens meist unter Angehörigen der niederen Klassen; doch ihm, der vergebens aus sozialer Verachtetheit aufzusteigen sich bemühte, fehlte die Liebe des älteren Dichters zu seinen Personen. Sein Leben war voll Bitterkeit. Wegen Diebstahls wurde er von der Universität gewiesen; seine erste Gattin – ein früheres Straßenmädchen – endete in völliger Verkommenheit, von seiner zweiten Gattin trennte er sich, da ihm das Zusammenleben mit ihr unerträglich geworden war. Die letzten Jahre verbrachte er, gesundheitlich zerrüttet und gesellschaftlich verfemt, im Auslande. Seine Bücher sind Bücher der Desillusion, das alte System von belohnter Tugend und bestraftem Laster ist fast ins Gegenteil verkehrt. Ohne alle Sentimentalität erzählt er in «The Unclassed» (1884) den Lebenslauf einer Dirne, in «Demos» (1886) von den Umtrieben des Proletariats, in «The Odd Women» (1893) von dem traurigen Leben unverheirateter Frauen. Geld besitzt bei ihm charakterbestimmende Macht, so besonders in seinem Hauptwerk «New Grub Street» (1891), das den bedrückenden, fast stets aussichtslosen Kampf von Schriftstellern und Journalisten um Brot und Ansehen zum Inhalt hat. Nur selten finden sich Lichtblicke in dieser dunklen Welt – etwa in dem kurzen komischen Roman «The Paying Guest» (1895) –, nur selten ein so durchaus hochherziger Charakter wie Mr. Tymperley. Der zur Reflexion neigende Gissing war auch ein scharfsinniger Kritiker; bemerkenswert ist seine ehrliche und kluge Dickens-Studie: «Charles Dickens; a Critical Study» (1898).

Oscar Wilde (1856–1900). Seine Jugend verlebte Oscar Wilde, der Sohn eines berüchtigten irischen Arztes und einer Dichterin, in Dublin. In Oxford erregte er Aufsehen sowohl durch seine Leistungen in den Humaniora wie durch einen betont weichlichen Schönheitskult. Er ging nach London und wurde dort der Mittelpunkt eines dandyhaften Ästhetizismus. Im Jahre 1888 veröffentlichte er einen Band Märchen, «The Happy Prince and Other Tales», kleine, von Farben, Düften und Klängen erfüllte Meisterwerke; ihnen folgte «Lord Arthur Savile's Crime and Other Stories» (1891). Aufs deutlichste formulierte Wilde seine künstlerischen Forderungen in dem Roman «The Picture of Dorian Gray» (1891), in dem er in eigenwilliger Weise den Narcissusstoff behandelte: Die Kunst, so sagt er, sei um ihrer selbst willen da, moralische Maßstäbe auf sie anzuwenden, sei unzulässig. – Von freiem Ton sind seine in den nächsten Jahren verfaßten Gesellschaftskomödien; dem alten Thema von nicht ganz einwandfreiem Vorleben weiß er in «Lady Windermere's Fan» (1892) und «The Ideal Husband» (1895) durch einen geistreichen und von

Aperçus sprühenden Dialog neues Leben zu geben. Auf Betreiben des Marquis von Queensberry hin wurde Wilde 1895, wegen widernatürlicher Beziehungen zu dessen Sohn, dem jungen Lord Douglas, angeklagt und zu zwei Jahren Zuchthaus verurteilt. Dieser Schlag wie die aufreibende Zeit im Gefängnis – in der «Ballad of Reading Gaol» (1898) gab er seinen dortigen Erlebnissen erschütternden Ausdruck – raubten ihm die Lebenskraft; die letzten drei hauptsächlich auf dem Kontinent verbrachten Jahre bezeichnen einen geistigen wie körperlichen Verfall.

INHALT

Die Deutsche Bibliothek – CIP-Einheitsaufnahme

Englische Erzähler / hrsg. von Richard Kraushaar
Zürich : Manesse Verlag
(Manesse Bibliothek der Weltliteratur)
NE: Kraushaar, Richard [Hrsg.]

Von Daniel Defoe bis Oscar Wilde
6. Aufl. – 1994
ISBN 3-7175-1114-9 Gewebe
ISBN 3-7175-1115-7 Ldr.